BIBLIOTHÈQUE DES PROFESSIONS
INDUSTRIELLES, COMMERCIALES ET AGRICOLES

LE GUIDE DU

BRASSEUR

OU

L'ART DE FAIRE LA BIÈRE

Traité élémentaire théorique et pratique

LA BIÈRE

Sa composition chimique, sa fabrication

Par G.-J. MULDER
Professeur à l'Université d'Utrecht

TRADUIT DU HOLLANDAIS ET ANNOTÉ

Par L.-F. DUBIEF
Chimiste manufacturier, auteur du *Traité de l'inification*, etc., etc.

Édition revue par **M. CHARLES BAYE**

Arts et Métiers

Série G
N° 10

PARIS
J. HETZEL ET Cie, ÉDITEURS
18, RUE JACOB, 18

BIBLIOTHÈQUE DES PROFESSIONS

INDUSTRIELLES, COMMERCIALES ET AGRICOLES

SÉRIE G

ARTS ET MÉTIERS. — PROFESSIONS INDUSTRIELLES

N° 10

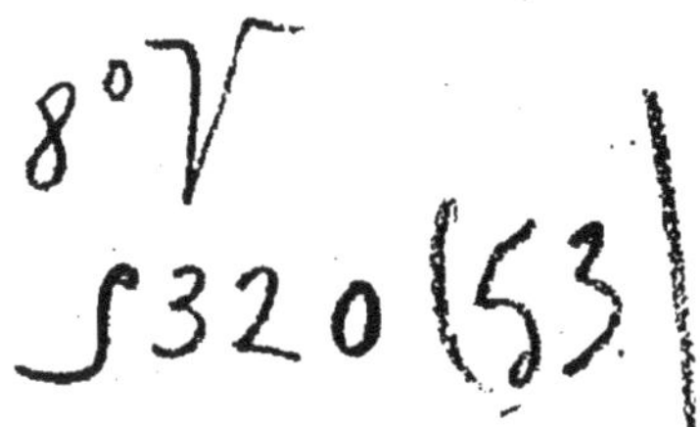

PARIS. — IMPRIMERIE GAUTHIER-VILLARS
55, QUAI DES GRANDS-AUGUSTINS, 55

BIBLIOTHÈQUE DES PROFESSIONS
INDUSTRIELLES, COMMERCIALES ET AGRICOLES

LE GUIDE DU

BRASSEUR

OU

L'ART DE FAIRE LA BIÈRE

Traité élémentaire théorique et pratique

LA BIÈRE

Sa composition chimique, sa fabrication

Par G.-J. MULDER
Professeur à l'Université d'Utrecht

TRADUIT DU HOLLANDAIS ET ANNOTÉ

Par L.-F. DUBIEF
Chimiste manufacturier, auteur du *Traité de Vinification*, etc., etc.

Édition revue par **M. CHARLES BAYE**

Arts et Métiers
—

Série G
N° 10

PARIS
J. HETZEL ET Cie, ÉDITEURS
18, RUE JACOB, 18

—

DE LA BIÈRE

GÉNÉRALITÉS.

La bière est une boisson que l'on obtient en traitant par l'eau des grains modifiés par une germination modérée et en faisant fermenter le liquide ainsi obtenu : elle est donc plus ou moins alcoolique.

C'est à juste titre que la bière est fort appréciée; en effet, elle réunit des propriétés bien déterminées qui ne se trouvent associées dans aucune autre boisson. Elle contient les parties constituantes des grains, ou bien des substances qui proviennent de la décomposition des premières (sucre, dextrine, matières albumineuses), et, par ce motif, elle est nutritive. Par suite de la présence de l'alcool, elle est excitante. En outre, nous rencontrons dans cette boisson l'acide carbonique si rafraîchissant, qui communique à notre eau potable ordinaire une saveur fraîche et auquel beaucoup d'eaux minérales doivent leur haute valeur. De plus, la bière tient en dissolution les matières amères du houblon qui sont si bonnes pour l'estomac, et enfin, pour ne plus insister que sur un seul point, nous y trouvons aussi une certaine quantité de phosphates et d'autres sels solubles, dont l'introduction abondante dans l'organisme est d'autant plus nécessaire qu'ils sont expulsés journellement de notre corps en quantité considérable.

On peut donc, incontestablement, dire que l'on trouve réunies dans la bière toutes les parties constituantes que l'on rencontre séparées les unes des autres dans la plupart des eaux minérales gazeuzes, dans le vin et même dans le pain.

La bière peut être préparée avec d'autres semences que les grains (semences des graminées), et même avec beaucoup de substances autres que des semences : mais à mesure que l'on emploie pour sa préparation d'autres substances conjointement avec le grain ou en remplacement du grain, elle perd de plus en plus le caractère de la bière.

On peut s'attendre en premier lieu à trouver dans la bière, une boisson alcoolique produite par fermentation et préparée par suite au moyen d'un liquide sucré (le sucre provenant de la transformation de l'amidon) ; mais la bière contient en outre essentiellement des parties constituantes solides qui proviennent des semences des plantes, et surtout des grains, et qui se sont dissoutes pendant les opérations qui ont été exécutées dans le but de préparer la bière.

On s'attend en outre à trouver dans la bière une boisson qui soit à la fois nourrissante et rafraîchissante, et il est positif qu'elle possède la première propriété au plus haut degré.

Parmi les parties constituantes nutritives de la bière, nous rangeons sans hésiter les substances inorganiques comme le phosphate de chaux, le phosphate de magnésie et le phosphate de potasse, ainsi que d'autres combinaisons salines qui, dans la préparation de la bière, se dissolvent : c'est par suite de la présence d'une certaine quantité d'acide organique libre dans la dissolution que les phosphates se dissolvent. Celui qui doute de l'utilité de ces combinaisons salines, méconnaît la valeur de la plupart des eaux minérales : bien plus, il méconnaît l'importance des phosphates pour l'organisme.

Parmi les parties constituantes nutritives, viennent se ranger en outre les matières albumineuses solubles dont il existe une certaine quantité dans la bière, bien qu'une grande partie des matières albumineuses du grain se soient séparées pendant le brassage, la cuisson et la fermentation.

Nous devons encore citer ici la dextrine et le sucre, substances qui ne font non plus jamais défaut dans la bière. C'est à la première que la bière doit sa propriété de former un liquide épais, et à la seconde qu'elle doit sa saveur douce.

Enfin, on trouve aussi dans la bière une certaine quantité d'alcool qui a été produite par la fermentation, et il existe en outre dans toutes les bières, tant celles qui moussent que celles qui ne moussent pas, une quantité plus ou moins grande d'acide carbonique. Ces deux dernières substances sont les causes de la saveur fraîche et de la propriété excitante de la bière.

On peut très facilement préparer de la bière au moyen du froment, de l'orge ou des autres espèces de grains en les épuisant par l'eau et en faisant bouillir le tout; mais les bières ainsi préparées ne se conservent pas toutes également bien.

Il existe une boisson russe, connue sous le nom de Kivas, que l'on prépare au moyen de 1 partie de malt de seigle récemment préparé, et de 9 parties de farine de seigle, en mélangeant le tout avec de l'eau de manière à former une masse pâteuse et en laissant ensuite reposer pendant plusieurs jours dans un endroit chaud : la masse prend ainsi une saveur douce. On la traite alors par l'eau froide et on ajoute du ferment à la liqueur claire, sans faire bouillir. Cette liqueur, après avoir fermenté, est bonne à être employée comme boisson [1].

La connaissance du kivas a pour nous de l'importance en ce qu'elle nous montre que, même à la température ordinaire, les matières albumineuses du malt de seigle sont susceptibles de transformer en sucre l'amidon de la farine de seigle et qu'il n'y a pas besoin pour cela d'une température de 60° à 75°. La consistance pâteuse de la masse, qui empêche l'accès de l'air, est indubitablement la cause qui s'oppose à ce qu'elle devienne acide. — En outre, nous avons ici la preuve qu'un liquide prenant naissance quand on traite par l'eau un mélange de malt et de grain, peut être potable sans avoir été soumis à l'ébullition et peut se conserver sans qu'on y ait ajouté du houblon. Sans contredit, cette boisson ne pourrait pas se conserver très longtemps : mais, pour apprécier la valeur des méthodes que l'on suit généralement pour la préparation de la bière, il est incontestable que la préparation du kivas a de l'importance. En effet, à côté du kivas, viennent se ranger quelques bières douces que l'on prépare dans différentes parties de la Belgique et qui doivent être consommées promptement : en effet, elles ne peuvent pas se conserver plus de huit jours. On les prépare avec de l'orge, de l'avoine, du seigle, du froment et du

1. Berzelius, *Lehrbuch*, 1839, t. VIII, p. 110.

sarrasin que l'on traite par de l'eau chaude, sans addition de malt, et qu'on laisse fermenter sans ajouter de ferment. Dans la préparation de ces bières, on n'emploie pas non plus de houblon

Les bières belges sont importantes à considérer au point de vue de l'ensemble de la théorie de la fabrication de la bière et au point de vue de la connaissance des réactions chimiques qui se produisent dans cette fabrication. Pour préparer ces bières, on n'emploie pas de malt, de grain germé : cependant, ainsi que nous le verrons plus tard, le malt est une partie constituante essentielle qui joue un rôle tout spécial dans la production de la substance appelée Diastase : une circonstance importante à remarquer, c'est que, dans la préparation de ces bières, on n'emploie non plus, ni ferment, ni houblon.

Il n'est pas question d'examiner si ces bières possèdent des propriétés tout autres : mais il est important de faire remarquer que la préparation de ces bières ne nécessite aucune autre opération que de traiter la farine par de l'eau chaude et de maintenir la liqueur à une température relativement peu élevée.

Comme il n'existe pas de sucre tout formé dans le grain et comme les substances albumineuses n'y sont pas à l'état le plus convenable pour pouvoir produire rapidement la fermentation, ce sont là deux raisons plausibles du traitement préliminaire que les grains doivent subir avant de servir à la fabrication de la bière proprement dite. — On peut bien, ainsi que nous l'avons déjà indiqué, en traitant de la farine de grain par l'eau, obtenir directement de la dextrine et du sucre; mais la réaction qui se produit ainsi, est incomplète et n'a lieu que lentement : les moyens artificiels peuvent ici venir en aide, et, dans la méthode que l'on suit presque généralement, on ne se fait pas faute de les employer.

Le grain doit donc, avant de servir à la préparation de la bière, subir un certain degré de modification. On appelle *maltage* l'opération par suite de laquelle le grain est ainsi modifié, et *malt* le grain qui a été soumis à cette opération.

Pour transformer le grain en malt, on l'humecte et on le porte dans un endroit d'une température aussi uniforme que possible. Il germe rapidement, et, lorsque la germination est arrivée à un certain degré, on le dessèche, soit au moyen d'un courant d'air, soit artificiellement, en le soumettant à l'action de la chaleur. Par la germination, l'amidon est transformé partiellement en dextrine et en sucre, et les matières albumineuses du grain sont modifiées de telle sorte qu'il se forme d'abord un premier, puis un second agent, qui déterminent des actions chimiques de manière à amener enfin la production de la bière avec toutes les propriétés caractéristiques que nous lui connaissons. Ces deux agents sont, ainsi qu'on le sait très bien, la *diastase* et la *levûre ;* la diastase se produit pendant l'acte de la germination aux dépens des substances albumineuses du grain. Du reste, cette transformation ne s'opère jamais d'une manière complète, mais une fois qu'elle a commencé à se produire, elle s'étend peu à peu jusqu'à un certain degré et donne ainsi naissance à la première phase des phénomènes qui doivent déterminer la production de la bière. Le second agent de la fermentation, la levûre, se produit plus tard.

On moud le malt et on le fait digérer pendant quelque temps avec de l'eau chaude, ce qui accélère la production de la dextrine et du sucre. On fait bouillir cette infusion de malt avec du houblon. On fait refroidir la liqueur et on la soumet à la fermentation.

La liqueur fermentée est la bière.

La variété presque illimitée des bières que l'on prépare actuellement peut trouver sa raison d'être dans chacune des opérations que l'on doit faire subir au grain pour pouvoir obtenir cette boisson fermentée. Les propriétés naturelles du grain ne sont pas la seule cause de cette différence. Avec une seule et même espèce d'orge que l'on emploie la plupart du temps exclusivement à la préparation de la bière, on obtient une grande différence dans la qualité du produit. Il n'existe souvent, dans les circonstances extérieures, que de petites différences dont on peut à peine tenir compte ; et ce serait certainement s'éloigner de la vérité que d'attribuer à de petites influences accessoires toutes ces différences que peut présenter une bière par rapport à une autre. La quantité de grains employée, la nature et la quantité de l'eau dont on s'est servi, le mode de germination du grain, de dessiccation ou de torréfaction du malt, d'épuisement du malt, d'ébullition de la liqueur, etc., la manière dont le houblon y a été introduit et la quantité que l'on en a ajoutée, en outre le mode de refroidissement, la fermentation, en un mot toutes les opérations que nécessite la préparation de la bière, peuvent être les causes déterminantes qui donnent à une bière le caractère spécial que l'on désire lui donner. — Dans des localités où l'on opère d'après des règles fixes, on obtient une bière qui, non seulement, répond au goût des consommateurs, mais que l'on peut souvent reproduire dans d'autres endroits, lorsqu'un chef intelligent est à la tête de l'établissement.

Nous ne voulons cependant pas prétendre ici que l'influence des causes locales doit être considérée comme entièrement nulle. Au contraire, ces influences locales existent : mais leur action doive être éclaircie autant que possible. Si, par exemple, l'endroit où s'opère le maltage a subi des modifications, si sa température était maintenue constante par de grandes constructions situées à proximité et si, par la démolition de ces constructions, il est devenu sujet à de grands changements de température, on attribue à juste titre à cette cause une influence sur la localité et sur la préparation de la bière. — De même, une brasserie, dans laquelle les locaux destinés à la fermentation ou à la conservation de la bière ont subi une modification quelconque, peut donner une bière de moins bonne qualité ou de meilleure qualité. Si, par la modification apportée, les locaux sont devenus d'une température moins constante, la bière devient moins bonne. Si la bière a gagné en qualité, cela vient de ce que, par le changement qu'ils ont subi, les locaux ont pu devenir d'une température plus uniforme.

Il n'y a ici aucune raison d'admettre des esprits, bien que l'on ne soit pas encore en état de remonter à la cause de tous les phénomènes exceptionnels que l'on rencontre dans la fabrication des bières dites locales.

CHAPITRE PREMIER

DE LA COMPOSITION DES DIFFÉRENTES SORTES DE GRAINS EMPLOYÉS A LA PRÉPARATION DE LA BIÈRE

Si l'on voulait s'occuper des diverses semences au moyen desquelles on peut préparer de la bière, ce n'est qu'avec difficulté que l'on pourrait en fixer le nombre. Toutes les substances qui contiennent de l'amidon, peuvent fournir de la dextrine et du sucre. Ce sucre peut fermenter : on peut donc préparer de la bière avec toutes les substances qui contiennent de l'amidon. Il n'y a pas de motif pour que l'on ne puisse pas également bien employer à cette préparation les pois et les haricots. Le riz peut très bien servir à la préparation de la bière : il en est de même du sarrasin et du seigle. Dans les pays où le maïs est cultivé en abondance, on s'en sert quelquefois pour la préparation de la bière ; dans d'autres endroits, on emploie du seigle : en Angleterre, on emploie quelquefois de l'avoine. Mais les espèces de grains les plus en usage sont l'orge et le froment : c'est par cette raison que nous nous bornerons surtout à l'examen de la composition de ces deux sortes de grains.

Le froment donne une bonne bière, surtout lorsqu'il est mélangé avec l'orge ; mais le prix du froment est comparativement trop élevé pour que l'on puisse l'employer de préférence à la fabrication de la bière.

La bière de seigle est difficile à obtenir claire, et elle a, par suite, beaucoup de tendance à devenir acide : en outre, elle possède l'odeur et la saveur du pain de seigle.

La bière d'avoine est également trouble et, comme la bière de seigle, elle est exposée à devenir acide.

Dans la préparation de quelques bières blanches de Belgique, on emploie de l'avoine avec l'orge. Le froment est un ingrédient qui ne fait jamais défaut dans la préparation d'un grand nombre de bonnes espèces de bières, surtout en Belgique. Pour la préparation des bières de qualité inférieure, on emploie en Belgique le sarrasin à la place de froment ; dans d'autres endroits, on emploie l'épeautre.

Le maïs et le riz donnent des bières très agréables. En Hollande, il n'y a pas lieu de s'en occuper. En outre, il existe dans les bières faites avec le maïs et avec le riz une quantité bien moindre de ces phosphates que l'on trouve dans les bières préparées avec l'orge et que nous considérons comme des parties constituantes essentielles de la bière. Le grain est un des ingrédients principaux nécessaires à la préparation de la bière. On peut bien, sans employer aucune espèce de grain, préparer une boisson agréable, plus agréable même que la bière : mais on ne doit plus désigner cette boisson sous le nom de bière.

On a toujours pensé à employer dans la préparation de la bière une matière qui soit d'un prix moins élevé que le grain, et on devait nécessairement employer dans ce but les pommes de terre. Dœbereiner, entre autres, s'est beaucoup occupé de ce sujet [1].

Suivant ce chimiste, il suffit de transformer au moyen de la diastase la fécule de pommes de terre en dextrine et en sucre, de faire bouillir avec du houblon la liqueur qui en résulte et d'en déterminer la fermentation au moyen d'un ferment. On prétend obtenir de cette manière une bière qui peut être comparée aux meilleures ales anglaises.

En présence des travaux des chimistes sur ce sujet, on a lieu d'être étonné que la saveur et les autres propriétés appréciables par les sens soient seules employées comme caractères spécifiques et que l'on ait entièrement laissé de côté la composition chimique. La fécule de pommes de terre peut assurément se transformer en dextrine et en sucre : cette dextrine et ce sucre peuvent, lorsqu'on les traite par l'eau, donner une dissolution que l'on peut faire bouillir avec du houblon : le sucre pouvant fermenter, on peut obtenir ainsi une liqueur qui, outre les parties constituantes du houblon, contienne de l'alcool et de l'acide carbonique, et en outre du sucre, de la dextrine et de l'eau, mais rien de plus. Les matières albumineuses que contient la bière préparée avec du grain ne s'y trouvent pas, non plus que les sels et les autres substances qui font de la bière un aliment d'une grande valeur.

1. *Aeltere und neuere Erfahrungen*, Iéna.

S'il s'agissait seulement de préparer une boisson rafraîchissante, d'une saveur agréable, il n'y a pas de doute que l'on pourrait obtenir au moyen de la fécule de pommes de terre une boisson de ce genre qui, pour beaucoup de personnes, présenterait même probablement une saveur plus agréable que le plus grand nombre des bières. Mais on ne doit pas plus donner le nom de bière à cette liqueur que l'on ne doit appeler vin le jus de groseilles que l'on a fait fermenter.

Au point de vue physiologique, on ne doit donc pas confondre avec la bière toutes les boissons fermentées qui sont préparées, non avec du grain, mais avec d'autres substances qui contiennent de l'amidon. Cependant, au point de vue économique, on peut approuver l'emploi des autres substances qui contiennent de l'amidon (et surtout des pommes de terre). Si, dans la bière ainsi préparée, les principes nutritifs manquent, on peut remédier à cet inconvénient par l'usage du grain. Il est positif (et nous le prouverons d'une manière bien nette dans l'examen qui va suivre) que, dans la préparation de la bière au moyen d'une substance quelconque qui contient de l'amidon, il ne se produit aucune substance nutritive particulière que l'on ne puisse obtenir également bien au moyen de toute autre substance qui contient de l'amidon, et par conséquent au moyen des pommes de terre ou du riz, et que les principes nutritifs qui font défaut peuvent très bien être suppléés par l'usage de la farine de grains soumise à la cuisson.

En ce qui concerne la préparation de la bière en particulier, nous avons cependant à prendre en considération les différentes espèces de grains et nous devons étudier avec exactitude leur composition : d'une part, pour nous rendre compte des décompositions qu'ils éprouvent pendant les opérations successives à l'aide desquelles on arrrive à la préparation de la bière et, d'autre part, pour déduire des parties constituantes mêmes du grain quelles sont celles que la bière doit contenir.

On a fait des recherches analytiques sur la composition des grains : mais c'est seulement dans les dernières années que l'on a fait des analyses comparées des grains et des malts que l'on prépare au moyen de ces grains, ainsi que des résidus que laissent ces malts lorsqu'ils ont été épuisés par l'eau, telles que nous en avons besoin pour arriver à la connaissance de la préparation de la bière, et encore ces analyses sont en petit nombre, en sorte que nous manquons sous ce rapport des connaissances nécessaires. C'est par ce motif que j'ai engagé M. Oudemans à faire ces analyses dont il s'est occupé avec empressement. Non seulement, il a fait l'analyse de l'orge, du froment, du seigle et de l'avoine (j'ai cru, dans mes recherches sur la bière, pouvoir me borner à l'étude de ces quatre espèces de grains), mais il a fait aussi l'analyse des différentes espèces de malt qui correspondent à chacun d'eux, l'analyse du malt d'orge à différents degrés de dessiccation, et enfin l'analyse des résidus du brassage de ces grains, de la matière appelée *drêche* (en allemand *treber*, en anglais *grains*, en hollandais *draf*.) Nous sommes donc redevables à M. Oudemans des résultats de toutes ces analyses.

J'indiquerai ici en peu de mots les méthodes qu'il a suivies dans ces analyses,

Les analyses des différentes sortes de grains et de malt, ainsi que celles des drêches correspondantes, ont toutes été faites par la même méthode. Dans tous les cas, les enveloppes des grains ont été comprises dans l'analyse, ainsi que, du reste, il était convenable de le faire. Les résultats trouvés pour la composition des différentes espèces de grains ne doivent par conséquent pas être considérés comme s'appliquant à la farine blutée, mais à la totalité du grain préalablement moulu très fin,

La dessiccation du grain a été effectuée à une température de 140°. A cette température, le grain perd toute son eau en trois ou quatre heures.

Pour séparer la matière grasse, on a épuisé par l'éther le grain préalablement desséché, puis moulu ; on a évaporé l'éther et pesé le résidu.

L'extrait alcoolique a été obtenu en traitant par l'alcool absolu le grain préalablement desséché et moulu : on a évaporé jusqu'à siccité et on a traité le résidu par l'éther pour séparer la matière grasse. Le résidu qui restait ensuite a été desséché à 120°, puis pesé.

La quantité d'azote a été déterminée par le procédé de Will et de Varrentrapp.

La détermination des matières cellulaires mérite une mention spéciale. Oudemans a évité dans cette détermination les erreurs que présentent toutes les autres méthodes, et surtout le traitement par les acides avec l'aide de la chaleur, par la méthode de Millon et de Péligot, au moyen duquel une portion plus ou moins grande des matières cellulaires peut être transformée en dextrine ou en sucre; en sorte que la quantité de matières cellulaires que l'on obtient, est alors trop petite dans la même proportion.

On fait digérer pendant deux heures, à une température de 70°, un poids déterminé de grains bien moulus, avec une infusion de malt bien claire. De cette manière, tout l'amidon se dissout. On reprend ensuite le résidu par une dissolution étendue de potasse. Après la digestion avec l'infusion de malt, on traite successivement le résidu par la dissolution étendue de potasse, par l'eau chaude, par l'acide acétique étendu, par l'éther, par l'alcool et par l'eau, et enfin on fait dessécher le résidu à 120°.

La quantité de matières cellulaires obtenue par cette méthode est bien plus forte que ne l'a trouvé Péligot, par exemple [1]. Il restait encore à déterminer si, au moyen de l'infusion de malt et de la potasse, tout l'amidon et toutes les matières albumineuses devenaient solubles aussi bien qu'au moyen de la potasse seule. Oudemans s'est occupé de cette détermination. Il s'est spécialement assuré de l'absence de l'amidon au moyen de l'iode, qui ne déterminait aucune trace de coloration, et de l'absence de matières albumineuses en essayant si les matières cellulaires contenaient de l'azote, par la méthode de Will et de Varrentrapp : il n'a obtenu ainsi aucune trace d'ammoniaque.

Cette méthode de dosage des matières cellulaires me paraît mériter la préférence sur toutes les méthodes connues jusqu'ici. En outre, elle est applicable à toutes les portions de plantes, qui contiennent de l'amidon [2]. Cependant, elle n'est pas exempte d'erreurs : dans le traitement par la dissolution de potasse notamment, les matières cellulaires qui constituent l'enveloppe du grain et qui ne sont pas de la cellulose, mais qui ne sont pas non plus de la nature de l'amidon et de la dextrine, peuvent être attaquées, en sorte que, par cette méthode aussi, surtout à cause du traitement au moyen d'une dissolution étendue de potasse, on obtient

1. Je leur donne le nom de *matières cellulaires*, en comprenant sous ce nom, outre la *cellulose*, les matières que l'on désigne ordinairement sous le nom de fibres végétales.

2. La méthode se trouve décrite dans *Verhandelingenen Onderzoekingen* 1e deel, 2e stuk, p. 16.

pour les fibres ligneuses, ou, si l'on veut, pour les substances inertes, qui sont également sans utilité pour la préparation de la bière, une quantité un peu plus faible que celle que l'on devrait obtenir.

Dans les analyses d'Oudemans, cette crreur s'élève au plus au cinquième de ce qui est compris sous le nom de matières cellulaires : je ne dis ni matière cellulaire, ni cellulose, mais je dis matières cellulaires.

Les parties constituantes solubles dans l'eau qui existent dans les grains et dans les différentes sortes de malt, ont été déterminées on épuisait les grains ou les malts par l'eau froide et on évaporait jusqu'à siccité les dissolutions ainsi obtenues. Pour les grains, cette opération pouvait être facilement effectuée; mais, pour les malts, elle présentait un certain degré de difficulté, ce qui venait de ce que les matières albumineuses que ces malts contenaient se décomposaient très facilement et déterminaient également la décomposition de l'amidon. Par suite, on obtenait, d'une part, des résultats inexacts, et, d'autre part, la filtration devenait impossible. — Le seul mode d'opérer qui restait à employer, était le suivant : après avoir moulu le malt en poudre fine, on le laisse digérer pendant quelques heures avec de l'eau froide, en ayant soin d'agiter de temps en temps : on laisse ensuite les parties solides se déposer : on décante la liqueur claire au moyen d'une pipette, on la porte dans un vase taré; on l'évapore, on la dessèche à 120°, puis on pèse le résidu.

Il est hors de doute, suivant l'opinion d'Oudemans, que la quantité des parties constituantes du malt qui sont solubles dans l'eau est estimée ainsi à une valeur trop élevée : en effet, d'une part, les matières albumineuses qui étaient insolubles, peuvent devenir solubles, et d'autre part, pendant que la matière reste en contact avec l'eau, une certaine quantité de l'amidon existant dans le malt, a pu se transformer en dextrine. Mais cet inconvénient ne peut pas être évité; en effet, lorsqu'on veut évaluer la quantité des principes solubles dans l'eau, il faut traiter par l'eau.

Le sucre, dont la présence avait été indiquée dans toutes les espèces de grains, n'y a pas été trouvé par Oudemans, ce qui est du reste conforme avec l'opinion de Péligot qui avait signalé l'absence du sucre dans le froment.

Lorsque nous émettons l'opinion qu'il n'existe pas, dans le grain, de sucre tout formé, nous devons avant tout diriger notre attention sur une petite quantité de sucre qui paraît se comporter comme du sucre de canne, ainsi que d'une autre matière de saveur douceâtre qui, à l'apparence, paraît identique avec la glycyrrhizine, et qui ont été trouvées toutes les deux par Millon [1] dans le son du froment.

Les expériences d'Oudemans ont donné sur ce sujet les résultats suivants : après avoir moulu en poudre fine l'orge, le froment, le seigle et l'avoine, on les épuise par l'alcool absolu. On évapore ensuite l'alcool, puis on traite le résidu par l'eau. Une partie de la liqueur résultant du traitement par l'eau, essayée au moyen de la dissolution cuivrique si connue, a produit une réduction pour les quatre sortes de grains. Pour le froment, la réduction a été rapide, tandis que, pour le seigle, pour l'orge et pour l'avoine, elle a été lente.

Oudemans a fait bouillir avec de l'acide acétique concentré une autre portion de la même liqueur : il a évaporé ensuite le tout jusqu'à siccité : il a redissous dans l'eau la masse desséchée et il a essayé, au moyen de la dissolution cuivrique, la liqueur ainsi obtenue. Dans les liqueurs provenant des quatre sortes de grains, il s'est produit alors une réduction instantanée et si l'on considère la substance qui a déterminé la réduction comme étant du sucre de canne, on obtient pour cent, dans chacune des espèces de grains indiquées :

Dans le froment	0,22
Dans l'orge	0,19
Dans le seigle	0,08
Dans l'avoine	0,12

Le maximum s'élève donc dans le grain à 0,002.

Cette matière est-elle réellement du sucre? Je ne crois pas qu'il y ait aucun motif de la considérer comme du sucre. Avant que l'on eût fait bouillir la liqueur avec l'acide acétique concentré, la réduction de la dissolution cuivrique était lente, bien que, cependant, elle eût également lieu ; mais, par l'intervention de l'acide acétique, la réaction devenait plus prononcée.

La seule conclusion que l'on puisse en tirer, c'est que l'alcool a enlevé au grain une trace de dextrine, substance qui existe toute formée dans le grain et qui jouit également de la fa-

1. *Ann. de chimie et de physique*, 3e série, t. XXVI, p. 33.

culté de réduire la dissolution cuivrique. La dextrine est bien par elle-même insoluble dans l'alcool, mais la glutine pourrait peut-être déterminer la dissolution d'une petite quantité de dextrine dans la liqueur alcoolique; cette dextrine exercerait alors sur la dissolution cuivrique une action réductrice directe, mais lente. La réduction serait au contraire rapide, lorsque, par l'action de l'acide acétique, cette substance se serait transformée en sucre de raisin.

Oudemans a trouvé plus tard que cette manière d'envisager ce qui se passe était pleinement confirmée par les résultats que l'on obtenait en traitant par l'alcool bouillant une quantité considérable de grains préalablement moulus.

On peut donc, en s'appuyant sur ces raisons, considérer comme prouvée l'absence du sucre dans les quatre espèces de grains indiqués. Dans les analyses anciennes dans lesquelles le sucre figure toujours comme principe constituant du grain, ce sucre est un produit de métamorphose de la dextrine et de transformation de l'amidon en dextrine pendant le cours de l'analyse. Lorsqu'on veut s'assurer de la présence ou de l'absence du sucre, on doit traiter, non par l'eau, mais par l'alcool absolu.

Millon[1], en traitant par l'alcool du son de froment qui avait donné à l'analyse 50 pour 100 d'amidon et de dextrine, a obtenu 2 pour 100 de sucre qui, suivant lui, était mélangé avec de la glycyrrhizine. Ce sucre devait être de la dextrine; en effet, il faisait dévier à droite la lumière polarisée, et, après avoir été traité par les acides, il la faisait au contraire dévier à gauche. Avant d'avoir été traité par un acide, il ne réduisait pas la solution cuivrique, tandis qu'il la réduisait au contraire après leur action. Millon croyait pouvoir considérer ce sucre comme du sucre de canne. Cependant il n'avait pas pu le faire cristalliser. Nous avons vu que c'est de la dextrine.

Dans le malt, il doit nécessairement se trouver du sucre. Ce sucre, ainsi que la dextrine et l'amidon qui existent aussi dans le malt, a été déterminé de la manière suivante :

Pour déterminer le sucre, on a épuisé par l'alcool le malt préalablement moulu; on a évaporé l'alcool, on a traité le résidu par l'eau; on a ramené la dissolution à un volume fixé, et on y a déterminé la proportion de sucre au moyen

1. *Ann. de chimie et de physique*, t. XXVI, p. 33.

de la liqueur cuivrique si connue. En traitant par l'eau l'extrait alcoolique, on sépare la dextrine. Enfin, en faisant digérer le résidu avec de l'acide sulfurique étendu, on transforme l'amidon en sucre, que l'on détermine au moyen de la dissolution cuivrique. Pour trouver la quantité de dextrine on transforme la dextrine en sucre, et on détermine, au moyen de la dissolution cuivrique, le sucre obtenu.

Toutes ces dissolutions, lorsqu'elles contenaient de l'acide sulfurique, étaient saturées avec soin par la potasse avant d'être essayées au moyen de la dissolution cuivrique. En outre, on les faisait digérer avec une petite quantité de charbon animal, afin de se débarrasser des substances qui auraient pu exercer sur l'essai saccharimétrique une influence fâcheuse et qui pouvaient être séparées au moyen du charbon animal.

En même temps que l'acide sulfurique opère la transformation de l'amidon, il transforme aussi une partie de la cellulose en sucre. Pour corriger l'erreur qui affecterait ainsi la quantité d'amidon trouvée, Oudemans traite successivement par une dissolution de potasse, par l'acide acétique, par l'eau, par l'alcool et par l'éther, la matière cellulaire qui est restée comme résidu après le traitement par l'acide sulfurique; la différence en moins qu'il trouve entre la quantité de matière cellulaire ainsi obtenue et la quantité de matière cellulaire obtenue directement par le procédé indiqué précédemment au moyen de l'extrait de malt de froment, est ensuite retranchée de la quantité d'amidon que l'on a déduite de la quantité de sucre produite par l'action de l'acide sulfurique. — 90 parties d'amidon, de dextrine ou de cellulose représentent également 100 parties de sucre de raisin.

La détermination de la cendre a été opérée par les méthodes connues : la carbonisation et la combustion des substances s'effectuaient rapidement et facilement dans des capsules spacieuses.

Les analyses d'Oudemans ne laissent à désirer qu'en ce qu on ne connaît pas la provenance des grains qu'il a employés, et que les matières albumineuses n'ont été déterminées qu'indirectement, on les déduisait de la proportion d'azote que contenaient ces grains. On peut évaluer à 15,5 pour 100 la quantité d'azote que contenaient ces matières albumineuses.

En ce qui concerne la provenance des grains qui ont servi dans les analyses, sa connaissance ne présentait ici aucune importance; en effet, il ne s'agit pas ici de donner un aperçu des principes qui constituent les grains, mais il est question d'obtenir un examen comparatif du grain, du malt, de la drêche et de la bière : il était donc indifférent de ne pas savoir quelle était la provenance de ces grains. Comme point de comparaison j'ai inséré en outre les analyses des espèces de grains indiquées, faites par d'autres chimistes, autant du moins qu'elles paraissent avoir quelque valeur.

J'ai pensé qu'il était convenable d'indiquer ici seulement les résultats généraux auxquels les expériences d'Oudemans ont conduit, et de réserver les détails pour les endroits où il serait question de chaque sujet en particulier.

J'ai en outre jugé bon de donner ici les résultats des analyses des cendres de grains d'orge et de malt d'orge qui ont été obtenus dans le laboratoire d'Utrecht par MM. Veltman et Moesman.

Composition des différentes espèces de grains et des malts correspondants.

100 PARTIES CONTIENNENT OU DONNENT par leur transformation.	ORGE.	MALT			DRÊCHE (MALT ÉPUISÉ)				FROMENT.	MALT DE FROMENT desséché à l'air.	SEIGLE.	MALT DE SEIGLE desséché à l'air.	AVOINE.	MALT D'AVOINE desséché à l'air.
		desséché à l'air.	desséché à la touraille.	fortement desséché à la touraille.	desséché.e	plus fortement desséchée.	encore plus fortement desséchée.	très fortement desséchée.						
Dextrine	4,5	6,5	5,8	9,4	0,0	0,0	0,0	0,0	4,5	6,2	5,2	12,7	5,0	7,1
Amidon	53,8	47,3	51,2	43,9	9,5	6,7	5,3	3,8	57,0	50,3	56,5	42,1	47,0	37,3
Sucre	0,0	0,4	0,6	0,8	0,0	0,0	0,0	0,0	0,0	1,6	0,0	1,1	0,0	0,4
Matières cellulaires	7,7	11,7	9,4	10,6	6,2	7,8	9,4	7,7	6,1	8,0	7,8	11,9	14,5	22,6
Matières albumineuses	9,7	11,0	9,1	9,7	4,1	4,7	5,4	4,3	11,5	11,9	10,4	11,7	12,1	13,3
Matières grasses	2,1	1,8	2,1	2,4	0,4	0,3	0,4	0,3	1,8	2,0	1,4	1,5	5,4	4,1
Matières inorganiques	2,5	2,6	2,4	2,6	1,1	1,3	1,2	1,1	1,7	1,8	1,8	1,8	2,8	3,1
Eau	18,1	16,1	11,1	8,2	79,3	79,1	78,6	82,5	16,0	14,4	16,4	15,6	14,9	14,1
Extrait alcoolique	0,7	3,7	4,1	4,4	...	...	...	...	0,8	4,4	1,2	5,2	0,6	4,1
Ex rait aqueux	7,0	11,0	17,0	21,0	0,1	0,1	0,1	0,1	6,8	17,0	8,2	24,3	7,9	11,0

Composition des cendres d'orge et de malt d'orge.

	ORGE.		MALT D'ORGE desséché A L'AIR.		MALT D'ORGE desséché A LA TOURAILLE[1].		MALT D'ORGE desséché *fortement* A LA TOURAILLE.	
	Veltman.	Moesman.	Veltman.	Moesman.	Veltman.	Moesman.	Veltman.	Moesman.
Potasse	17,0	17,5	16,0	15.6	16,1	17,0	20,3	20,8
Soude	5,9	6,3	5,2	4,4	2,3	2,0	4,6	4,2
Chaux	2,7	3,1	4,0	4,9	4,2	4,2	6,0	5,6
Magnésie	7,2	6,8	6,5	7,1	6,1	5,6	5,8	6,0
Sexquioxyde de fer	0,5	0,5	0,9	0,9	1,5	1,9	0,8	1,0
Acide phosphorique	30,3	perdu.	30,6	31,0	29,1	28,4	35,8	35,0
Acide sulfurique	1,4	1,5	1,1	1,0	2,0	1,8	0,7	0,8
Acide silicique insoluble	7,1	7,0	35,1	35,3	12,0	11,4	14,5	25,9
Acide silicique soluble	26,0	26,7			26,4	27,1	12,1	
Chlore	1,3	1,3	0,4	0,4	0,1	0,1	0,1	0,1

La quantité des matières inorganiques contenues dans l'orge varie de 2,1 4 à 2,6 p. 100.

1. D'une autre source que l'orge et le malt desséchés à l'air.

I. De l'orge.

En réalité, la connaissance de la composition de l'orge et du froment nous est complètement suffisante pour nous rendre compte de tout ce qui a rapport à la bière telle qu'on la fabrique actuellement : en effet, on fabrique la bière presque exclusivement avec l'orge, soit seule, soit mélangée avec du froment, germé ou non germé. Je ferai donc seulement un examen approfondi de l'orge et du froment, et si, dans les analyses d'Oudemans, on trouve des indications relatives aux autres espèces de grains, cela n'est pas tant parce que ces indications présentent une importance spéciale au point de vue de la connaissance de la bière, que plutôt pour faire connaître d'une manière plus positive les transformations que les grains, comme l'orge et le froment, subissent par l'acte de la germination. L'orge est particulièrement convenable pour la préparation de la bière : elle donne, en effet, lorsqu'on l'a fait germer, une proportion de diastase si forte que, par l'action de celle-ci, non seulement la matière amylacée contenue dans l'orge, mais encore celle que peut contenir une quantité additionnelle considérable de froment et d'autres substances farineuses comme l'avoine, le maïs, le riz, le sarrasin, et même de fécule de pommes de terre, peuvent être transformées en dextrine et en sucre.

Pour préparer une bonne bière, il faut faire usage d'un grain d'orge compact, bien plein, qui, lorsqu'on le casse, soit coloré en jaune à l'intérieur, qui soit riche en matière amylacée et qui soit enveloppé extérieurement d'une partie corticale mince, lisse, luisante. L'orge qui a poussé dans un sol calcaire est considérée comme devant être préférée à celle qui a poussé dans un sol argileux.

Parmi les nombreuses variétés de l'orge, ce sont les variétés que l'on désigne sous les noms d'*Hordeum vulgare distichon* et d'*Hordeum vulgare hexastichon*, que l'on emploie spécialement pour la préparation de la bière.

La première variété mûrit plutôt que la seconde, et elle est, pour la fabrication de la bière, plus estimée que la seconde, dont le grain, lorsqu'on le place en tas sans qu'il soit entièrement sec, s'échauffe facilement et acquiert, par suite, des propriétés moins agréables qui conviennent moins lorsqu'on s'en sert pour la préparation de la bière. Outre ces deux espèces d'orge, on emploie encore l'*Hordeum zeocriton*, l'*Hordeum nudum* ou *cœleste*.

Quelle que soit du reste l'espèce d'orge que l'on emploie, on doit, dans tous les cas, éviter le mélange des orges de date plus ancienne et des orges de date plus récente : en effet, les unes et les autres, bien que placées dans un même local, ne prennent pas, par leur germination, un même degré de développement et ne subissent pas les mêmes transformations chimiques.

Pour préparer une bonne bière qui ne se démente pas, une condition essentielle est d'employer autant que possible de l'orge d'une seule et même sorte et d'un même âge.

L'orge a été analysée par divers chimistes. La place nous fait défaut pour reproduire toutes ces analyses. Nous avons donné, dans le premier des tableaux précédents, les résultats obtenus par Oudemans. Ce chimiste a opéré, non sur la farine mais sur le grain d'orge entier avec son enveloppe, ainsi que cela est nécessaire pour se rendre compte de la préparation de la bière. Nous reproduisons ci-dessous ces chiffres déjà connus, et nous ajoutons en regard les nombres qui correspondent à l'orge desséchée.

Composition de l'orge, d'après Oudemans.

	ORGE non desséchée.	ORGE desséchée.
Amidon	53,8	65,7
Dextrine	4,5	5,5
Matières cellulaires	7,7	9,4
Matières albumineuses	9,7	11,8
Matière grasse	2,1	2,5
Substances inorganiques	2,5	3,1
Eau	18,1	—
Autres substances	1,6	2,0
	100,0	100,0

Pour ce qui concerne les matières constituantes spéciales de l'orge, on ne possède presque que le peu de renseignements qui suivent :

Par la distillation de 4 livres d'orge, additionnées de 4 livres d'eau et de 6 livres d'acide sulfurique, Emmet a obtenu de l'acide formique[1] et Beckmann[2] un acide gras solide qu'il a nommé acide hordéique. Cet acide fond à 60°, possède pour composition $C^{24}H^{24}O^{4}$ et il est par conséquent isomérique avec l'acide laurostéarique.

Par la saponification de la matière grasse extraite directement de l'orge au moyen de l'éther, Beckmann a obtenu un acide gras liquide, huileux, et un acide gras solide. Ce dernier, dont le point de fusion se trouve à 56°, n'est pas, d'après Beckmann, susceptible d'être transformé en acide hordéique. Même en le distillant avec de l'acide sulfurique étendu, on ne pouvait pas le transformer en acide hordéique. Beckmann n'a pas réussi non plus à obtenir de l'acide hordéique en distillant avec de l'acide sulfurique l'orge dont on a séparé la matière grasse au moyen de l'éther.

Les analyses de cendres d'orge faites par Veltman et Moesman dans le laboratoire d'Utrecht donnent les résultats suivants :

Analyses des cendres d'orge.

	VELTMAN.		MŒSMAN.	
Potasse	17,0		17,5	
Soude	5,9		6,3	
Chaux	2,7		3,1	
Magnésie	7,2		6,8	
Sesquioxyde de fer	0,5		0,5	
Acide phosphorique	30,3		31,0[3]	
Acide sulfurique	1,4		1,5	
Acide silicique insoluble	7,1	33,1	7,0	33,7
» » soluble	26,0		26,7	
Chlore	1,3		1,3	

Ces analyses peuvent être considérées comme établissant d'une manière positive la composition des cendres d'orge. Si on laisse de côté une petite quantité de chlorures et de sulfates et une quantité assez considérable d'acide silicique, on voit que l'orge est surtout riche en phosphates.

La composition de ces cendres est vraiment remarquable. Si, par exemple, dans les analyses de Veltman et de Moesman, nous faisons abstraction de la quantité d'acide sili-

1. Berzelius, *Jahresbericht*, t. XVIII, p. 275.
2. Erdmann's *Journal für pr. Chemie*, t. LXVI, p. 52.
3. Cet acide phosphorique pr. vient de la cendre d'un malt d'orge. La détermination de l'acide phosphorique de l'orge elle-même avait été perdue.

cique et de sesquioxyde de fer, nous obtenons en nombres ronds :

Potasse..........................	170,0
Soude............................	60,0
Chaux............................	3,0
Magnésie.........................	7,0
Acide sulfurique.................	1,4
Chlore...........................	1,3
Acide phosphorique...............	30,0

1,4 d'acide sulfurique exigent, pour former du sulfate de potasse, 1,6 de potasse; il reste 17,1 — 1,6 = 15,4 KO.

1,3 de chlore, pour former du chlorure de sodium, demandent 0,8 de sodium : 0,8 de sodium correspondent à 1,1 NaO : il reste 6 — 1,1 = 4,9 NaO.

Si nous considérons la totalité de l'acide phosphorique comme combinée aux bases que nous trouvons encore dans la cendre, nous obtenons :

	Bases.	Acide phosphorique.	
Potasse......	15,4	11,6	$PO^5,2KO$
Soude........	4,9	5,7	$PO^5,2NaO$
Magnésie....	7,0	12,6	$PO^5,2MgO$
Chaux.......	3,0	2,5	$PO^5,3CaO$
		32,4	

Il ressort de là évidemment que presque toutes les bases trouvent dans la cendre d'orge une quantité d'acide phosphorique suffisante pour former des phosphates : on doit encore y joindre :

Potasse...	1,6 + Acide sulfurique...	1,4	= 3,SO^3,KO
Sodium...	0,8 + Chlore.............	1,3	= 2,1ClNa

Il n'est pas besoin de rappeler ici que ce n'est qu'un exemple. D'autres analyses de cendres donnent une proportion plus forte d'acide phosphorique et d'autres quantités de bases. En outre, il est surtout convenable de faire observer que ces combinaisons salines ne préexistent pas dans le grain d'orge, mais qu'on les trouve seulement dans la cendre. Dans l'orge même, on retrouve une partie de cet acide phosphorique à l'état d'acide phosphorique en combinaison avec l'albumine et une autre partie à l'état de phosphore formant une partie constituante des matières albumineuses : par l'incinération du grain d'orge, ce phosphore s'oxyde et se transforme ainsi en acide phosphorique.

II. Froment.

Il existe également un très grand nombre de variétés de froment. Mais, pour le but que nous nous proposons ici, nous n'avons pas besoin de les examiner en particulier ; en effet, on n'a pu reconnaître jusqu'ici dans leur composition chimique aucune différence bien nette. Un grand nombre d'expérimentateurs, parmi lesquels nous citerons Proust, Zenneck, De Saussure, Vogel, Rossignon [1], Vauquelin [2], Boussingault [3], Dumas, Boussingaulo et Payen [4], Krocker et Horsford [5], se sont occupés successivement de l'analyse du froment, et nous sommes dans l'impossibilité de prétendre que nous ne possédions pas quelques bonnes analyses du froment.

Nous en citerons quelques-unes[6].

Boussingault et Polson ont obtenu les résultats suivants [7] :

Analyses du froment.

	BOUSSINGAULT.	POLSON.	
Amidon	59,7	62,3 [8]	56,9 [9]
Gluten	12,8	10,9	7,0
Albumine	1,8		
Dextrine	7,2	3,8	5,3
Matière grasse	1,2	1,2	1,2
Cellulose	1,7	8,3	12,4
Substances inorganiques	1,6	1,6	1,5
Eau	14,0	14,0	14,8

Péligot [10] spécialement a donné l'analyse très détaillée du froment. En opérant sur 14 espèces de froment de provenances différentes, il a trouvé que la quantité des substances azotées variait entre 10 et 22 pour 100, en sorte que, d'après

1. De Gasparin, *Cours d'Agriculture.*
2. *Journal de pharmacie*, t. VIII, p. 353.
3. *Economie rurale*, 2e édition, Paris, 1850.
4. *Ann. de Ch. et de Phys.*, 3e série, t. VIII, p. 89.
5. *Liebig's Annal.*, t. LVIII, p. 166 et 212.
6. Voyez en outre Virey dans le *Journ. de Pharm.*, t. III, p. 69 ; t. XIII, p. 342 ; t. VIII, p. 51 ; Henry.
7. Erdman's, *Journ. für pr. Chemie*, t. LXVI, p. 320.
8. Froment d'Amérique ancien.
9. Froment d'Ecosse nouveau.
10. *Annales de chimie et de physique*, 3e série, t. XXXI, p. 1.

cela, la valeur nutritive du froment peut varier du simple au double. La proportion d'amidon et de dextrine varie en sens contraire. Le froment à 10 pour 100 de matière albumineuse donne 74 pour 100 d'amidon et de dextrine, tandis que, dans celui qui contient 22 pour 100 de matière albumineuse, il n'existe que 62 pour 100 d'amidon et de dextrine. Ce fait est certainement digne d'être remarqué au point de vue agricole.

La composition moyenne du froment (l'eau était déterminée par la dessiccation à 120°), en y comprenant le grain entier sans en séparer le son, est, suivant Péligot, la suivante :

Matière grasse	1,2
Matières azotées insolubles	12,8
Matières azotées solubles	1,8
Dextrine	7,2
Amidon	59,7
Cellulose	1,7
Sels minéraux	1,6
Eau	14,0

Les résultats extrêmes trouvés par Péligot pour les différentes parties constituantes du grain sont :

	Minimum.	Maximum.
Matière grasse	1,0	1,9
Matières azotées insolubles	8,1	19,8
Matières azotées solubles	1,6	2,4
Matière non azotée soluble (dextrine)	2,3	10,5
Amidon	55,1	67,1
Cellulose	1,4	2,4
Sels	1,4	1,9
Eau	13,2	15,2

Péligot n'a pas trouvé de sucre dans le froment, pas plus que dans l'avoine. Mitscherlich n'a pas trouvé non plus de sucre dans le froment ni dans le seigle.

Millon[1] a effectué de nombreuses déterminations de l'eau contenue dans la farine de froment et dans le son de froment. D'après ses observations, l'eau se sépare rapidement et complètement entre 160° et 165°. Dans 28 expériences faites sur de la farine de froment, il a obtenu comme limites les nombres 14,63 et 16,68 pour 100 : 9 autres analyses lui ont donné les nombres 14,0 et 18,2 pour 100.

1. *Annales de chimie et de physique*, 3e série, t. XXVI, p. 4.

En ce qui concerne la quantité de gluten (le résidu que l'on obtient lorsqu'on malaxe le froment moulu sous l'eau après l'avoir enveloppé dans un linge) contenue dans le froment, Reiset[1] nous a appris qu'elle pouvait varier de 10,7 à 17,9. Il a trouvé que la proportion de cendres variait de 1,8 à 2,3. D'après Millon[2], la proportion de gluten présente des variations encore plus considérables. Une espèce de froment lui a donné seulement 6 pour 100 de gluten, bien que la proportion qu'il a trouvée parût indiquer une quantité de matière albumineuse s'élevant à 10,3 pour 100. Pour une autre espèce de froment qui était également bonne, il n'a pas trouvé de gluten, bien qu'elle contînt une quantité d'azote qui paraissait indiquer 11,5 pour 100 de matières albumineuses.

Les travaux faits dans le but d'arriver à la connaissance de la composition du froment et de la farine de froment étaient donc loin de manquer. Cependant une analyse plus exacte du froment était d'autant plus nécessaire que, dans une des analyses antérieures, on a trouvé 1,7 pour 100 et, dans une autre, de 8 à 12 pour 100 de matières cellulaires.

Nous donnons ici une analyse d'Oudemans dans laquelle ce chimiste a analysé le grain de froment entier, précisément tel qu'il doit être pour pouvoir servir à la fabrication de la bière.

Analyse du grain de froment entier, par Oudemans.

	GRAIN	
	NON DESSÉCHÉ.	DESSÉCHÉ.
Amidon	57,0	67,9
Dextrine	4,5	5,4
Matières cellulaires	6,1	7,2
Substances albumineuses	11,5	13,7
Matière grasse	1,8	2,1
Substances inorganiques	1,7	2,0
Eau	16,0	...
Autres matières	1,4	1,7
	100,0	100,0

1. *Annales de chimie et de physique*, t. XXXIX, p. 22.
2. *Journal de pharmacie*, 3e série, t. XXV, p. 352, et *Comptes rendus* t. XXXVIII, p. 12, 85, et 119.

Les analyses de Polson s'accordent encore à très peu près avec celles d'Oudemans. Boussingault et Péligot ont obtenu pour leurs déterminations de la cellulose des nombres évidemment erronés. Pour les autres parties constituantes du froment au contraire, on peut considérer les analyses d'Oudemans, de Boussingault, de Polson et de Péligot comme formant une représentation de la composition moyenne du froment.

Le sucre manque aussi dans le froment, et, pour ce qui concerne la nature des matières albumineuses qu'il contient, je m'expliquerai un peu plus loin sur leur nature.

En ce qui concerne enfin la quantité du son, il ressort des analyses d'Oudemans et de Polson qu'on l'évalue en général à un chiffre trop élevé, dans le froment de même que dans les autres espèces de grains. Si, dans le grain à l'état sec, on a trouvé 7 pour cent de cellulose, il est impossible que la quantité de son s'élève à plus de 6 à 7 pour 100 : et encore pour que cela pût être, il faudrait supposer que le son ait été entièrement séparé des autres parties constituantes du grain. Même en tenant compte de la quantité de matière albumineuse contenue dans le son, on ne peut pas expliquer cette différence.

D'après Will et Fresenius, Bichon, Thon, Petzhold, Erdmann et Boussingault [1], la composition des cendres de froment est la suivante :

1. *And. der Chemie und Pharm.*, t. L, p. 363: t. LIV, p. 355; t. LX, p. 361

TABLEAU :

Analyse des cendres de froment

	WILL et FRESENIUS.		BICHON.	THON.	PETZHOLD.	BOUSSINGAULT. Bechelbronn.	ERDMANN.
	Froment roux.	Froment blanc.					
Potasse	21,9	33,8	6,4	24,2	25,8	30,1	25,9
Soude	15,8	...	27,8	10,3	2,7	...	0,4
Chaux	1,9	3,1	3,9	3,0	1,5	3,0	1,9
Magnésie	9,6	13,5	13,0	13,6	12,2	16,3	6,3
Sesquioxyde de fer	1,4	0,3	0,5	0,5	0,2	...	1,3
Acide phosphorique	49,3	49,2	46,1	45,5	57,3	48,3	60,4
— sulfurique	,2	...	0,3	...	0,04	1,0	...
— silicique	...	...	0,4	1,9	0,3	1,3	3,4

Dans les analyses de Bichon et de Thon, la détermination des oxydes alcalins est inexacte.

Nous possédons, par conséquent, une connaissance suffisamment exacte de la composition des cendres de froment. En général, cette composition s'accorde avec celle des cendres d'orge. Cependant il existe dans le froment une quantité d'acide silicique beaucoup plus faible. On pouvait déjà prévoir ce résultat en observant la différence que présente l'enveloppe corticale de ces deux sortes de grains.

III. Examen comparatif de l'orge et du froment.

Dans ce qui précède, nous avons donné un aperçu des principales parties constituantes de l'orge et du froment, et des quantités relatives de ces parties constituantes que l'on trouve dans ces grains. Mais si nous voulons pouvoir répondre à certaines questions dont l'explication ne peut pas être mise de côté, nous devons entrer dans certaines particularités plus intimes que présente la composition de ces deux sortes de grains.

C'est seulement en passant que nous devons signaler la différence qui existe entre l'orge et le froment; en effet, avec chacune de ces deux sortes de grains, on peut préparer une très bonne bière, et parmi les raisons pour lesquelles on n'emploie pas plus généralement le froment pour la préparation de la bière, le prix élevé de ce dernier n'est certainement pas celle qui a le moins de valeur. Pour fabriquer les bières belges, on ajoute à l'orge une quantité considérable de froment et la quantité que l'on ajoute doit être d'autant plus considérable que l'on veut préparer une bière plus forte. On emploie, dans ce cas, le froment, soit à l'état de grain non germé, soit à l'état de malt, soit à l'état de mélange de grain non germé et de malt.

Nous devons au contraire examiner avec soin les parties constituantes les plus importantes de ces deux sortes de grains, en nous attachant surtout aux différences. Le plus souvent, on considère comme le principe actif la substance que l'on nomme brièvement le gluten, le gluten de Beccaria (la substance élastique qui reste lorsqu'on malaxe, sous un filet d'eau, de la farine enveloppée dans un linge), et on ne tient aucun compte de toutes les autres substances albumineuses, ou bien on ne leur reconnaît qu'une valeur exceptionnelle. Mais on rencontre encore dans le grain d'autres substances albumineuses que celles qui existent dans le gluten, et, de plus, le gluten est un mélange dans lequel, outre une certaine quantité d'amidon et de matières cellulaires qui ne peut jamais en être séparée (à moins de dissocier les éléments du mélange et de cesser d'admettre le *gluten*, qui a été qualifié *fibrine végétale*), il existe encore des substances albumineuses de différentes natures.

A ce point de vue, la physiologie animale a été plus favorisée que la physiologie végétale : en effet on a mieux observé la différence précise des formes sous lesquelles les substances albumineuses existent dans l'organisme animal qu'on ne l'a fait pour les substances albumineuses végétales.

Dans nos analyses, nous ne devons pas nous contenter d'indiquer seulement de la fibrine végétale, du gluten, lorsqu'il est question des substances albumineuses contenues dans les grains; mais nous devons les distinguer autant que cela est possible. Dans les matières albumineuses, le mode d'action est précisément en relation avec la forme qu'elles affectent.

Si l'on mélange la farine d'orge ou la farine de froment avec de l'eau de manière à en former une pâte, la pâte obtenue dans le dernier cas est beaucoup plus élastique; cela est une preuve évidente qu'elle contient plus de glutine. Si l'on malaxe cette pâte sous l'eau dans un linge, il reste sur le linge, dans le cas où la pâte a été faite avec du froment, une plus grande quantité de matière élastique, et cette matière élastique contient, entre autres substances, de la glutine et de l'albumine végétale insoluble; dans le cas de l'orge au contraire, on peut faire passer presque toute la masse au travers d'un linge du tissu même avec lequel on a obtenu dans le cas du froment un résidu si considérable.

Cette expérience si simple paraît déjà indiquer une grande différence entre les substances albumineuses de l'orge et celles du froment; elle nous démontre évidemment qu'il existe dans le froment plus de glutine que dans l'orge; elle nous apprend en outre qu'il existe dans le froment une quantité considérable de substance albumineuse insoluble, et qu'il se trouve au contraire dans l'orge une très petite quantité de substance albumineuse insoluble.

Cela paraît ainsi, bien que cela ne soit pas réellement. Il est bien exact que l'orge contient une quantité de glutine moins considérable que le froment, mais cette différence ne peut pas être la seule cause déterminante de la différence dans la proportion du gluten (c'est-à-dire du résidu qui reste sur le linge lorsqu'on malaxe l'orge et le froment sous l'eau).

Si l'on malaxe avec de l'eau le froment et l'orge préalablement moulus, si on laisse reposer la masse pendant quelque temps et si l'on filtre ensuite d'abord au moyen d'un linge, puis au moyen d'un filtre en papier, on obtient une liqueur qui contient toujours une certaine quantité de matière grasse et qui, par suite, est toujours opaline. Des filtrations réitérées au travers du meilleur papier à filtre n'empêchent pas la liqueur d'être ainsi opaline. La partie insoluble dans l'eau, le gluten contient une substance albumineuse importante qui est soluble dans l'alcool: c'est la *glutine*.

Pour obtenir la glutine, Vlaanderen a épuisé par l'alcool à 0,81 les grains préalablement moulus. En opérant ainsi, il ne se perd pas de glutine, tandis qu'il s'en perd toujours lorsqu'on commence par préparer le gluten de Beccaria en malaxant le grain sous l'eau. — On évapore l'alcool; on mélange avec de l'eau le résidu de l'évaporation et on traite par l'éther la glutine précipitée. La quantité de glutine desséchée que l'on obtient ainsi pour 100 de grains, est :

Froment	0,420
Orge	0,280

Quant à la partie insoluble dans l'eau, la liqueur opaline dont nous venons de parler plus haut, elle a été l'objet de nombreuses expériences desquelles il résulte qu'elle contient diverses substances albumineuses.

Si l'on rapproche tous ces résultats, on peut répartir ainsi les substances albumineuses contenues dans 100 parties d'orge et de froment.

	Orge.	Froment.
Glutine, soluble dans l'alcool, insoluble dans l'eau.	0,28	0,42
Substances albumineuses solubles dans l'eau et coagulables	0,28	0,26
Deux substances albumineuses solubles dans l'eau, non coagulables	1,55	1,55
Substances albumineuses insolubles dans l'eau et dans l'alcool	7,59	9,27
	9,7	11,5

Une petite quantité des deux substances indiquées en troisième lieu est maintenue en dissolution par un acide, en sorte que, si on sature l'acide par un alcali, elle devient aussi coagulable par l'action de la chaleur.

Péligot[1] a fait quelques observations sur les circonstances dans lesquelles on peut ou on ne peut pas retirer d'une sorte de grain le gluten, c'est-à-dire le résidu que laisse le grain préalablement moulu lorsqu'on le malaxe sur un linge. Il remarque d'abord que l'on obtient toujours moins de gluten qu'on ne devrait le supposer d'après la quantité d'azote que l'on trouve dans le grain : ce qui vient de ce que, pendant que l'on malaxe le grain sous l'eau, il se dissout toujours une petite quantité de gluten. Il fait en outre l'observation parfaitement juste que l'on obtient d'autant plus de gluten que la quantité de farine que l'on traite sous l'eau est plus considérable : en effet la grande quantité de la masse met obstacle à la dissolution des particules de gluten. D'autre part, le même chimiste avertit des mauvais

1. *Annales de chimie et de physique*, 3e série, t. XXIX, p. 23.

résultats que donne, pour la préparation du gluten, l'emploi de la farine qui a été préalablement desséchée à 120°. Il est naturel que Péligot ait retiré seulement 7,5 pour 100 de glutine d'une farine ainsi desséchée, tandis que la même farine non desséchée lui avait donné 9 pour 100 de gluten. Par la dessiccation à la température indiquée, la glutine, c'est-à-dire le principe constituant visqueux perd une portion de sa viscosité.

Péligot attribue en outre à la matière grasse de l'influence sur l'élasticité du gluten : il admet qu'il y a précisément dans le froment une quantité de matière grasse suffisante pour rendre le gluten élastique. Il s'appuie sur ce que la farine de froment, traitée par l'éther et malaxée ensuite avec l'eau, ne lui a donné aucune trace de gluten. Il croit que la cause en est dans la séparation de la matière grasse. Après le traitement par l'éther, la farine était desséchée d'abord à l'air, puis à une température plus élevée et maintenue à l'air pendant plusieurs jours.

D'autre part, il ne faut pas, suivant Péligot, qu'il y ait une trop grande quantité de matière grasse. Pour le démontrer, il a ajouté à une farine qui contenait 9 pour 100 de gluten, 4 pour 100 de matière grasse que l'on avait obtenue en traitant de la farine de froment par l'éther. Le gluten, obtenu en malaxant ensuite cette farine sous l'eau, ne présentait plus d'élasticité, mais il était plutôt cassant : en outre la quantité de gluten obtenue s'est trouvée tant soit peu plus faible, 8,9 pour 100 au lieu de 9. La perte de gluten, produite par une addition de matière grasse, n'était donc pas considérable : mais la quantité trop grande de matière grasse avait, suivant Péligot, fait perdre à ce gluten son élasticité.

L'observation de Péligot doit être inexacte : en effet, d'après les expériences d'Oudemans, il y a dans l'orge 2,1 pour 100 et dans le froment 1,8 pour 100 de matière grasse ; et, malgré le peu de différence qui existe entre ces quantités de matière grasse, on ne retire de l'orge presque pas de gluten, tandis qu'on en retire une très grande quantité du froment.

Du reste, ce qu'il dit même de l'influence de l'éther, est inexact. Pour le vérifier, j'ai pesé trois doses de farine de froment, chacune de 10 gr. Deux de ces doses ont été maintenues en digestion à la température ordinaire pendant un quart d'heure, l'une avec de l'éther, l'autre avec de l'alcool, puis malaxées sous l'eau dans un linge. La troisième dose était soumise immédiatement à cette dernière opération. La dose qui avait été préalablement traitée par l'éther, a donné la même quantité de gluten possédant le même degré d'élasticité, tandis que la quantité de gluten retirée de la dose traitée par l'alcool, était beaucoup moindre : après une digestion d'un quart d'heure, l'alcool avait déjà dissous la glutine, tandis que l'éther qui avait parfaitement pu enlever au gluten une certaine quantité de matière grasse et qui en avait assurément réduit la quantité au quart, n'avait pas déterminé le moindre changement.

Nous devons donc admettre que ce n'est pas le traitement par l'éther, mais bien la dessiccation qui a déterminé une modification chimique dans la farine sur laquelle Péligot a opéré; il a donc attribué à la matière grasse ce qui provenait d'une autre cause.

Nous devons par suite distinguer, dans le gluten brut, deux substances : l'une *glutineuse* et l'autre *élastique*. Si l'on traite le gluten brut par l'alcool concentré bouillant, la substance glutineuse s'y dissout, tandis que la substance élastique reste comme résidu. Si l'on met dans l'eau cette dernière qui, après que l'on en a entièrement séparé la première, est dure et ne présente plus aucune élasticité, et si l'on renouvelle l'eau jusqu'à ce que l'on ait séparé toute trace d'alcool, les particules séparées ne se collent plus ensemble, mais les particules qui sont réunies en un tout sont redevenues élastiques. La séparation de l'alcool et la restitution de l'eau ont rendu à la matière son élasticité; mais la faculté adhésive des particules séparées a disparu.

Dans le gluten brut, il existe, d'après nos expériences, 96 pour 100 de substance élastique et 4 pour 100 de matière glutineuse. Le nom de glutine, donné à cette dernière, est donc parfaitement juste. Pour la première, dont la quantité est de beaucoup la plus forte et qui, à l'état pur, est insoluble dans l'alcool, on peut très bien lui donner le nom d'*élastine* : ce nom exprimerait bien plus exactement sa nature que celui de fibrine végétale sous lequel on la désigne ordinairement.

Ainsi, il existe dans le gluten de Beccaria une substance glutineuse qui n'est pas élastique et une substance élastique qui n'est pas glutineuse : leur mélange constitue la substance improprement désignée sous le nom de gluten.

Après les observations que nous venons de donner et desquelles il résulte qu'il y a une substance glutineuse qui, bien qu'en petite quantité, détermine l'adhérence d'une grande quantité de particules qui, lorsqu'elles sont réunies en un tout, sont élastiques, je pense ne pas pouvoir me dispenser d'observer que l'on a tort de considérer la valeur d'une farine de froment comme d'autant plus grande que cette farine donne plus de gluten, c'est-à-dire de gluten brut. Cette opinion est cependant généralement admise et la quantité de gluten est considérée, de même que le degré d'élasticité de la pâte obtenue avec la farine de froment, comme l'indice de sa bonne qualité. Millon dont j'ai déjà mentionné (p. 25) les recherches sur les différences que présente la quantité de gluten contenue dans le froment, s'exprime ainsi à ce sujet[1] : « Cette donnée, en matière d'expertise, est de la dernière importance. »

Tant qu'il ne sera pas prouvé que ces 4 pour 100 de glutine qui se trouvent dans le gluten (et qui forment moins de 4 pour 100 de toutes les substances albumineuses contenues dans le froment) ont une valeur aussi grande, et il n'y a jusqu'ici aucun motif pour cela, je ne crois pas que nous devions chercher dans le gluten le critérium de la qualité du froment, ni l'indice de la pureté de la farine. Une quantité un peu moindre de glutine, ne représentant qu'une diminution de 1 pour 100 sur la totalité des matières albumineuses, par suite de laquelle la glutine se trouve abaissée à 3 pour 100, rend le gluten beaucoup moins adhésif et même détermine sa disparition presque complète.

Par cette raison, il ne serait peut-être pas hors de propos de se servir du nom d'*élastine* pour désigner la substance élastique qui constitue, d'après nos expériences, 96 pour 100 du gluten et qui a besoin seulement de se mélanger avec 4 pour 100 de glutine pour se transformer en gluten.

La dénomination de gluten peut conduire à la supposition que, si l'on a trouvé une quantité moindre de gluten dans le froment, il y a beaucoup moins d'*élastine*, tandis que c'est seulement la quantité de glutine qui est plus faible.

En outre, le nom de gluten (en hollandais *Kleefstof*, en

1. *Journal de pharmacie*, 3e série, t, XXV, p. 354.

allemand *Kleber*, qui se traduisent littéralement en français par substance glutineuse) est impropre : en effet la matière glutineuse du froment forme seulement 4 pour 100 du gluten contenu dans ce froment. La substance glutineuse contenue dans les grains est la glutine et non l'élastine.

Je pense donc avoir démontré par les expériences indiquées ci-dessus que le mot *gluten* ne doit pas être employé dans une acception scientifique, en supposant même que l'on désigne sous ce nom la substance exempte d'amidon et de substances cellulaires.

Au point de vue physiologique de même qu'au point de vue technique spécial de la préparation de la bière, l'albumine végétale insoluble est assurément, sous le rapport de la quantité, la plus importante : toutes les autres ensemble ne représentent que le cinquième de l'albumine végétale insoluble et dans le cinquième de ces substances se trouve aussi de la glutine.

Si nous cherchons à appliquer les observations que nous venons de faire sur le froment aux résultats que nous a fournis l'orge, nous trouvons deux moyens d'expliquer la proportion si faible de gluten que donne l'orge : d'une part, l'albumine insoluble peut être plus dure dans l'orge, devenir moins élastique par l'action de l'eau : ce qui peut permettre d'expliquer la moindre adhérence de la masse lorsque la glutine y est incorporée. Mais, d'autre part, il est aussi possible que la différence dans la quantité de glutine contenue dans 100 parties de froment et d'orge, 0,42 et 0,28 = 3 : 2, soit la cause de toute la différence.

La glutine préparée au moyen du froment, présente la même composition centésimale que l'albumine des œufs de poule, avec cette différence seulement qu'elle ne contient pas comme cette dernière 1,6 de soufre, mais qu'elle en contient seulement 1 pour 100[1]. Les substances albumineuses solubles et insolubles du froment et de l'orge ne se distinguent de la glutine que par la proportion du soufre : je ne m'occuperai donc pas ici de la composition de ces substances qui est suffisamment connue.

Ici se terminent les observations que nous voulions présenter sur la composition de l'orge et du froment. On nous permettra cependant encore, pour les résumer, de donner

1. *Scheik. Onderz.*, II deel, p. 154, et IV deel, p. 404.

le tableau de la composition du froment et de l'orge, telle qu'elle résulte de ce qui précède.

Tableau comparatif de la composition du froment et de l'orge.

	FROMENT.		ORGE.	
Amidon	57,0	67,9	53,8	65,7
Dextrine	4,5	5,4	4,5	5,5
Glutine, soluble dans l'alcool, insoluble dans l'eau	0,42	0,5	0,28	0,3
Substance albumineuse coagulable	0,26	0,3	0,28	0,3
Deux substances albumineuses solubles dans l'eau, non coagulables	155	1,9	1,55	1,9
Substances albumineuses insolubles	9,27	11,0	7,59	9,3
Matière grasse	1,8	2,1	2,1	2,5
Matières cellulaires	6,1	7,2	7,7	9,4
Substances inorganiques	1,7	2,0	2,5	3,1
Eau	16,0	...	18,1	...
Substances extractives et autres	1,4	1,7	1,6	2,0
	100,0	100,0	100,0	100,0

CHAPITRE II

DU HOUBLON.

La matière que l'on désigne en industrie sous le nom de houblon, est la fleur femelle de l'*humulus lupulus* dont les botanistes désignent l'inflorescence sous le nom d'inflorescence en chatons. Cette substance est généralement considérée comme indispensable à la préparation de la bière : aussi son emploi dans ce cas est-il général. Il n'est cependant pas douteux que d'autres plantes, en admettant qu'elles présentassent un goût satisfaisant, pourraient communiquer à la bière, comme le fait le houblon, la faculté de se préserver contre la détérioration : et c'est surtout à cause de cette propriété que le houblon est employé dans la préparation de la bière.

Aux folioles ou écailles de la fleur de houblon adhère une certaine quantité d'une poussière jaune dont il sera question plus loin. Ives croyait que c'était dans cette poussière jaune que se trouvait la matière active du houblon. Mais Payen et Chevallier ont montré que la fleur entière renfermait presque les mêmes parties constituantes que la poussière jaune qui la recouvre. S'il n'en était pas ainsi, le houblon, qui perd dans le transport une si grande quantité de cette poussière jaune, ne serait que d'une bien faible valeur pour la fabrication de la bière.

Sans le houblon, la bière ne pourrait pas devenir claire : en effet, il y resterait en dissolution une trop grande quantité de substance albumineuse et la bière se décomposerait rapidement. Les parties constituantes des écailles de la fleur de houblon contribuent, aussi bien que celles de la poudre jaune, à communiquer à la bière les propriétés indiquées. La poussière jaune est composée de petites glandes qui étaient adhérentes aux écailles de la fleur et qui se sont détachées par la dessiccation. Elles ont une odeur balsamique et une saveur amère, et, bien que l'on ne puisse aucunement les considérer comme fournissant des substances, qui, par leur importance, soient tout à fait indispensables à la préparation d'une bonne bière, elles fournissent cependant des matériaux qui sont d'une grande valeur pour la préparation de cette boisson.

Turpin a reconnu dans ces glandes la présence de deux vésicules dans lesquelles il existe une huile éthérée, et Raspail[1], par un examen plus approfondi, y a trouvé de la chlorophylle, une matière résineuse, une huile éthérée et du gluten.

Payen et Chevallier ont analysé du houblon de différentes provenances, et ils ont trouvé comme minimum 8 pour 100 et comme maximum 18 pour 100 de poussière de houblon. C'est un fait bien connu que le houblon de tous les pays n'est pas également bon : la quantité différente de poudre jaune qu'il contient peut en être, entre autres, une des causes; mais comme, dans les manipulations que l'on fait subir au houblon, la poussière jaune peut facilement s'en séparer, on aurait tort de conclure des expériences de Payen et de Chevallier, que, dans le houblon, tel qu'il se

1. *Nouveau Système de chimie organique*, 1838, t. II, p. 184.

trouve dans les champs, il existe une pareille différence dans la quantité de poudre : dans le transport, il peut déjà s'en être perdu d'une manière ou d'une autre une petite quantité [1].

Wimmer a trouvé, dans 100 parties de houblon, 20 parties de poussière de houblon et 80 parties d'écailles. Mais il lui avait été impossible de séparer des fleurs la totalité des particules ténues de poussière jaune et son opinion est qu'elles devraient encore s'élever à moitié. Il a trouvé, en outre, dans 100 parties de houblon :

	FOLIOLES DE LA FLEUR.	POUSSIÈRE JAUNE.	FOLIOLES ET POUSSIÈRE ENSEMBLE.
Huile volatile.........	...	0,12	0,12
Acide tannique.........	1,6	0,7	2,3
Substance amère......	4,7	3,0	7,7
Substance gommeuse.	5,8	1,3	7,1
Substance résineuse..	2,0	2,9	4,9
Cellules végétales.....	64,0	9,0	73,0
	78,1	17,02	95,12
Extrait aqueux........	12,1	4,9	17 p. 100

D'après Wimmer, il est indispensable de diviser le houblon avant de l'employer à la préparation de la bière, parce que le houblon non divisé fournit de l'huile volatile pendant toute la durée de la distillation, tandis que le houblon divisé n'en donne que dans le commencement de la distillation. Ce résultat, qui paraît étrange, est cependant facile à expliquer. En effet, lorsqu'on opère sur du houblon divisé, une plus grande quantité de résine est extraite, et c'est précisément cette résine qui retient l'huile volatile avec laquelle elle est combinée. C'est afin de tenir compte des résultats que fournissent les expériences de Wimmer, que l'on a mis en usage les appareils pour diviser le houblon. La résine et l'huile ont l'une pour l'autre une affinité tellement énergique que l'on ne peut pas, dans la poussière de houblon, séparer la résine de l'huile éthérée, même au

1. *Dictionnaire des arts et métiers*, art. HOUBLON, et *Journal de pharmacie*, t. VIII, p. 209 : Payen, Chevallier et Chappellet, *Traité du Houblon* 1825, in-12.

moyen d'un traitement de plusieurs jours par l'eau bouillante. Il n'est donc pas possible d'obtenir toute l'huile éthérée contenue dans la poussière de houblon en distillant cette dernière avec de l'eau.

L'huile éthérée de houblon détermine la dissolution de la résine dans l'eau : toutes les huiles éthérées sont, en effet, plus ou moins solubles dans l'eau (eau de canelle, eau de fenouil, etc.). Bien que cette solubilité soit très faible, elle est l'intermédiaire qui détermine la dissolution de la résine, mais toujours dans une grande quantité de liqueur.

Aussi longtemps, par suite, qu'il se trouve de l'huile éthérée de houblon dans le brassin, il existe une cause qui détermine la dissolution de la résine, et comme il se produit de l'alcool par la fermentation, il y a encore plus de raison pour que la résine se maintienne en dissolution.

Lupuline. — Ce nom a été donné par Ives à la poussière jaune qui recouvre les folioles de la fleur femelle du houblon. Plus tard, Ives, Payen, Chevallier et Pelletan ont donné le même nom à la matière amère contenue dans cette poussière [1].

Outre l'huile que l'on obtient par la distillation et l'acide tannique qui n'est pas non plus sans valeur au point de vue de la préparation de la bière, la résine et la matière amère méritent surtout d'être distinguées. On les obtient toutes les deux en traitant par l'alcool la poussière jaune des fleurs du houblon. On ajoute de l'eau à cette teinture et on distille; ce qui détermine la séparation d'une très grande quantité de résine.— On sature l'acide tannique et l'acide malique au moyen de la chaux, et on évapore la liqueur. Si l'on traite le résidu par l'éther pour séparer encore une petite quantité de résine, puis par l'alcool, la matière amère se dissout dans l'alcool et peut en être retirée par l'évaporation.

La *matière amère du houblon* est une substance jaune, solide, peu soluble dans l'eau, très soluble dans l'alcool, moins soluble dans l'éther ; elle est inodore et d'une saveur très amère; elle présente une faible tendance à se combiner tant avec les bases métalliques qu'avec les acides.

1. Ives, *Annals of Philosophy*, new series, t. I, p. 194 Planche, *Journal de pharmacie*, t. VIII, p. 288. Payen et Chevallier. *Journal de pharmacie*, t. VIII, p. 209, et *Annales de chimie et de physique*, t. XX, p. 301, 1822.

La *résine de houblon* peut être obtenue pure par l'action de l'eau bouillante. A l'état pur, cette résine est exempte de toute saveur amère : elle est insoluble dans l'eau, mais elle est, au contraire, très soluble dans l'alcool et dans l'éther.

La résine des houblons a été l'objet de recherches faites par Vlaanderen [1].

D'après ce chimiste, la résine de houblon peut être représentée par $C^{54}H^{36}O^{12}$, et soumise à des traitements réitérés par l'eau, elle peut s'associer en outre n. HO.

L'*huile éthérée de houblon* est une huile jaune, dont on retire, dit-on, de la poussière de houblon, par la distillation, une quantité que l'on peut évaluer à 2 pour 100. Je ne l'ai cependant jamais vu obtenir en pareille quantité. La résine retient du reste une très grande quantité d'huile. Cette huile volatile est plus ou moins soluble dans l'eau : elle se dissout facilement dans l'alcool et dans l'éther. Sa pesanteur spécifique a été trouvée = 0,908.

On trouve donc dans la poussière de houblon quatre parties constituantes principales : des huiles volatiles, de la résine, une substance amère et de l'acide tannique.

Fleurs de houblon. — Suivant Wimmer, les chatons dont on a séparé la poussière (dont ils ne peuvent qu'avec difficulté être séparés entièrement), ne renferment pas d'huile, mais contiennent une quantité beaucoup plus grande de la substance amère du houblon et d'acide tannique : ils ne paraissent cependant pas être exempts de résine. Il résulterait de là que la poussière de houblon fournirait seule l'huile volatile et que la poudre et les folioles de la fleur fourniraient toutes deux la substance amère du houblon et de la résine [2].

Way et Ogston d'une part, et Hawkhurst d'autre part ont déterminé par l'analyse les parties constituantes inorganiques du houblon. Watts et Nesbit en ont également effectué la détermination [3].

C'est surtout à son principe amer qu'est due en général l'action physiologique qu'exerce le houblon : on a comparé cette action à celle de l'opium, et on a attribué au houblon

1. *Scheik. Onderz*, II Deel, 2 Stück, 1858, p. 87.
2. Sur le houblon, on peut consulter encore *Journal de pharmacie*, t. IV, p. 479; t. VIII, p. 75, 320, 351 et 535, et t. IX, p. 558, *ledum palustre* employé dans la fabrication de la bière comme succédané du houblon.
3. *Phil. mag.*, Jan. 1848, p. 54; *Archiv. der Pharm.*, t. CV, p. 200.

un pouvoir narcotique ; mais je ne trouve pas que l'on ait fait voir suffisamment sur quelles raisons on s'appuyait. On a cru, en outre, voir dans l'infusion de houblon appliquée à froid sur la peau, un diurétique, et, dans la même infusion appliquée à chaud, un diaphorétique. Mais ce que l'on trouve indiqué sur ce sujet dans les traités de matière médicale peut bien ne pas avoir plus de valeur que ce que l'on a dit d'un si grand nombre d'autres substances.

A part le rôle que le houblon joue dans la préparation de la bière, la matière amère du houblon paraît devoir être considérée comme étant la partie constituante qui est, principalement, sinon exclusivement, active au point de vue physiologique.

Parties constituantes inorganiques du houblon.

	WAY ET OGSTON.		HAWKHURST.	NESBIT.
Potasse	12	25	19,4	25,2
Chlorure de potassium	...	3	...	1,7
Chlorure de sodium	...	...	...	7,2
Chaux	18	22	14,2	16,0
Magnésie	6	5	5,3	5,8
Sesquioxyde de fer	2	2	2,7	7,5 Phosphate de sesqui-oxyde de fer.
Acide phosphorique	21	7	14,6	9,8
Acide sulfurique	7	14	8,3	5,4
Acide silicique	23	20	17,9	21,5
Acide carbonique	5	2	11,0	...
Soude	...	...	0,7	...
Alumine?	...	...	1,2	...
Chlore	...	...	2,3	...
Quantité de cendres p. 100	8	6	...	...

Cette opinion ne paraît pas s'accorder avec celle de Rochleder [1], qui attribue au houblon et au chanvre une action plus ou moins pareille. — Wagner considère comme probable qu'il existe dans le houblon un alcaloïde doué de propriétés narcotiques : il propose même d'employer dans la fabrication de la bière le chanvre comme succédané du houblon. Le pouvoir narcotique du *hatschich*, que l'on prépare au moyen du chanvre, paraît l'avoir conduit à cette opinion.

1. Erdmann's *Journal*, t. XXXVIII, p. 356.

Le houblon est une plante qui ne peut, comme le grain, être conservée pendant un temps indéfiniment prolongé sans subir de modification, même lorsqu'il se trouve dans les circonstances les plus favorables à sa conservation. Si on le maintient exposé à l'air, le houblon perd de la valeur, d'instant en instant, et, tandis que le grain peut très bien être employé l'année suivante, le houblon, au contraire, a considérablement perdu de sa valeur. C'est surtout l'huile volatile qui est la cause de cette diminution de valeur. La matière amère qui existe dans le houblon ne paraît rien perdre; l'acide tannique diminue peu à peu de quantité; mais le principe volatil se dégage de la plante et se disperse dans l'atmosphère, ou bien s'oxyde en partie, ce qui fait prendre au houblon une odeur désagréable.

En outre, le houblon, de même que toutes les parties foliacées des plantes, ou les parties des feuilles qui présentent une faible épaisseur, lorsqu'elles sont étendues au contact de l'air, est exposé au mode de décomposition qui a reçu le nom d'*érémacausie.* La plante prend une couleur foncée et toutes ses parties constituantes sont entraînées de plus en plus dans le domaine de la transformation chimique.

On a proposé de dessécher le houblon et de le soustraire au contact de l'air, ce qui supprimerait ou du moins amoindrirait deux des conditions qui pourraient y produire une transformation chimique.

La dessiccation du houblon peut être opérée au moyen de la chaleur artificielle; mais on doit avoir soin de ne pas soumettre, pour le dessécher, le houblon à une température trop élevée, afin de ne pas déterminer la volatilisation d'une trop grande quantité des principes volatils qu'il contient.

Pour soustraire le houblon au contact de l'air, on en opère la compression ou le soufrage, pour lequel on se sert d'acide sulfureux. Le soufrage est rejeté dans quelques localités. Fordos et Gélis ont indiqué un moyen de s'assurer de la présence ou de l'absence de l'acide sulfureux. Dans ce but, on met ce houblon dans un vase avec de l'eau; on y introduit un morceau de zinc et on ajoute de l'acide chlorhydrique. L'hydrogène à l'état naissant forme alors, aux dépens de l'acide sulfureux, de l'eau et de l'hydrogène sulfuré, que l'on peut facilement reconnaître en faisant passer le gaz qui se dégage dans une dissolution d'acétate de plomb.

Wagner conseille d'employer dans ce but le nitrocyanure,

de sodium, qui prend une couleur rouge-pourpre par l'action d'une trace, même très faible, de gaz hydrogène sulfuré lorsqu'on fait passer ce gaz dans une dissolution de ce sel additionnée de potasse.

Quelque sensible que soit cette réaction, Wagner n'a pu, en l'employant, trouver au bout de quelques mois aucune trace d'acide sulfureux dans du houblon soufré.

Liebig s'est prononcé en faveur du soufrage du houblon et il a soutenu, avec raison, l'innocuité de ce moyen si simple de conserver une portion de plante qui, sans cela, entrerait rapidement en décomposition et qui, par ce moyen, peut devenir susceptible d'être expédiée et conservée sans rien perdre de sa valeur et sans prendre aucune propriété nuisible. Il cite, à l'appui de son opinion, la proposition de Braconnot [1], de conserver, au moyen de l'acide sulfureux, les légumes employés aux usages domestiques, comme la chicorée, les asperges, l'oseille, etc. [2].

En place de houblon, on a employé l'absinthe, le gingembre, la coriandre, le quassia et d'autres substances ; on a proposé aussi, pour remplacer le houblon, de se servir de *menianthes trifoliata* [3]. Mais, pour qu'il fût possible de remplacer le houblon par une autre substance, il faudrait d'abord que cette substance contînt de l'acide tannique, afin qu'elle pût remplir, dans la préparation de la bière, certaines fonctions dont nous parlerons plus loin et que l'acide tannique seul peut remplir. Au point de vue de la saveur, les matières d'une amertume franche, comme le quassia, etc., pourraient parfaitement être employées comme succédanées du houblon. En outre, il faudrait une matière qui contînt une huile éthérée : la résine, qui est un produit d'oxydation de l'huile éthérée, peut bien être considérée comme n'ayant que peu d'influence.

Une substance, pour être considérée comme un véritable succédané du houblon, doit donc réunir ces trois substances, ou bien alors on doit, pour remplacer le houblon, employer trois corps qui, réunis, contiennent les trois substances indiquées.

1. *Annalen der Pharmacie*, t. XXIV, p. 104.
2. Wagner's *Jahresbericht*, 1855, p. 203 : Siemens, in *Polytechnisches Central-Blatt*, 1858, p. 1429 ; Habich, *Der Bierbrauer*, 1859, n° 1, p. 3.
3. *Journal de pharmacie*, t. XIV, p. 495.

CHAPITRE III.

DE L'EAU.

L'eau que l'on emploie dans la préparation de la bière, tant celle qui sert pour opérer le mouillage du grain que celle que l'on emploie au traitement du malt, à son empâtage, exerce une influence notable sur la qualité de la bière. De cette eau dépendent beaucoup de propriétés spéciales, et l'eau peut certainement revendiquer sa part comme cause des différences sans nombre qui existent entre les différentes sortes de bières.

Indiquer dans chaque cas particulier ce qui est relatif à l'eau est presque impossible; mais on peut très bien montrer en général comment quelques-unes des parties constituantes de l'eau doivent exercer de l'influence sur la qualité de la bière.

Le chlorure de sodium que l'on rencontre dans presque toutes les eaux qui ont été en contact avec la surface de la terre, et le chlorure de potassium que l'on trouve dans un grand nombre d'eaux, peuvent, avec le sulfate de soude, le sulfate de potasse et le sulfate de magnésie, être rangés parmi les substances qui exerçent le moins d'influence sur la qualité de la bière : les nitrates de potasse, de soude ou de magnésie ne paraissent pas exercer sur cette boisson une action plus sensible que les sels précédents. Les carbonates de potasse ou de soude et les silicates de potasse ou de soude, ainsi que les sels organiques (crénates ou apocrénates) de potasse ou de soude, qui existent dans l'eau, ne paraissent pas au contraire être sans influence dans la préparation de la bière. L'acide silicique, aussi bien que l'acide carbonique, peuvent facilement être séparés des bases avec lesquelles ils sont combinés. Celles-ci se combinent, dans le brassage, avec l'acide lactique et, dans la fermentation, avec l'acide phosphorique devenu libre, en sorte qu'il reste dans la bière, après sa fabrication, une quantité de phosphate de potasse ou de soude qui correspond à la quantité de potasse ou de soude qui existait originairement dans l'eau à l'état de silicates, de carbonates ou de combinaisons avec des acides organiques.

La présence dans l'eau d'une quantité considérable de ces combinaisons salines est avantageuse pour la préparation de la bière, en ce que la bière en devient meilleure : la présence des phosphates dans la bière est certes très utile. — Les carbonates de chaux et de magnésie et le gypse que l'on rencontre dans un grand nombre d'eaux exercent une influence contraire à celle des combinaisons salines dont il vient d'être question. Les bases des deux premiers sels ont, ainsi que le dernier, la propriété de s'opposer à l'action des substances albumineuses, de se combiner avec elles et de les rendre insolubles ou d'empêcher leur dissolution. Dans le mouillage des grains, ces combinaisons salines sont nuisibles en ce qu'elles s'opposent au ramollissement du grain. C'est un fait bien connu que, lorsqu'on fait cuire des pois ou des haricots dans une eau dure, c'est-à-dire contenant de la chaux, ils ne se ramollissent pas. Les sels indiqués exercent aussi une action contraire à la production du ferment, et par conséquent à la fermentation. — Si l'on ajoute à cela que la chaux contenue dans l'eau peut enlever une partie de l'acide phosphorique de la liqueur et former du phosphate de chaux insoluble, et que la magnésie est précipitée, avec l'acide phosphorique et l'ammoniaque qui a pris naissance pendant la fermentation [1], à l'état de phosphate ammoniaco-magnésien, il paraît en ressortir incontestablement qu'une eau dure ne peut jamais donner une bière très forte.

Pour le maltage, il paraît donc préférable d'employer une eau douce : mais, pour l'empâtage, une eau calcaire ne paraît pas être nuisible, ainsi que l'expérience l'a fait voir [2]. La chaux contenue dans l'eau transforme bien le phosphate de potasse ou de soude en phosphate de chaux : mais il se produit une quantité d'acide lactique, et finalement d'acide acétique suffisante pour redissoudre le précipité de phosphate de chaux, de telle sorte que l'acide phosphorique si utile dans la bière n'est pas précipité de la dissolution pendant le brassage, lorsqu'on emploie une eau dure.

La bière appelée Burton-ale, qui est si connue, est pré-

1. *Annalen der Chemie und Pharmacie*, t. LXI, p. 168.
2. Dingler, *Polytechnisches Journal*, t, XLI, p. 395.

parée avec de l'eau de puits contenant une quantité considérable de carbonate de chaux : aussi, en Angleterre, quelques brasseurs qui n'ont pas de l'eau dure à leur disposition, ajoutent-ils exprès à de l'eau douce du carbonate et du sulfate de chaux afin que ces sels s'y dissolvent et fournissent ainsi une eau, qui, dans leur opinion, est la meilleure pour donner à la bière un bon goût.

Il est positif que certains acides qui exercent une influence fâcheuse sur le goût de la bière, peuvent prendre naissance pendant sa préparation. Si le carbonate de chaux que contient l'eau, en saturant ces acides, les fait passer à l'état salin et annihile leur action fâcheuse, on conçoit que cela peut exercer une influence favorable dans la préparation de la bière. On peut donc donner des raisons à l'appui de l'utilité du carbonate de chaux dans l'eau que l'on veut employer à la préparation de la bière ; mais cela ne serait pas facile pour le sulfate de chaux.

On n'est pas toujours satisfait d'une bière qui contient une quantité aussi grande que possible des parties constituantes qui y existent ordinairement.

Le goût du consommateur demande souvent une bière qui ait telle ou telle propriété déterminée, en sorte que, dans quelques cas, ce qui devrait être rejeté au point de vue de l'utilité, doit être recherché pour satisfaire au goût du consommateur.

On ne peut donc recommander exclusivement aucune espèce d'eau en particulier comme devant être employée de préférence pour la préparation d'une très bonne bière. Si l'on veut qu'il passe dans la bière une quantité aussi grande que possible des parties constituantes nutritives du grain, on doit employer de préférence la plus pure des eaux ordinaires, l'eau de pluie. L'eau de canal, qui, en Hollande, tient en dissolution environ 1/5000 de sels, ne peut pas exercer, par les sels qu'elle contient, une grande influence sur la qualité de la bière. Mais l'eau de source, qui contient 5, 6, 7 fois plus de sels que l'eau de canal, exerce en effet une certaine influence sur la préparation de la bière.

Il n'est pas besoin d'observer que l'eau ne doit pas tenir de matières en suspension ou contenir d'autres matières étrangères et que l'eau la plus claire est celle qui doit être préférée pour la préparation de la bière.

Il doit paraître également inutile de remarquer que l'eau

destinée à la préparation de la bière ne doit pas contenir d'excréments humains et cependant nous avons bien quelque raison pour faire ici cette observation. En Hollande, on laisse dans plusieurs localités les citernes dans lesquelles sont rassemblés ces excréments, s'écouler dans les canaux de la ville et on se sert quelquefois de cette eau pour la préparation de la bière. On ne peut pas fabriquer de la bière plus dégoûtante et cependant elle se vend bien.

Chaque bière présente sa saveur spéciale. — Mais lorsqu'on voit le soin excessif que l'on prend pour avoir une bonne eau dans les brasseries qui fabriquent de la bonne bière, on doit, en ne s'occupant même pas du dégoûtant emploi d'une eau chargée de principes excrémentitiels humains, s'étonner que l'on emploie encore dans quelques endroits l'eau sale des canaux des villes.

Cela arrive du reste rarement dans la Hollande en général si propre.

CHAPITRE IV.

MALTAGE OU PRÉPARATION DU MALT.

Le malt est le grain germé. On nomme maltage la série d'opérations nécessaires pour faire germer le grain afin de le rendre apte à être employé pour la fabrication de la bière.

Les transformations par lesquelles le grain passe dans le maltage, sont presque les mêmes que celles qu'il présente quand il germe dans un sol humide en élaborant une nouvelle plante. Il y a cependant cette différence que, dans le maltage du froment et de l'orge, on laisse seulement la germination du grain commencer et qu'on l'interrompt dès que les petits appendices qui doivent former la future radicule, se sont développés jusqu'à une certaine longueur et avant que ces appendices aient pris complètement le développement qu'ils prendraient dans le sol si l'on avait placé le grain dans la terre. Lorsque le grain est arrivé à ce développement, il est précisément arrivé au degré de transformation le plus convenable que l'on puisse désirer pour la préparation de la bière. Une transformation plus profonde serait nuisible.

Les trois conditions essentielles à la germination sont : l'humidité, dont il ne doit pas cependant y avoir une trop grande quantité, une chaleur suffisante, le contact de l'air.

Humidité. — Lorsqu'on dessèche une semence arrivée à l'état de maturité et lorsqu'on la conserve, son activité chimique n'y est pas entièrement interrompue : mais, par suite de l'absence de déplacement de substances, provenant du manque d'eau, cette activité chimique est réduite à son minimum. La semence ne se modifie que lentement. Mais si l'on fournit extérieurement à une semence, sèche, parfaitement saine, de l'eau qui la pénètre entièrement et qui y produise alors les déplacements osmotiques de substances, toutes les conditions nécessaires pour que l'activité chimique puisse se développer sont remplies. La semence est mûre, c'est-à-dire que tout ce qui s'y trouve est mûr pour le développement chimique : il y avait besoin seulement d'eau pour que les substances qui s'y trouvaient pussent se déplacer et réagir les unes sur les autres.

La première action que l'eau exerce sur la semence est de pénétrer les parties sèches ; une conséquence de ce fait est la dissolution des parties intégrantes solubles qui étaient intercalées sous forme de masses solides, sèches, entre les particules insolubles du grain; lorsque la dissolution est complètement opérée, les particules qui sont d'une nature chimique différente peuvent réagir les unes sur les autres. C'est ainsi que certaines particules solubles peuvent réagir sur d'autres particules solubles de nature différente, mais en outre les parties solubles peuvent réagir sur les particules insolubles. Cap [1] ajoute encore, comme troisième période de l'action de l'eau sur la semence, la décomposition de l'eau et l'action de ses parties constituantes sur les substances organiques que contient la semence. La décomposition de l'eau est-elle toujours possible? Rien ne le prouve.

Cap fait l'observation exacte que, parmi les conditions nécessaires à la germination de la semence, la présence de l'eau est la condition la plus importante [2]. Lorsqu'une substance organique est à un état de siccité parfaite, il ne peut s'y opérer aucune transformation chimique rapide. Mais

1. *Comptes rendus de l'Académie des Sciences*, t. XXVI, p. 635.
2. *Journal de pharmacie*. 3e série, t. XIV, p. 105.

lorsqu'on plonge le grain, complètement sec, même dans de l'eau qui est à la température de la glace fondante, le grain se gonfle et se prépare à germer. — Cap fait ici l'observation, bien digne dans tous les cas d'être mentionnée, que les amandes amères et les semences de moutarde, toutes deux à l'état de siccité, dès qu'elles sont pénétrées seulement par l'eau, donnent naissance à des principes particuliers et fournissent ainsi des exemples de la grande importance de l'eau dans la germination et de la manière dont elle ranime l'activité chimique assoupie jusque-là, même indépendamment de l'influence de l'air et de la chaleur qui viennent ensuite compléter l'action de l'eau.

Il n'y a qu'un petit nombre de semences pour lesquelles l'action de l'eau soit aussi clairement démontrée que dans les deux exemples indiqués, et il serait possible qu'une action aussi intime de l'eau dans le grain en germination fût loin d'être générale. Quoi qu'il en soit, l'observation est juste, et il ressort clairement des deux exemples cités : que c'est surtout par l'action de l'eau humectant la semence que la vie, endormie dans cette semence, est éveillée, et que c'est par conséquent surtout par l'action de l'eau qu'il y a vie.

Chaleur. — Toute réaction en chimie organique exige sa température spéciale : la température du grain en germination ne dépasse pas la chaleur ordinaire du printemps. Mais c'est une tout autre question de savoir si l'opération, lorsqu'on la régularise au point de vue de la fabrication, ne peut pas être effectuée à une température plus élevée. Dans la préparation de la bière, on expose d'abord le grain humecté à une température de même degré que la chaleur produite à la surface de la terre par le soleil au printemps, afin de produire sur la semence presque la même action : on divise alors le grain, on le traite par l'eau chaude et on porte la température au degré le plus élevé auquel on puisse l'amener afin d'accélérer l'opération.

Air. — Dans la germination du grain, un des nombreux résultats de l'action vitale, l'air est indispensable, tant pour déterminer la transformation des matières que pour la maintenir en activité.

C'est par cette raison que l'on sème les semences dans des sols légers que l'on ne doit, dans aucun cas, comprimer fortement. Si l'on place la semence profondément dans le sol, de manière que l'air nécessaire ne puisse pas y arriver, elle ne pousse pas.

Avant ces trois conditions, on doit placer au premier rang la condition essentielle que le grain soit sain et ne soit pas trop vieux. Par grain qui ne soit pas trop vieux, on désigne en général, dans la fabrication de la bière, un grain qui soit bien plein et qui n'ait subi de modification à aucun égard. Au point de vue de la germination en général, et spécialement au point de vue de savoir si les vieux grains sont ou non en état de germer, on doit observer que la semence est exposée à une décomposition lente; cette modification s'est déjà opérée depuis longtemps dans les substances albumineuses, placées surtout, semble-t-il, dans le voisinage du germe, avant que l'on puisse découvrir sur le grain quelque signe morbide.

Quant à la germination artificielle du grain, le maltage, elle s'opère de la manière suivante.

On met le grain d'orge ou de froment (prenons l'orge) tout entier avec son enveloppe et sans le moudre dans un bac en bois (*Quellbottich* des Allemands) ou en pierre (*Malzstein* des Allemands), et on y verse assez d'eau pour qu'il y en ait au-dessus du grain un peu plus d'un demi-pouce; le tout se passe à la température ordinaire. On agite bien le grain et on enlève les impuretés et les grains qui surnagent au-dessus de l'eau : on laisse l'eau s'écouler et on recommence jusqu'à ce que l'eau qui s'écoule soit entièrement claire. L'eau qui s'écoule d'abord est toujours un peu colorée. L'eau dont le grain est recouvert l'humecte peu à peu, et il commence par perdre une partie des principes solubles, combinaisons salines, dextrine, matières albumineuses solubles et autres substances solubles, qu'il contient. Comme toutes ces substances solubles ont leur utilité dans la préparation de la bière, il s'ensuit que l'on doit exécuter le lavage du grain, seulement pendant qu'il commence à s'humecter et que l'on ne doit pas le continuer lorsque la dissolution des parties constituantes du grain commence à s'opérer [1].

1. J'ai donné, p. 18, les analyses que Veltman et Moesman ont faites de la cendre d'orge et de malt d'orge. Par l'inspection des résultats, on s'apercevra que le malt, par le lavage et le ramollissement au moyen de l'eau (c'est, en effet, de cette manière qu'il avait été préparé), a perdu une quantité notable de sels solubles; à ce point de vue, les résultats de ces analyses présentent de l'importance. Le malt fortement desséché, qui est indiqué dans ces analyses, est visiblement d'une origine

C'est par ce motif que l'on emploie actuellement dans quelques localités le procédé suivant de mouillage du grain, afin que la totalité de la masse soit pénétrée par l'eau de part en part, sans qu'il y en ait une trop grande quantité en contact avec le grain. Le lavage et le nettoyage du grain sont opérés de la manière que nous venons d'indiquer; on a soin de laisser séjourner le grain pendant quelques heures sous l'eau, afin de bien laisser à une substance d'une saveur désagréable que contient l'enveloppe du grain le temps de se séparer, sans cependant attendre assez pour qu'une petite quantité de la graine amylacée vienne à se dissoudre. On laisse l'eau s'écouler, puis on met le grain en tas que l'on arrose seulement de temps en temps avec de l'eau, en n'ajoutant jamais à la fois une quantité d'eau plus grande que celle qui peut être absorbée rapidement par le grain, quand on l'humecte de part en part. On doit retourner continuellement les grains afin que tous ils présentent le même degré d'humidité, mais aussi afin que l'eau qui tient en dissolution les substances indiquées soit également répartie dans toute la masse du grain.

Dès que l'eau est suffisamment absorbée, on en verse de nouveau sur le grain, en agitant avec soin. On ne doit jamais ajouter une quantité d'eau assez grande pour qu'elle ne puisse pas être absorbée : lorsqu'on opère ainsi, le séjour du grain dans une grande quantité d'eau, avec perte de matières utiles qui se dissoudraient dans cette eau, n'a pas lieu.

différente : il en est de même du malt desséché : on ne peut donc pas comparer les résultats de l'analyse de leurs cendres avec ceux de l'analyse des cendres d'orge.

Mais si nous comparons les résultats de l'analyse des cendres de malt desséché à l'air avec ceux des cendres d'orge, nous trouvons qu'il existe dans le malt :

Moins de potasse, de soude, de magnésie, d'acide sulfurique et de chlore;

Plus de chaux et de sesquioxyde de fer;

La même quantité d'acide phosphorique.

Une certaine quantité de chaux est donc passée de l'eau dans le malt et la quantité de chaux qui est en combinaison avec l'acide phosphorique est par suite plus considérable; d'autre part, une certaine quantité des chlorures solubles et des sulfates de soude, de potasse et de magnésie qui sont contenus dans le grain en a été soustraite.

L'augmentation du sesquioxyde de fer est la conséquence de ce qu'une portion du fer des conduits de la pompe qui amène l'eau s'est dissoute et a pénétré ensuite le malt.

Mais, en admettant que, dans le ramollissement du grain, il y ait dissolution de sels solubles, la quantité en est, dans tous les cas, peu considérable.

Comme le but de cette opération est d'humecter le grain à l'intérieur, il est évident que le temps nécessaire pour que cet effet se produise dépend, tant de l'état de siccité du grain que de l'épaisseur de son enveloppe, de l'âge du grain, de la température de l'air. Le temps nécessaire varie par suite avec ces circonstances.

Stein [1] a fait des expériences sur un grand nombre de semences dans le but d'étudier leur tendance à absorber l'eau : de ces expériences, il résulte que, pour quelques-unes, au bout de 24 heures, pour d'autres, au bout de 48 heures (la semenee étant considérée ici comme plongée sous l'eau), il n'y avait plus aucune absorption d'eau.

Les grains d'orge, lorsqu'ils sont complètement mouillés, ont augmenté en poids d'environ la moitié de leur poids primitif et en volume d'un quart de leur volume primitif.

Quant aux particularités pratiques qui ont rapport au bac dans lequel le lavage et le mouillage du grain s'opèrent, combien d'orge on y introduit par exemple en une seule fois, je crois pouvoir les passer ici sous silence.

Pour étudier l'influence de l'eau dans le mouillage du grain, j'ai maintenu l'orge dans l'eau pure pendant une demi-heure, j'ai enlevé cette eau et j'ai ajouté de nouveau de l'eau pure que j'ai laissée en contact avec l'orge pendant 20 heures. Cette eau, lorsqu'on l'évapore, laisse un résidu de matières solides, qui s'élève à 0,57 pour 100 de l'orge employée : ce résidu, de couleur brun foncé, est hygroscopique et partiellement soluble dans l'eau : la dissolution réduit le réactif cuivrique et donne un précipité par l'alcool. Le résidu de l'évaporation laisse, lorsqu'on le calcine, 14 pour 100 de cendres, d'où il résulte que l'eau qui est employée pour humecter le grain d'orge lui enlève une quantité relativement assez considérable de sels solubles.

L'eau même qui a servi à humecter l'orge, donnait, par l'action de l'acétate basique de plomb, un abondant précipité formé d'une combinaison de l'albumine dissoute et d'oxyde de plomb, et la liqueur filtrée et séparée ainsi du précipité réduisait fortement le réactif cuivrique, ce qui venait de ce qu'elle contenait de la dextrine que l'eau avait enlevée au grain et qui n'avait pas été précipitée par la dissolution d'acétate de plomb basique. (Voyez plus loin.)

1. Erdmann's *Journal für praktische Chemie*, t. LXIII, p. 49.

On reconnaît que l'orge est suffisamment humectée à ce que l'enveloppe du grain s'en détache fucilement, à ce que le grain commence à s'ouvrir partiellement et à ce que le contenu du grain peut facilement s'aplatir entre les doigts.

Pour l'avoine, il faut un temps plus long pour atteindre le même degré de ramollissement; pour le froment et l'orge, au contraire, il faut moins de temps.

Il est nécessaire ici que tous les grains contenus dans la masse puissent arriver à un même degré de ramollissement les uns que les autres, ce que l'on ne peut atteindre que lorsqu'on emploie pour cette opération des grains d'égale siccité et de même âge. En outre, chacun des grains doit être arrivé au même degré de ramollissement, non seulement en son milieu, mais aussi à ses extrémités, c'est-à-dire qu'il doit être également pénétré par l'eau.

Déjà, par ce que nous avons dit de cette première opération si simple, on voit à quel point il est nécessaire de mettre du soin dans le choix de l'orge. Ce n'est qu'en opérant sur de l'orge qui soit toute d'une même qualité que l'on peut obtenir, dans les circonstances indiquées, un degré uniforme de ramollissement de tous les grains : si l'on n'arrive pas à ce degré uniforme de ramollissement du grain, on doit s'attendre à ce qu'il ne se produise pas une transformation régulière des parties constituantes du grain et à ce que l'on n'obtienne pas une bonne bière, c'est-à-dire une bière dont la qualité reste constante.

Lorsque l'orge, ainsi pénétrée par l'eau, est mise en tas et exposée à une température déterminée, elle subit une série de modifications chimiques importantes qui, au bout de quelque temps, se manifestent au dehors à ce que la jeune plante commence à apparaître. C'est la série de modifications que l'orge subit ainsi, qui constitue le maltage proprement dit : l'orge doit, pour cela, être placée dans des endroits (*Malzsteine* des Allemands, *germoirs* des Français), dans lesquels la température varie peu.

On met l'orge en couches d'une épaisseur de quelques centimètres, plus épaisses en hiver, plus minces en été. Les transformations chimiques qui ont lieu dans l'orge déterminent la production d'une certaine quantité de chaleur, et la chaleur qui se produit ainsi, vient à son tour en aide à l'action chimique par laquelle le grain doit être converti en malt. Pour que l'action commence à se produire, on met quelquefois pendant plusieurs heures l'orge humectée en tas et on l'y laisse jusqu'à ce que la surface du grain paraisse humide : en effet, à partir de ce moment, la température s'élève rapidement jusqu'au ressuage. On met alors le grain en couches de l'épaisseur indiquée, en le maintenant à une température aussi constante que possible. Le grain devient d'abord sec et s'échauffe de manière à dépasser de 8° à 12°, la température de l'air ambiant, puis il devient de nouveau humide à sa surface : son enveloppe crève et les premières radicelles commencent à apparaître : cela a lieu environ 24 à 48 heures après que le grain a été étendu en couches de l'épaisseur indiquée : la production plus ou moins rapide de ce phénomène dépend du reste nécessairement de la température de l'air ambiant. Plus cette dernière est élevée, plus la germination commence rapidement à se produire.

La manière d'opérer le maltage présente de grandes différences dans les brasseries des différentes localités : en Hollande, on laisse la température des couches de grains s'élever jusqu'à 12°, dans d'autres endroits, en Angleterre par exemple, jusqu'à 18°, dans d'autres, comme en Bavière, jusqu'à 25°. — En Bavière, on laisse même quelquefois la température s'élever jusqu'à 30° vers la fin de l'opération.

En général, une marche lente de cette transformation chimique est favorable à la préparation de la bière. Dès que, par conséquent, les premières radicelles commencent à apparaître, on remue le grain et on en détermine ainsi le refroidissement, on diminue l'épaisseur de la couche et on ralentit ainsi l'action chimique. On attend que la radicule se soit développée, mais non la plumule, qui ne se développe que plus tard : et, lorsque la radicule a atteint une longueur qui représente 1 fois $^1/_4$ à 1 fois $^1/_2$ celle du grain, pour l'orge, et qui soit égale à une fois celle du grain, pour le froment, on considère le maltage comme terminé : ce n'est du reste qu'en remuant de temps en temps les couches de grain pour répartir également la chaleur dans la totalité de la masse et maintenir partout la transformation chimique au même degré d'activité, de manière à régulariser l'opération, que l'on peut arriver à ce que les radicelles ne soient sur aucun point de la masse plus longues qu'il n'est nécessaire.

L'expérience a démontré que, lorsque les radicelles ont atteint la longueur indiquée, le grain a subi le degré de transformation le plus favorable pour la préparation de la bière et qu'un développement plus prononcé du grain serait nuisible. Cependant quelques brasseurs considèrent déjà la radicule comme trop longue lorsqu'elle a atteint une londe 1 fois 1/4 à 1 fois 1/2 celle de la semence.

Je crois que l'expérience, qui seule peut permettre de décider quel est le meilleur système, fait défaut. Il ne suffit pas, du reste, que la radicule ait atteint telle ou telle longueur ; mais il est plutôt nécessaire que cette longueur soit atteinte à une température déterminée et en un temps donné : la longueur de la radicule est considérée ici comme un signe certain du degré de transformation qui s'est produit dans le grain, tandis qu'il n'est qu'un signe certain des transformations qui ont eu lieu dans le grain pour arriver à une production de cellulose qui ne paraît nécessairement pas concordante avec la production de la substance que l'on a désignée sous le nom de diastase.

Lorsque la germination a atteint le point voulu, on étale les couches de malt de manière qu'elles deviennent très minces, et on établit même dans le germoir un courant d'air afin de refroidir le malt et d'empêcher toute transformation chimique ultérieure, et aussi afin de dessécher rapidement le malt. La préparation du malt dure en tout de 10 à 14 jours. En Écosse, elle demande 18 à 21 jours, ce qui vient peut-être de la température à laquelle on opère et qui est plus basse ; en France, il faut seulement de 8 à 10 jours.

Le développement de la plumule est considéré comme un fait tout à fait regrettable dans la préparation du malt de bonne qualité, mais on ne peut pas toujours l'éviter entièrement. Lorsque la radicule a atteint une fois et demie la longueur du grain, la plumule possède une longueur égale à la moitié de celle du grain.

Par le maltage, le grain d'orge a augmenté de la moitié, quelquefois des deux tiers de son volume : mais en même temps il est devenu plus mou et plus facile à réduire en poudre. Il a perdu une certaine portion de son poids. En admettant que les radicelles, qui se sont développées pendant la germination, soient séparées, on a (l'orge et le malt étant tous deux supposés secs) 8 pour 100, sans les radicelles qui constituent 4 1/2 pour 100 du poids primitif du grain[1] :

1. Proust (*Annales de chimie et de physique*, 1817, 2e série, t. V, p. 342) a prétendu que l'orge a perdu par la germination 1/3 de son poids.

le chiffre de 5 pour 100 de radicelles que l'on admet généralement me paraît trop élevé. On doit d'autre part tenir compte des détritus qui se sont détachés mécaniquement du grain par suite du frottement auquel il a été soumis pendant qu'on le remuait; 1 1/2 pour 100 de perte au maximum [1] par le mouillage, 3 pour 100 par la germination et 3 1/2 par la séparation des radicelles me paraissent représenter le chiffre moyen de la perte.

Scheven [2] a fait l'analyse chimique des radicelles qui ont pris naissance pendant le maltage et dont on a effectué ensuite la séparation.

100 livres de malt ont donné 3 livres de radicelles. Les radicelles qui ont servi à l'expérience *a* contenaient 7 pour 100 d'eau; celles de l'expérience *b*, 20 pour 100. Desséchées à 100°, elles ont donné :

	a	*b*
Fibre ligneuse..................	18,3	23,6
Substances non azotées.........	48,8	39,6
Substances azotées..............	25,5	28,6
Cendres.......................	7,3	8,0

Les germes sont donc très riches en matières albumineuses : on les emploie la plupart du temps comme engrais, et quand on considère le dégagement abondant d'ammoniaque qu'ils produisent en se putréfiant, on comprend qu'ils soient éminemment propres à cet usage. — En ce qui concerne les principes qui exercent une action utile dans la préparation de la bière, on peut admettre comme terme moyen que, par la séparation de ces radicelles, il se produit, pour la préparation de la bière, une perte de 0,75 à 1 pour 100 des matières albumineuses qui étaient contenues dans l'orge. En outre, il est évident que la matière cellulaire des radicelles s'est produite aux dépens des substances utiles du grain, et que, à ce point de vue, une certaine quantité de substances utiles a été perdue pour la prépara-

Thomson (*Annales de chimie et de physique*, 1817, 2e série, t. VI, p. 216) émet avec raison une opinion contraire : l'orge et le malt étant tous deux supposés secs, Thomson a trouvé 8 pour 100 de perte, ce qui s'accorde avec les résultats obtenus en grand.

1. Nous avons indiqué, p. 51, que dans une expérience, nous avons obtenu seulement 0,57 pour 100, et cela en employant de l'eau distillée. Un résultat de 1 1/2 pour 100 trouvé pratiquement paraît donc douteux.

2. Erdman's *Journal für praktische chemie*, t. LXVI, p. 311 et 318.

tion de la bière : les matières non azotées solubles et les substances inorganiques contenues dans la radicule nous représentent encore un autre mode de perte : en effet la radicule n'a pu les prendre que dans le grain. — Nous ferons plus loin les comptes de ces pertes.

On sépare les radicelles parce qu'elles donneraient un mauvais goût à la bière : dans l'examen ultérieur de la bière, il n'en sera par conséquent plus fait mention.

Avant d'étudier de plus près les modifications qui se sont produites dans le grain pendant le maltage, nous croyons devoir examiner quelles sont les circonstances extérieures qui favorisent la germination et quelle action l'air atmosphérique exerce sur le grain en germination, et réciproquement quelle action le grain en germination exerce sur l'air atmosphérique.

La lumière exerce une action contraire à la germination : cela est du moins très certainement vrai pour la lumière directe du soleil. Dans le maltage, ce n'est pas précisément pour mettre le grain à l'abri de la lumière qu'on l'enferme : mais comme on a besoin, pour la germination, d'une température uniforme et comme c'est dans des espaces fermés qu'on l'obtient le mieux, la lumière n'exerce dans le maltage qu'une action très limitée. — En ce qui concerne le fait que c'est dans l'obscurité que la germination s'opère le mieux, la germination des semences dans le sol peut en être considérée par nous comme une démonstration.

Leuchs a fait les expériences suivantes sur la germination de semences d'une même plante. Dans l'obscurité, elles germaient au bout de 14 heures; si on les recouvrait de papier noir, il leur fallait 18 heures pour germer; avec du papier blanc, il leur fallait 26 heures; avec du papier huilé, 34 heures; à la lumière du jour, 48 heures ; et si, au moyen d'un miroir, la force de la lumière était encore augmentée, il leur fallait 55 heures pour germer.

Cependant, d'après de Saussure, la lumière du soleil n'exerce une action contraire à la germination que parce que la chaleur qui l'accompagne, dessèche le grain. Il a vu, à la lumière diffuse, des semences préalablement humectées, placées les unes sous une cloche opaque, les autres sous une cloche transparente, germer avec la même rapidité.

Cette opinion se trouve en contradiction avec les expériences plus récentes de Gladstone [1]. Cet expérimentateur a en effet trouvé que la germination du froment et des pois s'opère plus rapidement lorsqu'on soustrait les semences aux rayons chimiques de la lumière solaire.

Je n'ai pas fait de nombreuses expériences sur ce sujet, mais je puis affirmer d'une manière positive que le développement de l'orge ne s'effectue pas plus rapidement dans l'obscurité que lorsqu'elle est exposée à la lumière, en tant que la température de l'endroit exposé à la lumière n'est que de 1 ou 2 degrés plus élevée que la température de l'endroit situé dans l'obscurité, les autres circonstances étant du reste exactement les mêmes. Au contraire, l'orge germe plus rapidement dans l'endroit exposé à la lumière. Après avoir opéré le mouillage d'une certaine quantité d'orge, en la maintenant dans l'eau pendant 24 heures, on en a mis la moitié dans l'obscurité à l'intérieur d'une armoire et on a laissé l'autre moitié sur l'armoire, exposée à la lumière diffuse. Au bout de 48 heures, la moitié qui était exposée à la lumière avait donné naissance à un germe de la longueur du grain d'orge, tandis que, pour la portion qui était dans l'obscurité, le germe était à peine visible. — En ce qui concerne le fait que la lumière ne peut pas exercer ici une action avantageuse, il paraît s'accorder avec ce que nous savons de l'action de la lumière sur les parties des plantes qui poussent au-dessus du sol : elles donnent en effet naissance à un dégagement d'oxygène et il s'y produit de la chlorophylle; dans la germination, c'est précisément l'opposé qui a lieu : en effet il y a absorption d'oxygène, et il serait vraiment étrange que la lumière n'exerçât pas dans ce cas une action défavorable. — Ce que nous avons observé pour l'orge peut ne pas être vrai pour une autre semence : on ne peut en tirer aucune conclusion générale.

Schleiden a vu que la lumière exerçait sur la germination de l'orge une action retardatrice, en semant de l'orge dans du sable et en recouvrant une portion du sable avec une cloche de verre et une autre avec une cloche de zinc. Après l'apparition de la plumule, le résultat était, ainsi qu'on devait s'y attendre, entièrement à l'avantage du grain qui était exposé à la lumière [2].

1. *Chemical Gazette*, 1854, p. 417
2. Volff, *Achevbau*, 2e édit., t. I, p. 94.

En opérant de la même manière et à une température tout à fait identique, j'ai observé positivement une action quelque peu retardatrice de la lumière sur la germination. De l'orge bien humectée a été divisée en deux portions qui ont été mises toutes les deux à la lumière diffuse dans des capsules de porcelaine placées l'une très près de l'autre : l'une des capsules a été recouverte d'une plaque de porcelaine, l'autre d'une plaque de verre. Au bout de 48 heures, il était déjà parfaitement visible que la germination de la portion placée dans l'obscurité était bien plus avancée.

Dans la germination des semences, une odeur agréable se fait généralement sentir : dans la germination de l'orge, c'est une odeur de pommes. D'après Becquerel, il se produit ici de l'acide acétique [1]; mais il paraît incertain si l'acide acétique trouvé par lui était un produit direct de la germination ou s'il provenait de la transformation d'une certaine quantité de sucre qui se sépare du grain en germination (lorsque ce grain est placé dans l'eau). L'observation d'Edwards et de Colin qui ont remarqué une production d'alcool dans la germination du grain placé dans l'eau, paraît confirmer l'hypothèse d'une séparation de sucre.

La production de l'acide acétique dans la germination du froment, des lentilles, et des semences de chanvre a été confirmée par Matteucci [2] qui a fait germer ces trois espèces de grains dans du carbonate de chaux bien lavé : dans la plupart des cas, il a trouvé qu'il s'était produit de l'acétate de chaux. Une expérience très simple permet de reconnaître qu'il y a production d'acide dans la végétation : on n'a besoin que de placer une semence bien humectée sur un papier bleu de tournesol et de la maintenir humide : tout à l'entour de la semence, le papier devient rouge. — Si cet acide est de l'acide acétique, rien ne prouve que la production de cet acide soit due à la germination et qu'elle ne provienne pas de la transformation en acide acétique du sucre qui s'est séparé du grain pendant la germination. Une exsudation de matière sucrée de la nature de celle que nous venons d'indiquer, a en effet positivement lieu dans les semences amylacées en germination, en sorte que la question de la production de l'acide acétique reste encore

1. *Annales de chimie et de physique*, t. LII, p. 268.
2. *Annales de chimie et de physique*, t. LV, p. 310.

sans solution définitive. Les nombreuses expériences de Becquerel dans lesquelles il a observé que des semences en germination rougissaient le papier de tournesol, ne prouvent donc rien. En ce qui concerne la nature de l'acide, on peut se demander si cet acide est bien de l'acide acétique ou si ce n'est pas plutôt de l'acide lactique.

Matteucci considère la production d'une petite quantité d'acide dans la germination comme nuisible au développement ultérieur du germe. Il a trouvé que l'addition d'une petite quantité d'alcali (potasse, soude, ammoniaque), à l'eau dans laquelle les semences germent, accélère le développement de ce germe, ce qu'il attribue à ce que cette petite quantité d'alcali sature l'acide libre qui s'est produit. Il a en outre observé que, dans l'acide nitrique et dans l'acide sulfurique étendus, la germination s'opère bien plus lentement, et que, dans l'acide acétique, la germination est nulle.

Il y a des substances qui accélèrent la germination et d'autres qui y mettent obstacle. C'est un fait généralement admis que, par l'action d'une petite quantité de chlore, quelques semences un peu anciennes ont pu redevenir susceptibles de germer. Cependant, l'expérience n'a pas donné à cet égard des résultats aussi favorables qu'on le pensait d'abord. Sur les semences qui, comme la semence de moutarde, contiennent une huile âcre, le chlore exerce une action favorable; sur les pois et les haricots, le chlore n'a aucune action; sur les semences oléagineuses, il exerce une action contraire à la germination.

La chaux libre est généralement recommandée pour accélérer la germination. On considère la chaux comme exerçant dans ce cas une action utile, parce qu'elle absorbe immédiatement l'acide carbonique qui se dégage du grain en germination et accélère, par suite, l'absorption de l'oxygène de l'air. Une autre raison, qui me paraît bien plus juste, est que la chaux sature l'acide dont la production dans la germination de toute espèce de semence vient d'être l'objet de notre examen. Je pense que, à cet égard, les résultats de Matteucci doivent être admis.

Huber avait déjà reconnu, il y a longtemps, que l'essence de térébenthine, même en très petite quantité, est nuisible à la végétation. Chevreul a confirmé cette observation [1].

1. *Comptes rendus de l'Académie des sciences*, t. XLI, p. 757.

Il est bien certain que d'autres huiles volatiles peuvent exercer une action analogue, mais on ne sait rien de plus sur ce sujet.

Les transformations chimiques qui se produisent dans l'acte de la germination, ne peuvent pas être expliquées avec netteté. On doit, du reste, reconnaître que c'est une des questions les plus difficiles que l'on puisse rencontrer.

Dans l'étude de la germination au point de vue chimique, nous rencontrons d'abord trois questions principales qui demandent une solution :

1° Quelle est l'influence de l'air environnant sur la semence en germination? c'est-à-dire quel est celui des principes contenus dans l'air qui est absorbé?

2° Quelle est l'influence de la semence en germination sur l'air environnant? c'est-à-dire quels sont les produits gazeux qui prennent naissance?

3° Quelles sont les transformations de substances qui se produisent dans la semence même?

Pour que, en répondant à ces trois questions, on ne s'égare pas dans des phrases inutiles, il faut que l'on connaisse exactement ce qui constitue primitivement la semence. Or, on ne connaît pas seulement la composition d'une seule semence.

Nous devons donc nous contenter de faits généraux dont quelques-uns cependant se trouvent être d'une grande importance. Ce n'est, en aucune manière, à la période la plus rapprochée de la science que nous sommes redevables de ces résultats. Senebier, Huber, Lefébure, Scheele, Ellis, Gough, Th. de Saussure avaient déjà mis en lumière les faits généraux presque à l'état où nous les trouvons actuellement [1].

Je crois devoir résumer en peu de mots ce que nous connaissons sur ce sujet. La question est excessivement difficile : en effet, la semence ne peut pas être humectée au moyen de l'eau sans que des modifications chimiques y aient lieu, même longtemps avant que l'on puisse découvrir aucune trace de germination. Avant que la semence ait été exposée à l'action de l'air, il peut se produire à l'intérieur du grain, par le simple fait de son humectation, une certaine

1. De Candolle, *Physiologie végétale,* t. II, p. 267; et *Annalen der pharmacie*, t. XIII, p. 134.

action chimique que l'on peut considérer comme un commencement de germination. Il est possible que l'air, tant celui qui pouvait être renfermé dans la semence, que celui qui pouvait être dissous dans l'eau qui a servi à humecter la semence, ait commencé immédiatement à exercer avec l'eau son action sur la semence; mais, quoi qu'il en soit, il est bien positif que, si l'on doit distinguer différentes périodes dans la germination, on doit considérer comme la première celle dans laquelle aucune trace de germination n'a encore lieu, bien que cependant il se soit déjà produit une action chimique. La germination est, à proprement parler, le résultat de cette action.

En ce qui concerne la question de savoir si la germination commence à se produire comme conséquence d'une première humectation qui y prédispose la semence ou qui détermine l'action même, les expériences publiées jusqu'ici font connaître les phénomènes suivants :

Je veux d'abord indiquer quelque chose d'analogue à la respiration des animaux: une fonction des semences en germination, en opposition avec la fonction des parties vertes des plantes. Les semences en germination absorbent l'oxygène de l'air et laissent dégager de l'acide carbonique.

Sans oxygène, la germination est impossible.

Dans une atmosphère artificielle qui contient moins d'oxygène et plus d'azote, d'acide carbonique ou d'hydrogène que l'air atmosphérique, la germination devient de plus en plus lente à mesure que la quantité d'oxygène diminue, et que la quantité d'azote, d'acide carbonique ou d'hydrogène augmente.

Une grande quantité d'acide carbonique dans une atmosphère est nuisible à la germination. Gladstone [1] a vu que la semence qui était placée dans une atmosphère dans laquelle il se trouvait autant d'acide carbonique et autant d'oxygène qu'il existe d'azote et d'oxygène dans l'air atmosphérique, se pourrissait, mais ne germait pas.

Dans le vide ou dans une atmosphère d'hydrogène, la germination n'a pas lieu.

Dans le gaz oxygène pur, au contraire, la germination est trop rapide pour que les plantes naissantes se développent bien. (Les résultats trouvés par un grand nombre d'observateurs s'accordent sur ce point.)

1. *Chem. Gazette*, 1855, p. 420.

C'est dans une atmosphère qui contient 1 d'oxygène et 3 d'azote, que la germination agit le mieux. (Lefébure.)

En ce qui concerne la quantité de l'oxygène absorbé et la quantité de l'acide carbonique dégagé, les résultats des divers expérimentateurs ne sont pas d'accord : il ne devait du reste pas en être autrement, puisque tous les observateurs n'avaient pas pris la même graine pour point de départ de leurs expériences, et n'avaient pas établi entre les différentes périodes de la germination une distinction précise et concordante. — Nous indiquerons ici quelques-uns des résultats obtenus.

Dans la germination des pois, le volume de l'air n'a pas changé : l'oxygène absorbé a été remplacé par un égal volume d'acide carbonique. (Scheele.)

La quantité de l'oxygène absorbé est beaucoup plus grande que la quantité de l'acide carbonique dégagé. (Ellis.)

Dans la germination du froment et de l'orge, la quantité de l'acide carbonique produit est égale à la quantité de l'oxygène absorbé. (De Saussure.)

Pour les fèves, la quantité d'acide carbonique est plus grande. (De Saussure.)

Pour d'autres semences, c'est le contraire. (De Saussure.)

Dans les gros haricots et les lupins, la quantité de l'acide carbonique dégagé est plus grande que la quantité de l'oxygène absorbé; plus tard, c'est le contraire qui a lieu. Entre les deux périodes, il en existe une autre dans laquelle la quantité de l'oxygène absorbé est égale à la quantité de l'acide carbonique dégagé. (De Saussure.)

Le volume de l'air dans lequel les semences ont germé a, en somme, tant soit peu diminué pendant la germination : pour d'autres semences, il a au contraire quelquefois beaucoup augmenté. (De Saussure.)

Les résultats indiqués ont été obtenus dans l'air atmosphérique. Si, au lieu d'air atmosphérique, on emploie de l'oxygène pur, la quantité de l'oxygène absorbé est, pour toutes les semences indiquées, plus grande que la quantité de l'acide carbonique dégagé (De Saussure), et De Saussure pense que, bien que le fait ne puisse pas toujours être sensible dans les expériences faites dans l'air atmosphérique, la semence s'assimile toujours dans la germination une certaine quantité d'oxygène que l'on ne peut retrouver dans l'acide carbonique dégagé.

Dans la germination, une petite quantité de gaz azote de l'air ambiant est absorbée, et De Saussure n'attribue pas cette absorption à une simple cause physique.

De tout ce que nous venons de dire, il résulte que l'action réciproque de l'air et de la semence en germination a besoin d'être éclaircie par de nouvelles expériences, pour que ce que l'on en sait puisse passer à l'état de notion tant soit peu coordonnée. Ce que nous observons, en opérant sur une espèce de semence, peut ne pas avoir lieu lorsqu'on opère sur un autre.

Chaque semence est un mélange spécial de substances dont quelques-unes peuvent être entraînées dans la sphère d'action de la fermentation germinative, soit comme parties constituantes essentielles, c'est-à-dire actives, dont dépend l'essence même de la germination, soit comme parties constituantes, en quantité tout à fait peu considéreble, qui peuvent manquer, sans modifier aucunement le caractère de la semence, comme substance douée de la propriété de germer.

Un exemple rendra plus clair ce que nous disons en ce moment : une substance qui contient une huile éthérée, pourrait très bien germer sans cette huile. Pendant la germination de cette semence, l'huile se résinifie, absorbe l'oxygène : cette absorption est donc la conséquence d'une réaction qui n'a rien de commun avec la germination, et cependant elle pourrait être mise sur le compte des modifications provenant de l'acte de la germination.

Avant de pénétrer plus profondément dans le sujet qui nous occupe ici, je crois devoir indiquer quelques expériences qui ne nous fourniront cependant aucun éclaircissement nouveau sur le phénomène de la germination. Elles concernent la composition des semences déterminée dans le but de connaître ce que la semence a enlevé à l'air et ce qui s'est dégagé.

De Saussure a observé que les pois, en germant, perdent 4,75 pour 100 de leur poids, et cependant, dans l'acide carbonique de l'air, on a trouvé après la germination 1 pour 100 seulement de carbone .D'où provient cette perte de poids de 3,75 pour 100 que la semence a subie? On a cherché à répondre à cette question et à d'autres analogues; mais ces questions sont trop en dehors du domaine de la science pour que l'on puisse s'attendre à une réponse précise.

La question devient encore plus difficile à résoudre lorsqu'on a laissé la germination continuer sa marche pendant longtemps, de manière que la jeune plante ait déjà commencé à se développer, parce que deux modes différents d'action se trouvent en présence : transformation de la semence et développement de la nouvelle plante. Ces deux modes d'action peuvent du reste n'avoir rien de commun.

En ce qui concerne la préparation de la bière, nous n'avons pas besoin de connaître les modifications que le grain subit en un grand nombre de jours : nous avons besoin seulement de connaître les métamorphoses qui se produisent dans le grain en germination jusqu'au moment où la radicule a atteint 1 fois 1/4 à 1 fois 1/2 la longueur du grain, et où la plumule n'est pas même visible.

Boussingault[1] a fait des recherches sur ce sujet. Tout ce qu'il a trouvé, c'est « une perte des éléments de l'oxyde de carbone que subit la semence, et une absorption de l'oxygène de l'air suffisante pour qu'il se produise de l'acide carbonique. »

Des grains de froment sur lesquels les mêmes expériences ont été répétées ont donné des résultats analogues. Mais il n'en était ainsi que dans la première période de la germination. Aussitôt que la plumule a commencé à se montrer et est devenue verte, elle détermine, comme toutes les parties vertes des plantes, une *décomposition* de l'acide carbonique existant, et il devient alors impossible de se rendre compte de ce qui avait réellement eu lieu dans la germination.

Il est convenable de parler ici des modificltions que les grains ont subies dans la germination : je veux parler des modifications de substances en tant qu'elles concernent les parties constituantes des grains qui ont le plus d'importance relativement à la fabrication de la bière.

Les connaissances que la science actuelle a recueillies sur ce sujet sont excessivement peu considérables : aucune portion de la physiologie végétale n'a été plus négligée que celle-là. Tout ce que nous connaissons sur ce sujet, est résumé dans ce qui va suivre.

Orge. — Proust a donné, pour la comparaison des quantités relatives des parties constituantes de l'orge germée et de l'orge non germée, les nombres suivants (je réunis en-

1. *Annales de chimie et de physique*, 1838, t. LXVII, p. 18.

semble l'hordéine avec l'amidon et la matière cellulaire :

	Orge non germée.	Orge germée.
Amidon et matières cellulaires..	87	68
Sucre..........................	5	15
Dextrine.......................	4	15
Glutine et mucine..............	3	1
Résine jaune...................	1	1

Quelque pauvres que soient ces résultats, ils nous apprennent cependant quelque chose par leur comparaison : en effet, ils ont été obtenus dans les deux cas par la même méthode,,

La dextrine, dont il se trouvait déjà une petite quantité dans l'orge, a visiblement augmenté de poids par la germination.

Froment. — D'après Théodore de Saussure [1] le froment subit, en germant, les modifications suivantes :

	Froment non germé.	Froment germé.
Amidon.........................	72,7	65,8
Matières cellulaires...........	5,5	5,6
Sucre..........................	2,4	5,1
Dextrine.......................	3,5	7,9
Glutine et mucine..............	11,8	7,6
Albumine insoluble.............	1,4	2,7

Nous reconnaissons ici de nouveau la valeur des travaux du maître, lorsque nous tenons compte, ce qui est évidemment juste, de ce que, à l'époque de De Saussure, les méthodes analytiques étaient moins perfectionnées qu'elles ne le sont actuellement.

L'amidon a diminué, la dextrine a augmenté et il s'est produit du sucre. Les matières cellulaires ont augmenté, bien que ce soit seulement d'une quantité peu considérable, le gluten a diminué et les substances albumineuses insolubles ont augmenté.

Je vais passer en revue successivement les expériences d'Oudemans, et je rappellerai expressément que ces expériences ont été exécutées sur des graines dont la transformation n'avait pas été poussée assez loin pour que l'acte de

1 *Bibliothèque universelle de Genève*, t. LIII, p. 260.

la germination fût entièrement accompli, pour que, par suite la nouvelle plante fût déjà formée. Elles ne concernent que ce qui se passe dans les semences en germination avant d'arriver à la période où la plumule n'est encore que peu développée, la radicule étant bien développée, ainsi que cela est nécessaire pour la connaissance de la fabrication de la bière. Aussi pouvons-nous conclure des indications fournies par ces expériences, que l'on doit renoncer à l'opinion que les substances albumineuses ne paraissent pas diminuer sensiblement de poids dans cette germination restreinte. Plus tard, lorsque la plumule commence à se développer plus complètement, il en est tout autrement; mais la semence arrivée à ce degré de développement n'a plus rien de commun avec le malt qu'il nous importe seul de connaître ici.

I. Orge.

	Orge.	Malt d'orge desséché à l'air.
Dextrine	4,5	6,5
Amidon	53,8	47,3
Sucre	...	0,4
Matières cellulaires	7,7	11,7
Substances albumineuses	9,7	11,0
Matière grasse	2,1	1,8
Cendres	2,5	2,6
Eau	18,1	16,1
	98,4	97,4

Si nous ramenons ces résultats à ce qu'ils seraient pour 100, les substances étant supposées sèches, nous obtiendrons :

	Orge	Malt d'orge.
Dextrine	5,6	8,0
Amidon	57,0	58,1
Sucre	0,0	0,5
Matières cellulaires	9,6	14,4
Substances albumineuses	12,1	13,6
Matière grasse	2,6	2,2
Cendres	3,1	3,2
	100	100

Par l'examen de ces nombres nous voyons :

1° Que, dans la germination de l'orge, ou bien il se produit une quantité très peu considérable de sucre, ou bien une très petite quantité seulement du sucre qui s'est formé reste dans le malt : c'est là certainement une particularité digne de remarque.

2° Que la quantité de dextrine déjà préexistante dans la semence a augmenté presque de moitié par la germination : cette dextrine est en voie de se transformer en sucre, mais n'est pas encore du sucre.

3° Que la quantité d'amidon contenue dans la semence a diminué d'environ 1/7, mais que la quantité de dextrine et de sucre n'a pas augmenté dans la même proportion.

4° Que la quantité des matières cellulaires a beaucoup augmenté et s'est élevée de 9,6 à 14,4; 14,4 — 9,6 = 4,8. Cette quantité se trouve par hasard précisément égale à la moitié de 9,6 : la quantité des matières cellulaires s'est donc élevée de 2 à 3. — Ce résultat présente, pour la préparation de la bière, une certaine importrnce au point de vue économique : en effet, par la transformation en malt, par la germination, l'amidon qui est doué de propriétés si éminemment nutritives, diminue, tandis que les matières cellulaires si indigestes ou du moins d'une digestion si difficile pour l'homme, augmentent. Ce résultat nous démontre que, dans la préparation de la bière, la proportion des matières nutritives va en rétrogradant et nous fait connaître une conséquence importante de l'acte de la germination qui consiste en ce que, dans le grain, la cellulose nécessaire au développement de la plumule et de la radicule se produit aux dépens de l'amidon qui, probablement, s'est transformé d'abord en sucre ou du moins en dextrine.

Pour que l'on puisse bien comprendre ces résultats, nous croyons devoir rappeler ici que, dans les analyses d'Oudemans, on a opéré sur les grains en y comprenant les germes : cela est d'une grande importance au point de vue des conséquences à en tirer pour l'étude des différentes phases de la germination, et cela n'a aucun inconvénient au point de vue des conséquences à en tirer pour l'étude de la fabrication de la bière.

En faisant la somme des 4 substances non azotées, de nature analogue, qui sont contenues dans le grain et dans le malt, on obtient :

	Orge.	Malt d'orge.
Dextrine	5,6	8,0
Amidon	67,0	58,1
Sucre	...	0,5
Matières cellulaires	9,6	14,4
	82,2	81,0

Nous voyons qu'il y a eu une diminution qui est de 82,2 — 81,0 = 1,2 : il y a donc diminution, et cette diminution est la conséquence de ce que l'on devrait désigner à présent sous le nom de « respiration de la semence pendant la germination » et qui consiste en une absorption d'oxygène et une production simultanée d'acide carbonique et d'eau, provenant d'une oxydation d'une partie de l'amidon qui s'était transformé d'abord en dextrine, puis en sucre.

5° Que la quantité de matière grasse a diminué pendant la germination; 2,6 — 2,2 = 0,4; et que cette diminution s'élève à peu près au 1/6 de la quantité otale de la matière grasse contenue primitivement dans le grain.

6° En ce qui concerne l'augmentation de la quantité des substances albumineuses qui s'est élevée de 12,1 à 13,6, j'y reviendrai plus tard avec détail après avoir étudié préalablement les résultats obtenus avec les autres espèces de grains que l'on emploie le plus habituellement pour la préparation de la bière.

L'examen des quantités relatives des parties constituantes des autres espèces de grains, froment, orge et avoine, tant à l'état non germé qu'à l'état germé, et, dans ce dernier cas, l'examen des quantités relatives des parties constituantes des radicules ont de l'importance, non seulement pour la fabrication de la bière, mais encore pour la connaissance des phénomènes de la germination et, par suite, aussi pour la connaissance plus approfondie de la préparation du malt d'orge.

II. Froment.

	Froment.	Malt de froment desséché à l'air.
Dextrine	4,5	6,2
Amidon	57,0	50,3
Sucre	...	1,6
Matières cellulaires	6,1	8,0
Substances albumineuses	11,5	11,9
Matière grasse	1,8	2,0
Cendres	1,7	1,8
Eau	16,0	14,4
	98,6	96,2

Si nous ramenons ces résultats à ce qu'ils seraient pour 100, les substances étant supposées sèches, nous obtiendrons :

	Froment	Malt de froment.
Dextrine	5,5	7,6
Amidon	69,0	61,5
Sucre	...	2,0
Matières cellulaires	7,4	9,8
Substances albumineuses	13,9	14,5
Matière grasse	2,2	2,4
Cendres	2,0	2,2
	100	100

Par la comparaison de ces nombres, nous voyons :

1° Qu'il s'est produit dans la germination 2 pour 100 de sucre, par conséquent une quantité plus grande que dans l'orge ;

2° Que la dextrine, dans le malt de froment, s'est élevée de près de la moitié par rapport à celle contenue dans le grain non germé ;

3° Que la quantité de l'amidon a diminué de 1/9 par la germination ;

4° Que la quantité des matières cellulaires a augmenté de 1/3 par la germination : en effet 9,8 — 7,4 = 2,4, et 3 × 2,4 = 7,2 ou presque 7,4.

Totalisons ensemble les matières cellulaires, l'amidon, la dextrine et le sucre, et nous aurons :

	Froment.	Malt de froment.
Dextrine	5,5	7,6
Amidon	69,0	61,5
Sucre	...	2,0
Matières cellulaires	7,4	9.8
	81,9	80,9

Ainsi, nous retrouvons entre le froment et le malt de froment une différence en moins comme entre l'orge et le malt d'orge.

5° Que la quantité des matières grasses n'a subi dans ce cas aucune diminution ;

6° Que la quantité des substances albumineuses s'est élevée de 13,9 à 14,5.

III. Seigle.

	Seigle	Malt de seigle desséché à l'air
Dextrine	5,2	12,7
Amidon	56,5	42,1
Sucre	...	1,1
A Reporter	61.7	55.9

Report......	61,7	55,9
Matières cellulaires.............	7,8	11,9
Substanccs albumineuses........	10,4	11,7
Matière grasse..................	1,4	1,5
Cendres.........................	1,8	1,8
Eau.............................	16,4	15,6
	99,5	98,4

Si nous ramenons ces résultats à ce qu'ils seraient pour 100, les substances étant supposées sèches, nous obtiendrons :

	Seigle.	Malt de Seigle.
Dextrine........................	6,2	15,3
Amidon.........................	68,0	50,9
Sucre...........................	...	1,3
Matières cellulaires............	9,4	14,4
Substances albumineuses.......	12,5	14,1
Matière grasse..................	1,7	1,8
Cendres.........................	2,2	2,2
	100	100

De l'examen de ces nombres, il résulte :

1° Que, dans la germination du seigle, il s'est produit 1,3 pour 100 de sucre.

2° Que la quantité de dextrine s'est élevée par la germination de 1 à 2 1/2.

3° Que, dans la transformation du grain en malt, la quantité d'amidon a diminué de 1/4.

4° Que la quantité des matières cellulaires s'est au contraire élevée de 9,4 à 14,4, c'est-à-dire qu'elle est montée à 5 en plus de 9,4 : elle a donc passé de 2 à 3.

Les matières cellulaires, la dextrine, l'amidon et le sucre, réunis ensemble, donnent :

	Seigle.	Malt de seigle
Dextrine........................	6,2	15,3
Amidon.........................	68,0	50,9
Sucre...........................	...	1,3
Matières cellulaires............	9,4	14,4
	83,6	81,9

Pour le seigle aussi, la somme de ces substances a diminué comme pour l'orge et pour le froment.

5° Que la quantité de matière grasse n'a pas diminué.

6° Que la quantité des substances albumineuses a augmenté.

IV. Avoine.

	Avoine	Malt d'avoine desséché à l'air.
Dextrine	5,0	7,1
Amidon	47,0	37,3
Sucre	...	0,4
Matières cellulaires	14,5	22,6
Substances albumineuses	12,1	13,3
Matière grasse	5,4	4,1
Cendres	2,8	3,1
Eau	14,9	14,1
	101,7	102,0

Si nous ramenons ces nombres à ce qu'ils seraient pour 100, les substances étant supposées sèches, nous obtiendrons :

	Avoine.	Malt d'avoine.
Dextrine	5,8	8,1
Amidon	54,1	42,6
Sucre	...	0,5
Matières cellulaires	16,7	25,5
Substances albumineuses	14,0	15,1
Matière grasse	6,2	4,7
Cendres	3,2	3,5
	100	100

Nous voyons également ici :

1° Qu'il s'est produit du sucre par la germination, mais seulement 1/2 pour 100.

2° Que la dextrine a monté de 2 à 3.

3° Que la quantité d'amidon a diminué d'environ 1/5.

4° Que la quantité des matières cellulaires s'est élevée de 2 à 3.

La somme de ces quatre subtances est

	Avoine.	Malt d'avoine.
Dextrine	5;8	8,1
Amidon	54,1	42,6
Sucre	...	0,5
Matières cellulaires	16,7	26.5
	76,6	76,7

Ou environ autant dans le malt que dans le grain.

5° Que la quantité de matière grasse a diminué.

6° Que la quantité des substances albumineuses a augmenté.

Après avoir ainsi examiné les résultats obtenus pour chaque grain en particulier, nous pensons qu'il n'est pas hors de propos de les passer en revue tous ensemble afin de voir quelles conclusions générales on pourrait en tirer.

1° Dans chacune des quatre sortes de grains, il ne s'est produit pendant la germination qu'une très petite quantité de sucre comme résultat final de toutes les transformations chimiques qui avaient eu lieu pendant la germination.

2° La quantité de dextrine s'est élevée par la germination de 1 à 2 1/2 dans le seigle ; dans les trois autres, elle s'est élevée de 1 à 1 1/2.

3° L'amidon a diminué de 1/4, 1/5, 1/7, 1/9.

4° La quantité des matières cellulaires a augmenté dans le froment de 1/3 et dans les trois autres de 1/2.

5° La somme de ces quatre subtances est restée la même dans l'avoine ; dans l'orge, le froment et le seigle, elle a diminué par la germination.

6° La matière grasse a diminué dans l'orge et dans l'avoine par la germination, tandis qu'elle a augmenté dans le froment et dans le seigle.

7° La quantité des substances albumineuses a augmenté dans les quatre sortes de grains.

Telle est l'expression brute des résultats des décompositions qui se sont opérées, telle qu'elle nous est fournie par la comparaison des nombres obtenus.

En ce qui a rapport aux quatre premiers points, il n'y a rien de plus à observer.

En ce qui concerne le cinquième point, relatif à la question de savoir si la somme des matières cellulaires, de la dextrine, de l'amidon et du sucre a changé ou non, nous avons pour plus de simplicité admis que ces quatre substances avaient la même composition : cependant le sucre qui se trouve ici à l'état de sucre de fruits $= C^{12}H^{12}O^{12}$, ne présente pas la même composition que les autres : mais sa quantité est si faible que cette différence ne paraît pas pouvoir être d'une grande importance. Quant à la question de savoir d'où peut provenir la diminution de poids qu'a subie, pendant la germination, dans les trois premières sortes de grains, la somme de ces quatre parties constituantes, tandis que, dans la quatrième espèce, il n'y a pas eu de diminution de poids, on restera toujours dans l'incertitude sur ce point tant que l'on n'aura pas trouvé une explication au moyen de laquelle la diminution puisse être rendue évidente dans toutes les espèces. — Je reviendrai sur ce sujet en m'occupant de la question des matières albumineuses.

En ce qui concerne le sixième point relatif à l'augmentation ou à la diminution de la matière grasse, nous devons faire observer que, en opérant sur des grains qui contiennent aussi peu de matière grasse que les quatre espèces de grains indiquées, on peut à peine s'attendre à obtenir un résultat décisif quelconque sur cette question. Il faudrait pour cela analyser des semences qui contiendraient une plus grande quantité de matière grasse : or, dans ces dernières, on observe une diminution de matière grasse.

J'arrive maintenant au septième point, qui est relatif à l'augmentation des matières albumineuses. Personne ne peut admettre sérieusement l'augmentation de ces substances dans la germination. Nous avons voulu seulement exprimer par là les résultats bruts de l'expérience. Il se produit au contraire, dans la germination, une trace d'ammoniaque, et il est par conséquent indubitable qu'une portion des substances albumineuses, quelque faible qu'elle puisse être d'ailleurs, a été décomposée.

Oudemans a fait, pour chaque espèce de grains, plusieurs déterminations d'azote : j'ai pris la moyenne de ses résultats qui étaient du reste presque concordants, en calculant la quantité des substances albumineuses sur une proportion de 15,5N. Je pense que nous avons là pour nos calculs une base bien déterminée qui nous permet, autant du moins que cela est possible, de déduire de la proportion d'azote la quantité des matières albumineuses. Il n'existe, du reste, pas de combinaison ammoniacale dans l'orge, ni dans le froment.

Partant de là, je pense que nous devons précisément déduire de la constance des matières albumineuses ce qui arrive pendant la germination relativement aux quatre principes non azotés (cellulose, amidon, dextrine, sucre) : admettons en effet que la quantité des matières albumineuses n'a pas diminué, ou n'a pas diminué d'une manière pondérable pendant la germination (et cette supposition est suffisamment fondée), nous pourrons partir de là pour répondre à la question de savoir si les quatre substances non azotées ont diminué ou non. La réponse à cette question peut alors être obtenue de la manière suivante :

Orge,

	Grain.	Malt.
Matières albumineuses............................	12,1	13,6
Les quatre substances non azotées................	82,2	81,0
Les matières albumineuses étant représentées par.	100	100
Le calcul donne pour les 4 substances non azotées.	679	596

Froment.

Matières albumineuses............................	13,9	14,5
Les quatre substances non azotées................	81,9	80,9
Les matières albumineuses étant représentées par.	100	100
Le calcul donne pour les 4 substances non azotées.	589	558

Seigle.

	Grain.	Malt.
Matières albumineuses............................	12,5	14,1
Les quatre substances non azotées................	83,6	81,9
Les matières albumineuses étant représentées par.	100	100
Le calcul donne pour les 4 substances non azotées..	669	581

Avoine.

Matières albumineuses............................	14,0	15,1
Les quatre substances non azotées................	76,6	76,7
Les matières albumineuses étant représentées par.	100	100
Le calcul donne pour les 4 substances non azotées..	547	508

Par l'inspection de ces chiffres, nous reconnaissons que, pour les quatre espèces de grains, la somme des quatre substances non azotées diminue pendant la germination et que cette diminution s'élève :

Pour l'orge, à..............	1/8
Pour le froment, à.........	1/19
Pour le seigle, à...........	1/8
Pour l'avoine, à...........	1/14

de la quantité de ces matières qui existait primitivement dans le grain.

On peut considérer comme certain que cette diminution de la quantité des quatre substances non azotées s'effectue de la manière suivante : transformation de l'amidon en dextrine et de la dextrine en sucre : oxydation du sucre qui absorbe l'oxygène de l'air et se transforme en acide carbonique et en eau. Ce qui se passe en dehors de ce que nous venons de dire (voir les expériences de Boussingault, p. 64), nous pouvons sans inconvénient ne pas nous en occuper.

Il s'opère en outre une transformation de la dextrine en cellulose.

Nos connaissances en ce qui concerne la germination ne peuvent donc nous diriger que très incomplètement dans l'étude de la fabrication de la bière : elles nous font cependant connaître qu'il s'y effectue une perte des principes utiles du grain. Voyons la valeur de cette perte pour l'orge seule : 1/8 des principes non azotés utiles se perd par oxydation pendant la germination, et, d'autre part, 1/17 de ces mêmes principes se perd par la transformation de l'amidon en cellulose insoluble, en sorte que, dans la fabrication de la bière, 18 pour 100 des parties constituantes non azotées utiles du grain sont soustraits par la germination à la consommation de l'homme.

Si à cela nous ajoutons que, parmi les principes constituants du grain après sa germination, il ne se trouve que peu de sucre et qu'il ne s'est formé par la germination qu'une petite quantité de dextrine qui soit susceptible de se transformer en sucre, il nous sera facile de reconnaître que ce n'est pas dans la transformation des principes non azotés par la germination que nous devons chercher l'utilité de la germination préalable du grain que l'on veut employer à la préparation de la bière, mais que l'utilité de la germination doit venir plutôt de ce que les matières azotées, c'est-à-dire les subtances albumineuses, subissent par la germination une modification de telle nature que, dans les traitements ultérieurs auxquels on soumet le grain germé, elles soient aptes à transformer l'amidon en dextrine puis en sucre.

Dans tout ce que nous venons de dire, nous sommes parti de l'hypothèse que les matières albumineuses ne subissent aucune modification de poids pendant la germination. Cependant aucune des expériences que nous avons indiquées n'en fournit la preuve. Il ne ressort pas non plus de ces expériences que ces substances subissent pendant la germination une augmentation ou une diminution de poids que l'on puisse apprécier au moyen de la balance. Boussingault a trouvé que la proportion d'azote n'était pour ainsi dire point modifiée. Les substances albumineuses augmentent cependant relativement, c'est-à-dire par comparaison avec la quantité des quatre substances non azotées. C'est ce qui ressort de ce que nous avons dit (p. 66-71). Mais dans la quantité de ces quatre substances azotées, il s'est opéré une modification : il s'est produit du sucre : il s'est formé de la cellulose : il s'est fait de la dextrine, et une partie de cette dextrine a été employée à la formation de la cellulose.

Mais d'où vient l'acide carbonique qui s'est produit? Quelles sont les parties constituantes qui ont fourni les éléments nécessaires à sa production? On ne peut pas le dire d'une manière certaine. Il paraît cependant positif qu'il existe dans la germination deux périodes d'absorption de l'oxygène et de dégagement de l'acide carbonique : la première dans laquelle le grain en germination absorbe plus d'oxygène qu'il ne dégage d'acide carbonique; la seconde dans laquelle la quantité de l'oxygène absorbé est plus petite que la quantité de l'acide carbonique produit. Ces deux périodes sont comprises toutes deux dans l'espace de temps qui s'écoule entre le commencement de la germination et le moment où la plumule commence à devenir verte : lorsque cette dernière est devenue verte, elle doit décomposer l'acide carbonique de l'air ambiant, et nous ne pouvons plus nous rendre compte de ce qui se passe, puisque la semence et la plumule remplissent deux fonctions différentes complètement opposées l'une à l'autre.

La diminution de l'oxygène au commencement de la germination est simplement la conséquence d'une absorption d'oxygène. Quelle est la partie constituante sur laquelle l'oxygène agit? Cela est incertain; mais on sait que toutes les substances albumineuses à l'état humide absorbent l'oxygène : nous voyons dans le sang cette absorption en pleine activité.

Il paraît raisonnable d'admettre que cette absorption de l'oxygène par les matières albumineuses de la semence humectée vient prendre rang parmi les premiers phénomènes de la germination. La matière albumineuse, qui était jusque-là à l'état de repos chimique, devient ferment : les particules qui la composaient se dissocient et leur action ultérieure est la conséquence de cette dissociation.

La première période de la germination, celle dans laquelle le volume de l'air diminue, est donc le commencement du développement de l'action chimique; en ce qui concerne la deuxième période dans laquelle le volume de l'air augmente avec le développement de la semence en germination et dans laquelle il se produit une quantité d'acide carbonique plus forte que la quantité d'oxygène absorbée, elle ne représente plus le commencement de l'action chimique, mais elle représente l'action elle-même.

Du reste, cette action s'exerce de deux manières : la matière albumineuse qui, dans la première période, a absorbé de l'oxygène, ne cesse pas, mais continue au contraire à en absorber dans la seconde périodc. Bien que la quantité d'oxygène qui est absorbée par le malt et s'y fixe, soit petite, il est toutefois positif qu'il y a fixation d'oxygène. — Simultanément avec l'absorption d'oxygène, il se produit une diminution de carbone et un dégagement d'acide carbonique, Bien que dans les analyses de Boussingault, la quantité d'oxygène qui a disparu par la germination soit presque précisément suffisante pour former de l'oxyde de carbone avec la quantité de carbone, cependant un dégagement d'oxyde de carbone qui serait transformé en acide carbonique par l'oxygène de l'air ne paraît pas admissible.

La preuve expérimentale manque jusqu'ici, mais il ne paraît y avoir aucune raison d'admettre que, dans les semences en germination (si du moins on les suppose exemptes de toute matière étrangère qui soit en connexion directe avec le phénomène de la germination), il s'opère autre chose que ce que l'on observe dans tout le règne animal, même chez les espèces les plus inférieures : oxydation d'une substance albumineuse qui passe ainsi à l'état d'activité chimique et devient ainsi apte à transformer, en déterminant leur oxydation, le sucre et les matières grasses en acide carbonique et en eau.

Il nous reste maintenant encore à répondre à la question: Que se passe-t-il en outre dans la semence en germination? Nous devons spécialiser ici notre examen, ou bien il nous sera impossible de mettre aucun ordre au milieu de la confusion des faits que nous rencontrerons.

Ces observations étant faites, nous pouvons jeter un coup d'œil sur les transformations des parties constituantes tant azotées que non azotées du grain pendant la germination, en les considérant comme servant à prédisposer ces parties constituantes aux modifications qu'elles doivent subir dans la préparation de la bière et que nous examinerons plus loin.

Le maltage prépare et commence les transformations qui se développeront dans le grain pendant la dessiccation du malt et pendant le brassage ; et bien qu'il ne s'effectue, dans le maltage, ainsi que nous l'avons fait voir, qu'un simple commencement des modifications si importantes qui doivent déterminer, dans le courant des opérations ultérieures de la fabrication de la bière, la transformation presque totale de l'amidon du grain en sucre, nous devons étudier ici ces modifications et leurs causes, parce que c'est précisément dans la préparation du malt que nous trouvons le point de départ de ces modifications.

Dans la préparation de la bière, la transformation de l'amidon contenu dans le grain en sucre et en dextrine est une question essentielle.

C'est un fait généralement connu que l'amidon, lorsqu'on le traite à chaud par l'acide sulfurique étendu ou par un autre acide, en y comprenant même l'acide nitrique, se transforme en dextrine et que, en continuant à faire agir l'acide sur la dextrine, on transforme cette dernière en sucre de fruits.

Amidon = $C^{12}H^{10}O^{10}$; dextrine = $C^{12}H^{10}O^{10}$; sucre de fruits = $C^{12}H^{14}O^{14}$. Pour qu'il se produise du sucre, il faut par conséquent qu'il se combine de l'eau ; pour qu'il se forme de la dextrine et du sucre, il faut qu'il se produise une transformation chimique de molécules, dont nous ne pouvons nous faire aucune idée, puisque nous ne connaissons ni la nature de leurs molécules, ni leur mode de combinaison. Nous ne pouvons que reconnaître le fait que, par l'action d'un acide étendu sur l'amidon, il se produit de la dextrine, sans qu'il y ait incorporation ou séparation d'aucune substance, et que, seulement par une incorporation d'eau, il se forme du sucre.

Je n'ai pas l'intention, en traitant des modifications de l'amidon, d'entrer dans de grands détails sur la question de la constitution des grains d'amidon, qui était si fortement à l'ordre du jour il y a quelques années en France, ni de rechercher ce que l'on a désigné sous les noms d'*amidon*, d'*amidine*, et d'*amidin*. Quelques mots sur ce sujet suffiront entièrement.

Leeuwenhoek[1] a établi une distinction entre la solu-

1. *Epistolæ physiologicæ*, 1719, p. 232.

bilité des particules intérieures et celle des particules extérieures du granule d'amidon, et Dubrunfaut[1] a fait les premières expériences dans le but de démontrer que l'amidon devient soluble dans la germination du grain.

Raspail[2] pensait que les granules présentaient un noyau dont l'épanchement se produisait par la rupture d'une couche externe qui lui servait d'enveloppe. La rupture de la couche externe se produit, suivant lui, entre autres moyens, par l'action des acides dans lesquels la matière qui constitue le noyau central se dissout, tandis que la couche externe, qui y est insoluble, se rassemble au fond du vase et que la liqueur qui la surnage devient claire.

D'après Raspail[3], le noyau est constitué par une substance gommeuse et le granule entier n'est qu'une vésicule remplie de matière gommeuse qui, dans le granule, se dessèche simplement au contact de l'air par l'évaporation de ses parties aqueuses.

D'après Payen et Persoz, le granule d'amidon est de nature différente intérieurement et extérieurement; la matière intérieure n'est cependant pas une matière gommeuse à l'état de siccité, mais c'est une substance qui ne se dissout pas dans l'eau par l'action d'une température inférieure à 65°. Ils la désignent sous le nom d'*amidone*.

Guérin-Varry qui admettait également comme distinctes les substances qui se trouvaient dans la partie intérieure et celles qui se trouvaient dans la partie extérieure du granule d'amidon, considérait le contenu de la vésicule comme formé de deux substances, l'*amidine* et l'*amidin soluble*, et, comme c'est précisément à la même époque que l'on faisait la découverte d'une matière de nature gommeuse que l'on retirait de l'amidon au moyen d'une infusion de malt et que Biot désignait sous le nom de *dextrine*, la dextrine et l'amidin de Guérin-Varry furent considérés simplement par Raspail comme une seule et même matière et comme constituant précisément la couche intérieure de nature gommeuse du granule d'amidon. Le nom d'*amidine* avait du reste déjà été donné antérieurement par De Saussure à la portion du grain qui est *insoluble* dans l'eau.

1. *Mémoire de la Société royale et centrale d'agriculture*, 1823, p. 146, et *Agriculteur manufacturier*, 1830.
2. *Nouveau système de chimie organique*, 1838, t. I, p. 440.
3. *Nouveau système de chimie organique*, t. I, 1838, p. 452.

Guérin-Varry donnait à la portion insoluble, à l'enveloppe vésiculaire de Raspail, le nom d'*amidin tégumentaire* et désignait sous ce nom une substance de même composition que le contenu de l'enveloppe vésiculaire qu'il désignait sous le nom d'*amidin*, mais qu'il nommait *amidin soluble* pour le différencier de l'autre.

Suivant ce chimiste, 100 parties de granules d'amidon contenaient 97,04 de substances solubles et 2,96 de substances insolubles, c'est-à-dire 97,04 d'amidin soluble et 2,96 d'amidin tégumentaire. Guérin-Varry, non content de cela, représentait l'analyse élémentaire du grain comme donnant les résultats suivants :

	C.	H.	O.
Amidine................	39,72	7,13	53,15
Amidin soluble..........	52,74	6,59	40,67
Amidine tégumentaire..	53,64	6,26	40,67

Mais je pense que ce qu'il nous communique est tout à fait insuffisant [1].

Après des recherches nombreuses et persévérantes, nous sommes enfin arrivé à ce résultat, que nous pensons savoir que les granules d'amidon pourraient bien avoir une enveloppe et que la couche intérieure est solide, insoluble dans l'eau, mais peut devenir soluble par l'action d'un acide étendu en se transformant d'abord en une substance gommeuse, la dextrine, qui peut, par un traitement ultérieur, être elle-même transformée en sucre.

Payen considère les grains d'amidon comme un ensemble de petits sacs accolés les uns aux autres, qui présentent tous la même composition chimique et qui ne contiennent aucune matière soluble dans l'eau froide [2]. La matière qui constitue ces sacs, peut, par l'action d'un acide, être transformée en dextrine. Cette manière d'envisager les granules d'amidon est à peu près celle qui avait déjà été proposée par Fritzsche en 1834 [3].

1. Chevreul, *Nouvelles Annales du Muséum d'Histoire naturelle*. Paris, 1834, t. III, p. 241, nous donne un aperçu historique sur l'état de la question dans lequel il cite presque tout ce qui a été publié sur l'amidon jusqu'à cette année. Voir aussi Dumas (*Traité de Chimie appliquée aux arts*, t. IV, p. 65), la bibliographie du chap. II, qui traite de l'amidon, des fécules et de la dextrine. Voir également *Erdmann's Journal*, t. II, p. 382.

2. *Mémoire sur le développement des végétaux*, 1844, p. 83, et *Précis de Chimie industrielle*, 4e édition, 1859, t. II, p. 46.

3. *Poggendorff's Annalen*, t. XXXII, p. 129.

C'est une modification du même genre qui a lieu dans la germination des semences amylacées que l'on introduit dans le sol après les avoir humectées avec de l'eau.

Mais la terre arable n'est pas nécessaire pour cela : on peut, en humectant la semence avec de l'eau, en la maintenant à un degré de chaleur convenable et en la laissant librement exposée au contact de l'air, lui faire subir artificiellement des modifications tout à fait identiques avec celles qu'elle subit dans le sol.

En ce qui concerne la dextrine, je me contenterai de faire le petit nombre d'observations qui suivent. La dextrine est une matière gommeuse, mais une matière gommeuse particulière. Vauquelin [1], dans son analyse du froment, avait déjà observé que la matière gommeuse des grains n'est pas transformée par l'action de l'acide nitrique en acide mucique, mais qu'elle est transformée en acide oxalique et que, par conséquent, elle ne peut pas être rangée parmi les gommes. Depuis que l'on a appris à mieux connaître la dextrine, la constatation de sa présence dans le grain, dont on peut la retirer en traitant simplement le grain par l'eau, ne présente plus aucune difficulté; en effet, sa dissolution aqueuse dévie à droite la lumière polarisée. Quoi qu'il en soit, nos connaissances chimiques relatives à la dextrine sont fort incomplètes. Rarement elle est pure : dans la plupart des cas, elle est mélangée avec d'autres substances et ne peut, par suite, qu'être mal caractérisée.

La propriété d'être transformée par l'acide nitrique en acide oxalique et non en acide mucique lui est commune avec les substances gommeuses que l'on obtient en traitant à chaud l'amidon par un acide ou bien en soumettant l'amidon à l'action d'une infusion de malt; on désigne également ces substances sous le nom de dextrine, et on donne encore le même nom à une quatrième espèce de substance gommeuse que l'on obtient par la simple torréfaction de l'amidon.

Il existe une très grande confusion en ce qui concerne les caractères que l'on attribue aux substances que l'on désigne sous le nom de dextrine. La manière dont ces matières se comportent à l'égard de l'iode, a donné lieu à des indications tout à fait différentes. Schlossberger [2] désigne sous le nom

1. *Journal de Pharmacie*, t. VIII, p. 353.
2. *Organische Chemie*, 1857. p. 117.

de dextrine une substance qui est précipitée par le sous-acétate de plomb, tandis que, d'après Gerhardt[1], la dextrine n'est pas précipitée par ce réactif. Une étude plus approfondie des réactions de cette substance est donc nécessaire ; dans la préparation de la bière, la dextrine joue un rôle capital et elle est un principe constituant de la bière. Dans l'examen de la bière, nous rencontrons trois sortes de dextrines : une première, qui fait partie du grain ; une deuxième, qui se produit par une forte torréfaction du grain, et une troisième, qui se produit par la transformation de l'amidon pendant la germination et pendant la macération.

On ne peut reconnaître aucune différence entre la dextrine qui existe toute formée dans les grains et celle qui se produit par la transformation de l'amidon pendant la germination et la macération. Mais en est-il de même de la substance gommeuse que l'on obtient par la torréfaction du grain ? On la considère en général comme étant simplement identique avec les autres sortes de dextrine que nous avons indiquées ; mais elle en est essentiellement différente.

J'ajouterai seulement quelques mots relatifs à la préparation de cette dernière sorte de dextrine.

A une température de 160° à 180°, l'empois à l'état humide est transformé très rapidement d'abord en dextrine, puis en sucre. Si l'on chauffe jusqu'à 195° des grains d'amidon que l'on a préalablement desséchés en les maintenant pendant un temps suffisamment long à une température de 100°, ils ne perdent plus que 1,7 pour 1000, et cette perte qui est, comme on le voit, très faible, n'est pas la conséquence d'une décomposition de l'amidon, mais elle provient d'une trace de matière étrangère qui se trouvait dans cet amidon et y était mélangée[2].

D'après les expériences de Schwartz et de Rey[3], la fécule de pommes de terre seule ne peut pas être transformée en substance gommeuse (léiocome) par la torréfaction, parce qu'elle se carbonise ainsi trop fortement ; cette assertion est cependant fausse, ainsi que nous le montrerons plus loin. On a, par suite, conseillé de faire bouillir préalablement l'amidon de pommes de terre avec de l'eau qui tient en disso-

1. *Chimie organique*, t. II, p. 493.
2. *Bulletin de Néerlande*, 1838, p. 40.
3. *Dingler's Journal*, t. III, p. 191 et t. LXVII, p. 49.

lution 1/40 d'alun, de malaxer ensuite l'amidon dans cette liqueur, de le dessécher, puis de le torréfier à une température de 140° à 160°. L'alun, qui est un sel présentant une réaction acide, paraît exercer la même action que la petite quantité d'acide nitrique au moyen de laquelle on peut transformer l'amidon de pommes de terre en dextrine.

Cependant, lorsqu'on opère en petit, l'addition d'alun n'est pas nécessaire : en chauffant simplement l'amidon de pommes de terre de la manière indiquée, on obtient une substance gommeuse aussi pure qu'on peut l'obtenir, de quelque manière que ce soit, par torréfaction.

Le meilleur mode d'opérer pour obtenir cette substance gommeuse est de chauffer l'amidon de pommes de terre au bain d'huile jusqu'à 196° à 200°, en ayant soin d'agiter continuellement. C'est seulement lorsque la température atteint ce degré que la substance cesse d'exercer sur l'iode sa réaction si caractéristique, et tant que cette réaction se produit, cela indique que la masse est encore mélangée d'amidon. L'amidon ne perd ici, comme nous l'avons déjà dit, que 1,7 pour 1000. La substance gommeuse que l'on obtient est de couleur jaune clair, et se dissout complètement et facilement dans l'eau.

Il était surtout essentiel, au point de vue qui nous occupe ici, de rechercher si cette substance gommeuse obtenue par torréfaction pouvait être transformée en sucre par l'action de l'infusion de malt, précisément de la même manière que la dextrine qui a été préparée par l'action de l'infusion de malt sur l'amidon. Nous avons fait cette expérience avec beaucoup de soin, et nous avons vu que la transformation de cette substance gommeuse en sucre ne s'opère que lentement et qu'elle n'est jamais complète. Si l'on fait digérer à 70° ou 75° une infusion de malt et une quantité égale d'une infusion de ce malt, dans laquelle il y ait en dissolution une certaine quantité de la substance gommeuse obtenue par torréfaction, on trouve encore dans cette dernière, après la digestion, une certaine quantité de substance gommeuse précipitable par l'alcool. Si l'on détermine au moyen de la dissolution cuivrique les quantités respectives du sucre, on trouve qu'il y a toujours moins de sucre que la quantité de substance gommeuse employée n'aurait dû en donner de plus que l'infusion de malt seule.

Nous pouvons donc conclure de là que, lorsque la substance

gommeuse obtenue par torréfaction donne encore naissance à la réaction bleue que produit l'amidon sur l'iode, comme celle que l'on produit en chauffant l'amidon de pommes de terre seul à 160°, il paraît naturel qu'elle soit transformée en sucre par la diastase; mais si la substance gommeuse obtenue par torréfaction ne présente plus la réaction de l'amidon, la diastase ne peut plus la transformer entièrement en sucre. Dans la préparation de la bière, une forte torréfaction du malt détermine donc la production d'une substance gommeuse dont une partie reste dissoute dans la liqueur sans se modifier et paraît se conserver ainsi en partie pendant le brassage et même dans la bière telle qu'elle avait été produite primitivement par la torréfaction; mais il faut pour cela que la température à laquelle la matière gommeuse a été obtenue ait été suffisamment élevée pour qu'elle ait perdu entièrement le caractère de l'amidon en se transformant en une substance qui soit cependant complètement soluble dans l'eau et qui soit d'une couleur jaune clair; on ne peut donc pas la considérer comme ayant été exposée à une température trop élevée.

La substance gommeuse obtenue par torréfaction, dont il vient d'être question et qui ne se transforme pas entièrement en sucre par l'action d'une infusion de malt, subit cette transformation en quelques instants par la digestion avec l'acide sulfurique. Je ne me suis cependant pas assuré par l'expérience si cette transformation était complète; mais cela me paraît douteux.

On voit par là quelle influence une forte dessiccation du maïs peut avoir sur la qualité de la bière.

Une question se présente ensuite à nous, celle de savoir si la dextrine que l'on obtient en traitant l'amidon par une infusion de malt et celle que l'on obtient en traitant l'amidon par un acide ne sont qu'une même substance et quelles sont les propriétés qu'elle partage avec la substance gommeuse obtenue par torréfaction. La dernière question est évidemment d'une grande importance pour l'étude de la fabrication de la bière! En effet, ainsi que nous le verrons plus tard, lorsqu'il sera question de l'analyse de la bière, on trouve dans la bière deux substances gommeuses : l'une qui est précipitable par le sous-acétate de plomb seul; l'autre qui n'est précipitable que par le sous-acétate de plomb et l'ammoniaque, précisément comme cela se présente dans le vin [1] : dans le vin, il ne m'a du reste pas été possible de distinguer suffisamment ces deux sortes de substances gommeuses [2].

Bien que ce point mérite peut-être un examen plus approfondi, je me bornerai seulement à ce qui suit.

On chauffe de l'empois de fécule de pommes de terre avec de l'acide sulfurique étendu jusqu'à ce que l'iode ne colore plus en bleu une portion du mélange que l'on essaie à plusieurs reprises; on fait refroidir la liqueur aussi vite que possible; on sursature ensuite l'acide sulfurique par la baryte : on fait passer dans la liqueur de l'acide carbonique pour séparer l'excès de baryte; on chauffe pour séparer le carbonate de baryte; on filtre; on évapore, on précipite par l'alcool, on recueille le précipité et on le lave avec de l'alcool pour séparer tout le sucre. La dextrine que l'on obtient ainsi est éminemment pure.

La fécule de pommes de terre a été aussi transformée en dextrine au moyen d'une infusion de malt d'orge que l'on avait préalablement rendue claire en la filtrant. Lorsque l'acide ne colorait plus en bleu une partie du mélange, on a fait bouillir la dissolution; on a évaporé ensuite au bain-marie, on a filtré et on a évaporé la liqueur filtrée jusqu'à consistance de sirop épais. Comme dans la préparation de la dextrine au moyen de l'acide sulfurique, on a séparé le sucre au moyen de l'alcool. La dextrine ainsi obtenue contient des traces des sels et des substances albumineuses du malt.

Les deux espèces de dextrines étaient préparées avec soin et d'une aussi grande pureté que possible. Leurs dissolutions aqueuses, par comparaison avec une dissolution de substance gommeuse obtenue par torréfaction, se comportaient de la manière suivante.

Une dissolution d'iode dans l'iodure de potassium ne colorait pas la dextrine I obtenue au moyen de l'infusion de malt; mais elle faisait prendre une coloration d'un beau rouge foncé à la dextrine II obtenue au moyen de l'acide sulfurique et à la substance gommeuse III obtenue par torréfaction.

Le sous-acétate de plomb (bibasique) ne précipite que le I.

Le sous-acétate de plomb (tribasique) ne produit, comme le précédent, aucun précipité avec le II, ni avec le III. Le préci-

1. *De Wijn*, p. 286 et 287.
2. *De Wijn*, p. 224.

pité produit par ces deux réactifs avec le I se redissout dans un excès du précipitant.

Le chlorure d'étain ne produit de précipité dans aucun des trois.

L'eau de baryte produit un précipité très abondant avec le III et un précipité très peu considérable avec les deux autres.

L'eau de chaux ne précipite aucun des trois (dans le I, il se précipite une partie des phosphates du malt).

Le sulfate de sesquioxyde de fer ne produit de modification dans aucun des trois.

Le nitrate de protoxyde de mercure ne produit aucune trace de précipité dans le II; il précipite, au contraire, très abondamment les dissolutions concentrées de I et de III.

L'acide tannique produit dans le I des traces de précipité (provenant de la matière albumineuse du malt) : dans le II et le III, il ne produit rien.

Le silicate de potasse ne donne de précipité dans aucun des trois.

La liqueur cuivrique d'épreuve est réduite par tous les trois : pour le I et II, il est nécessaire de chauffer pendant un temps un peu plus long que pour le sucre; pour le III, il faut chauffer pendant un temps beaucoup plus long.

Le nitrate d'argent ne produit de précipité dans aucun des trois (il faut cependant en excepter le I, dans lequel il se précipite une petite quantité de chlorure d'argent, à cause de la présence d'une petite quantité de chlorure de sodium provenant du malt).

Le chlorure d'or ne produit de précipité ni dans le I, ni dans le II, tandis qu'il détermine, dans une dissolution concentrée du III, un abondant précipité d'une belle couleur rouge-fleur-de-pêcher.

Le borax n'exerce aucune action.

En les faisant chauffer avec un acide, tous les trois se transforment en sucre de fruits.

Si on les fait chauffer avec une dissolution de potasse, le I et le II se colorent d'abord en jaune, puis en brun; pour le III, qui est déjà tant soit peu jaunâtre, on ne peut pas faire la même distinction.

Lorsqu'on jette un coup d'œil sur ces réactions, on s'aperçoit que l'on est en présence de trois substances entièrement différentes que l'on a cependant désignées par un même nom :

il est plus que temps de faire disparaître de la science la dénomination tout à fait peu convenable de *dextrine* et de faire cesser la confusion qui s'augmente de plus en plus par suite de l'emploi que l'on en fait.

Gélis [1] a trouvé, pour la composition de la substance $C^{12}H^{9}O^{9}$ gommeuse obtenue par torréfaction : lorsqu'elle est combinée avec la baryte, il lui attribue la composition suivante : $C^{43}H^{36}O^{36} + 2BaO$; lorsqu'elle est combinée avec l'oxyde de plomb, il lui attribue la composition suivante : $C^{48}H^{36}O^{36} + PbO$.

Dans ce qui va suivre, nous conserverons le nom de dextrine pour la substance gommeuse, provenant de l'amidon, que l'on obtient par l'action de l'agent transformateur contenu dans le malt sur l'amidon. La substance gommeuse obtenue par une forte torréfaction peut prendre le nom de *gomme d'amidon torréfié*, en comprenant surtout sous cette dénomination la portion de cette substance gommeuse qui, dans la macération du malt, ne passe pas à l'état de sucre et se conserve sans se modifier, même dans la bière.

Balling [2] distingue la dextrine de la gomme-dextrine. Ce que nous désignons par dextrine est pour lui de la gomme-dextrine. Sa dextrine se colore en bleu ou en violet par l'action de l'iode et n'est, par suite, que de l'amidon plus ou moins décomposé. En outre, elle est précipitée par l'acide tannique, ce qui ne se présente pas pour la dextrine bien préparée. Sa dextrine se produit exactement de la même manière que sa gomme-dextrine; seulement, pour obtenir la dernière, on laisse l'action de la diastase ou des acides durer plus longtemps. Béchamp [3] a donné récemment comme nouveau ce que Balling avait déjà indiqué depuis plusieurs années.

La distinction établie par Balling est exacte; mais je pense qu'il serait bon de changer la dénomination qu'il indique. L'orge germée, soit qu'elle ait été ou non préalablement lavée avec de l'eau froide, ne donne, lorsqu'on la fait bouillir avec de l'eau, ni de l'empois, ni même une liqueur qui présente une certaine consistance, comme des quantités égales de farine d'orge ou de farine de froment en produisent, soit

1. *Annales de Chimie et de Physique*, 1858, t, LII, p. 396.
2. *Gährung's Chemie*, 1845, t. II, p. 14:2ᵉ Auflage, 1854, t. I, fascicule I. p. 254.
3. L'*Institut*, nº 1083, p. 338.

qu'elles aient été lavées ou non avec de l'eau froide, lorsqu'on les fait bouillir pendant le même temps avec la même quantité d'eau. L'amidon, dans le grain germé, a donc subi une modification essentielle : il est resté insoluble dans l'eau froide et il a également conservé la réaction sur l'iode, mais il ne forme plus d'empois lorsque la germination a duré assez longtemps.

On pourrait donner à cette substance le nom d'*amylodextrine* pour indiquer la transition de l'amidon à la dextrine, c'est-à-dire à une substance qui n'est plus colorée en bleu par l'action de l'iode. Je conserverai cependant dans ce traité, à cette substance, le nom d'amidon, et je laisserai au mot dextrine la signification qu'on lui attribue généralement. — Entre la cellulose, si difficilement attaquable, que l'on retire des fruits à noyaux par l'action de la potasse et par une purification ultérieure, et le sucre incristallisable. qui devient déjà brun lorsqu'on le fait chauffer à 60° avec des substances albumineuses, et que l'on rencontre, notamment dans l'orge germée, ainsi que dans un grand nombre de sucs végétaux, entre ces deux points extrêmes, il existe peut-être une centaine de substances différentes pour lesquelles nous avons seulement les noms de cellulose, d'amidon, d'inuline, de mucilage, de gomme, de dextrine, et les noms des différentes sortes de sucres [1]. Une étude comparative de ces

1. En ce qui concerne les sucres, nous ferons même remarquer que non seulement, à côté du sucre de cannes ou saccharose et du sucre de fruits ou glucose, il viendrait se ranger d'autres corps analogues, mais que l'on devrait peut-être même admettre plusieurs espèces de saccharoses et de glucoses ; ainsi Berthelot (*Chimie organique fondée sur la synthèse*, t. II, p. 2481), considère la glucose du malt comme étant une glucose spéciale qu'il désigne sous le nom de *maltose*, et il lui assigne les caractères suivants :

« Sous l'influence de la diastase, ferment particulier contenu dans l'orge germée, l'amidon se change en une glucose particulière dont la nature a été établie principalement par les travaux de M. Biot et par ceux de M. Dubrunfaut. Cette transformation s'opère dans l'infusion de malt (orge germée), destinée à préparer la bière ; elle précède la transformation alcoolique qui donne naissance à cette boisson.

« La maltose paraît être également, au moins dans certains cas, le premier terme de la métamorphose de l'amidon sous l'influence ménagée des acides et précéder la formation définitive de la glucose ordinaire.

« La maltose est cristallisable, mais seulement à la façon de la glucose ordinaire, avec laquelle elle offre de très grandes analogies. Elle est un peu moins soluble dans l'alcool, mais elle se distingue surtout par son pouvoir rotatoire, qui est dextrogire et triple de celui de la glucose ordinaire ; de plus, il paraît être constant dès les premiers moments de la dissolution.

« La maltose, soumise à une action prolongée des acides étendus, se change en glucose ordinaire. »

substances présenterait une grande importance. C'est sur les différentes espèces de sucres que nous avons les connaissances les plus étendues, tandis que c'est sur les différentes sortes de celluloses que nous en savons le moins. En ce qui concerne la grande différence qui existe entre les nombreuses sortes d'amidons, nous ne sommes que peu éclairés, même après les nombreuses recherches des chimistes français. Il en est de même pour les nombreuses espèces de gommes et de mucilages.

Je dois m'en tenir ici à la désignation qui, d'après l'état actuel de la science exprime le caractère général de la substance; il serait impossible d'établir ici en passant une distinction qui ait quelque valeur.

Mais je n'ai pas voulu laisser croire que, aux dénominations d'amidon, de dextrine et de sucre indiqués ici, vînt se rattacher seulement la représentation de trois substances parfaitement définies, et ce qui m'a engagé à faire cette observation, ce sont les indications que donne Balling[1] sur la dextrine et la gomme-dextrine.

Il y a déjà longtemps que Proust[2] avait signalé le caractère particulier de l'amidon que l'on rencontre dans l'orge et dans le froment transformés en malt. Proust avait dit que, lorsqu'on traite par l'eau bouillante la farine de grains maltés ou non maltés, après en avoir séparé préalablement au moyen de l'eau froide les parties constituantes solubles, on obtient avec la farine provenant de grains non maltés un empois d'une autre consistance qu'avec la farine de grains maltés. Dans le dernier cas, l'empois est transparent tant qu'il est chaud : après le refroidissement, il est blanchâtre. Il ne devient pas épais comme cela arrive ordinairement pour l'empois; mais il reste liquide et ne prend même pas plus de consistance lorsqu'on le concentre, mais se comporte alors plutôt comme un extrait gommeux transparent.

Ces observations, dont on peut facilement reconnaître l'exactitude, démontrent l'existence d'un état intermédiaire entre l'amidon et la dextrine, état intermédiaire auquel le premier passerait par la germination. On peut du reste voir l'amidon subir instantanément cette transformation. Si l'on

1. *Gährung's Chemie*, *l. c.*, p. 36.
2. *Annales de Chimie et de Physique*, 1817, t. V, p. 345.

ajoute, à la température ordinaire, une infusion de malt, claire, froide, à un empois de fécule de pommes de terre bien épais, l'empois devient liquide en peu de minutes : mais il n'y existe pas encore de dextrine.

C'est un fait bien connu que, pour opérer la transformation des grains d'amidon en un état intermédiaire entre l'amidon et la matière gommeuse, il n'est pas besoin d'aucune autre substance. L'empois est déjà un premier état intermédiaire. Par l'action de l'eau chaude, les grains d'amidon se boursouflent et se transforment en empois. Mais si l'on fait bouillir ce dernier pendant quelque temps, il perd de plus en plus son caractère spécial, ne s'épaissit plus par le refroidissement et se rapproche toujours de plus en plus par ses propriétés de l'amylo-dextrine de Balling. Si l'on continue ensuite à faire bouillir, toute la masse se transforme enfin en dextrine, puis en sucre.

La chaleur seule peut par conséquent opérer la transformation de l'amidon en sucre, et, d'autre part, une température suffisante pour déterminer sa torréfaction peut transformer l'amidon en une espèce de substance gommeuse qui, bien que différant essentiellement de la dextrine en ce qu'elle ne peut se transformer aussi facilement que cette dernière en sucre, est cependant une véritable gomme qui a complètement perdu le caractère de l'amidon.

En outre, l'eau chaude peut, surtout à une température de 72°, transformer les grains d'amidon en empois. Cela présente de l'importance au point de vue de la fabrication de la bière, puisque, dans la macération, c'est précisément à cette température qu'on opère, et que l'amidon se transforme précisément en empois avant de passer à l'état de dextrine et de sucre.

Balling[1] a communiqué des faits relatifs à la transformation de l'amidon en sucre, qui paraissent avoir un certain degré d'importance; il dit notamment qu'on n'obtient pas autant de sucre, ni autant de dextrine que le calcul l'indique. Si l'on emploie la diastase comme agent de transformation, on obtient, suivant Balling, de l'acide lactique, et si on emploie de l'acide sulfurique comme agent de transformation, on obtient de l'acide formique, en sorte que, dans la préparation de la bière, on n'obtient pas une quantité de principes

1. *Grung's Chemie*, t. II. p. 34, et 2e Aufl., t. I, fascicule I, p. 378.

utiles aussi grande que celle que l'on devrait retirer de la quantité d'orge employée. Ces faits présentent d'autant plus d'importance que 100 parties d'amidon (l'amidon étant ramené par le calcul à l'état sec est représenté par $C^{12}H^{10}O^{10}$ $=2025$ qui représente également la dextrine à l'état sec) donnent 111,11 de sucre de fruits sec, représenté par la formule $C^{12}H^{12}O^{12}=2250$. De Saussure a trouvé 110,15 et Brunner 107,01 de sucre de fruits par le traitement de 100 parties d'amidon, et cette différence peut, du moins en ce qui concerne le résultat obtenu par De Saussure, être considérée comme comprise dans les limites d'erreur que donne l'expérience.

D'après Balling, les résultats en grand ne sont pas d'accord avec ceux que nous venons de donner. 100 parties d'amidon de pommes de terre bien desséché ne donnent, par leur transformation en dextrine et en sucre, que 100 parties d'extrait composé de 1/3 de dextrine et de 2/3 de sucre de fruits.

D'autre part, 100 parties de fécule de pommes de terre bien desséchée ne donnent, par leur transformation au moyen de l'acide sulfurique, que 91,5 de sucre.

On doit cependant faire observer que Balling a déterminé ses produits à l'état d'extraits, et que, si, dans le traitement par l'acide sulfurique, il se révèle une certaine quantité d'acide formique volatil, la différence qui s'accuse dans le traitement par l'infusion de malt, reste toujours inexpliquée, puisque, suivant Balling, il se forme alors de l'acide lactique. L'acide lactique n'est pas volatil ; il devrait par suite se produire une augmentation de la quantité d'extrait.

Balling déclare que, dans aucun cas, il n'a retiré de l'amidon, dans la préparation de la bière, une quantité d'extrait plus grande que 100 pour 100 et qu'il n'a jamais obtenu 111 pour 100, quelque grande que puisse être la quantité de dextrine produite : en admettant par exemple qu'il se soit formé des quantités égales de dextrine et de sucre, 100 parties d'amidon bien sec devraient donner 105,5 de dextrine et de sucre de fruits, tous deux supposés secs ; mais, suivant Balling, on obtient seulement 100.

Ce point mériterait un examen plus approfondi. L'expérience prouve que, si l'on transforme l'amidon de pommes de terre en dextrine et en sucre au moyen de l'acide sulfurique et si l'on fait bouillir fortement le tout, le produit de la distillation né contient pas d'acide formique. Si, toutefois, il s'en forme dans une période plus avancée de la réaction, cet acide formique est un produit de la transformation du sucre en acide humique, ainsi que je l'ai montré il y a déjà longtemps [1]. En ce qui concerne l'acide lactique, nous savons qu'il s'en produit toujours des traces lorsqu'un agent de transformation agit sur l'amidon; mais la quantité d'acide lactique qui se produit n'est en aucune manière suffisante pour pouvoir exercer une influence quelconque sur le poids de la matière obtenue.

Dans deux expériences, Oudemans a trouvé que 100 parties d'amidon de pommes de terre, considéré comme tout à fait sec, ont donné, par l'action de l'acide sulfurique, 108,3 et 109 de sucre de fruits : la différence avec le nombre 111,1 peut être considérée comme provenant tant des impuretés contenues dans l'amidon de pommes de terre, qui contient toujours une petite quantité de substance albumineuse, que de l'expérience même.

En ce qui concerne la production même du sucre dans le traitement de l'amidon par l'infusion de malt, et notamment en ce qui a rapport à la question de savoir si une certaine quantité de dextrine est mélangée avec le sucre ou si la liqueur est devenue acide, nous croyons dévoir faire observer que la transformation complète de l'amidon en sucre par l'action de l'infusion de malt est impossible.

De même qu'il existe des substances qui viennent prendre place entre l'amidon et la dextrine, de même il en existe qui viennent se ranger entre la dextrine et le sucre. On sait que l'on a désigné sous le nom de dextrine-sucre, tantôt un mélange de dextrine et de sucre, tantôt une substance tout autre. Ventzke a exposé les caractères et les propriétés d'une dextrine-sucre qui ne déviait pas la lumière polarisée à gauche comme la glucose, mais qui la déviait à droite et qui, en admettant toutefois qu'elle fût pure, devrait venir se ranger entre la dextrine et le sucre de raisin. Cette dextrine-sucre n'était du reste pas cristallisable.

Dans l'organisme animal, nous retrouvons d'autres substances qui viennent plutôt prendre place entre l'amidon et la dextrine qu'entre la dextrine et le sucre : telle est par exemple la matière glycogène de Bernard; mais l'examen

1. *Bulletin de Néerlande,* 1840, p. 24.

de ces substances ne rentre pas dans le sujet dont nous nous occupons ici.

La transformation de l'amidon en dextrine, puis en sucre, dans la semence en germination, a pour point de départ, ainsi qu'on l'admet généralement, la modification d'une substance albumineuse et s'étend ensuite de cette substance à l'amidon. Ce dernier est ainsi transformé en dextrine qui se dissout dans l'eau et cette dextrine, se modifiant ensuite elle-même, passe à l'état de sucre. Par l'action de la substance albumineuse dont il vient d'être question, la transformation s'opère à une température bien moins élevée que par l'action d'un acide étendu. Tandis que, en employant un acide, il faut chauffer à une température voisine de l'ébullition de l'eau ou même à la température de l'ébullition de l'eau, suivant que l'acide est concentré ou étendu, la substance albumineuse détermine, dans la semence en germination, la même transformation à la température ordinaire de l'air à l'époque du printemps : c'est ce que nous apprend du reste la germination des semences à cette époque de l'année.

En outre, la substance albumineuse n'opère pas la transformation de l'amidon en dextrine, puis en sucre, de la même manière que l'acide. L'acide ne subit aucune modification : la matière albumineuse ne détermine la transformation qu'en se modifiant elle-même : la transformation de l'amidon en dextrine, puis en sucre, est une conséquence de la transformation, de la décomposition de la matière albumineuse.

A certains égards, nous pouvons rapprocher de ce fait la transformation de la salicine en saligénine et en glucose, celle de l'amygdaline en essence d'amandes amères, acide prussique, acide formique, sucre et eau, qui se produit par l'action des substances albumineuses, ainsi que la transformation du sucre en alcool, et les considérer comme des exemples du même mode de transformation. Nous pourrions citer des centaines d'exemples analogues, sans que cela servît à apporter au fait même plus d'éclaircissements qu'il ne s'en trouve dans l'exposé général que Sthal nous a donné « des molécules en mouvement. »

Cette substance albumineuse, qui opère la transformation de l'amidon en dextrine, puis en sucre, ne paraît pas préexister dans la semence ; mais elle paraît avoir dû seulement s'y former : elle se distingue, par ce caractère, de l'émulsine qui décompose instantanément l'amygdaline dès qu'elle se trouve en contact avec de l'eau. L'émulsine préexiste donc tant dans les amandes douces que dans les amandes amères. — Il paraît en être autrement de la matière albumineuse qui transforme, dans les grains, l'amidon en dextrine, puis en sucre. Si l'on humecte le grain avec de l'eau, la transformation de l'amidon ne s'y opère pas immédiatement : il faut du moins qu'un certain temps se soit écoulé, avant que la transformation ait bien pris son cours régulier.

Mais combien de temps faut-il pour cela ? On se tromperait si l'on pensait que la substance albumineuse dont il est ici question n'existe dans le grain que lorsque la germination a atteint un certain degré, et je pense qu'il n'est pas besoin non plus de m'arrêter à l'opinion actuellement admise que la diastase, c'est-à-dire la matière qui opère la transformation de l'amidon en sucre, prend naissance dans le grain pendant la germination.

C'est précisément le contraire qui paraît avoir lieu. La germination a lieu parce qu'il se produit dans le grain préalablement humecté une substance qui transforme l'amidon en dextrine, puis en sucre, et qui fait en même temps germer la semence. Si on met de l'orge sous l'eau et si on la laisse se ramollir, il se produit au bout de quelque temps de la dextrine sans que l'on puisse observer encore la plus petite trace de germination. Je ne prétends pas qu'il n'y avait eu là aucun commencement de germination, mais je prétends que, si la production de la dextrine ne précède pas la germination, ces deux phénomènes marchent du moins de front. La production de la dextrine précède du reste toujours la production du sucre.

On a pesé deux doses de grains d'orge, chacune de 25 grammes : l'une a été humectée par un séjour de 24 heures sous l'eau ; l'autre a été maintenue sèche. Après 24 heures, on les a moulues en farine très fine, puis on les a fait digérer pendant une heure avec une même quantité d'eau froide [1] et on a essayé au moyen de la liqueur cuivrique d'épreuve la liqueur filtrée. Pour décomposer la même quantité de liqueur cuivrique d'épreuve, il fallait huit parties de l'infusion aqueuse de grain humecté et neuf parties d'infusion aqueuse de grain non humecté. Il s'était donc produit de la dex-

1. Pour épuiser ainsi le grain par l'eau, on traitait le grain humecté par l'eau même qui avait servi à l'humecter.

trine par le mouillage avant que la germination fût commencée.

On ne peut pas prétendre ici que, les grains étant sous l'eau, l'oxygène n'a pas eu accès. En effet, en mettant le grain sous l'eau et sous le récipient d'une pompe à air, on peut s'assurer que le grain contient une grande quantité d'air. En outre il y a de l'air dans l'eau.

En ce qui concerne la durée de temps qui doit s'écouler avant qu'il commence à se produire de la diastase, on ne peut pas la déterminer; mais on n'est certainement pas éloigné de la vérité lorsqu'on admet qu'il commence à s'en former à partir du moment où on commence à humecter le grain. Son développement ultérieur paraît marcher de front avec la production de la dextrine et du sucre dans la semence en germination, du moins jusqu'à un certain point : à partir de ce point, il y a diminution.

Il existe donc une différence relative, mais non une différence essentielle entre la production de l'émulsine dans les amandes amères de la diastase dans les semences en germination, comme l'orge par exemple. Dans l'orge à partir du moment où l'on commence à humecter le grain,il se produit de la dextrine, puis du sucre; elle doit, par conséquent, contenir un agent qui soit susceptible de déterminer la transformation de l'amidon.

Quel est ici le *primum agens?* Ce point est encore obscur. L'hypothèse qui paraît se rapprocher le plus de la vérité, est que l'amidon qui se trouve, à partir de la maturité du grain, de l'orge par exemple, en contact avec une réunion complexe de substances albumineuses, au nombre de cinq dans l'orge, ainsi que nous l'avons vu p. 28, exerce une action décomposante sur une ou plusieurs de ces substances albumineuses, dès que l'eau peut avoir accès; que, réciproquement, ces dernières, en présence de l'eau, exercent sur l'amidon une action de transformation, et qu'il se produit ici quelque chose d'analogue à l'action réciproque du sucre et de la levûre : on sait en effet que, en présence de l'eau, le sucre opère la décomposition de la levûre et que la levûre opère la décomposition du sucre. Dans la même hypothèse, on admet en outre que, conformément à ce qui a lieu dans la fermentation alcoolique, les deux substances, l'amidon et la substance albumineuse, sont toutes deux attaquées et toutes deux altérées, et enfin que, de même que dans la fermentation dans laquelle il y a en même temps destruction de ferment et production de nouveau ferment, il y a aussi dans le grain en germination, destruction de la soi-disant diastase et production d'une quantité nouvelle de soi-disant diastase.

Suivons donc la manière ordinaire d'exposer les phénomènes et admettons, pour ne donner lieu à aucune confusion de langage, que la transformation de l'amidon a pour point de départ l'action d'une substance albumineuse ; tout en faisant observer qu'il est très possible aussi que la modification de la substance albumineuse ait son point de départ dans la modification de l'amidon : il paraît du reste très probable que la formation ou la décomposition d'une nouvelle substance albumineuse et la transformation de l'amidon sont le résultat d'une action réciproque, et qu'il n'y a pas de prlmum agens. Mais l'idée d'un primum agens est encore trop profondément enracinée dans la chimie actuelle pour qu'on puisse y rien changer. Et cependant, dans la science des actions réciproques, dans la chimie, cette idèe est un non-sens absolu.

La substance qui se forme dans le grain, et à laquelle on attribue la propriété indiquée, a été désignée sous un nom spécial, et bien qu'on n'ait pas pu l'obtenir à l'état pur, on lui a reconnu une existence propre : on a en outre admis qu'elle se trouvait surtout dans le grain germé.

Telle est à peu près la manière dont la question se trouve exposée, bien qu'à tort, dans les annales de la science actuelle. En effet, on a trouvé, ainsi que nous croyons devoir le faire remarquer avant tout, dans des substances très différentes et notamment dans les subsrances animales, un groupement organique ou même des groupements organiques qui jouissent au plus haut degré de la propriété d'effectuer la transformation de l'amidon et qui possèdent même cette propriété à un degré encore plus élevé que l'agent modificateur de l'amidon qui se trouve dans les grains germés, et surtout dans l'orge germée, et que l'on a désigné sous un nom spécial; mais de plus, toutes les parties albumineuses paraissent, dans certaines circonstances, jouir de la propriété d'effectuer la transformation de l'amidon. Nous ne devons donc plus considérer l'expression d'agent de transformation de l'amidon dans le sens restreint qui lui avait été attribué d'abord; mais sl nous voulons examiner la chose à un point de vue plus conforme à la vérité, nous devons lui attribuer une signification plus étendue,

Nous commencerons d'abord par procéder en peu de mots à l'examen de l'espèce spéciale d'agent modificateur qui existe dans les grains germés, comme on l'admet encore actuellement en général dans la science, pour partir ensuite de là et faire ressortir celles de ses propriétés qui sont susceptibles de généralisation [1].

Diastase. — Cette substance qui, ainsi qu'on l'admet en général actuellement, se produit dans les semences par la germination, a été l'objet de recherches faites par Payen et Persoz. Mais Kirchhoff avait, dès 1812, indiqué ses propriétés d'une manière qui, bien que moins exclusive à notre avis (ainsi que nous le montrerons plus loin), est assez précise pour que l'on puisse lui attribuer l'honneur d'avoir découvert qu'il existe dans le grain une petite quantité d'une substance qui jouit de la propriété que nous avons indiquée.

Le nom qui a été donné à cette substance par Payen et Persoz, vient du mot grec διάστασις, séparation, division; en effet, Payen et Persoz pensaient que cette substance déterminait la rupture [2] des couches insolubles qui enveloppent le grain d'amidon. Nous avons déjà réfuté cette opinion p. 90; nous n'avons donc pas besoin de revenir ici sur ce sujet.

Cette substance est caractérisée par la faculté de transformer l'amidon en dextrine, puis en sucre, faculté qu'elle possède au plus haut degré. En effet, 2000 parties d'amidon peuvent, à une température de 60° à 75°, être transformées en dextrine par l'action de 1 partie de diastase et en sucre par l'action de 2 parties de diastase.

Cette substance existe, suivant Payen et Persoz, dans les grains germés ainsi que dans les rudiments des jeunes radicelles, mais n'existe pas dans la plumule. On l'obtient en écrasant et en comprimant avec un peu d'eau le grain malté, l'orge maltée par exemple. On ajoute ensuite de l'alcool à la liqueur pour précipiter l'albumine et la gomme qui peuvent s'y trouver et on filtre. En ajoutant ensuite une quantité encore plus grande d'alcool, on précipite la diastase.

1. *Poggendorff Ann.*, t. XXXII, p. 74.
Annales de Chimie et de Physique, 3e série, t. LIII, p. 37, 1853.

On la dissout dans l'eau; on la précipite de nouveau par l'alcool et on dessèche enfin le précipité à une température de 35° à 45°.

Il est à peine besoin de faire remarquer que cette substance n'est pas chimiquement pure. En admettant qu'elle contienne un groupement chimique spécial, ce devrait être ici un mélange d'albumine végétale non modifiée, de dextrine, de combinaisons salines insolubles dans l'alcool et de l'agent modificateur proprement dit. — Le produit impur, tel qu'on l'obtient par le mode de préparation indiqué, forme, après avoir été desséché, une substance pulvérulente, soluble dans l'eau et dans l'alcool faible, insoluble dans l'alcool, et qui n'est pas précipitée de sa dissolution aqueuse par l'acétate basique de plomb.

On peut encore obtenir la diastase de la manière suivante. On mélange la farine de malt d'orge avec une petite quantité d'eau; on filtre et on chauffe à une température de 70°, ce qui détermine la coagulation de l'albumine. Si on filtre la liqueur claire et si on y ajoute ensuite de l'alcool, il se produit un précipité : après l'avoir bien laissé se déposer, on le redissout encore une fois dans l'eau, on le précipite de nouveau par l'alcool, puis on le dessèche à une basse température. La substance ainsi obtenue est également désignée sous le nom de diastase.

Mais elle est également d'une très grande impureté. Elle doit contenir une quantité considérable de dextrine et de sels organiques insolubles.

Quelque impure qu'elle soit, on ne peut en retirer du malt d'orge que 1 à 2 millièmes.

Si on expose au contact de l'air cette diastase à l'état humide, elle perd très rapidement sa faculté modificatrice. A l'état sec, elle ne la perd que très lentement : par l'ébullition, elle la perd immédiatement.

Nous voyons donc que rien ne démontre l'existence propre de ce groupement particulier auquel on a donné un nom particulier; mais nous croyons en outre devoir faire observer que la faculté d'effectuer la transformation de l'amidon appartient à vingt autres groupements de molécules aussi bien qu'à la substance extraite de l'orge, qui est soluble dans l'eau, insoluble dans l'alcool, et qui n'est pas précipitable par le sous-acétate de plomb.

On a prétendu que la diastase était d'autant plus pure

qu'elle contenait moins d'azote, qu'elle présentait moins de tendance à être souillée par les matières albumineuses qui se trouvent dans l'orge; mais rien ne vient à l'appui de cette supposition.

Il est très possible que, en la dissolvant à plusieurs reprises dans l'eau et en la précipitant par l'alcool afin de la purifier, on en ait séparé une matière albumineuse étrangère ; que l'on ait augmenté ainsi la proportion relative de dextrine, et que, par suite, la substance ait pu devenir moins riche en azote ; mais on n'a pas démontré en même temps qu'elle était restée active au même degré. Comme toutes les substances albumineuses jouissent dans certaines circonstances de la même faculté que la diastase, il y a bien là toute espèce de raison de la considérer comme azotée et non comme exempte d'azote.

Payen[1] a fait observer en outre que cette substance, même lorsqu'il y en a une grande quantité, n'agit pas sur l'inuline ni sur la gomme arabique.

Cette substance n'a besoin que de la température ordinaire de l'air pour transformer l'amidon en dextrine, puis en sucre. L'action commence déjà à avoir lieu à 5°, mais elle est beaucoup plus vive à 12°.

La température ne doit cependant pas s'élever au-dessus de 75°; plus la température approche de celle de l'ébullition de l'eau, plus la faculté modificatrice de la diastase diminue d'intensité, et à la température de l'ébullition, elle disparaît complètement[2].

La première action que la diastase exerce sur le grain d'amidon est la dissolution de ce grain d'amidon ; la deuxième est la production de l'amylo-dextrine; la troisième, la production de la dextrine qui s'opère plus rapidement lorsque l'amidon a été préalablement transformé en empois. La transformation préalable en empois n'est cependant pas nécessaire : c'est ce que démontre la production de la dextrine dans la semence en germination, ainsi que la transformation des grains d'amidon en dextrine par la simple digestion avec une dissolution de soi-disant diastase à une tem-

1. *Journal de Chimie médicale*, 1833, p. 634.

2. Lacambre (*Traité complet de la fabrication des bières*, t. I, p. 73), dit que la diastase ne perd pas sa faculté modificatrice immédiatement au-dessus de 75° : d'après lui, elle la perd seulement à une température de 92° à 94, bien que, d'après ses observations, son action soit déjà plus faible à une température de 84° à 85°.

pérature inférieure à 60°. — La réaction que l'iode exerce sur l'amidon a entièrement disparu dans le produit de cette réaction. — Il s'est formé une sorte de substance gommeuse qui est soluble dans l'eau et qui a reçu le nom de dextrine,

En laissant l'action de la diastase continuer à s'opérer, il se produit du sucre de fruits; mais pour qu'il en soit ainsi, une action prolongée est nécessaire, ou bien il faut que l'on ait ajouté dès le commencement une plus grande quantité de diastase. La présence d'une grande quantité d'eau favorise la production du sucre.

Pour opérer la transformation de l'amidon en dextrine ou en sucre, il n'y a pas besoin que la soi-disant diastase soit aussi pure que possible : une infusion aqueuse de malt d'orge est tout à fait suffisante pour y arriver. D'après Payen, il existe 1/500 de cette diastase dans le malt; mais comme on ne connaît jusqu'ici aucun moyen d'obtenir cette diastase à l'état pur et sans en perdre, il vaut mieux reconnaître que nous n'en savons rien.

L'action de la diastase comme agent modificateur de l'amidon est paralysée par les alcalis, par l'acide tannique, par les sels métalliques. — Les acides organiques étendus exercent en général aussi une influence contraire à l'action de la diastase. — Tel est l'état de nos connaissances sur les propriétés de la soi-disant diastase,

Il nous reste maintenant à répondre à la question de savoir aux dépens de quelles substances cet agent modificateur de l'amidon se produit dans le grain en germination.

Pour répondre à cette question, nous devons d'abord communiquer quelques expériences comparatives faites sur l'orge germée : elles ont rapport aux quantités respectives des différentes substances albumineuses qui existent dans l'orge et dans le malt d'orge faiblement desséché.

Une expérience fort simple peut déjà suffire pour montrer qu'il existe une différence considérable entre l'orge et le malt d'orge en ce qui concerne les quantités respectives des diverses substances albumineuses. Si on traite par l'eau froide de l'orge moulue et du malt moulu préparé avec la même orge, si on filtre ensuite et si on chauffe la liqueur claire jusqu'à l'ébullition, la liqueur obtenue au moyen de l'orge ne laisse coaguler qu'une petite quantité de substance albumineuse; mais, si l'on continue l'évaporation, il s'en coagule une plus grande quantité : le malt d'orge fournit au contraire une quantité relativement considérable de coagulum. Si l'on effectue la même expérience sur une quantité égale de froment dans des conditions de temps identiques, il ne se sépare de la liqueur obtenue du froment qu'une petite quantité de flocons de substance albumineuse coagulée.—Dans le malt d'orge, il existe donc une quantité de substance albumineuse soluble beaucoup plus grande que dans le froment.

Par la germination, une substance albumineuse, soluble dans l'eau, coagulable par l'action de la chaleur, s'est donc formée aux dépens d'une autre substance du même groupe,

100 parties de malt d'orge, traitées de la manière que nous venons d'indiquer, ont fourni à Vlaanderen et Oudemans 0,452 de substances albumineuses coagulables.

Si l'on évapore la liqueur filtrée et séparée ainsi des substances albumineuses coagulées et si l'on détermine dans le résidu la proportion d'azote, on obtient, pour 100 de malt, 2,08 de substances albumineuses, en admettant dans ces substances une quantité d'azote s'élevant à 15,5N.

100 parties du même malt, traitées par l'alcool, ont donné 0,340 de dextrine.

Si nous comparons ces résultats avec les résultats obtenus pour l'orge qui ont été indiqués p. 30, nous obtenons, pour 100 parties, tant d'orge que de malt, les résultats suivants :

	Orge.	Malt d'orge.
Glutine	0,28	0,34
Substance albumineuse coagulable	0,28	0,45
Substance albumineuse soluble non coagulable	1,55	2,08
Substance albumineuse insoluble	7,59	6,23
	9,70	9,10

Ce résultat est assez important pour que je croie devoir m'y arrêter plus longuement. Par le maltage, la quantité de glutine n'a pas diminué, ainsi que l'on croyait jusqu'ici que cela avait lieu, mais elle a plutôt augmenté. Le mot glutine n'est plus employé ici dans le sens que l'on attribuait à l'expression gluten dans le gluten de Baccaria; mais il désigne ici la substance soluble dans l'alcool, insoluble dans l'eau, dont on a séparé la matière grasse au moyen de l'éther et qui constitue la matière glutineuse proprement dite du grain.

Entre autres résultats que nous fournit l'examen comparatif des quantités respectives des différentes matières albumineuses contenues dans l'orge et dans le malt d'orge, nous trouvons que la quantité des substances albumineuses coagulables a augmenté beaucoup par la germination et qu'elle s'est élevée presque de 3 à 4,5. Il ne peut pas être douteux que la substance qui jouit de la propriété d'opérer la transformation de l'amidon, et que l'on a nommée diastase, ne se trouve pas dans les substances albumineuses indiquées en dernier lieu (substances coagulables), puisqu'elle n'est pas coagulable. — Elle doit donc se trouver dans les substances albumineuses solubles non coagulables ; or, nous voyons que la quantité de ces substances a également augmenté par la germination et que cette augmentation s'est élevée à près de 1/3.

La quantité de la substance albumineuse insoluble a diminué dans la même proportion que la quantité des trois substances albumineuses indiquées a augmenté.

Il n'est pas nécessaire d'observer que la différence que présente la somme de toutes les substances albumineuses, 9,7 et 9,1, ne doit être attribuée, ni à la transformation en malt, ni à la germination. En effet, l'orge et le malt avaient été prélevés tous deux dans une brasserie sur les approvisionnements qui s'y trouvaient : la différence n'était donc en aucune manière le résultat de la germination.

Je ne me risquerai en aucune manière à essayer d'expliquer comment une substance albumineuse peut se transformer en une autre par la germination : mais je ne puis me dispenser d'observer qu'il est certain que la substance albumineuse insoluble, c'est-à-dire celle à laquelle on attribuait le moins de valeur, est précisément celle d'où proviennent[1] toutes les autres : en effet la quantité de cette substance albumineuse diminue par la germination, tandis que la quantité de toutes les autres augmente. Cette substance peut être considérée comme une véritable source[2] de substances albumineuses solubles actives, et, bien que, étant une substance insoluble, elle soit par elle-même sans action, elle donne naissance à des substances albumineuses actives dans les circonstances mêmes dans lesquelles ces substances actives sont appelées à exercer leur action. La

1. Littéralement : la substance mère (*de moederstof*).
2. Littéralement : un grenier d'approvisionnement (*voorraadschuur*.)

transformation des substances albumineuses insolubles en substances albumineuses solubles, la mise en activité des substances solubles et la transformation de l'amidon sont donc trois actions qui marchent de front dans la germination.

Mais quelle est la nature de la substance albumineuse soluble qui s'est produite d'abord aux dépens des substances albumineuses insolubles? Quelle est la nature de celle qui l'a suivie, et enfin quelle est la nature de celle que l'on doit considérer comme le résultat final de ce qui se passe? Je laisse à d'autres le soin de l'examiner. C'était pour nous une tâche déjà bien suffisante d'arriver à savoir si la quantité des substances albumineuses solubles augmentait, et, dans le cas où le résultat serait affirmatif, de déterminer la quotité de cette augmentation, et de chercher surtout quelles étaient, de toutes les formes de matières albumineuses, celles qui étaient surtout susceptibles d'augmenter ainsi.

L'infusion du malt dans l'eau froide donne un précipité lorsqu'on la fait bouillir : quand on traite cette infusion par l'acide acétique, il se produit un précipité qui est beaucoup plus faible. Pour l'orge, les deux sont également abondants. C'est donc une première différence qui existe entre le malt d'orge et l'orge.

L'infusion qu'on a obtenue en traitant le malt par l'eau froide, et dont on a préalablement séparé la substance albumineuse coagulable en la faisant bouillir, ne se comporte pas à l'égard des réactifs comme l'infusion d'orge préparée au moyen de l'eau froide et dans laquelle on a constaté la présence d'une certaine quantité de substance albumineuse. L'infusion d'orge présente une réaction acide. Si on sature avec précaution l'acide par un alcali et si on chauffe ensuite le tout, on voit se produire un précipité très peu considérable d'albumine coagulée. L'acide nitrique ne produit dans la dissolution aucun précipité, pas plus que le prussiate jaune de potasse, l'acide sulfurique, l'acide chlorhydrique ou l'acide acétique; mais le sublimé corrosif détermine la production d'un précipité abondant.

Il a donc disparu de l'orge une substance albumineuse qui est précipitée par le prussiate jaune de potasse, par l'acide sulfurique et par l'acide nitrique, et qui est soluble dans l'eau froide et non coagulable [1].

1. Je ne dois pas omettre d'indiquer ici que l'infusion de noix de galle produit un précipité dans la liqueur, obtenue au moyen du malt, dont

Mais cette substance albumineuse a été remplacée par une autre, de telle sorte que, par comparaison avec la quantité contenue dans l'orge, la quantité de substance albumineuse soluble non coagulable s'est élevée de 1,55 à 2,08, par conséquent de 3 à 4.

Il ne peut pas être douteux que ce soit parmi ces dernières que se trouve la soi-disant diatase.

Je n'ai nullement l'intention de m'occuper ici de la séparation des différentes substances albumineuses contenues dans le malt et de la détermination de leur composition. Je ne connais aucun moyen qui nous permette de les séparer à l'état pur ou sans qu'elles aient subi aucune modification.

J'ajouterai encore ici une observation : par la germination, il se produit une trace d'ammoniaque qui ne s'échappe pas au dehors de la semence, mais qui reste combinée avec la matière albumineuse. Cette ammoniaque peut contribuer à la diminution de la quantité des substances albumineuses insolubles et à l'accroissement des substances albumineuses solubles. Mais comme il ne se produit qu'une trace d'ammoniaque, on ne peut en aucune manière lui attribuer la transformation totale des substances albumineuses insolubles en substances albumineuses solubles.

Si nous arrêtons notre attention sur le résultat des expériences indiquées en dernier lieu, en ce qui concerne la transformation que les substances albumineuses de l'orge ont subie par la germination, nous devons, avant d'aller plus loin, abandonner l'hypothèse qui a été admise jusqu'ici et répondre aux deux questions suivantes : préexiste-t-il dans le grain une substance qui jouisse de la propriété de transformer l'amidon en dextrine, puis en sucre? et, dans le cas de l'affirmative, quelle est-elle? Ou plutôt cette substance doit-elle prendre naissance dans le grain?

Ces questions peuvent être résolues, mais non dans un sens absolu : si, en effet, il existe dans les grains et par

on a probablement séparé les substances albumineuses coagulables en la faisant bouillir. D'après cela, l'acide tannique du houblon devrait précipiter les substances albumineuses solides du malt; mais la réaction n'a pas lieu lorsqu'on ajoute une quantité suffisante d'acide lactique. Cette liqueur, dans laquelle il se trouve en même temps de l'acide tannique et de l'acide lactique, peut être légèrement trouble, ce qui vient de la précipitation d'un tannate ; mais, par l'action de la chaleur, la liqueur redevient claire. Cette réaction particulière nous permettra plus tard d'expliquer comment il peut rester des substances albumineuses solubles dans la liqueur que l'on a fait bouillir avec du houblon.

conséquent dans l'orge une substance qui puisse opérer la transformation de l'amidon, il reste encore à répondre à la question de savoir si la transformation est opérée immédiatement par cette substance, telle qu'elle est, ou si, plutôt, elle doit passer d'abord à l'état actif au point de vue chimique.

On peut répondre : s'il existe dans l'orge une substance qui, telle qu'elle est, n'ait pas besoin de passer d'abord à l'état actif au point de vue chimique, cette substance devrait être susceptible d'opérer la transformation de l'amidon, en quantité aussi faible et aussi rapidement que peut l'opérer une substance contenue dans l'orge germée.

C'est cependant ce qui n'est pas. Nous pouvons donc en tirer la conséquence que, ou bien il existe dans l'orge une substance qui a besoin de passer à l'état actif au point de vue chimique pour être douée de la faculté d'effectuer la transformation de l'amidon, ou bien il se forme une nouvelle substance qui est douée de cette faculté.

Il était important d'examiner de plus près à ce point de vue les substances albumineuses qui existent dans le grain et de répondre à la question de savoir si, parmi ces substances albumineuses, il y en a qui peuvent opérer la transformation de l'amidon, bien qu'à un degré plus faible que la substance contenue dans l'orge germée.

Se trouve-t-il dans le grain une matière qui jouisse de cette propriété? Nous sommes arrêtés ici par une question insoluble. En effet, nous ne pouvons entreprendre aucune expérience concernant une substance à l'état isolé, tant que nous ne pouvons pas l'isoler, or les substances albumineuses n'ont pas pu être isolées sans être modifiées.

En ce qui concerne la question da savoir ce qu'il en est, nous devons indiquer ici les expériences de Th. de Saussure, dans lesquelles nous trouverons, si je ne me trompe, un point de départ qui nous permettra d'émettre sur la soi-disant diastase une opinion plus exacte que celle qui est généralement admise.

Je dois préalablement faire observer que, avant De Saussure, Kirchhoff avait recherché les causes de la production du sucre dans la préparation de la bière et qu'il avait trouvé que le gluten de Beccaria possède la propriété de transformer l'amidon en sucre. Les résultats de Kirchhoff[1]

1. *Schweigger's Jourual*, 1812, t. XIV, p. 289.

étaient en quelque sorte les précurseurs de ceux de De Saussure. Kirchhoff fait une observation qui a de l'importance lorsqu'on veut arriver à la connaissance plus exacte de l'agent qui détermine la transformation : c'est que *le gluten brut, en exerçant son action transformatrice, ne paraît pas perdre de poids :* d'où il résulte qu'il y en a seulement une très petite quantité qui agit. En ce qui concerne le fait que c'est une partie du gluten brut qui, en se modifiant, a déterminé la transformation de l'amidon, Kirchhoff l'a prouvé en faisant observer que le gluten qui a opéré la transformation de l'amidon, et qui a cependant à peine diminué de quantité, n'est plus en état d'opérer de nouveau la transformation de l'amidon. Vingt et un ans après, De Saussure fit connaître les résultats de ses recherches. Elles furent envoyées, le 3 mai 1833, à Dumas qui communiquait à l'Académie, le 17 juin de la même année, les expériences de Payen et de Persoz sur la soi-disant diastase, *sans parler des expériences de De Saussure.* Je crois m'expliquer clairement. En 1812, Kirchhoff a montré qu'il existe dans le gluten brut une substance en quantité presque impondérable qui peut opérer la transformation de l'amidon en sucre : 21 ans plus tard, De Saussure démontrait le même fait : et cependant le jour où des résultats identiques, qui ne différaient que par le nom de diastase appliqué à l'agent de transformation, furent portés devant l'Académie des sciences de France, il ne fut pas question des recherches antérieures qui avaient cependant élucidé complètement le fait, mais auxquelles le nouveau nom de l'agent transformateur manquait seul : ce nouveau nom du reste qui veut dire agent destiné à déterminer la déchirure ou la rupture, est impropre, puisque le grain d'amidon n'est pas un petit sac rempli de matière plastique.

Faisons maintenant connaître les expériences de De Saussure, qui avaient précédé celles de Payen et de Persoz.

De Saussure a fait agir sur l'amidon : 1° de l'albumine végétale de froment; 2° du gluten brut de froment, c'est-à-dire ce que l'on a nommé gluten de Beccaria; 3° de la glutine, c'est-à-dire le corps qui se sépare de l'alcool avec lequel on a fait bouillir le gluten de Beccaria, lorsque, après avoir mélangé cet alcool avec de l'eau, on soumet le tout à la distillation; et, enfin, 4° de la mucine. Il prenait 2 parties d'amidon pour 1 partie de l'une des quatre substances indiquées ; il mélangeait le tout avec de l'eau : il maintenait ensuite les substances quelque temps en contact à une température de 50° à 85° et il déterminait la quantité de dextrine et de sucre qui s'était formée aux dépens de l'amidon pendant un espace de temps de 10 heures [1].

Comme la mucine paraissait surtout exercer une action très prononcée, il ne doit pas paraître superflu d'appeler de nouveau l'attention sur ses propriétés et son mode de production. La mucine de De Saussure n'est pas une partie constituante des grains, mais c'est une substance soluble dans l'alcool bouillant et dans l'eau froide; elle se produit par la décomposition d'une substance albumineuse.

	Glutine brute.	Mucine.	Glutine.	Substance albumineuse insoluble
Quantité de dextrine formée.	16,5	15	6	2
Quantité de sucre formée...	14,5	22	1,75	1/400

Ces expériences sont importantes pour arriver à savoir de quelle substance la matière nommée diastase peut être formée ; mais elles ont surtout une grande valeur parce qu'elles nous apprennent que toutes les substances albumineuses des grains possèdent la faculté d'effectuer la transformation de l'amidon, bien que quelques-unes ne possèdent cette propriété qu'à un degré très peu élevé.

Il m'a paru nécessaire de répéter au moins une de ces expériences. Dans ce but, trois quantités égales d'eau ont été chauffées jusqu'à une température de 65° à 75° : à la quantité *a*, on avait ajouté de l'empois préparé avec de la fécule de pommes de terre; en *b*, on avait ajouté du gluten brut de froment; en *c*, du gluten brut et de l'empois. Au bout de quelques heures, on a essayé, avec la liqueur cuivrique, les trois liqueurs qui avaient été placées dans les mêmes circonstances : *a* et *b* n'ont donné aucune trace de réduction; en *c*, il s'est produit une abondante réduction. Le gluten brut agit donc comme la soi-disant diastase.

La quantité de gluten brut employée ne paraissait pas avoir été sensiblement modifiée. La partie active du gluten serait donc, ainsi que Kirchhoff l'avait déjà fait observer

(1) *Bibliothèque universelle de Genève*, t. LIII, p. 260, et *Poggendorff's Annalen*, t. XXXII, p. 194.

dès l'année 1812, une quantité excessivement petite d'une substance qui se trouve mélangée avec les autres substances contenues dans le gluten

Revenons maintenant aux expériences de De Saussure.

La substance qui est encore le moins passée à l'état de décomposition (et la substance albumineuse insoluble est certainement dans ce cas) est aussi celle qui présente le moins de tendance à opérer la transformation de l'amidon. Mais il existe, à côté de cette substance, une autre substance albumineuse dont la décomposition est beaucoup plus avancée et qui, de plus, est soluble dans l'eau froide : cette substance possède au plus haut degré la faculté d'effectuer la transformation de l'amidon : c'est la mucine. Elle n'est pas encore aussi active que la soi-disant diastase : elle est seulement en voie de se décomposer complètement. La différence qui existe entre elle et la soi-disant diastase est donc seulement relative, mais n'est pas essentielle.

Est-ce positivement la glutine, cette substance albumineuse soluble dans l'alcool, qui forme de préférence la mucine, c'est-à-dire la diastase encore impure? La réponse paraît être négative : en effet nous avons vu p. 101 que, dans la germination, la glutine ne diminue pas, mais que, au contraire, elle augmente. Il est donc très probable qu'elle n'est pas la substance génératrice (*moederstof*, substance-mère) de l'agent transformateur de l'amidon. La substance albumineuse soluble, mais coagulable, peut-elle être celle qui donne naissance à cet agent transformateur? Mais la quantité de cette substance augmente également par la germination (p. 101). Cette substance génératrice peut-elle être la substance albumineuse insoluble, qui est insoluble dans l'alcool bouillant et dans l'eau, et dont la quantité diminue beaucoup par la germination (p. 101)?

La réponse est encore négative; en effet, cette substance es celle d'où proviennent toutes les autres et dont la quantité diminue sensiblement par la germination.

Partant de cette vérité généralement reconnue qu'une substance albumineuse est d'autant plus active qu'elle est plus soluble, nous paraîtrions devoir rechercher la substance génératrice de l'agent transformateur de l'amidon dans les substances albumineuses solubles, non coagulables par l'action de la chaleur, qui existent déjà dans le grain et dont la quantité a été évaluée dans l'orge à 1 55. Mais leur quantité augmente également par la germination et s'élève à 2,08. La soi-disant diastase est soluble dans l'eau froide et ne se coagule pas par l'action de la chaleur : elle doit donc se trouver parmi les 2,08 pour 100. Mais, si De Saussure a trouvé que l'agent transformateur de l'amidon prenait également naissance lorsqu'on traitait par l'alcool le gluten insoluble dans l'eau et lorsqu'on l'évaporait ensuite au contact de l'air, en sorte que le gluten insoluble peut finalement donner naissance à une substance soluble dans l'eau (sa mucine) cela prouve seulement que l'ensemble des substances albumineuses du grain, en se décomposant au contact de l'air, peut donner naissance à un agent transformateur de cette espèce, mais non que c'est la glutine de préférence qui lui donne naissance.

En ce qui concerne la composition chimique de la diastase, elle ne peut avoir pour nous aucune importance : en effet, c'est une substance qui se modifie continuellement, et qui, par suite, ne doit pas présenter une composition fixe, pas plus que le contenu des cellules du ferment. La substance génératrice de la soi-disant diastase est connue; mais, par l'action de la chaleur et de l'humidité, elle absorbe de l'oxygène, se transforme en diastase et n'a plus d'existence propre : elle commence alors à subir une série de modifications continues. La substance albumineuse originaire est décomposée et la décomposition continue toujours sans s'arrêter : la décomposition s'étend à l'amidon qui se trouve dans la sphère d'activité de cette substance et la transforme en dextrine, puis en sucre. En même temps que cette réaction se produit, l'agent qui l'a déterminée se modifie de plus en plus et se transforme en nouveaux produits de décomposition.

On ne doit avoir que peu d'espoir de connaître jamais d'une manière positive les produits qui prennent naissance pendant que la substance albumineuse soluble dans l'eau fonctionne de manière à produire une oxydation (et un dégagement d'acide carbonique?) et à opérer en même temps la transformation de l'amidon en dextrine et en sucre : il se produit ici un phénomène du même ordre que l'absorption de l'oxygène et le dégagement d'acide carbonique qui se produisent par la transformation des substances albumineuses dans la respiration des animaux. Mais la connaissance des produits de décomposition antérieurs à la soi-disant diastase, de même que celle des produits ultérieurs de décomposition de cet agent transformateur de l'amidon n'est pas absolument nécessaire pour obtenir un exposé général parfaitement clair de ce qui a lieu dans la germination des semences et par suite dans la fabrication du malt.

La réaction est parfaitement identique avec celle qui a lieu par l'action du ferment, avec cette différence que, dans l'action de l'agent transformateur de l'amidon, il n'y a aucune séparation de molécules, mais il y a seulement une transformation moléculaire qui est la conséquence du passage d'une substance à l'état de décomposition.

Nous devons nous arrêter ici sur un point qui a rapport à la préparation du malt. Dans la germination de l'orge, par exemple, il y a absorption d'oxygène et dégagement d'acide carbonique : une substance albumineuse est transformée en agent modificateur de l'amidon, mais en même temps l'amidon de la semence est transformé en dextrine, puis en sucre. Lorsque l'orge a atteint un degré suffisant de germination, on le dessèche et l'action cesse. Si l'on moud alors le malt, si on le fait ensuite infuser dans l'eau chaude et si l'on abandonne l'infusion pendant quelque temps à elle-même, le reste de l'amidon est transformé en dextrine, puis en sucre. Il n'est pas nécessaire que, pendant la germination, toutes les substances albumineuses solubles se transforment en agent de transformation de l'amidon : il faut seulement qu'une partie de ces substances subissent cette transformation. Plus tard, lorsqu'on traite le malt moulu par l'eau chaude au contact de l'air, le reste des substances albumineuses solubles peut se transformer ainsi en agent modificateur qui, immédiatement après qu'il a pris naissance, peut réagir sur l'amidon ou sur la dextrine et déterminer leur transformation en sucre. — Il pourrait aussi se faire que, par la germination, une quantité plus ou moins considérable des substances albumineuses solubles entre dans la voie de la transformation en agent modificateur pour ne subir définitivement cette transformation que plus tard, lorsqu'on traite par l'eau chaude le malt préalablement moulu.

Cela ressort immédiatement des expériences de De Saussure que nous avons indiquées p. 106, dans lesquelles, en 10 heures, il a, tant au moyen du gluten brut qu'au moyen de la mucine, transformé une quantité considérable d'amidon en dextrine, puis en sucre. — La germination préalable des semences n'est donc pas nécessaire pour la production de l'agent modificateur : si l'on mélange de la farine d'orge avec de l'eau chaude et si l'on maintient le tout pendant quelques heures à une température de 50°, l'agent de transformation de l'amidon peut prendre naissance, ainsi que l'expérience le démontre d'une manière convaincante. Si l'on maintient ainsi pendant quelques heures à une température de 50° une bouillie liquide d'orge, une quantité considérable de l'amidon de cette farine est transformée en dextrine, puis en sucre. Mais, dans la préparation de la bière, cette manière de procéder présenterait de l'inconvénient : en effet, il faudrait plusieurs heures pour tranformer ainsi en dextrine et en sucre au moyen de la farine d'orge et de l'eau une quantité d'amidon dont la transformation s'effectue en quelques minutes lorsqu'on emploie le malt.

Dans tous les cas, il résulte de cette expérience que c'est une question de temps et qu'il n'est pas nécessaire de transformer préalablement, par la germination, les matières albumineuses solubles en agent modificateur de l'amidon; mais que la transformation peut avoir lieu lorsque, après avoir mélangé avec de l'eau chaude la farine préalablement moulue, on expose le tout au contact de l'air (p. 4).

Certes, c'est un fait bien connu que, dans la préparation de la pâte destinée à la fabrication du pain et des pâtisseries, dans lesquels la quantité d'amidon diminue immédiatement dès que l'on expose à une température déterminée la farine préalablement transformée en pâte au moyen de l'eau chaude, il se produit immédiatement de la dextrine et du sucre. Plus la pâte a été maintenue longtemps à une température élevée, plus la quantité de dextrine et de sucre produite, et surtout la quantité de dextrine, est considérable. Ici la production de l'agent modificateur de l'amidon est simultanée avec la production du ferment ; en effet la pâte commence à se lever par suite de la production d'une certaine quantité d'acide carbonique : la production de l'un ne met pas obstacle à celle de l'autre. — Pour la production de l'un et de l'autre, et surtout pour celle du dernier, l'oxygène est nécessaire; c'est par ce motif que la pâte est travaillée avec soin, pétrie, étendue, afin que l'oxygène puisse avoir partout accès : plus on a mis de soin, moins le pain présente le caractère d'une pâte préparée uniquement avec de la farine, et plus il est savoureux et riche en dextrine et en sucre.

La présence de l'oxygène est nécessaire pour déterminer

d'une manière puissante le développement de l'agent transformateur de l'amidon dans la semence en germination : la présence de l'oxygène est nécessaire pour déterminer sa production dans la pâte ordinaire faite avec de la farine, et ce qui a lieu dans la germination des plantes peut donc, en ce qui concerne la production d'une substance albumineuse active, être mis en lumière par les phénomènes qui se produisent dans la pâte lorsqu'on veut en fabriquer du pain. Celui qui veut étudier les phénomènes de la germination au point de vue seulement de la production de l'agent modificateur, fera donc bien de prendre de la farine de grain et d'en faire de la pâte. Dans ce cas, les phénomènes se produisent d'autant plus rapidement que l'on peut augmenter les points de contact des substances qui réagissent l'une sur l'autre, tandis que, dans la semence en germination, tout ce qui se passe est le résultat d'une osmose lente.

Péligot[1] a prétendu que, dans une pâte préparée avec 125 grammes de farine de froment, 75 grammes d'eau et 10 grammes de levure de bière, il n'a pu trouver aucune trace de sucre, bien que la pâte fût en pleine fermentation. Le fait paraît d'autant plus étrange qu'il est en contradiction avec l'expérience usuelle. Par l'expérience fort simple qui va suivre, on peut s'assurer que, dans cette expérience dans laquelle Péligot n'a pas trouvé de sucre, il s'en produit cependant une quantité considérable. On mélange de la farine de froment avec de l'eau et de la levure bien sèche, et on laisse reposer le tout pendant deux heures dans un endroit chaud. Lorsque la masse est en pleine fermentation, on la traite par l'alcool, puis on filtre.

D'autre part, on prend une autre quantité de la même farine et une autre quantité du même ferment, qui soient entre elles dans les proportions indiquées : on les mélange bien avec des quantités relativement équivalentes d'eau et d'alcool, puis on filtre pour obtenir une liqueur claire.

Si l'on chauffe les deux dissolutions avec la liqueur cuivrique, il se produit immédiatement dans la première un abondant précipité de protoxyde de cuivre, tandis que, dans la dernière, il ne s'en produit qu'une trace à peine sensible, provenant de la présence d'une petite quantité de dextrine qui s'était dissoute dans l'alcool.

1. *Annales de Chimie et de Physique*, 3e série, t. XXIX, p. 1.

Il ne peut donc exister aucun doute qu'il ne se produise du sucre dans la fermentation de la farine au moyen du ferment.

De la première liqueur on a retiré le sucre, avec les caractères qui le caractérisent comme substance, de la manière suivante. On a évaporé jusqu'à siccité la dissolution alcoolique préalablement filtrée; on a épuisé le résidu par l'alcool concentré; on a filtré pour retenir sur le filtre la dextrine qui s'était formée en même temps, puis on a évaporé la liqueur; on a traité par l'eau le résidu, on a filtré la liqueur sur du charbon animal, puis on l'a évaporée. Il est resté, comme résidu de l'évaporation, du sucre de fruits avec toutes les propriétés qui le caractérisent. Il fermentait aussitôt qu'on le mettait en contact avec de la levure de bière[1].

Si l'on traite par l'alcool du pain blanc que l'on a préparé sans addition de lait, on peut facilement réussir à en séparer le sucre.

En résumé, lorsque, après avoir fait une pâte avec de la farine de froment, on la met en pleine fermentation par une addition de ferment, il se produit deux phénomènes simultanés dont l'un consiste en une production d'une grande quantité de dextrine et de sucre, et dont l'autre est constitué par une décomposition immédiate d'une partie du sucre qui fermente et se transforme ainsi en alcool et en acide carbonique. Deux groupements organiques différents passent donc simultanément à l'état de décomposition. L'un est la substance albumineuse soluble, non coagulable, qui se transforme en agent modificateur de l'amidon; l'autre (peut-être la glutine) passe à l'état d'agent de dédoublement du sucre, et forme alors le contenu des cellules qui constituent le ferment: en effet, c'est toujours de cette manière que l'on prépare le ferment.

Pour mettre en lumière d'un manière évidente la production du sucre dans une pâte de farine par la fermentation, nous ne devons pas omettre de rappeler ici que, dans la cuisson du pain, il se sépare de la pâte une certaine quantité d'alcool qui distille. On a même cherché en Angleterre

1. On n'obtient pas par cette méthode la totalité du sucre, puisque, dans la pâte même, une portion du sucre est transformée immédiatement par la fermentation en alcool et en acide carbonique : il se produit donc dans la mise en pâte une quantité de dextrine relativement plus considérable que celle du sucre.

à obtenir ainsi l'alcool en opérant sur de grandes quantités; mais comme les appareils étaient fort coûteux, ce procédé n'a point passé dans la pratique usuelle.

Il restait encore à répondre à une autre question. La substance albumineuse soluble est-elle surtout la substance génératrice de la diastase, et, en outre, en admettant que la substance que l'on a nommée diastase ne soit, à proprement parler, qu'une substance à l'état de décomposition, cette substance est-elle la seule substance qui puisse engendrer de la diastase? Ou, de même que le ferment peut être engendré par toutes sortes de substances en décomposition [1], de même toutes sortes de substances albumineuses en décomposition peuvent-elles donner naissance à un agent modificateur de l'amidon; ou plutôt les circonstances dans lesquelles la diastase effectue la transformation de l'amidon en dextrine et en sucre ne sont-elles pas précisément la cause pour laquelle une substance albumineuse subit cette transformation en agent modificateur de l'amidon. Si nous pouvons arriver ainsi à donner au mot diastase une signification générale ainsi que cela a lieu pour l'expression *ferment* dans la fermentation, la science aura perdu la diastase comme substance particulière, mais elle aura gagné, d'autre part, en ce qu'un phénomène qui avait un caractère spécial aura pris un caractère général.

Jusqu'à un certain point, le fait est déjà démontré. En effet, on avait, autrefois, trouvé du sucre dans toutes les espèces de grains, bien que des expériences plus récentes aient montré qu'ils n'en contenaient pas. Dans les analyses de Einhoff, de Proust, de De Saussure, que nous avons donnée p. 23, une certaine quantité de sucre se trouve toujours indiquée. On a trouvé du sucre, bien qu'il ne s'en trouvât pas dans le grain. Il devait donc être un produit de décomposition et s'être formé aux dépens de la dextrine, qui avait dû elle-même se produire aux dépens de l'amidon : sa production devait donc être la conséquence de ce que les substances albumineuses du grain étaient passées à l'état de décomposition par l'action de l'eau à une température élevée et au contact de l'air.

Il résulte donc de là que, dans aucun grain amylacé, la germination n'est nécessaire pour déterminer la production

1. *De Wijn*, p. 65.

d'une substance qui joue le rôle d'agent modificateur de l'amidon et que l'orge n'est en aucune manière indispensable pour obtenir cette substance.

Mais nous devons considérer la chose à un point de vue plus élevé, si nous voulons nous faire une idée véritablement exacte de la nature de ce que l'on a retiré de l'orge et considéré comme une substance particulière à laquelle on a donné le nom de diastase. Lassaigne, Bouchardat, Mialhe, Bernard et Barreswill, Sandras et Bouchardat, et Magendie, ont démontré, chacun à sa manière, que la transformation de l'amidon en dextrine, puis en sucre, peut être opérée, dans des circonstances très différentes, par différentes substances organiques et, par exemple, par la bile, par l'urine devenue acide, par le sérum du sang, par le sang, par la matière cérébrale, par le suc pancréatique, par le cœur, par la substance musculaire, par les poumons, par le foie, par les reins, tandis que, d'autre part, la transformation de l'amidon en dextrine et en sucre par l'action de la salive seule, ou par l'action de la salive et du mucus buccal, a été l'objet des recherches de Leuchs, de Schwann, de Wright et de Mialhe. Il nous suffira de citer deux exemples que nous emprunterons aux recherches de Magendie[1]. Il mélangeait, dans un vase, de l'empois avec du serum frais à la température de 40° centigrades; après quelques instants, l'amidon avait disparu et, au bout d'un quart d'heure, on pouvait se convaincre que le mélange contenait du sucre et de la dextrine.

Le sang lui-même, au moment où il sort de la veine, présente également la faculté d'opérer la transformation de l'amidon; si l'on fait bouillir 5 grammes d'amidon avec 100 grammes d'eau, et si l'on mélange l'empois ainsi obtenu avec 200 grammes de sang, on observe que, au bout de quatre heures, la transformation de l'amidon est complète; et l'on trouve, à sa place, de la dextrine et du sucre.

Le sang, pendant qu'il circule dans l'animal vivant, possède cette faculté au plus haut degré. Immédiatement après l'injection d'une certaine quantité d'empois dans la veine jugulaire d'un lapin, on ne pouvait plus retrouver aucun indice d'amidon dans le sang; mais on pouvait bientôt y constater la présence du sucre, bien que, avant l'expérience, il n'eût été possible de constater la présence d'aucune trace de sucre

[1] *Comptes rendus*, 1846, t. XXIII, p. 189.

dans le sang du même animal. Pendant les cinq premières heures, la quantité de sucre contenue dans le sang du lapin allait toujours en augmentant; mais, au bout de ce temps, elle commençait à diminuer et, sept heures après l'expérience, il n'y avait plus de sucre dans le sang du lapin.

La même expérience, répétée sur des chiens, a donné le même résultat.

Dans la physiologie de l'homme et des animaux, c'est un fait aujourd'hui généralement reconnu que l'amidon est transformé en sucre, non seulement dans l'estomac et dans les intestins, mais que cette transformation continue à s'opérer dans le sang. Si nous ajoutons que chacun des organes de l'économie animale possède cette faculté, il en résultera évidemment que c'est une idée trop exclusive et trop restreinte, et qui s'éloigne de la vérité, que celle qui admet dans l'orge germée une substance spéciale douée de la propriété indiquée.

Cette faculté de transformer l'amidon en dextrine et en sucre, que nous rencontrons à un si haut degré dans l'organisme animal, nous la rencontrons également dans le règne végétal. Nous la rencontrons surtout dans toutes les semences amylacées en germination, mais, en outre, dans toutes les parties de plantes qui contiennent de l'amidon, dans lesquelles l'amidon disparaît et est remplacé par de la dextrine et du sucre.

Les expériences de Bouchardat[1] méritent encore à un plus haut degré notre attention. Il fait remonter les premières notions sur le sujet qui nous occupe à Fourcroy, qui, le premier[2], a parlé d'une fermentation saccharine, c'est-à-dire d'une réaction dans laquelle il se produit du sucre, et il donne le nom de *fermentation glucosique* à toute réaction dans laquelle il se produit du sucre par l'action d'une substance qui subit elle-même une transformation; il n'y a cependant pas là, à proprement parler, une fermentation, mais il y a plutôt une transformation. En outre, Bouchardat considère, mais tout à fait à tort, comme étant des réactions du même ordre, la transformation que l'amidon subit par l'action de l'infusion de malt, et la décomposition, le dédoublement, qui se produit par l'action de la synaptase sur

1. *Annales de Chimie et de Physique*, 3e série, t. XIV, p. 61.
2. *Système des connaissances chimiques*, t. VIII, p. 116. Paris, brumaire an IX (1800).

l'amygdaline, la salicine, etc.; cependant, fermentation, transformation, dédoublement, sont trois modes d'action essentiellement différents.

Bouchardat a employé, pour ses expériences, de l'empois d'amidon, et il a vu que, au bout de vingt-quatre heures, les substances suivantes avaient transformé en sucre une certaine quantité d'empois et avaient ainsi donné naissance à une certaine quantité de sucre représentée par les chiffres suivants, que j'extrais du mémoire de Bouchardat : glutine, 0,3; albumine végétale sèche, gluten brut frais, 0,4; gluten brut sec en poudre, 1; chair putréfiée, 0,5; gluten putréfié, 0,8; ferment de la bière, 1; orge germée, 3,8; albumen d'orge germée, 3,8; orge putréfiée, 0,4. — Avec d'autres substances qu'il a exposées à un traitement analogue, il a aussi observé une production de sucre; mais la quantité n'en est pas considérable.

Bouchardat n'est aucunement d'avis que, dans toutes ces substances, on puisse retrouver la soi-disant diastase de Payen et de Persoz; en effet, il a fait sur beaucoup de ces substances des efforts infructueux pour en retirer de la diastase en suivant la méthode indiquée. La faculté d'effectuer la transformation de l'amidon appartient par conséquent à un grand nombre de substances en décomposition. Nous nous trouvons donc ainsi de plus en plus éloignés de l'opinion qu'il existe une substance particulière, douée de cette propriété, qui mérite un nom particulier.

Dans des expériences qu'il a faites dans le but d'étudier l'influence de divers agents sur la transformation de l'amidon et dans lesquelles il a opéré sur un empois formé de 1 partie d'amidon pour 10 parties d'eau, dont il mélangeait 100 parties avec 5 parties d'orge germée en poudre, il a vu que l'acide nitrique, l'acide chlorhydrique, l'acide phosphorique, l'acide sulfurique, l'acide oxalique, l'acide tartrique et l'acide citrique arrêtaient complètement la transformation de l'amidon. Il n'en était pas de même de l'acide formique, de l'acide arsénieux, de l'acide tannique qui ralentissaient seulement l'action : l'acide acétique et l'acide cyanhydrique (acide prussique) ne paraissaient exercer qu'une action retardatrice très peu prononcée.

La transformation de l'amidon était complètement arrêtée par la potasse, la soude et la chaux; la magnésie, l'ammoniaque et les carbonates de potasse et de soude exercent une influence beaucoup moins prononcée; l'influence du carbonate d'ammoniaque est encore bien moindre, et celle des bicarbonates alcalins est presque nulle.

Dans le grand nombre d'autres substances avec lesquelles Bouchardat a expérimenté, je citerai encore seulement l'alcool, l'éther, la créosote et les huiles essentielles de térébenthine, de moutarde, de citron et d'anis, qui ne ralentissent point la transformation de l'amidon. Il y a donc une différence essentielle entre ce qui se passe dans la transformation de l'amidon en dextrine et en sucre et ce qui a lieu dans la fermentation alcoolique; en effet, les substances indiquées en dernier lieu arrêtent la fermentation alcoolique.

On fera peut-être remarquer que, dans toutes ces expériences, on peut admettre l'identité de la source de l'activité chimique, puisque, dans les expériences faites avec toutes ces substances, la quantité d'amidon qui a été transformée est peu considérable, — aussi bien dans l'expérience de De Saussure, dans laquelle on a employé du gluten brut, que dans l'expérience faite avec sa mucine, ainsi que dans les expériences de Magendie, de Bouchardat et de beaucoup d'autres, — mais que, au contraire, une petite quantité de diastase suffit pour transformer en sucre une quantité considérable d'amidon. Cette différence est bien connue : dans le malt, qui est considéré comme contenant 1/500 de diastase, il se trouve une substance dont il faut 2 parties pour transformer 1000 parties d'amidon en sucre et il ne faut que 1 partie de ce même malt pour transformer 1000 parties d'amidon en dextrine. Je ne crois pas, du reste, devoir attribuer une grande valeur à ce fait. En effet, comment ont été opérées ces déterminations? La grande quantité de gluten brut qui est nécessaire pour opérer la transformation d'une petite quantité d'amidon ne passe pas entièrement à l'état d'activité chimique, qui est la condition indispensable pour qu'il puisse transformer l'amidon en sucre; une très petite quantité seulement de la masse passe à cet état; il n'y a donc qu'une très petite quantité de la masse qui agit, tandis que le reste n'exerce aucune action (Kirchhoff). Toutes les substances dont il est question dans les expériences de Bouchardat et de Magendie sont dans le même cas. Mais il n'y a vraiment là aucun motif qui puisse porter à admettre l'opinion, ou bien que, dans toutes les substances qui opèrent la transformation de l'amidon, il se trouve un seul et même agent doué de la faculté d'opérer cette transformation, ou bien qu'il existe un nombre d'agents, doués de cette faculté, aussi grand que l'on peut trouver de substances qui opèrent avec succès cette transformation.

De ce que nous venons de dire, on peut donc tirer la conclusion générale que des substances albumineuses à un état déterminé de décomposition jouissent de la faculté d'opérer la transformation de l'amidon en sucre. La tâche de la science est de préciser ce que l'on doit comprendre sous l'expression d'*état déterminé*. Comparativement, sinon scientifiquement, cet état est déjà précisé. Aucun mode d'activité chimique ne nous est complètement connu : celui-là ne nous est donc pas plus connu que les autres.

De ce que nous avons dit, il résulte que l'expression de diastase devrait cesser d'être admise par la science; en effet, ce nom rappelle l'idée d'une substance déterminée qui possède la propriété que nous avons reconnue appartenir à plusieurs substances, et cette idée n'a aucune raison d'être admise.

Je crois qu'il est temps de faire disparaître de la science certaines dénominations, qui ont rendu certainement de grands services, mais qui arrêteraient son essor si l'on continuait à en faire usage plus longtemps. Parmi ces dénominations, vient se ranger celle de diastase.

Le mot ferment (en hollandais *gist*, en allemand *Gæhrungsstoff*) est employé dans le sens d'agent de dédoublement (*snijder*); le ferment qui détermine la production de la fermentation alcoolique peut être désigné sous la dénomination d'agent de dédoublement du sucre (*suiker-snijder*). — Une simple transformation sans dédoublement, lorsqu'on la considère au point de vue général de sa cause originaire, peut, de même que l'action du ferment, lorsqu'on la considère comme un dédoublement de molécules organiques avec dégagement de gaz, être désignée par un nom particulier. On devrait alors employer, dans ce cas, la désignation d'agent de transformation (*omzetter*), et pour tout ce qui détermine la transformatiou de l'amidon en dextrine et en sucre, on pourrait employer l'expression d'agent de transformation de l'amidon (*zetmeel-omzetter*).

Mais cette expression n'est plus employée dans le sens de l'agent de transformation de l'amidon, mais dans le sens d'*un* agent de transformation de l'amidon; en effet, il y en a peut-être un grand nombre[1].

1. Littéralement : vingt-cinq.

Nous croyons devoir faire encore ici une observation. Berzelius avait déjà remarqué[1] que tous les agents de transformation de l'amidon exigent en dehors de l'organisme vivant une température bien plus élevée que dans l'organisme vivant pour exercer leur action. L'observation est importante. Dans les semences en germination, l'amidon est transformé en dextrine et en sucre à la température ordinaire : dans l'organisme animal, l'amidon est également transformé en dextrine et en sucre à la température de l'animal. Une température d'environ 72° est au contraire indispensable pour qu'un agent quelconque de transformation, même celui qui est le plus actif, puisse produire rapidement dans nos expériences la modification indiquée.

On peut incontestablement admettre que, à l'intérieur de l'organisme, la quantité abondante d'agent de transformation qui y existe, détermine la même transformation à une température considérablement moins élevée, tandis qu'une température plus élevée est nécessaire lorsqu'il y a une quantité moindre du même agent.

Schlossberger[2] conteste la valeur de l'argument indiqué par Berzelius et paraît pour cela se rattacher à l'opinion que c'est, dans le grain, une autre substance que la soi-disant diastase, qui détermine la transformation de l'amidon et qui peut être séparée par un des procédés connus. Il n'y a aucune raison d'admettre une autre substance : on devrait plutôt admettre que les manipulations au moyen desquelles on a effectué la séparation de la soi-disant diastase lui ont fait perdre une portion de l'intensité de sa faculté transformatrice et que, pour qu'elle puisse agir, il est besoin d'une température plus élevée que lorsque la substance n'a pas été traitée par l'alcool, chauffée, puis desséchée. — Une infusion de malt préparée à froid détermine la transformation des propriétés de l'empois d'amidon, même à la température ordinaire, si rapidement que cette transformation peut être observée à l'instant.

Ce qui a poussé Schlossberger à tirer une conclusion aussi restreinte de nos connaissances relatives à l'agent de la germination du grain (qu'il désigne toujours sous le nom de ferment : or un ferment est un agent de dédoublement et non un agent de transformation), c'est que nous ne savons

1. *Lehrbuch*, 1837, 3ᵉ édit., t. VI, p. 468.
2. *Org. Chemie*, 1857, p. 121.

pas d'où provient, dans les semences oléagineuses, la diminution de la quantité de la matière grasse pendant la germination. Nous devons reconnaître en effet que nous ne le savons pas ; mais savons-nous ce qui détermine la transformation de l'amidon en dextrine, puis en sucre ?

Du reste, il paraît certain que, dans les semences en germination aussi bien que dans l'organisme animal, la matière grasse doit avoir son agent de transformation spécial, et si nous ne savons pas quelle est la substance qui, en passant originairement à l'état d'activité chimique, détermine surtout la transformation de la matière grasse en acide carbonique et en eau, nous pouvons ne pas nous en préoccuper ; en effet nous ne le savons pas d'une substance spéciale, mais nous le savons dans un sens général.

En ce qui concerne ces dédoublements, comme celui que subit par exemple la matière grasse, je crois devoir attirer ici l'attention sur les expériences de Millon et de Reizet[1] qui ont vu certaines matières grasses, et notamment l'huile d'olive, se décomposer, en présence de la mousse de platine, en eau et en acide carbonique à une température de 90° et même de 80°. Si, dans la germination ou dans l'économie animale, la matière grasse est transformée en acide carbonique et en eau, une portion de l'action doit être mise sur le compte de l'agent de dédoublement et une autre portion sur le compte de l'action de la température.

Rechercher dans ce cas un agent spécial de dédoublement, ce serait se donner une peine inutile, absolument comme celle de rechercher un agent spécial de transformation de l'amidon. Ce que la science peut nous apprendre, c'est que la substance en question est une substance albumineuse qui se trouve à l'état de transformation chimique, ou bien, et c'est la notion la plus élevée à laquelle on puisse prétendre, la science peut nous apprendre de quelle nature est la substance qui subit la transformation et en quoi consiste cette transformation. Mais quelle est réellement cette substance, c'est une question qui ne peut pas être résolue, parce que, dans le phénomène en question, la substance cesse d'exister à son état primitif et se transforme et que c'est précisément sur ce fait que repose tout le phénomène, en sorte que ce qui détermine le caractère spécial de cette

1. *Annales de Chimie et de Physique*, 1843, 3e série, t. VIII, p. 280.

substance, c'est de ne pas avoir d'existence propre au point de vue chimique.

Ce que nous venons de dire deviendra peut-être plus clair par la comparaison avec ce qui se passe dans le mode de préparation si rapide du vinaigre, sur lequel nous allons appeler actuellement l'attention. De l'esprit de malt, étendu d'eau, en un mot de l'alcool faible, se transforme en acide acétique par l'action simultanée de l'air atmosphérique et de la mousse de platine ou d'une quantité excessivement petite d'une substance organique en décomposition. On peut du reste prendre presque dans ce but une substance quelconque : en effet, dans la préparation rapide de l'acide acétique, on ajoute à l'alcool faible toute espèce de substances. Personne ne soulèvera assurément la question de savoir quelle est ici positivement la substance active : c'est un groupement organique complexe en mouvement.

Lorsqu'une mouche dépose ses œufs dans de la viande et lorsque, par suite, cette viande se pourrit, c'est au point de vue chimique un non-sens que de vouloir savoir quel groupement chimique en décomposition est la cause originaire de ce qui se passe.

Il me semble que cela est également, en grande partie, exact pour l'agent de la transformation de l'amidon.

Enfin est-il besoin de rappeler que, d'après les expériences de Payen et de Persoz sur la diastase même[1], ces chimistes ont trouvé cette substance, non seulement dans l'orge germée, dans l'avoine et dans le seigle, mais aussi dans les pommes de terre en germination et dans les bourgeons d'*aylanthus glandulosa*.

Nous devions donc incontestablement admettre que le règne végétal et le règne animal tout entiers en sont imprégnés.

Ou bien n'existe-t-il pas de diastase qui, au printemps, détermine la mise en activité de tout le règne végétal et qui, non seulement détermine la dissolution de l'amidon, mais aussi mette en activité et entretienne toute espèce de décomposition ? Ce serait assurément une idée trop restreinte que celle qui consisterait à admettre une seule et même substance comme cause déterminante de tous ces phénomènes, lorsque nous voyons que, dans chacune des

1. *Annales de Chimie et de Physique*, 2e série, t. LIII, p. 73.

parties d'une plante ou d'un animal, le tout est maintenu à l'état actif par un ensemble complexe de substances, en sorte que si, sur cet ensemble de substances, on en ôte une, on ne peut plus se rendre compte de l'action de l'ensemble.

On a exprimé de la chicorée ; on a divisé en deux parties égales le suc obtenu ; on a ajouté à l'une de l'empois préparé avec de la fécule de pommes de terre ; on a fait digérer les deux liqueurs pendant 3 heures à une température de 60° à 70°, puis on a essayé ensuite les deux liqueurs avec le réactif cuivrique. Dans les deux cas, il s'est produit une réduction qui est telle qu'il faut 4 parties de la liqueur qui contient le suc de chicorée seul pour réduire une quantité déterminée de réactif cuivrique, tandis que 3 parties seulement de la liqueur qui contient le suc de chicorée additionné d'amidon sont nécessaires pour produire la même action.

Le suc de chicorée devrait donc, d'après Payen et Persoz, contenir de la diastase.

Je pense que l'on pourrait à peine trouver un suc végétal qui soit privé de la faculté de transformer l'amidon en dextrine, puis en sucre, comme aussi on ne paraît connaître aucun liquide appartenant à l'économie animale ou aucun tissu animal auxquels cette faculté soit refusée si les circonstances dans lesquelles ils se trouvent n'y mettent pas obstacle.

La physiologie végétale peut ici, comme en quelques autres points, tirer des renseignements de la physiologie animale : mais je ne puis comprendre en aucune manière le débat interminable relatif à la question du sucre, que l'on voit se renouveler sans cesse à Paris, entre les savants français, bien qu'il paraisse devoir être terminé.

Dans ce qui précède, je n'ai fait que peu mention de ce qui a été trouvé et supposé dans la physiologie animale relativement aux agents qui y déterminent la transformation de l'amidon : dans un ouvrage sur la bière, cela n'aurait pas été la place convenable pour le faire. Je ne crois pas cependant pouvoir m'abstenir de remarquer que dans la salive qui, de même que le suc pancréatique, possède à un très haut degré la propriété d'effectuer la transformation de l'amidon, Mialhe[1] admet l'existence d'une diastase animale

1. *Chimie appliquée à la Physiologie*. Paris, 1856, p. 38.

que l'on prépare de la même manière que la diastase végétale au moyen du malt (p. 97) ; que Bouchardat et Sandras admettent également une diastase animale dans le suc pancréatique.

Une preuve évidente qu'un agent de transformation de l'amidou est une substance à l'état de décomposition nous est précisément fournie par la salive. Ce n'est pas le mucus de la cavité buccale, ni la salive seule, mais bien le mélange de mucus buccal et de salive qui opère si rapidement la transformation de l'amidon en sucre. La salive de la parotide ne paraît participer en rien à cette transformation ; il en est autrement des glandes que l'on désigne sous le nom de glandes submaxillaires.

Si un très grand nombre de substances exigent pour opérer la transformation de l'amidon en sucre un temps plus long que l'infusion de malt, la salive ou le suc pancréatique, cela ne prouve en aucune manière qu'il existe dans ces trois dernières substances un agent spécial présentant la faculté d'effectuer la transformation de l'amidon, mais cela prouve qu'il existe une substance fortement en décomposition[1]. Dans le liquide mélangé contenu dans la cavité buccale, la salive fournit la matière de l'agent de transformation, tandis que le mucus buccal détermine sa mise en activité (ou réciproquement). Dans ce cas un agent de transformation est nécessaire pour produire l'agent de transformation, ce qui veut dire, en employant les termes usités en chimie, que les substances contenues dans le mucus buccal et dans la salive, en réagissant les unes sur les autres, déterminent la production d'un groupement moléculaire à l'état actif qui peut entraîner l'amidon dans son mouvement.

1. Le malt ne contient que 1/2 pour 100 de sucre, et cependant il est connu pour sa saveur douce; cela vient de ce que le liquide mélangé qui se trouve dans la cavité buccale, transforme instantanément en sucre la dextrine du malt.

Si l'on mâche du malt pendant quelques instants, si l'on enlève ensuite le tout de la bouche, si l'on y recherche le sucre et si l'on compare le résultat avec celui que donne une égale quantité de malt non mâché, on observe que la quantité de sucre contenue dans la première est beaucoup plus grande.

Si l'on ajoute de la salive à de l'empois très épais, on peut observer à l'œil le passage de l'empois à l'état liquide : cette expérience nous apprend qu'il s'est formé de la dextrine et ensuite du sucre.

L'action est instantanée et m'a paru plus rapide que celle qui est produite par une forte infusion de malt.

Mais peut-il encore rester quelque doute qu'il n'y ait, dans cette transformation, un groupement moléculaire en mouvement, lorsqu'on voit le liquide mélangé contenu dans la cavité buccale perdre en peu de temps sa faculté de transformer l'amidon, lorsqu'on le conserve à la température ordinaire, précisément comme l'infusion de malt?

CHAPITRE V.

DESSICCATION DU MALT.

Lorsque les premiers rudiments des radicelles de la jeune plante se sont développés jusqu'à une longueur suffisante, ce qui est un signe que la transformation chimique voulue s'est produite dans le grain (p. 54), on dessèche le malt, non seulement pour le préserver contre cette transformation chimique ultérieure, mais aussi pour pouvoir le conserver jusqu'à l'époque où il devra ultérieurement servir à la préparation de la bière.

La dessiccation peut être opérée, soit à la température ordinaire par l'action d'un courant d'air, soit au moyen de la chaleur artificielle, et, dans ce dernier cas, on emploie, pour opérer cette dessiccation, des degrés de température différents [1]. La dessiccation du malt à l'air libre ou à une température peu élevée n'a pas d'autre but que d'empêcher toute décomposition chimique ultérieure : la dessiccation au moyen de la chaleur artificielle à une température plus élevée détermine dans le malt de nouvelles transformations chimiques. Par la dessiccation du malt au moyen de la chaleur artificielle à des degrés de température très différents,

1. En Hollande, la dessiccation à air libre est spécialement désignée sous le nom de dessiccation (*droogen*), tandis que la dessiccation au moyen de la chaleur artificielle prend le nom de *eesten :* de même, en Allemagne, la première seule conserve le nom de *trocknen*, et la seconde prend le nom de *darren*. Si l'on voulait donner aussi en France deux noms différents aux deux modes de dessiccation, on pourrait conserver pour le premier le nom de *dessiccation*, et désigner la dessiccation au moyen de la chaleur artificielle sous le nom de *torréfaction* : le malt desséché au moyen de la chaleur artificielle (en hollandais *geëste mout ;* en allemand *darrmalz*) devrait alors être désigné sous le nom de *malt torréfié*.

on obtient un nombre de bières différentes aussi grand que le nombre de degrés différents auxquels le malt été desséché.

Pour effectuer la dessiccation du malt à l'air libre, il n'est nécessaire que d'étendre le malt en couches minces dans un endroit dans lequel on puisse maintenir un courant d'air continu et de le retourner fréquemment. Plus la dessiccation a été rapide, moins le malt présente de tendance à continuer de subir des modifications chimiques.

Il résulte naturellement de ce que nous venons de dire que le malt pèse moins que l'orge qui a été primitivement employée à sa préparation, tous deux étant supposés secs (p. 55).

Le malt qui a été seulement desséché à l'air donne par le brassage un liquide qui n'est pas clair et une bière qui ne peut pas être conservée. Aussi le malt desséché à l'air n'est-il employé surtout que pour la préparation des bières légères; la plus grande partie du malt est au contraire desséchée au moyen de la chaleur artificielle. — Actuellement, pour la préparation des bières blanches, légères, on n'emploie plus que rarement du malt desséché à l'air; mais on emploie du malt qui, après avoir été desséché à l'air, a toujours été exposé ensuite à l'action d'une chaleur artificielle peu intense.

Pour opérer la dessiccation du malt au moyen de la chaleur artificielle, soit qu'il ait été, ou non, préalablement desséché au contact de l'air, on étale le malt sur une surface qui est chauffée au moyen d'un foyer et sur laquelle le malt est exposé à l'action d'un fort courant d'air, de manière que l'eau qui s'évapore soit enlevée rapidement. Si le malt contenait encore de l'eau, il se modifie très rapidement. A une température de 60°, le malt encore humide se colore déjà en brun, ce qui vient surtout de ce que le sucre de fruits, sous l'influence de substances en décomposition, continue à se modifier et se transforme en partie en une substance analogue à l'humus.

En général, on ne suit pas ce mode d'opérer, mais on dessèche d'abord le malt à l'air libre. Les bières blanches ne peuvent du reste pas être préparées au moyen d'un malt qui a été exposé à l'action de la chaleur pendant qu'il était encore humide, lors même que la température à laquelle il aurait été exposé aurait été très peu élevée.

Lorsque l'espace nécessaire pour dessécher le malt à l'air libre fait défaut, on commence par le placer sur une seconde *touraille* (en hollandais *eest*, en allemand *Malzdarre*), placée du-dessus de la première, et sur laquelle le malt est desséché légèrement par la chaleur que la première laisse perdre, avant d'être mis sur cette première touraille, qui est celle sur laquelle s'opère, à proprement parler, la dessiccation du malt au degré voulu.

Le premier but que l'on se propose en chauffant le malt sur la touraille, est de bien le dessécher et de le rendre susceptible d'être conservé. Le malt, desséché à l'air, même lorsqu'il a été desséché de cette manière aussi complètement que possible, absorbe de nouveau peu à peu l'humidité de l'air et il est ainsi exposé à se décomposer. Comme on est obligé de préparer, surtout au printemps, mais aussi à l'automne, une quantité de malt suffisante pour toute une moitié de l'année, il est important que le malt puisse bien se conserver, C'est ce but que l'on atteint en exposant ce malt, pour le desécher, à l'action de la chaleur artificielle.

Comment la conservation a-t-elle lieu lorsque la chaleur artificielle à laquelle on a desséché le malt était faible et lorsqu'elle n'a pas atteint seulement la température de l'eau bouillante? La science n'a pas encore pu en pénétrer la cause : cependant un examen général de l'ensemble de ce qui se passe ne paraîtra pas assurément hors de propos. Lorsque le malt est préalablement desséché à l'air libre et est seulement ensuite desséché au moyen de la chaleur artificielle, on sait que les substances albumineuses ne s'y coagulent pas, mais ne font que se dessécher : en effet, pour qu'elles puissent se coaguler, une quantité suffisante d'eau est nécessaire. Lorsque la dessiccation a été opérée à une température peu élevée, on n'a donc pas besoin d'admettre un changement de forme dans les substances albumineuses. Mais, par la dessiccation au moyen de la chaleur artificielle, la forme de l'ensemble a été modifiée, et, par conséquent aussi, la position relative des parties constituantes de cet ensemble : tout ce qui a été exposé à l'action de la chaleur s'est contracté, et chacune des particules a pris une existence plus individuelle, est devenue ainsi plus compacte, en sorte que, proportionnellement, l'influence des particules de substances hétérogènes qui l'avoisinent et qui, en tout autre cas, devaient exercer sur elle une action chimique, a diminué.

Mais qu'advient-il lorsque, après la dessiccation, le malt absorbe l'humidité de l'air et reprend ainsi une quantité d'eau aussi grande que celle qu'il avait avant d'être desséché à une température peu élevée? Il est alors impossible que chaque particule puisse reprendre sa place antérieure.

Un fait positif, qui présente peut-être encore plus d'importance, c'est qu'une substance qui, ainsi que le malt, a été desséchée lentement et fortement, n'absorbe plus, toutes les autres circonstances étant d'ailleurs égales, la même quantité d'humidité atmosphérique qu'avant cette dessiccation; en effet, par une forte dessiccation, l'affinité de beaucoup de substances pour l'eau diminue.

Un second but que l'on se propose en desséchant le malt, même lorsqu'on n'opère pas cette dessiccation à une température élevée, est de transformer. sous l'influence de l'agent de tranformation de l'amidon, une quantité encore plus grande d'amidon en dextrine, puis en sucre. La totalité du grain amylacé est pénétrée de cet agent de transformation, et lorsqu'on n'élève pas la température au-dessus de 70° à 75°, la transformation continue, bien que le grain ait été desséché à l'air libre: au-dessus de cette température, il en est tout autrement.

Dans le but d'accélérer la transformation, on étend le malt sur la touraille, en couches que l'on chauffe régulièrement en les soumettant à l'action d'un courant d'air chaud et en les retournant de temps en temps, afin que la chaleur soit répartie uniformément. Une élévation lente et graduelle de la température est tout à fait convenable; en effet, dès que le malt a perdu toute l'eau qu'il contient, aucune transformation de l'amidon par l'action de l'agent modificateur n'est plus possible. La quantité de dextrine et de sucre qui s'est produite pendant la dessiccation dépend donc moins de la durée de temps pendant laquelle le malt a été maintenu sur la touraille que de ce que l'on a commencé à chauffer ce malt à une basse température et de ce que l'élévation de la température a été graduelle et excessivement lente. Enfin, lorsque le malt est sec, l'opération est terminée.

Ce but de la dessiccation, de déterminer une production de dextrine et de sucre sous l'influence de l'agent de transformation, est évidemment secondaire : en effet, dans l'empâtage, ce but est atteint beaucoup plus facilement.

Uu troisième but, qui est plus important, est d'enlever au malt (je ne connais aucune autre manière d'exprimer ma pensée) le caractère d'une substance provenant de plantes fraîches, de manière que la bière qu'il servira à préparer ne présente pas les propriétés d'un infusion d'une substance provenant de plantes fraîches. — Nous devons surtout faire ici mention de deux propriétés que les sucs de plantes ou les infusions de plantes, lorsqu'ils sont chauffés au moyen de la chaleur artificielle, possèdent bien moins que lorsqu'ils sont à l'état frais : je veux parler de la moins grande tendance des premiers à être troubles et de leur plus grande facilité à se conserver.

Nous nous occuperons plus loin d'un quatrième but de la dessiccation.

Quelle que soit la température à laquelle la dessiccation a été opérée, lors même qu'elle ne serait que de 50°, ce qui est à peu près la température la plus basse que l'on ait indiquée pour la dessiccation du malt destiné à la préparation des bières blanches, le malt est toujours plus ou moins coloré, même lorsque, avant d'être porté sur la touraille, il a été préalablement desséché à l'air libre aussi complètement et aussi rapidement que possible. Mais, pour chaque degré de température au-dessus de 50°, le malt placé sur la touraille prend une couleur de plus en plus foncée, et donne dans la même proportion une bière de plus en plus foncée. — La température à laquelle le malt doit être desséché, pour que l'on obtienne une bière d'une coloration déterminée, a été l'objet d'indications très différentes : aucune question n'a donné des résultats aussi différents. La raison en est que l'état d'humidité du malt exerce aussi une grande influence sur la coloration du malt. J'ai vu du malt que l'on avait desséché à l'état humide, devenir brun foncé à 60°, tandis que du malt qui avait été préalablement desséché à l'air pouvait être desséché à cette température sans prendre une coloration particulière. — Le malt desséché à l'air ne contient du reste pas toujours une quantité d'eau égale. Plus il était humide lorsqu'on l'a porté sur la touraille, plus la bière qu'il a servi à préparer est brune, lors même que, pour en effectuer la dessiccation, on l'a exposé à une température plus faible.

Si l'on excepte quelques espèces particulières de bière,

ou bien le cas dans lequel on veut rendre du malt, préparé à une température plus basse, apte à servir pour rendre une bière plus brune, ce qui nécessite une addition de malt brun, la température nécessaire pour la dessiccation à la touraille est généralement de 50° à 80°. Mais, comme le malt repose sur une surface chaude dont la température est beaucoup plus élevée et comme les grains de malt, lorsqu'on les retourne, se trouvent alternativement en contact avec la surface ainsi chauffée, on peut assurément admettre que les grains de malt ont été exposés, du moins temporairement, à une température qui est beaucoup plus élevée que celle à laquelle la masse du malt est exposée sur la touraille.

Par l'action d'une forte élévation de température, supérieure à celle de l'ébullition de l'eau, la coloration du malt devient de plus en plus foncée, et si l'on élève suffisamment la température pour qu'il puisse se former des produits pyrogénés, le malt subit le mode général de décomposition auquel, comme on le sait, toutes les matières organiques sont exposées,

Même dans des cas où la nécessité de ne pas opérer la dessiccation à une température supérieure à 75° est positivement démontrée, on trouve quelquefois l'indication que la dessiccation a déterminé dans le malt la formation de produits pyrogénés aromatiques : comme nous le verrons plus loin, la cause de la couleur brune n'est aucunement la torréfaction du malt; et comme, de la couleur brune du malt et de celle de la bière faite avec ce malt, on tire des conclusions relatives à la manière dont la torréfaction a été conduite, la base sur laquelle reposent ces conclusions n'a aucune solidité.

De ce que nous venons de dire, il ressort suffisamment que la dessiccation du malt exerce une très grande influence sur les propriétés de la bière que l'on prépare au moyen de ce malt, aussi bien en ce qui concerne ses parties constituantes qu'en ce qui concerne la saveur et la couleur de la bière qui en dépendent.

Il est nécessaire d'entrer ici dans quelques particularités et d'examiner de plus près les modifications qui se produisent dans le malt lorqu'on le dessèche à des températures différentes.

Avant tout, nous devons nous arrêter sur les points suivants dont l'examen présente une grande importance : au-dessus de 75°, l'agent de transformation de l'amidon, qui avait pris naissance dans le grain, devient sans action, lorsqu'il a été exposé encore humide à l'action de la température destinée à en opérer la dessiccation. Lorsque le malt est sec, il supporte une température bien plus élevée, sans perdre la faculté de passer de nouveau à l'état actif, lorsqu'on le met de nouveau en contact avec l'amidon en présence de l'eau.

C'est pour cela qu'une élévation lente et graduelle de la température et la dessiccation préalable du malt à l'air sont des conditions indispensables à remplir lorsqu'on veut que le malt ne se détériore pas par la dessiccation sur la touraille.

L'agent de transformation de l'amidon ne possède pas seul la propriété indiquée. Le blanc d'œuf, qui se coagule à 63°, peut positivement, lorsqu'il a été desséché lentement et graduellement, être exposé, après sa dessiccation, à une température de 100° et se comporter ensuite à l'égard de l'eau de la même manière que l'albumine non coagulée. — Si l'agent de transformation de l'amidon à l'état sec ne pouvait pas supporter une température plus élevée que 75° sans perdre sa faculté d'agir, la dessiccation à cette température présenterait déjà de graves inconvénients relativement à la préparation de la bière, et c'est ce qui n'est pas.

Quoi qu'il en soit, la portion extérieure du grain doit toujours être la plus exposée à l'action de la chaleur, tandis que la portion intérieure du grain doit être celle qui est le moins impressionnée, bien que, sur la touraille, le grain ait été continuellement remué. Toutes les modifications que le grain subit par l'action d'une température élevée ou trop élevée affectent donc surtout la couche extérieure du grain. Mais comme une température s'élevant graduellement jusqu'à 75° favorise, sur la touraille, la transformation de l'amidon en dextrine, puis de la dextrine en sucre, le tout sous l'influence de l'agent modificateur, on comprend que le malt desséché à une température très élevée puisse encore servir à la préparation de la bière : en effet, l'intérieur du grain n'atteint pas une chaleur aussi élevée, ou bien, en admettant que l'on ait pris la précaution de dessécher préalablement à l'air le grain de malt, l'agent modificateur peut y supporter une température supérieure à 75° sans perdre sa faculté d'effectuer la transformation de l'amidon.

Tout dépend donc de ce que l'on a chauffé le malt plus ou moins lentement au commencement de la dessiccation : si l'on expose du suite à une température élevée le malt encore humide, cela fait perdre à l'agent de transformation la faculté de pouvoir encore, après la dessiccation, déterminer la transformation de l'amidon, et tout se borne aux modifications que la température à laquelle le malt a été exposé sur la touraille a pu lui faire subir.

Il résulte de là que le malt fortement torréfié est bien moins apte à déterminer ultérieurement, dans la préparation de la bière, la transformation chimique du grain non malté. Lorsque, pour la préparation de la bière, on ne veut pas employer seulement du malt, mais lorsqu'on veut y ajouter du grain non malté, un malt fortement desséché ne peut pas servir.

En outre, il est évident que la substance qui doit servir ultérieurement à la production de la levure a dû être modifiée par une forte dessiccation et que, par suite, l'emploi d'un malt de cette espèce nécessite ultérieurement l'addition d'une quantité considérable de levure pour que la fermentation suive dans la cuve-guilloire (en hollandais, *gistkuip;* en allemand, *Gæhrbottich;* en anglais, *Working-tun*, *gyle-tun*) une marche convenable.

Du malt qui a été fortement desséché, afin de pouvoir servir à la préparation de la bière brune, ne donnerait pas de bons résultats si on l'employait seul à la préparation de la bière : une trop grande quantité de substances douées de la faculté modificatrice y a été détruite. Ordinairement, pour la préparation des bières brunes, on ajoute à du malt qui a été desséché à une température plus basse et qui constitue la substance au moyen de laquelle la bière est effectivement préparée, une petite quantité de malt de couleur foncée qui sert de matière colorante, ce qui donne une bière bien meilleure que celle que l'on obtient en se servant de malt desséché à une température telle qu'il possède déjà la coloration que l'on veut obtenir pour la bière. Ce que nous venons de dire, n'a du reste pas besoin d'autre explication. Dans le malt fortement desséché, une trop grande portion des substances albumineuses a perdu la faculté de redevenir active.

Nous devons enfin nous arrêter encore sur deux causes déterminantes de la coloration brune que la bière peut acquérir par la dessiccation du malt. Ou bien cette coloration est la conséquence de la coloration que prend le sucre incristallisable par l'action d'une température élevée, ou bien elle est due à la formation de produits pyrogénés. Dans le premier cas, la matière colorante ne présente pas de saveur amère; dans le second cas, elle présente une amertume bien nette. Dans le premier cas, la coloration se produit déjà, comme nous l'avons vu (p. 126), à une température relativement très peu élevée. Ces deux substances font prendre à la bière une coloration foncée : mais elles n'ont rien de commun, ni dans leurs propriétés, ni dans leur mode de production, et ne donnent aucunement une bière qui présente les mêmes propriétés.

C'est un fait bien connu que tous les sucs de plantes, lorsque, pour les évaporer, on les soumet à l'action de la chaleur artificielle, donnent un extrait de couleur foncée. La cause originaire de cette coloration est la même que celle pour laquelle le malt à l'état humide prend déjà une coloration très foncée lorsqu'on le soumet à l'action d'une température de 60° et par conséquent à une température bien inférieure à celle de l'ébullition de l'eau. Le sucre de fruits qui existe dans ces sucs végétaux, ainsi que dans le malt, se transforme en sucre incristallisable, dans le malt, sous l'influence des substances albumineuses en décomposition que ce malt contient : or le sucre incristallisable ne peut pas être chauffé au contact de l'air, sans devenir brun.

Gerhardt[1] fait observer la concordance de la composition de l'acide apoglucique et de l'assamare : nous profiterons de l'occasion que nous fournit l'examen des substances brunes qui se produisent dans la dessiccation du malt pour nous arrêter un peu sur ce sujet.

L'acide glucique a pour composition $C^{12}H^{9}O^{9}$, ce qui représente la composition du sucre moins de l'eau, et se produit par l'action d'un alcali ou d'un acide sur le sucre de fruits : au contact de l'air, il devient brun et donne naissance à la substance que j'ai nommée acide apoglucique[2] et pour laquelle j'avais admis la formule $C^{18}H^{10}O^{9} + HO$, mais peut-être devrait-on admettre pour ce corps la formule $C^{18}H^{9}O^{9}$:

1. *Traité de Chimie organique*, t. II, p. 565.
2. *Bulletin de Néerlande*, 1840, p. 37.

j'ai fait un trop petit nombre d'analyses de ce corps pour pouvoir émettre une opinion positive à cet égard.

Il paraît y avoir beaucoup de motifs de considérer l'acide apoglucique comme le corps qui a pris naissance dans le sucre incristallisable devenu brun, qui par conséquent colore en brun les extraits pharmaceutiques ainsi que le malt, lorsqu'on l'a exposé à l'état humide à une température de 60°.

Rien ne permet encore de sortir de l'indécision en ce qui concerne la question de savoir si cet acide est le même que celui que Péligot a obtenu en chauffant le sucre de fruits avec de la baryte[1] et qu'il a appelé acide mélassique en lui attribuant la formule $C^{24}H^{10}O^{10}$: en effet les analyses de Péligot diffèrent, en ce qui concerne l'hydrogène, de plus de 1/5 du chiffre que donne le calcul.

L'acide mélassique est également une substance de couleur brun foncé : Berzelius[2] le considère comme de l'acide apoglucique.

Plus tard, Voelckel[3] a séparé, des produits de la décomposition du sucre à une température élevée et notamment du magma noir qui en résulte, la matière amère à laquelle Reichenbach[4] avait donné autrefois le nom d'*assamare* et qu'il considérait comme une substance qui prend généralement naissance dans la torréfaction d'un grand nombre de substances fort différentes. D'après les analyses de Voelckel, l'assamare aurait pour composition $C^{20}H^{11}O^{11}$.

Je dois enfin citer encore ici le caramel ou la substance brune qui se produit lorsqu'on chauffe le sucre à une température d'environ 220° : cette substance, qui a pour composition $C^{12}H^{9}O^{9}$, est soluble dans l'eau et insipide. Lorsqu'on opère sur le sucre de fruits, cette matière se produit déjà à une température de 140°.

Lorsqu'on chauffe fortement le caramel, il donne le *caramélan* qui, d'après Voelckel, a pour composition $C^{24}H^{13}O^{13}$.

Gélis[5] a distingué, parmi les produits de l'action de la chaleur sur le sucre, trois substances colorées en brun dont l'une est soluble dans l'alcool. Si on la sépare au moyen de l'alcool et si l'on traite par l'eau le résidu insoluble, on le

1. *Annales de Chimie et de Physique*, t. LXVII, p. 157.
2. *Lehrbuch*, t. IV, p. 691.
3. *Annalen der Chemie und Pharmacie*, t LXXXV, p. 74.
4. *Id.*, t. XLIX, p. 1.
5. *Annales de Chimie et de Physique*, 3e série, 1858, t. LII, p. 352.

sépare en une partie soluble et une partie insoluble : cette dernière est tant soit peu soluble dans les alcalis.

Il désigne ces trois substances sous les noms de *caramélane, caramélène*, et *caraméline* : ces trois substances réunies constituent le caramel.

La *caramélane* est soluble dans l'alcool : elle devient humide lorsqu'on la laisse exposée au contact de l'air et a pour composition $C^{12}H^{8}O^{8} + HO$, ce dernier équivalent d'eau pouvant être remplacé par un équivalent d'une base métallique.

La *caramélène*, après avoir été épuisée par l'alcool, est dissoute dans l'eau, puis précipitée de sa dissolution au moyen de l'alcool. Elle est de couleur brun rougeâtre et possède une coloration six fois plus intense que la caramélane; elle n'est pas déliquescente. Elle se combine avec les bases métalliques et forme ainsi des combinaisons salines dont la composition peut être représentée par $C^{36}H^{24}O^{24} + MO$.

La *caraméline* se produit surtout par l'action d'une haute température sur le sucre : elle est insoluble à la température ordinaire dans l'alcool et dans l'eau, mais, à la température de l'ébullition, elle se dissout dans ces deux liquides, et surtout dans les dissolutions alcalines. Elle présente une coloration dix fois plus foncée que la caramélane et a pour composition $C^{48}H^{25}O^{25} + HO$, ce dernier équivalent d'eau pouvant être remplacé par un équivalent d'un oxyde métallique [1].

Ce sont ces substances dont nous devons rechercher la présence dans le malt desséché au moyen de la chaleur artficielle. — Dans le malt fortement desséché, nous devons rechercher de plus la présence de l'assamare, et la bière que l'on a préparée au moyen de ce malt doit avoir une couleur foncée et une saveur amère : elle doit avoir une saveur amère sans que l'on y ait ajouté de houblon. Dans le malt fortement desséché, il doit se trouver aussi du caramel.

Il nous reste encore à déterminer quelle est la substance brune qui existe dans le malt que l'on a exposé encore

1. Ceux de nos lecteurs qui voudraient faire une étude plus approfondie des corps dont nous venons de parler, feront bien de consulter non seulement les différents mémoires que nous avons cités, mais aussi l'article que M. Berthelot (*Chimie organique fondée sur la synthèse*, t. II, p. 314) a consacré à l'étude de ces composés.

humide à une température de 60°. — Je pense qu'il y a toute espèce de raison de la considérer comme de l'acide apoglucique. Elle n'est pas amère comme l'assamare et ne peut pas être considérée comme constituant avec elle une seule et même substancc : aucune démonstration expérimentale ne vient cependant corroborer cette opinion.

Gerhardt compare les résultats des analyses que Voelckel a faites de l'assamare avec les résultats de mes analyses de l'acide apoglucique, et il en conclut que ces deux substances sont identiques.

	Voelkel. Assamare.	Mulder. Acide apoglucique.		Calculé.
C.....	54,7	54,1	24	55,1
H.....	5,4	5,4	13	5,0
O.....	39,9	40,5	13	39,9

Mais ces substances pourraient très bien avoir la même composition, sans cependant être identiques. L'acide apoglucique est une poudre brune qui n'attire pas l'humidité de l'air et qui est insoluble dans l'éther, mais soluble dans l'eau et dans l'alcool ; l'assamare est, d'après Voelckel et Reichenbach, une substance soluble dans l'éther et dans l'alcool, qui ne peut exister qu'à l'état sirupeux et qui attire rapidement l'humidité de l'air.

Je crois pouvoir conclure de là que le malt desséché à une température très élevée contient du caramel et de l'assamare et que ces deux substances n'existent pas dans le malt desséché à une température basse, mais qu'il se trouve dans ce dernier une substance brune qui peut bien être de l'acide apoglucique, bien que, cependant, de nouvelles expériences nous paraissent nécessaires pour déterminer sa nature d'une manière positive.

Si nous revenons au malt desséché au moyen de la chaleur artificielle, nous voyons que, au point de vue chimique, nous devons faire plus de différence que l'on n'en fait dans la pratique. La coloration brune de l'infusion de malt n'est absolument pas un signe de la manière dont le malt a été desséché : en effet le malt fortement desséché et le malt qui, encore humide, a été desséché au-dessus de 75°, peuvent donner une bière également foncée, et qui, cependant, comme nous l'avons dit, possède des propriétés très distinctes

Comme on exige pour quelques bières une couleur très foncée et comme le malt perd une certaine portion de sa valeur par une forte dessiccation, on est dans l'habitude de torréfier une certaine portion du malt jusqu'à ce qu'elle ait presque atteint une nuance café et de s'en servir pour l'ajouter pendant le brassage comme agent de coloration à du malt plus pâle. Ce malt a reçu le nom de malt-couleur (en hollandais, *kleurmout;* en allemand, *Farbmalz*). Il contient de l'assamare et du caramel. — On suit cette méthode pour la préparation du porter.

Dans ce malt-couleur, l'agent de transformation est entièrement détruit et l'amidon qui existait encore dans le malt, a été transformé, par la torréfaction, en substance gommeuse (p. 82). Si l'on mélange pendant le brassage une grande quantité de ce malt-couleur avec du malt desséché à une température peu élevée, on peut obtenir ainsi une bière qui ait de la consistance, qui soit corsée et qui soit en même temps de couleur foncée et amère : elle peut du reste posséder, même sans addition de houblon, de l'amertume qu'elle doit alors à la présence de l'assamare. La préparation du malt-couleur ne peut pas être comparée avec la dessiccation ordinaire au moyen de la chaleur artificielle : c'est une véritable torréfaction du malt dans laquelle la température et le mode d'opérer sont tout autres que ceux qui conviennent au malt : on ne peut donc pas désigner la préparation de ce malt-couleur sous le même nom que la dessiccation du malt ordinaire.

La manière dont on doit diriger la dessiccation du malt est, dans la plupart des cas, telle qu'un individu inexpérimenté serait loin d'en être satisfait : en effet, les produits volatils auxquels donne naissance la combustion des matières combustibles placées dans le foyer, arrivent au contact du malt par la plate-forme de la touraille qui est criblée de petites ouvertures. On allume un feu peu intense à la partie inférieure d'un conduit qui présente la forme d'un entonnoir ou d'un cône renversé et dont la partie évasée est recouverte par la plate-forme criblée de trous de la touraille. La touraille forme donc l'extrémité supérieure de la cheminée.

Cette disposition est, dans mon opinion, la plus convenable pour que le malt desséché au moyen de la chaleur artificielle puisse jouir de la faculté de bien se conserver.

Les huiles pyrogénées, comme la créosote et beaucoup d'autres, se dégagent pendant la combustion, pénètrent dans le malt et exercent une action telle que les anciens chimistes lui avaient attribué la qualification d'antiseptique. Actuellement, nous disons que la créosote rend les substances albumineuses insolubles. — La faculté que possède le malt de se conserver s'étend à un degré plus ou moins élevé à la bière que l'on prépare avec ce malt.

Cette action favorable des huiles pyrogénées provenant du foyer, ne paraît pas pouvoir être obtenue au même degré lorsqu'on se sert d'un autre mode de chauffage, de la vapeur par exemple.

Knapp[1] se prononce contre l'emploi de la vapeur : cependant, lorsqu'on remplit la condition de ne pas employer une surface chauffée directement par la vapeur pour opérer la dessiccation du malt, mais de se servir, dans ce but, d'air chauffé par la vapeur, qui pénètre sur la surface par de petites ouvertures, cette méthode peut donner par la dessiccation du malt des résultats aussi bons qu'une autre. L'air chaud doit pénétrer le malt pour que la dessiccation puisse être opérée rapidement. La chaleur seule sans courant d'air chaud n'est certainement pas convenable pour opérer une bonne dessiccation. Mais, même en faisant passer au travers du malt un courant d'air chaud, on n'a toujours pas les huiles pyrogénées dont il a été question précédemment.

Dans d'autres localités, on emploie un appareil, disposé comme nos poêles à tubes circulatoires, au moyen duquel on fait passer un courant d'air chaud au travers du malt : ce courant d'air chaud est donc, dans ce cas aussi, exempt d'huiles pyrogénées. Je ne sais pas si l'on peut obtenir avec le malt ainsi desséché une bière qui puisse se conserver aussi longtemps ; mais il n'est pas douteux que l'on ne puisse avec ce malt préparer une bonne bière.

Suivant Combrune[2], on obtient, en faisant dessécher du malt à des températures de plus en plus élevées, les colorations suivantes :

51°..................... blanc.
54°..................... jaune clair.

1. *Chemische Technologie*, t. II, p. 313.
2. Schubarth, *Techn. Chemie*, 1851, t. III, p. 528.

56°,7....................	ambré.
59°......................	ambré foncé.
61°,7....................	brun clair.
66°,7....................	brun.
69°,4....................	brun foncé.
72°,2....................	brun foncé tacheté de noir.
75°......................	brun noir.
77°,2....................	brun café foncé.
80°......................	noir.

Nous ne devons toutefois pas oublier que, relativement à la coloration du malt, tout dépend du degré de dessiccation auquel le malt se trouve avant d'être porté sur la touraille et de la rapidité de la dessiccation. Je pense que les températures indiquées concernent seulement le malt porté encore humide sur la touraille : le malt préalablement desséché à l'air exigerait une température encore plus élevée.

La perte de poids que l'orge subit tant par les opérations antérieures au moyen desquelles elle est transformée en malt, que par la dessiccation de ce malt au moyen de la chaleur artificielle, peut être évaluée en moyenne au chiffre suivant. Si l'on évalue à 8 pour 100 la perte pour les opérations antérieures à la dessiccation, et si l'on ajoute à ce chiffre une perte, par la dessiccation, de 12 pour 100 d'eau que contient originairement l'orge, on voit que 100 parties d'orge perdent en tout 20 pour 100 de leur poids pour passer à l'état de malt desséché.

Mais cette perte de 12 pour 100 d'eau dépend entièrement de la température à laquelle a été opérée la dessiccation et du degré d'humidité de l'orge. Ce chiffre est donc une moyenne, et rien de plus, qui n'a que peu d'importance, au point de vue pratique : en effet le malt, après sa dessiccation, réabsorbe toujours une certaine quantité de l'humidité de l'air, et l'on conçoit que la quantité d'eau ainsi réabsorbée doit varier avec l'état d'humidité de l'air. Cependant on admet ordinairement que le malt desséché pèse 20 pour 100 de moins que l'orge qui a servi à le préparer.

D'après les expériences d'Oudemans, le malt desséché contient une quantité d'eau égale à la moitié à peu près de celle que contient l'orge : le malt desséché, qui avait servi aux analyses d'Oudemans, avait été exposé à l'air pendant quelque temps et pouvait être considéré comme contenant une quantité d'humidité aussi grande qu'il en pouvait absorber.

Le malt desséché à l'air, de même que le malt desséché au moyen de la chaleur artificielle (malt touraillé), doivent tous être conservés dans un endroit bien sec.

Comme j'ai l'intention de laisser ici de côté tout ce qui est relatif à la pratique, je dirai seulement, en passant, que la bière appelée pale-ale, est préparée avec du malt touraillé pâle; que, pour la fabrication du porter, on emploie un mélange de malt noir, de malt brun, de malt jaune succin et de malt pâle en différentes proportions, afin de communiquer à la bière les propriétés de chacune de ces sortes de malt; que, pour un grand nombre d'autres bières, on emploie des mélanges de malt de différentes espèces, etc.

Les modifications que les principales parties constituantes du grain subissent par la dessiccation, peuvent être déduites des analyses d'Oudemans que nous avons indiquées (p. 17). Elles sont seulement relatives à l'orge; nous y trouvons les résultats suivants :

	MALT D'ORGE.	
	Touraillé.	Fortement touraillé [1].
Dextrine	5,8	9,4
Amidon	51,2	43,9
Sucre	0,6	0,8
Substances cellulaires	9,4	10,6
Substances albumineuses	9,1	9,7
Matière grasse	2,1	2,4
Cendres	2,4	2,6
Eau	11,1	8,2
	91,7	87,6

Ce qui manque ici pour arriver à 100, est formé de parties constituantes qui n'ont pas été déterminées. Leur quantité s'élève à 6,7 p. 100 dans le malt touraillé et à 10,8 pour 100 dans le malt fortement touraillé : en effet nous avons vu (p. 20) qu'il y a dans l'orge 1,6 pour 100 de parties constituantes qui n'ont pas été déterminées d'une manière précise. Or 91,7 + 1,6 = 93,3; et 87,6 + 1,6 = 89,2.

Quelle est la composition de ces 6,7 et de ces 10,8 dans le malt touraillé et dans le malt fortement touraillé?

Ils doivent contenir du caramel et peut-être aussi de

1. On ne doit pas considérer ce malt fortement touraillé comme étant du malt-couleur, mais comme étant du malt desséché au degré où il doit l'être pour la préparation de la bière qui est désignée sous le nom de *oud bruin bier*.

l'acide apoglucique : je les désignerai par suite sous le nom de *produits de torréfaction* [1].

Or le mode d'opérer que suivait Oudemans dans ses analyses, consistait à transformer en sucre au moyen de l'acide sulfurique étendu toutes les substances qui pouvaient être ainsi transformées en sucre et à les déterminer à cet état : les produits de torréfaction dont il vient d'être question, à l'exception d'une petite quantité de substance gommeuse, devaient donc avoir disparu. Ils ont en effet disparu dans le traitement par une dissolution étendue de potasse. Ils doivent donc être compris comme perte dans le résultat de l'analyse.

En outre, dans les 6,7 et les 10,8 de produits de torréfaction, une quantité qui ne s'élève pas à moins d'environ un et demi représente les produits de décomposition des substances albumineuses, ainsi que nous le verrons un peu plus loin.

Si nous ramenons par le calcul les résultats à ce qu'ils seraient pour 100 parties de substance anhydre et si nous mettons en regard les analyses de l'orge et du malt d'orge desséché à l'air, nous obtiendrons :

	ORGE.	MALT D'ORGE.		
		Desséché à l'air.	Touraillé.	Fortement touraillé.
Produits de torréfaction.	0,0	0,0	7,8	14,0
Dextrine..............	5,6	8,0	6,6	10,2
Amidon................	67,0	58,1	58,6	47,6
Sucre.................	0,0	0,5	0,7	0,9
Substances cellulaires..	9,6	14,4	10,8	11,5
Substances albumineuses	12,1	13,6	10,4	10,5
Matière grasse.........	2,6	2,2	2,4	2,6
Cendres................	3,1	3,2	2,7	2,7
	100	100	100	100

En faisant la somme des parties constituantes non azotées, on obtient les résultats suivants :

1. Voir Pyrodextrine (Gélis, *Journal de Pharmacie*, 1858, t. XXXIII, p. 405).

	ORGE.	MALT D'ORGE.		
		Desséché à l'air.	Touraillé.	Fortement touraillé.
Produits de torréfaction.	0,0	0,0	7,8	14,0
Dextrine	5,6	8,0	6,6	10,2
Amidon	67,0	58,1	58,6	47,6
Sucre	0,0	0,5	0,7	0,9
Matières cellulaires	9,6	14,4	10,8	11,5
	82,2	81,0	84,5	84,2

Par l'examen de ces tableaux, nous voyons que :

1° La quantité de sucre augmente, mais dans une proportion très faible. La dessiccation au moyen de la chaleur artificielle, en admettant même qu'elle atteigne un degré élevé, ne présente donc aucune utilité au point de vue de la production du sucre.

2° La quantité de dextrine augmente par une forte dessiccation.

3° La quantité d'amidon diminue dans la même proportion.

4° Il se produit, surtout par une forte dessiccation, une quantité considérable de produits de torréfaction.

Dans les tableaux ci-dessus, le malt touraillé n'est pas entièrement comparable avec le malt desséché à l'air : ces deux malts provenaient bien de la même brasserie ; mais, dans le malt touraillé, la germination paraît avoir été poussée moins loin que dans le malt desséché à l'air. Si nous faisons abstraction de ce que, dans la germination du malt desséché à l'air, une moins grande quantité d'amidon a été transformée et de ce que, dans le malt touraillé, la germination a duré moins longtemps, nous voyons que le malt touraillé, c'est-à-dire faiblement touraillé, a déjà éprouvé une modification prononcée dans ses parties constituantes principales : en effet il contient presque 8 pour 100 de produits de torréfaction.

On obtient un résultat tout autre lorsqu'on compare le malt fortement touraillé avec le malt desséché à l'air. Dans le malt fortement touraillé, la quantité d'amidon a diminué tandis que la dextrine, le sucre et la substance gommeuse ont augmenté.

Nous apprenons par là que la dessiccation au moyen de la chaleur artificielle continue l'œuvre que la germination avait déjà légèrement ébauchée et qui consiste à opérer la transformation de l'amidon en dextrine, puis en sucre : dans cette opération, il ne se produit pas de la cellulose comme dans la germination : mais, dans la dessiccation, des produits de torréfaction prennent naissance.

En ce qui, dans la dessiccation du malt au moyen de la chaleur artificielle, est relatif à la question des cendres, nous n'avons aucune observation à faire, pas plus qu'en ce qui concerne la matière grasse ; par une forte dessiccation, il se produit des huiles pyrogénées solubles dans l'éther, en sorte que la quantité de la matière grasse paraît augmenter de 2,6 à 3,2 pour 100.

En ce qui concerne la proportion respective des substances albumineuses et des substances non azotées contenues dans le malt touraillé et dans le malt non touraillé, on arrive aux résultats suivants :

	ORGE.	MALT D'ORGE.		
		Desséché à l'air.	Touraillé.	Fortement touraillé.
Substances albumineuses.	12,1	13,6	10,4	10,5
Les 4 subst. non azotées..	82,2	81,0	84,5	84,2
Substances albumineuses.	100,0	100,0	100,0	100,0
Les 4 subst. non azotées..	679,0	596,0	812,0	802,0

Si nous comparons le malt desséché à l'air avec le malt fortement touraillé, en laissant de côté le malt touraillé, nous observerons que, pendant la dessiccation au moyen de la chaleur artificielle, les substances albumineuses ont positivement subi une décomposition et que le rapport entre les matières albumineuses et les quatre substances non azotées ne reste pas le même que dans le malt desséché à l'air. On devait du reste s'attendre à ce résultat.

De ce que nous venons de dire, il résulte que tous les phénomènes qui, dans la préparation de la bière, proviennent originairement du malt touraillé, ont une force moindre et il est impossible de préparer avec du malt fortemen touraillé une bière d'une fermentation très vive qui soit par suite très riche en alcool. Si, du reste, la quantité des matières albumineuses a diminué par la dessiccation au moyen de la chaleur artificielle et si elles se sont transformées en partie en produits pyrogénés, le reste des matières albumineuses qui a échappé à la décomposition ne peut pas parvenir au même degré d'action auquel elle pourrait atteindre en tout autre cas.

Jusqu'ici, je n'ai fait aucune mention de la quantité des substances solubles dans l'eau qui existe dans le grain, dans le malt desséché à l'air et dans le malt desséché au moyen de la chaleur artificielle, pas plus que des substances que l'alcool peut enlever aux grains et aux malts. Avant de nous occuper en particulier du traitement du malt par l'eau, il est nécessaire de diriger notre examen sur la quantité respective de parties solubles contenues dans le grain et dans le malt : nous pouvons renvoyer à cet effet aux résultats des expériences d'Oudemans qui sont contenues dans le tableau de la page 17.

Dans chaque opération que l'on fait subir au grain, dans le maltage comme dans la dessiccation au moyen de la chaleur artificielle, nous observons une augmentation de la quantité des substances solubles dans l'alcool et dans l'eau.

Extrait alcoolique fourni par 100 parties de grain et de malt.	Grain.	Malt desséché à l'air.
Orge	0,7	3,7
Froment	0,8	4,4
Seigle	1,2	5,2
Avoine	0,6	4,1

Extrait aqueux fourni par 100 parties de grain et de malt.	Grain.	Malt desséché à l'air.
Orge	7,0	11,0
Froment	6,8	17,0
Seigle	8,2	24.3
Avoine	7,9	11,0

Pour toutes ces espèces de grains, nous observons que la quantité des substances solubles est toujours plus forte dans le grain malté.

Cherchons à nous rendre compte de cette augmentation

Différence entre l'extrait aqueux du malt desséché à l'air et l'extrait aqueux de grain.

Orge	11,0 — 7,0 = 4
Froment	17,0 — 6,8 = 10,2
Seigle	24,0 — 8,2 15,8
Avoine	11,0 — 7,9 = 3,1

Différence entre la somme du sucre et de la dextrine du malt desséché à l'air et de la dextrine du grain (p. 66 et suivantes).

Orge	8,5 — 5,6 = 2,9
Froment	9,6 — 5,5 = 4,1
Seigle	16,6 — 6,2 = 10,4
Avoine	8,6 — 5,8 = 2,8

Nous obtenons ainsi les différences suivantes :

Orge	4 — 2,9 = 1,1
Froment	10,2 — 4,1 = 6,1
Seigle	15,8 — 10,4 = 5,4
Avoine	3,1 — 2,8 = 0,3

Comme on le voit, il est impossible de préparer, même à la température ordinaire, une infusion de malt sans qu'il s'opère une transformation d'amidon. Il y a, du reste, encore d'autres substances, les matières albumineuses ainsi que les combinaisons salines et d'autres corps, dont il n'a pas été fait mention dans le résultat de l'analyse et qui, dans la préparation de l'extrait, ont pu se dissoudre dans l'eau.

Nous devons, en terminant, arrêter notre attention sur l'extrait aqueux de malt d'orge touraillé. Nous ne nous sommes pas encore occupés des différences 6,7 et 10,8 p. 100, qui entrent comme perte dans le résultat de l'analyse du malt touraillé et du malt fortement touraillé et que nous avons fait entrer en compte comme produits de torréfaction. Mais l'analyse présenterait incontestablement une lacune fâcheuse si l'on ne cherchait pas à déterminer par l'expérience la nature de ces substances.

Nous trouvons (dans le tableau de la page 17), pour les quantités respectives d'extraits aqueux, les nombres suivants :

	ORGE.	MALT D'ORGE.		
		Desséché à l'air.	Touraillé.	Fortement touraillé.
Extr. aqueux p. 100 part.	7,0	11,0	17,0	21,0

Si nous prenons le malt desséché à l'air comme point de départ, nous obtenons :

Pour le malt touraillé	17 — 11 = 6
Pour le malt fortement touraillé.	21 — 11 = 10

Et nous arrivons ainsi à une concordance, aussi exacte qu'on peut l'obtenir en pareil sujet, avec les nombres 6, 7 et 10, 8 qui ont été comptés comme perte dans la méthode d'analyse suivie par Oudemans et ce que l'on a trouvé dans les extraits de malt touraillé de plus que dans l'extrait de malt desséché à l'air.

Oudemans s'est encore ultérieurement assuré d'une autre manière de la différence que nous avons indiquée. Il a préparé à froid une infusion aqueuse de malt fortement touraillé, et il l'a divisée en deux parties. L'une a été évaporée jusqu'à siccité, desséchée, puis pesée; l'autre a été chauffée avec de l'acide sulfurique, et la quantité totale de substance susceptible d'être transformée en sucre a subi ainsi cette transformation. La quantié de ce sucre déterminée au moyen du réactif cuivrique a donné par le calcul une quantité de dextrine bien inférieure à la quantité d'extrait que l'autre moitié a donnée et qui s'accorde avec les résultats des expériences que nous avons indiquées: la quantité d'extrait s'élevait en effet à 22 pour 100, bien que l'on n'obtînt que 14 pour 100 de dextrine. Dans l'infusion aqueuse que donne à froid cette sorte de malt, il existe donc 8 pour 100 de matières qui ne peuvent pas être transformées en sucre par l'acide sulfurique.

Par la dessiccation au moyen de la chaleur artificielle, et surtout par une forte dessiccation, la quantité des parties constituantes solubles du malt augmente donc sensiblement. Mais tous les produits qui prennent ainsi naissance ne sont pas susceptibles de conduire à une production de sucre dans l'empâtage et à une production d'alcool dans la fermentation. La quantité qui s'est produite dans la dessiccation au moyen de la chaleur artificielle, est relativement peu considérable.

Il resterait à examiner de plus près quels sont les produits qui, avec la substance gommeuse, une trace de caramel (il n'existe en effet pas beaucoup de sucre dans le malt) et probablement aussi de l'acide apoglucique, se forment dans cette opération; il serait surtout bon de rechercher s'il se produit de l'assamare et d'examiner quel est le mode de décomposition des matières albumineuses. Je ne puis pas nier que je laisse ainsi une lacune regrettable, et je ne puis pas nier non plus que je ne connaisse aucune méthode qui permette de séparer avec une certitude suffisante les produits de décomposition dont il est ici question, d'autant plus que la plupart des substances ne nous sont qu'imparfaitement connues.

Je rappellerai, en terminant, au lecteur, ce qui a été dit (p. 83) des produits de torréfaction. On a fait observer en cet endroit qu'une infusion de substance gommeuse provenant du malt par torréfaction ne peut être entièrement transformée en sucre. Ce résultat s'harmonise très bien avec ce que nous avons indiqué en dernier lieu et avec le résultat fourni par les expériences d'Oudemans. Il est du reste douteux que les produits de torréfaction puissent être comptés au nombre des parties constituantes nutritives de la bière. Dans mon opinion, cette question est encore indécise.

CHAPITRE VI.

EMPATAGE.

Nous avons rendu compte jusqu'ici de deux opérations principales par lesquelles le grain destiné à la préparation de la bière doit passer avant de pouvoir servir à cette préparation.

Une troisième opération dont le but principal est surtout de transformer en dextrine la masse de l'amidon qui n'a pas encore été modifiée et de transformer en sucre la dextrine qui a déjà été formée, mais en outre de dissoudre autant que possible dans l'eau toutes les parties constituantes qui y sont solubles, est celle que l'on a désignée sous le nom de *détrempage* ou *d'empâtage*[1].

1. Le nom sous lequel on désigne cette opération, varie suivant les pays : en Hollande, elle porte le nom de *beslag maken* (empâtage) ou de *beslaan* (détrempage) ; en Allemagne, on lui donne généralement le nom de *Maischen* (délayage, démêlage) ; en Angleterre, celui de *mashing* (démêlage). En France, on la désigne généralement sous le nom de *macération* ou de *brassage*, d'où dérivent les expressions *brasseur*, *brasserie*, *brassin*, etc., et qui lui vient de la manière dont on l'exécute généralement encore dans un grand nombre de localités, c'est-à-dire à force de bras.

L'appareil dans lequel le brassage s'opère est désigné suivant les pays : en Hollande, sous le nom de *beslag-kuip* ; en Allemagne, sous le nom de *Maischbottich ;* en Angleterre, sous le nom de *mashing-tun*, et en France, sous le nom de *cuve-matière*.

Nous ne devons pas oublier de faire observer que le malt desséché, soit qu'il ait été desséché à l'air, ou bien au moyen de la chaleur artificielle, doit être moulu ou écrasé, afin que toutes les parties du grain puissent être pénétrées, autant que possible, par l'eau, s'y disséminer et réagir les unes sur les autres pour arriver enfin à se dissoudre.

La manière d'opérer le broiement du malt et du grain non malté que l'on doit ultérieurement soumettre ensemble au traitement dans la cuve-matière, s'opère de différentes manières. Dans quelques localités, on écrase simplement le grain et on en sépare la partie corticale ainsi que la plus grande partie de la matière cellulaire : dans d'autres endroits, on transforme par la mouture le grain en une farine grossière, jamais en une farine très fine. Dans ces derniers temps, on a proposé d'écraser le grain en le faisant passer entre deux cylindres. Cette méthode paraît présenter de grands avantages.

Le malt desséché se crève ainsi sur beaucoup de points et se détache de la partie corticale, en sorte que les particules qui le constituent deviennent plus accessibles à l'eau ; le grain reste cependant entier et ne se subdivise pas en particules qui surnageraient à la surface du liquide de la cuve-matière et rendraient nécessaire dans l'empâtage une filtration particulière qui augmenterait beaucoup la difficulté de l'opération, ou du moins serait cause que l'on obtiendrait dans cette opération une liqueur trouble au moyen de laquelle on préparerait une bière de qualité inférieure.

L'empâtage s'effectue dans des cuves de bois ou de fer. Ces dernières méritent la préférence en ce qu'elles peuvent être nettoyées plus facilement et plus rapidement : en effet on peut facilement détacher d'une surface métallique les matières qui la saliraient, tandis que des matières étrangères peuvent facilement adhérer à une surface ligneuse pénétrée d'humidité et ne peuvent en être détachées qu'avec difficulté.

Les cuves sont munies d'un faux-fond sur lequel on doit placer le malt. Dans les cuves en fer bien disposées, ce faux-fond est formé d'un certain nombre de pièces séparées, ce qui permet de les enlever avec facilité et de les nettoyer complètement.

Chacune des pièces contient des trous qui permettent,

lorsque le malt est placé sur le faux-fond, de faire arriver de l'eau par les trous ; cette eau se trouve en contact avec le malt, et après l'avoir épuisé, peut s'en séparer.

Les cuves doivent en outre être disposées de telle manière que l'eau y pénètre par l'espace intermédiaire entre les deux fonds et par conséquent par en bas et que l'orifice par lequel le moût sort de la cuve se trouve également à la partie inférieure de cette dernière.

En ce qui concerne les machines, les moyens que l'on emploie pour opérer le *débattage* de la masse dans la cuve-matière et tout ce qui n'a pas de rapport ultérieur avec l'action chimique, je crois pouvoir les passer sous silence.

L'empâtage doit être effectué dans une cuve spacieuse dans laquelle on fait arriver de l'eau et dans laquelle on introduit les substances qui doivent concourir avec cette eau à la préparation de la bière.

Nous devons d'abord arrêter notre attention sur les différentes substances qui, dans l'empâtage, concourent à la préparation de la bière.

Le mode d'opérer le plus ordinaire consiste à mettre en contact avec de l'eau chaude le malt préalablement moulu. Or la matière que l'on mélange avec de l'eau peut être ou du malt d'orge seul, ou du malt d'orge et d'autres espèces de malts, du malt de froment par exemple.

Ou bien elle peut être formée de malt d'orge et d'autres espèces de grains moulus, mais non maltés, de froment par exemple.

Quelquefois aussi, elle peut être composée de malt d'orge ou de malts d'autres espèces de grains, et de fécule de pommes de terre, de farines de riz et de maïs.

Je crois pouvoir m'abstenir de m'arrêter sur l'emploi du riz ainsi que sur celui du maïs concurremment avec du grain malté : en ce qui concerne la fécule de pommes de terre, j'en parlerai plus tard.

Nous devons donc nous arrêter plus longtemps sur les trois modes de brassage que l'on doit suivre, suivant que l'on emploie l'une des sortes de matières que nous venons d'indiquer : 1° le malt d'orge seul, 2° le malt d'orge avec les autres espèces de grains, 3° le malt d'orge avec les autres grains non maltés. Ces trois modes de brassage qui sont usités aussi bien en Hollande qu'ailleurs, donnent nécessairement des bières très diverses, et leur diversité augmente encore par la différence de quantité des substances que l'on mélange et surtout par la différence d'espèce de grain employé, froment ou autres.

On peut se faire une idée générale de l'ensemble de l'opération, en ce qui a rapport aux substances que l'on soumet à l'empâtage, c'est-à-dire au traitement du grain moulu par l'eau chaude : en effet, dans l'orge maltée, il existe une quantité considérable d'agent de transformation de l'amidon qui peut se dissoudre dans l'eau tiède. L'agent de transformation de l'amidon peut réagir sur l'amidon qui reste encore dans le malt d'orge et le transformer en dextrine, puis en sucre. Mais l'agent de transformation peut aussi réagir sur de l'amidon provenant d'une autre source, du froment ou du seigle, du riz, du maïs, ou même des pommes de terre, et faire subir à cet amidon la même transformation.

Il est seulement important ici de savoir s'il est resté dans le malt d'orge une quantité d'agent de transformation suffisante pour pouvoir opérer encore la transformation d'une grande quantité d'amidon et, d'autre part, si l'on veut obtenir une infusion qui contienne beaucoup de dextrine ou beaucoup de sucre. Dans ce dernier cas, lorsque par conséquent on veut obtenir une bière corsée, épaisse, on doit employer un mélange de malt d'orge avec du grain non malté, avec du froment par exemple, préalablement écrasé. Si l'on veut obtenir une bière riche en alcool, on emploie seulement du malt, soit seul, soit mélangé avec du malt de froment.

Dans le malt de froment, il existe, de même que dans le malt d'orge, une certaine quantité d'agent de transformation : dans la transformation de l'un aussi bien que dans la transformation de l'autre en malt, l'amidon est transformé en dextrine et une partie de cette dextrine est transformée en sucre. — Si, donc, on traite simplement du malt (provenant d'une espèce de grain quelconque) par de l'eau chaude, il est évident que, puisqu'il y a déjà une certaine quantité d'amidon qui a été transformée en dextrine, puis en sucre, la grande quantité d'agent de transformation qui existe dans le malt devra transformer d'abord facilement en dextrine la grande quantité d'amidon qui y existe encore, mais qu'elle devra aussi transformer la dextrine en sucre, en sorte que l'on obtiendra ainsi un liquide limpide, très riche en sucre, qui pourra ultérieurement donner par la fermentation une boisson très riche en alcool. Cet agent transforme donc l'amidon en dextrine, et l'excès de cet agent convertit ensuite la dextrine en sucre.

Du reste, pour qu'il se produise de la dextrine aux dépens de l'amidon, une certaine quantité d'agent de transformation est nécessaire, mais, après qu'il a été employé à cet usage, cet agent n'est plus en état d'effectuer la conversion de la dextrine en sucre.

Si donc, dans le brassage, on n'emploie pas seulement du grain malté, mais si l'on y ajoute du grain non malté, préalablement moulu; si, par exemple, on emploie du malt d'orge avec de l'orge non maltée, avec du froment non malté, etc., et même avec de la fécule de pommes de terre, la totalité de l'agent de transformation contenue dans le malt d'orge doit d'abord servir à métamorphoser en dextrine tout l'amidon, tant celui contenu dans le malt d'orge que celui contenu dans le grain non malté que l'on a ajouté. C'est seulement ensuite que la dextrine peut passer à l'état de sucre.

Il résulte, de l'aperçu que nous venons de donner de l'ensemble de l'opération, que la qualité de la bière dépend encore de la nature et de la quantité des matières que l'on traite par l'eau tiède dans la cuve-matière, en sorte que, relativement à la quantité, on peut obtenir une bière corsée, épaisse, en employant une petite quantité de malt, concurremment avec une grande quantité de grain non malté, tandis que l'on obtiendra une bière forte, alcoolique, mais cependant bien limpide, en se servant seulement de grain malté.

Nous devons encore faire une observation générale en ce qui concerne la substance qui entretiendra plus tard la fermentation. Dans le grain malté, une partie de la substance qui engendre la levure et qui entretiendra plus tard la fermentation, a été convertie en agent de transformation de l'amidon qui, par suite, ou bien a rempli sa fonction, ou du moins n'est plus, dans aucun cas, en état de déterminer la fermentation. Dans la dessiccation, surtout lorsqu'elle a été opérée à une température élevée, la matière albumineuse qui n'a pas été changée en agent de transformation a vu diminuer sa faculté de déterminer et d'entretenir la fermentation et l'a même en partie perdue. Un pareil malt doit donc, lorsqu'on le traite par l'eau, donner une liqueur très douce à laquelle il faut ajouter beaucoup de levure pour en déterminer la fermentation, mais qui ne produit qu'une quantité excessivement petite de levure ou même n'en produit pas du tout. Si, à une pareille liqueur, on ajoute seulement une petite quantité de levure, on doit s'attendre à obtenir une bière douce qui contient seulement une petite quantité d'alcool et de dextrine.

Si l'on mélange au contraire avec du malt d'orge du grain non malté, du froment par exemple, le traitement par l'eau tiède enlève au grain non malté les substances albumineuses solubles qui se dissolvent dans l'eau et peuvent ultérieurement donner naissance à une quantité considérable de levure, dès que, par l'addition d'une petite quantité de levure, la fermentation a commencé. La fermentation, qui est, dans ce cas, plus active, donne, en présence d'une quantité suffisante de sucre, une bière plus riche en alcool.

Une pareille bière ne contiendra toujours qu'une petite quantité de sucre et ne présentera pas une saveur douce : de plus, par la première raison, elle contiendra beaucoup de dextrine et, par la dernière, elle sera très alcoolique.

Tout dépend cependant ici, non seulement de la quantité d'eau employée et de beaucoup de circonstances de l'opération, mais aussi des quantités respectives de grain malté et de grain non malté que l'on a introduites simultanément dans la cuve-matière.

A ces observations générales, nous allons en ajouter d'autres qui se rattachent plus spécialement à l'opération même.

Le but de l'empâtage est de traiter par de l'eau chaude du grain malté, soit seul, soit mélangé, après l'avoir préalablement écrasé ou moulu, afin d'arriver à une dissolution des parties constituantes solubles dans l'eau, telles que le sucre, la dextrine, certaines combinaisons salines, l'agent de transformation de l'amidon, d'autres substances albumineuses solubles. On pourrait très bien dans ce but employer de l'eau froide; mais on se sert d'eau chaude parce que, en employant cette dernière, la transformation de l'amidon s'effectue beaucoup plus rapidement.

L'expérience a démonté qu'une température de 70° à 75° était la plus avantageuse. L'amidon se transforme d'abord en empois, puis en dextrine, et cette dernière se transforme en sucre, Une température supérieure à 75° déterminerait bien, en présence d'une quantité suffisante d'agent de transformation, une production de dextrine au moyen de l'amidon, mais elle ne déterminerait aucune production de sucre.

La manière dont on soumet le malt et le grain à cette température, peut différer beaucoup.

Une différence générale vient de la quantité d'eau que l'on ajoute en une seule fois. Dans quelques méthodes, on met en une seule fois en contact avec le malt dans la cuve-matière toute l'eau que l'on destine à la préparation de la bière; dans d'autres méthodes, on ajoute cette eau en plusieurs fois. On opère surtout de cette dernière manière lorsqu'on emploie de l'eau dont on augmente graduellement la température.

Outre ces méthodes, nous citerons encore les méthodes suivantes :

On introduit dans la cuve de l'eau qui ait une température d'environ 80°, puis on y ajoute le malt et, s'il y a lieu, le grain, de manière que, après l'introduction de ces substances qui sont à la température de l'air ambiant, le tout soit précisément à une température de 75°.

Ou bien on met le malt dans la cuve et l'on fait arriver de l'eau chaude sur ce malt par la partie inférieure, par les ouvertures du faux-fond, jusqu'à ce que le tout atteigne une température de 75°.

Ou bien on agite le malt avec de l'eau froide ou tiède, puis on ajoute de l'eau bouillante jusqu'à ce que le tout ait atteint une température de 75°.

Ou bien on agite le malt avec de l'eau tiède et l'on fait arriver dans le liquide ainsi obtenu de la vapeur jusqu'à ce que la vapeur atteigne 75°[1].

On comprend toutes ces méthodes sous la dénomination générale de *méthodes par infusion.*

Ou bien on termine l'œuvre commencée par l'une des méthodes que nous venons d'indiquer en faisant bouillir, soit une partie de la liqueur infusée seule (*métier, trempe claire;* en hollandais, *dun van het beslag;* en allemand,

1. Relativement à l'emploi de la vapeur dans l'empâtage, voir Habich (*Taschenbuch der Chemie des Bieres*, 1858, p. 38).

Dünnmaische), soit une portion de la masse pâteuse (*fardeau, trempe épaisse;* en hollandais, *dik van het beslag;* en allemand, *Dickmaische*), que l'on ajoute ensuite dans la cuve-matière à une autre portion de la masse pâteuse qui a subi seulement le traitement par infusion.

Ces dernières méthodes ont reçu le nom de *méthodes par décoction.*

Ces différents modes d'opérer qui sont en usage, les uns dans un pays, les autres dans un autre, peuvent encore, dans d'autres pays, être remplacés par d'autres méthodes qui soient différentes; elles donnent comme résultat un produit différent.

Quelle que soit la méthode suivie, on doit travailler avec soin la masse dans la cuve-matière, afin que la température se répartisse également dans toute la masse, et afin que la dissolution et la transformation chimique s'y opèrent d'une manière aussi uniforme que possible.

Après avoir laissé le tout en contact pendant un espace de temps qui varie avec la méthode que l'on emploie, on fait écouler la liqueur, puis on y ajoute de nouveau de l'eau chaude, afin de dissoudre les substances encore aptes à la préparation de la bière qui étaient restées dans le malt après une première opération : nous ferons d'abord remarquer que le marc qui reste après la première opération est imprégné dela liqueur qui s'est écoulée et doit par conséquent retenir une certaine quantité des principes constituants de la bière : une petite quantité d'eau chaude peut enlever la liqueur dont le marc est ainsi imprégné. Mais, par suite de l'abaissement de température qui a eu lieu pendant la première opération, l'action chimique qui a lieu dans cette opération, reste quelquefois incomplète. On fait par suite subir au résidu de la première opération un nouveau traitement par l'eau chaude, non pas tant pour dissoudre les principes utiles qu'une première opération n'avait pas enlevés, que plutôt pour déterminer la continuation de l'action chimique pendant une période de temps plus prolongée.

Après avoir travaillé la masse pendant quelque temps, on laisse écouler la deuxième liqueur, et, quelquefois, on soumet une troisième fois le résidu au traitement par une nouvelle quantité d'eau chaude. Après le troisième traitement, le résidu est, dans la plupart des cas, tellement épuisé qu'un traitement ultérieur ne présenterait plus aucun avantage[1]. On mélange les différentes infusions, ou bien on travaille à part la deuxième et la troisième pour en faire de la petite bière.

Nous allons maintenant examiner en détail quelques méthodes et surtout celles que l'on suit le plus généralement en Angleterre, en France, en Autriche et en Hollande. On verse dans la cuve-matière de l'eau qui soit à une température de 40° à 60°, suivant la température de l'air ambiant. On y introduit ensuite le malt que l'on agite avec l'eau rapidement et avec beaucoup de soin, de manière à en former une bouillie, puis on laisse le tout en contact pendant une demi-heure. On verse alors de l'eau chaude dans la cuve, de manière que la température s'élève à 60° ou 70°, puis on brasse fortement le tout. Le premier traitement (*trempe préparatoire*) a pour but d'arriver à ce que le malt soit bien pénétré par l'eau; le second a pour but d'obtenir la température à laquelle l'action chimique désirée s'ffectue le mieux. Peut-être paraîtrait-il désirable d'employer plus de temps que cela n'est réellement possible : l'amidon doit passer d'abord à l'état de dextrine, et cette dextrine à l'état de sucre. Un contact plus prolongé paraîtrait devoir permettre d'obtenir une transformation plus complète de la dextrine en sucre; mais le mélange a beaucoup de tendance à devenir acide. Par un contact prolongé, le sucre déjà formé se transformerait en acide lactique et le brassin serait perdu. On sait avec quelle rapidité la caséine contenue dans le lait peut transformer, à la température indiquée, non

1. Dans le but d'extraire du résidu des trempes l'amidon qui y est resté (dont la présence est la cause pour laquelle, entre autres, on emploie avec avantage ce résidu pour la nourriture des bestiaux) et de le transformer en dextrine, puis en sucre, Piesse (*Phil. Mag.*, t. XXI, p. 317) conseille de mettre de côté une portion du malt, 1/30 par exemple. — Lorsqu'on effectue la deuxième trempe, on y ajoute la portion de malt que l'on a ainsi mise de côté. L'agent de transformation de l'amidon qu'elle contient peut alors agir sur l'amidon que contient le résidu et lui faire subir la transformation indiquée.

D'après Piesse, la totalité de l'agent de transformation se séparerait donc du malt dans la préparation de la première trempe, en laissant dans le résidu une quantité relativement plus considérable d'amidon. En outre, suivant lui, la puissance active de l'agent de transformation est plus ou moins amoindrie pendant la préparation de la première trempe par suite de la production de dextrine ou de sucre qui a eu lieu, ce qui est conforme à ce qui a lieu pour la levure dont la puissance active est amoindrie par la production d'une grande quantité d'alcool.

Lorsque nous nous occuperons d'expliquer le mode de réaction chimique qui prend naissance dans cette opération, nous examinerons avec plus de détail si le conseil de Piesse est bon ou s'il ne l'est pas

seulement le sucre du lait, mais aussi le sucre de fruits en acide lactique. $C^{12}H^{14}O^{14} = 2C^{6}H^{5}O^{5} + 4HO$. Surtout en été et particulièrement dans les temps d'orage, on a besoin de veiller à ce que, dans le brassin, il ne se produise pas une certaine quantité de cet acide. On conseille, avec raison, de recouvrir la cuve-matière dans laquelle se trouve le brassin, pendant qu'on ne le travaille pas. On peut aussi retarder le refroidissement, en couvrant la cuve-matière.

Ce n'est pas toujours sur le brassin même que l'on peut observer qu'il est passé depuis longtemps à cet état : en effet, le sucre qui s'est produit peut masquer la présence de l'acide lactique qui s'est produit en même temps. Un pareil brassin porte avec lui un germe de détérioration qu'il transmettra à la bière qu'il servira à préparer ultérieurement. En effet, l'acide lactique dissout facilement le gluten et les substances albumineuses en général, et sa production dans la cuve-matière peut devenir par conséquent un motif pour que, dans la bière, une certaine quantité d'acide acétique prenne naissance : en effet, les substances albumineuses, dissoutes dans l'acide lactique, prédisposent à une formation d'acide acétique.

Après avoir ajouté de l'eau chaude, on laisse le tout pendant une heure dans la cuve, puis on soutire la liqueur. On traite une seconde fois le même malt de la même manière, en ayant soin que la température atteigne 75°, et si, pour le premier et le second traitement, on n'a employé qu'une petite quantité d'eau, on soumet le résidu à un troisième traitement.

On peut mettre à part la liqueur obtenue dans chacune des opérations successives et préparer, au moyen de la première, une bière forte, et, au moyen de la seconde, une bière légère, moins savoureuse, ou bien verser ensemble toutes les liqueurs dans la chaudière à brasser pour les faire bouillir et les évaporer. Mais, par une évaporation prolongée, la bière devient moins savoureuse et fait en outre une consommation assez forte de combustible. C'est par cette raison que l'on trouve préférable de supporter une perte provenant d'un épuisement incomplet du malt plutôt que d'obtenir, en ajoutant une grande quantité d'eau, une liqueur très étendue qu'il faudrait concentrer fortement et soumettre dans ce but à une évaporation prolongée.

Dans la méthode par infusion, on ne doit surtout pas

oublier qu'il est préférable d'opérer la première trempe à une température peu élevée, afin que le malt puisse être pénétré par l'eau. Un mélange intime du malt avec l'eau, une humectation uniforme du grain, est une condition essentielle : on peut obtenir immédiatement la température nécessaire par une addition d'eau chaude. Si l'on versait brusquement de l'eau très chaude, il s'effectuerait ainsi une production d'empois et de grumeaux, ce qui ne pourrait présenter que de l'inconvénient pour le fabricant.

Mais surtout, en se servant d'abord, dans la méthode par infusion, d'une eau qui soit à une température peu élevée, on donne à l'agent de transformation de l'amidon le temps de se développer et de transformer l'amidon successivement en amylo-dextrine, en dextrine, et enfin en sucre; ces transformations successives paraissent du reste suivre beaucoup mieux et beaucoup plus complètement leur cours lorsque la quantité de l'agent de transformation de l'amidon augmente peu à peu, que lorsque la totalité de cet agent de transformation atteint tout d'un coup le degré le plus élevé d'activité chimique. On peut facilement s'en convaincre lorsqu'on considère que la production de la dextrine peut très bien s'opérer à une température de 20° à 30°. — Si l'on remplit la cuve d'eau à une température de 35°, et si l'on ajoute du malt préalablement amené à un certain degré de division, la température s'abaisse notablement, puisque le malt est à la température de l'air ambiant.

C'est par le même motif qu'il est préférable de ne pas faire arriver d'eau bouillante dans la cuve-matière, mais d'y verser seulement de l'eau qui soit suffisamment chaude pour que la masse qui est dans la cuve atteigne le degré de chaleur voulu. C'est également par le même motif que, par la première addition d'eau chaude, on ne fait pas monter la température jusqu'à 75°, qui est le degré auquel la production du sucre s'effectue avec le plus d'activité; on la maintient au contraire plus basse pour qu'il se forme d'abord autant que possible de la dextrine; mais, après que l'on a soutiré la première infusion, soit dans une cuve, soit immédiatement dans la chaudière à brasser, on porte, par une nouvelle addition d'eau, la température jusqu'à 75°, et on maintient le tout ainsi jusqu'à ce que l'opération soit terminée, c'est-à-dire jusqu'à ce qu'il se soit formé une quantité de sucre aussi grande que possible.

La méthode par infusion que je viens de développer brièvement par un exemple, est pratiquée dans un très grand nombre de localités. Je crois cependant devoir indiquer encore la méthode suivante au moyen de laquelle je sais pertinemment que l'on a obtenu dans une brasserie une bière de qualité supérieure. On introduit d'abord dans la cuve de l'eau à 35°; on fait le débattage avec beaucoup de soin; on laisse le tout en contact pendant quelque temps, afin que le malt soit bien pénétré par l'eau; puis on ajoute une quantité d'eau chaude assez peu considérable pour que six à sept traitements, effectués à une température de 75°, soient nécessaires pour épuiser le même malt. Pour éviter que, pendant la durée totale de l'opération qui est alors de douze heures, le malt ne devienne acide, on verse successivement chacune des infusions partielles dans une chaudière dans laquelle il se trouve du houblon, et l'on attend, pour faire bouillir ensemble les six ou sept infusions, que la dernière soit obtenue.

Sans me prononcer sur les avantages ou les inconvénients de cette méthode, je crois pouvoir considérer comme certain que la matière solide contenue dans la cuve-matière joue ici le rôle de filtre par rapport à la liqueur qui s'écoule et qui passe claire sans qu'il soit besoin d'en opérer ultérieurement la filtration, et, en outre que la drêche est, autant que j'en puis juger, aussi exempte d'amidon, c'est-à-dire aussi fortement épuisée, que possible.

Dans la méthode de brassage usitée en Bavière, on suit une marche toute différente : j'en donnerai deux exemples. On mélange le malt préalablement concassé avec une petite quantité d'eau à la température ordinaire et on laisse digérer le tout pendant une heure; on ajoute ensuite une quantité d'eau chaude suffisante pour que le tout, après avoir été convenablement mélangé, présente une température de 40°. On transvase ensuite dans la chaudière à brasser le résidu solide et une portion de la liqueur, et l'on fait bouillir avec une petite quantité d'eau le tout que l'on verse ensuite de nouveau dans la cuve-matière et que l'on réunit ainsi à la première infusion : on brasse avec soin le contenu de la cuve qui se trouve ainsi porté à une température de 56°. On fait bouillir de nouveau le résidu solide dans la chaudière avec une petite quantité de la liqueur et l'on réunit de nouveau le tout dans la cuve à la liqueur dont la température s'élève maintenant à environ 75°. On brasse de nouveau le tout avec soin et on laisse reposer pendant une heure. On soutire la liqueur et l'on verse de l'eau chaude sur le résidu solide pour en séparer l'infusion concentrée de malt dont il est imprégné; on brasse le tout avec soin et l'on ajoute encore une fois de l'eau chaude au résidu.—On obtient donc trois liqueurs : 1° une liqueur que l'on obtient par infusion et par décoction; 2° une première ablution du malt; 3° une deuxième ablution du malt. Ces deux dernières, qui sont obtenues au moyen de la méthode ordinaire par infusion, enlèvent de plus au résidu la dextrine et le sucre nouvellement formés. Les trois liqueurs que l'on obtient par cette méthode ne peuvent pas donner chacune séparément de la bière : en effet, les deux dernières sont trop faibles. Après les avoir réunies toutes les trois dans la chaudière à brasser, on les y fait bouillir, et la bière se trouve ainsi toute préparée.

Pour la bonne bière, on emploie 100 livres de malt pour 750 litres d'eau.

Cette méthode, qui paraît différer entièrement de la méthode anglaise, s'appuie sur les faits suivants. L'eau froide détermine d'abord l'humectation du malt : par l'addition d'une certaine quantité d'eau bouillante et par l'élévation du tout à une température de 40°, l'agent de transformation de l'amidon passe dans la liqueur, avec la dextrine et le sucre qui se sont formés. Lorsqu'on fait ensuite bouillir le malt en mettant de côté une portion de la liqueur, tout l'amidon est transformé en empois, et, par suite de l'élévation de température, l'agent de transformation, qui perd une grande partie de sa puissance active par l'action de la température de l'ébullition, ne transforme pas l'amidon en sucre, mais le tranforme partiellement en dextrine. Lorsqu'on verse ensuite de nouveau dans la cuve-matière cette dissolution de dextrine et d'empois, et lorsqu'on la réunit à l'agent de transformation qui s'y trouve, l'empois, qui est à une température de 75°, en présence de l'agent de transformation, est transformé en dextrine, et cette dernière est transformée en sucre.

Mais une certaine portion de l'agent de transformation dissous dans la liqueur passe de nouveau dans le résidu solide. Si, par suite, on le fait bouillir de nouveau, il se produit de nouveau de la dextrine. Cette ébullition enlève au malt une quantité d'amidon aussi grande que possible, en sorte que, après deux ébullitions successives, le malt peut être considéré comme suffisamment exempt d'amidon. Le liquide obtenu par la deuxième ébullition peut contenir encore de l'empois ou seulement de la dextrine : lorsque, par suite, on transvase le liquide dans la cuve-matière, les deux substances sont ainsi mises en contact avec l'agent de transformation qui s'y trouve et doivent être transformées en sucre : on obtient donc ainsi un moût dans lequel presque tout l'amidon du malt qui a servi à le préparer est contenu à l'état de dextrine et de sucre.

Dans cette méthode, une forte proportion des substances albumineuses solubles passe par l'ébullition à l'état insoluble, en sorte qu'il est impossible que la fermentation de la totalité du moût, lorsque ce moût a été soumis encore une fois à l'ébullition, puisse jamais être très vive : cette méthode de brassage est donc indubitablement susceptible de donner naissance à la fermentation par dépôt (en hollandais, *ondergisting;* en allemand, *Untergährung*). Si cependant on ajoute au moût une quantité considérable de levure superficielle (en hollandais, *bovengist;* en allemand, *Oberhefe*), cette levure superficielle peut y déterminer la fermentation avec levure superficielle (en hollandais, *bovengisting;* en allemand, *Obergährung*).

La méthode suivante, que l'on emploie également en Bavière, peut en être considérée comme un second exemple. On laisse, afin qu'il s'humecte bien, le malt préalablement moulu, pendant trois ou quatre heures en contact avec de l'eau froide, ce qui détermine déjà la formation d'une quantité plus ou moins grande de l'amylo-dextrine dont nous avons parlé (p. 87); on ajoute ensuite de l'eau chaude de manière que le tout prenne une température de 30° à 38°, à laquelle l'agent de transformation commence à réagir sur l'amidon, et l'on brasse bien le tout. On prend une quantité plus ou moins grande du mélange, environ un tiers; on la fait bouillir pendant une heure dans la chaudière à brasser, puis on la verse de nouveau dans la cuve-matière. Par l'ébullition d'une portion du mélange, l'agent de transformation qui s'y trouve est détruit et la matière albumineuse est coagulée, mais, d'autre part, l'amidon est transformé en empois. En ajoutant, pendant qu'elle est encore chaude, la portion qui a subi l'ébullition au reste du mélange, l'agent de transformation contenu dans ce dernier passe à l'état actif. En faisant bouillir une seconde fois une portion du mélange et en l'ajoutant ensuite à la portion qui est restée dans la cuve-matière, on arrive à ce que la température de la matière contenue dans la cuve atteigne 60° : on brasse alors le tout avec soin, puis on fait bouillir dans la chaudière à brasser, sans y ajouter de résidu, une quantité de liqueur suffisante pour que, quand on la transvase dans la cuve-matière, le contenu de cette cuve atteigne une température de 75°. Après avoir laissé reposer pendant une heure et demie le contenu de la cuve, on soutire la liqueur claire et on la tranvase dans la chaudière à brasser pour l'y faire bouillir, soit seule, soit avec du houblon. Le grain qui a été ainsi traité est soumis à une ablution avec de l'eau chaude, et la liqueur que l'on obtient ainsi peut, ou bien servir à fabriquer de la petite bière, ou bien être ajoutée à la première infusion.

Pour 100 livres de malt, on emploie dans cette méthode environ 800 litres d'eau[1].

Dans la méthode belge enfin, on emploie, concurremment avec l'orge, d'autres grains, surtout du froment; on réduit par la mouture le malt et le grain en farine très ténue; on suit du reste la méthode par infusion, mais on fait bouillir une portion plus ou moins considérable de la première infusion, sans y ajouter de résidu : et, après l'avoir fait bouillir, on la verse de nouveau dans la cuve-matière, dans laquelle on agite bien le tout ensemble. Après avoir laissé reposer le tout pendant quelque temps dans la cuve-matière, on soutire la liqueur claire, on la transvase dans la chaudière à brasser et on la fait bouillir avec du houblon. — Ce que le résidu contient encore de parties constituantes utiles en est séparé au moyen de la méthode ordinaire par infusion, et les liqueurs que l'on obtient ainsi servent dans la plupart des cas à la préparation d'une bière de qualité inférieure.

Dans cette méthode, une portion plus ou moins grande de l'agent de transformation est décomposée et l'on obtient par suite une bière qui est prédisposée à la fermentation par dépôt.

Dans la préparation de beaucoup de bières belges, le

1. Siemens, *Supplement von Prechtl's Encyclopædie, von Karmarsch*, c, p. 414.

moût, immédiatement après qu'on l'a fait bouillir, n'est pas versé dans la cuve à fermenter (cuve-guilloire), mais il est transvasé dans des tonneaux dans lesquels il subit, sans qu'on y ajoute du ferment, une fermentation spontanée. Cette fermentation spontanée est une véritable fermentation par dépôt qui dure de 10 à 15 jours.

Dans d'autres localités, on met tout ensemble dans la chaudière à brasser, malt, grain et liquide; dans d'autres localités, on opère encore autrement.

L'emploi du grain non malté, et notamment du froment non malté, concurremment avec le malt d'orge, constitue une différence essentielle entre cette méthode et la méthode généralement suivie. Ce n'est pas ici le lieu de m'expliquer sur les avantages ou les inconvénients de cette addition au point de vue financier. Il s'agit seulement ici de savoir si l'on obtient une bière de bonne qualité : or la réponse ne peut pas être douteuse pour celui qui connaît les bières belges.

On peut très bien employer le froment non malté et le malt d'orge par parties égales, et même dans le rapport de 3 à 2, pourvu que l'on ait soin d'employer du malt d'orge qui n'ait subi qu'une faible dessiccation à la touraille, tant est considérable la quantité d'agent de transformation qui existe dans le malt d'orge.

Pour le brassage d'un pareil mélange pour lequel on doit avoir soin de n'employer que du froment moulu très fin, parce qu'il n'existe dans les grains de froment que de l'amidon, tandis que, dans le malt d'orge, l'amidon est déjà partiellement en voie de se transformer en dextrine, on doit commencer le débattage à une température peu élevée pour éviter qu'il se forme de l'empois : en effet, par la formation de l'empois, le tout formerait une masse agglutinée et il pourrait passer des grumeaux dans le brassin. La formation de l'empois ne doit cependant pas être rejetée entièrement; elle est même désirable : nous voulons seulement dire qu'on doit éviter la formation d'un empois qui ne se répartisse pas immédiatement dans toute la liqueur; s'il en était autrement, il se formerait des grumeaux dont la présence serait contraire à une bonne fabrication. — Cette observation s'applique du reste à toutes les méthodes de brassage.

Il est du ressort de la pratique, et non du nôtre, de

pénétrer plus avant dans les particularités que présentent les différentes méthodes d'empâtage : ceux de nos lecteurs qui voudraient en faire une étude plus approfondie, peuvent consulter avec avantage les ouvrages spéciaux de Siemens, de Balling, de Lacambre, de Müller, de Thomson. Nous croyons cependant nécessaire d'appeler encore ici l'attention sur quelques points essentiels qui ont besoin, pour être élucidés, d'un examen tout spécial[1].

Pourquoi cette variété si grande de méthodes de brassage, variété que l'on peut considérer comme étant sans limites, lorsqu'on remarque que chaque méthode peut devenir une méthode différente dès que la quantité des matériaux que l'on soumet ainsi à une opération déterminée, est modifiée? A cette question, on peut répondre, non seulement que chaque brasseur considère sa méthode comme étant le *nec plus ultra* d'une bonne fabrication, mais en outre que le consommateur est habitué à l'usage de la bière fabriquée par cette méthode.

Je pense qu'il n'est pas besoin de faire observer que c'est précisément dans ce que nous avons indiqué que se trouve la cause principale des différences de propriétés de la bière : en effet le malt peut être épuisé, soit par infusion, soit par décoction; une partie de ce malt peut être traitée par infusion, l'autre par décoction; on peut faire bouillir la liqueur avec le résidu, ou la faire bouillir seule; on peut traiter, par infusion ou par décoction, des portions variables de matières; les matières peuvent rester plus ou moins longtemps en contact; les matières peuvent être soumises, tant au commencement que pendant la durée de l'opération, à des températures différentes; on peut ajouter aux matières qui doivent servir à la préparation de la bière toute l'eau en une seule fois, ou en plusieurs fois. Ces différents modes d'opérer sont des sources indéfinies de différence dans la qualité du produit.

Ce serait une question qui n'aurait aucun sens que celle dans laquelle on demanderait quelle méthode est la meilleure. La meilleure méthode est assurément celle qui satisfait le plus complètement le goût des consommateurs : elle peut donc varier avec le goût des consommateurs.

1. En ce qui concerne la séparation de la quantité d'infusion de malt que retient la drêche, on trouvera des renseignements utiles dans l'ouvrage de Habich (*Der Bierbrauer*, 1859, p. 8, n. 1).

Mais on peut émettre une opinion sur les questions suivantes.

Quelle est la méthode par laquelle on enlève du malt la portion la plus considérable des parties constituantes utiles, et par laquelle il en reste par conséquent le moins dans la drêche ?

Ou bien quelle est la méthode par laquelle on obtient le moût qui présente la saveur la plus douce, le moût qui contient le plus de sucre?

Ou bien quelle est la méthode par laquelle on obtient le moût le plus épais, le plus riche en dextrine, qui, par la fermentation, donne une bière qui ne soit pas très alcoolique, mais qui soit très nourrissante?

Ou bien quelle est la méthode au moyen de laquelle on obtient une liqueur qui, après la fermentation, contienne une quantité considérable de dextrine et de sucre, et qui soit en même temps très alcoolique?

Ou bien par quelle méthode obtient-on la bière qui peut se conserver le plus longtemps?

On peut répondre à chacune de ces questions.

Dans la méthode par décoction dans laquelle on soumet à l'ébullition, soit la totalité, soit une partie du malt, on retire de ce malt la plus grande partie des parties constituantes utiles, ou du moins la plus grande quantité de l'amidon. Mais, en même temps, on coagule la matière albumineuse et l'on détruit l'agent de transformation. La méthode par décoction donne donc un moût dans lequel il existe seulement une petite quantité de sucre tandis qu'il s'y trouve une quantité considérable de dextrine, mais dans lequel il reste seulement une petite quantité d'agent de transformation de l'amidon et une petite quantité de matière albumineuse pouvant servir à la production de la levure : ce moût doit donc donner par la fermentation une bière nourrissante, mais qui ne soit pas très alcoolique et qui ne présente pas une saveur douce, sucrée. — La méthode par décoction donne donc une drêche qui contient peu d'amidon, mais qui est très riche en matière albumineuse.

La méthode par infusion, lorsqu'on opère à une température qui n'est pas supérieure à 70° ou 75°, donne une drêche riche en amidon et un moût qui ne contient que peu de dextrine, tandis qu'il contient une grande quantité de sucre et donne, par suite, une bière fortement alcoolique.

La méthode par infusion, lorsqu'on opère à une température plus élevée, donne une bière qui, par ses propriétés, tient le milieu entre les deux précédentes.

Je ne crois pas qu'un examen plus approfondi de la question puisse l'élucider davantage : les explications que nous venons de donner expliquent avec une clarté suffisante ce qui se passe.

A toutes ces causes de différence dans les propriétés du moût, vient s'en ajouter encore une autre : je veux parler ici de l'addition que l'on fait d'une certaine quantité d'orge non maltée, de froment non malté, de froment malté, ou d'autres grains à l'état malté ou à l'état non malté, ou bien encore de racines amylacées, ou même de fécule de pomme de terre que l'on mélange dans quelques localités avec le malt d'orge dans la préparation de la bière. — Au point de vue chimique, l'addition de ces matières ne nécessite aucune explication nouvelle, à part toutefois l'observation que, lorsqu'on ajoute ainsi au malt d'orge des matières comme l'orge non germée, le froment non germé, la fécule de pomme de terre, etc., etc., qui ne contiennent pas d'agent de transformation, la méthode par infusion peut seule être employée pour brasser de pareils mélanges et que l'on doit se servir, dans ce cas, de malt desséché à l'air ou de malt faiblement touraillé. Par l'ébullition, l'agent de transformation est détruit : une forte dessiccation produit le même effet. Or il est nécessaire que le malt d'orge contienne une quantité considérable d'agent de transformation, afin que cet agent puisse déterminer la transformation en dextrine et en sucre, de l'amidon contenu dans les substances amylacées que l'on a ajoutées.

En ce qui concerne les règles pratiques qui ressortent d'une manière suffisamment claire des explications que nous venons de donner, nous croyons devoir faire les observations suivantes :

La meilleure manière d'opérer est celle qui consiste à mettre l'eau dans la cuve-matière et à y introduire ainsi le malt, parce que, en agitant le tout avec soin, on peut éviter entièrement qu'il se forme des grumeaux et parce que, en outre, l'agent de transformation se dissout immédiatement dans l'eau et peut ainsi exercer de tous les côtés à la fois son action sur l'amidon.

La température du mélange contenu dans la cuve-matière

ne doit s'élever que lentement et graduellement, afin qu'il s'opère d'abord une dissolution de la dextrine et que l'agent de transformation, qui détermine déjà très vivement à 50° la transformation de l'amidon en sucre, puisse avoir occasion d'exercer son action sur l'amidon, si facile à transformer, qui est contenu à la surface des grains de malt préalablement écrasés : ce n'est que lorsqu'il s'agit d'opérer la transformation de l'amidon qui se trouve renfermé à l'intérieur des cellules des grains de malt que l'on expose le grain de malt à une température plus élevée, à la température de 70 à 75°, à laquelle la transformation du sucre en amidon s'opère avec le plus de force.

Pour obtenir un moût très riche en sucre, on doit laisser séjourner le mélange pendant une durée de temps aussi prolongée qu'on le peut sans que cela présente aucun inconvénient : en effet l'amidon passe d'abord à l'état de dextrine et se transforme seulement ensuite en sucre, et, pour que ce dernier puisse prendre naissance, un temps assez long est nécessaire. Lorsque, au contraire, on veut obtenir un moût qui ne soit pas très riche en sucre et qui, par suite, donne par la fermentation une bière qui ne soit pas très alcoolique, la durée de l'empâtage ne doit pas être très longue et la transformation de l'amidon doit se restreindre surtout à une production de dextrine.

Lorsqu'on veut obtenir par l'empâtage un moût riche en dextrine, on doit exposer rapidement le mélange à une température élevée au moyen de laquelle l'amidon du malt qui doit avoir été ici préalablement moulu en farine ténue, passe à l'état d'empois et se transforme bientôt en dextrine. Cette formation d'empois a lieu dans l'empâtage lorsqu'on l'opère à une température élevée : dans ce cas, on observe déjà la formation d'empois dans la cuve-matière : le liquide qui était limpide, s'épaissit, mais, dans la suite de l'opération, il redevient liquide. Plus on arrête promptement l'empâtage, plus la liqueur qui en résulte contient de la dextrine; plus on prolonge au contraire le contact, plus est grande la quantité de sucre qui se forme.

Dans la méthode par infusion, on doit, immédiatement après que l'on a soutiré la première infusion, ajouter de l'eau pour préparer la seconde et, immédiatement après la deuxième, préparer la troisième afin d'éviter que le résidu se trouve en contact avec l'air, parce que le sucre qui y existe pourrait subir un commencement de transformation en acide lactique qui serait transmis à l'infusion suivante.

Ces particularités ne concernent que la méthode par infusion. Relativement à la méthode par décoction, on peut encore faire les observations suivantes.

La décoction d'une partie de l'infusion du malt qui doit servir bientôt à un nouveau traitement par infusion, détermine la destruction de l'agent de transformation, en sorte que l'on doit obtenir ainsi une liqueur dont la fermentation soit moins vive. Par la même raison, la bière qui en résulte, doit être prédisposée à la fermentation par dépôt, du moins lorsqu'on a fait bouillir une grande quantité d'infusion de malt pour la faire servir à un nouveau traitement par infusion.

L'ébullition du résidu même exerce une action de la même nature; mais, dans ce dernier cas, l'amidon est dissous plus complètement, ou du moins il est transformé en empois, ce qui facilite beaucoup sa transformation en dextrine et en sucre : une conséquence de cette ébullition du résidu est donc que, par suite de cette transformation de l'amidon en empois, il n'est pas besoin d'une quantité aussi considérable de l'agent de transformation pour arriver au but de l'opération.

Pour connaître la quantité de bière d'une force déterminée que peut donner un malt, on considère comme nécessaire de savoir quelle est la quantité de substances solubles contenue dans le malt et l'on fait pour cela une expérience en petit. Dans le malt qui a été desséché, soit par l'action d'un courant d'air, soit par la chaleur artificielle, et que l'on a ensuite laissé exposé à l'air, on peut admettre de 8 à 15 pour 100 d'eau. Admettons 10 pour 100. Un pareil malt, traité par l'eau chaude, donne 25 à 37 pour 100 de substances insolubles. Les substances solubles s'y élèvent donc à une quantité de 65 à 53 pour 100. — Admettons 60 pour 100.

Pour donner une infusion qui fournisse 10 pour 100 d'extrait, il faut nécessairement employer 540 parties d'eau pour 100 parties de malt. Ces 540 parties d'eau forment avec 60 parties d'extrait retiré du malt 600 parties d'une liqueur à 10 pour 100 d'extrait. En d'autres termes : Veut-on une infusion de malt à 10 pour 100 d'extrait, il faut, pour 100 parties de malt, employer 540 parties d'eau. Dans ce chiffre, on ne comprend cependant pas l'eau qui reste dans la drêche. Nous reviendrons plus loin sur ce sujet.

Pour que les résultats obtenus de cette manière puissent avoir quelque valeur, il faut que, dans la préparation de l'extrait de malt provenant d'une portion de malt, on opère tout à fait de la même manière que l'on devra opérer sur toute la masse lorsqu'on s'en servira pour la préparation de la bière. C'est seulement en opérant ainsi que l'on pourra émettre une appréciation du résultat que donnera la masse totale; mais même alors cette appréciation sera défectueuse : en effet, ce n'est pas seulement la quantité, mais c'est aussi la qualité de l'extrait qui peut permettre d'apprécier la valeur d'un pareil malt au point de vue de la fabrication de la bière.

C'est Balling qui a indiqué cette méthode, c'est-à-dire le traitement d'une petite quantité de malt par de l'eau à 75° comme pouvant servir à la préparation d'un extrait qui permette de juger de la qualité d'un malt. Lorsque la température du mélange est descendue à 17°, on détermine au moyen du saccharimètre la quantité de matières solubles qui y est contenue. Mais, en petit, on doit toujours obtenir un résultat inférieur à celui que l'on obtiendrait en grand : en effet, dans ce dernier cas, on est bien mieux en mesure de remplir les conditions précisément nécessaires pour que l'agent de transformation transforme l'amidon ou bien en dextrine et en sucre, ou bien principalement en sucre, suivant qu'on le désire dans le but de préparer des bières différentes. Il serait excessivement difficile d'obtenir exactement en petit des circonstances identiques avec celles qui se présentent lorsqu'on opère en grand; cependant, si cela n'est pas, les résultats ne sont pas comparables.

Je pense que les essais en petit ne peuvent donner qu'un résultat approximatif dont on ne peut pas tirer, relativement à ce qui arrivera lorsqu'on opérera en grand, les conséquences que l'on voudrait en tirer. Mais, bien que ces essais ne donnent pas un résultat satisfaisant au point de vue scientifique, ils donnent cependant, au point de vue pratique, un résultat qui suffit généralement aux besoins de l'industrie.

Les substances utiles qui existaient originairement dans le grain donnent, après de nombreux traitements par l'eau, un résidu qui ne fournit plus aucun principe utile au point de vue de la préparation de la bière et que nous avons besoin de soumettre à un examen approfondi. Comme, par la germination et la dessiccation au moyen de la chaleur artificielle, il avait commencé à se produire dans le grain une transformation chimique, et comme cette transformation atteint son maximum dans l'empâtage, il est évident que le résidu du grain ne doit plus contenir, après tous ces traitements, une grande quantité de principes utiles. La connaissance de la quantité de matières utiles que ce résidu contient présente une grande importance : en effet, elle donne les moyens de déterminer la force plus ou moins grande de l'infusion de malt, d'apprécier la valeur de la méthode suivie, tant au point de vue pratique qu'au point de vue économique, d'apprécier la perte de parties constituantes utiles qui s'effectue dans le brassage et d'évaluer la valeur de la drêche, ou résidu du brassage du grain, comme aliment pour les bestiaux.

Dans le résidu que laisse le grain après l'empâtage, on doit distinguer deux substances : la drêche (*bostel*), qui constitue le résidu proprement dit, et une substance grise, pulvérulente, que l'infusion de malt laisse déposer dans les bacs dans lesquels on la transvase au sortir de la cuve-matière pour la laisser reposer, ou dans la cuve-matière même à la surface de la drêche. Cette poudre grise porte en général le nom de *moutdeeg* (en allemand, *Malzteig*, boue de malt) : dans le premier cas, on la désigne spécialement sous le nom de *onderdeeg* (en allemand, *Unterteig;* boue se déposant en dessous), et, dans le second, sous le nom de *bovendeeg* (en allemand, *Oberteig;* boue se rendant en dessus; boue superficielle). — La quantité de cette boue n'est pas considérable et elle est généralement mélangée et employée avec la drêche.

Ce dépôt gris contient des débris des cellules du malt, des grains d'amidon, de l'albumine insoluble : d'après Knapp, la quantité de cette dernière peut s'élever à 24 et même 30 pour 100 [1]. Schlossberger a analysé une boue superficielle recommandée par Essig comme pouvant servir pour fabriquer du pain, et il y a trouvé 78 pour 100 d'eau, de 4 à 7 pour 100 d'amidon, de 3,9 à 4,8 pour 100 d'azote et une quantité considérable d'acide phosphorique : si l'on

1. *Loc. cit.*, p. 325.

admet la quantité d'azote contenue dans les substances albumineuses comme étant égale à 15,5, on obtient 25 à 31 pour 100 d'albumine[1].

Cette matière ne joue du reste aucun rôle particulier dans la préparation de la bière, et, comme on ne l'emploie en Hollande à aucun usage particulier, je n'examinerai pas séparément chacune des matières qui constituent le résidu insoluble qui reste après le brassage et qui est perdu pour la préparation de la bière. Mais je m'appliquerai de préférence à l'étude de leur ensemble.

Je dois d'abord faire une observation, c'est qu'il ne doit pas passer dans la chaudière à brasser la plus petite quantité, tant de ces substances que d'autres substances insolubles. La liqueur que l'on y met doit être complètement claire.

Ritthausen[2] a fait une analyse du résidu que laisse ainsi le grain de malt après avoir été soumis à l'empâtage; l'un *a* provenait de la fabrication d'une bonne bière de garde (en hollandais, *belegen bier;* en allemand, *Lagerbier*), tandis que l'autre *b* provenait d'une fabrication de petite bière (en hollandais, *dun bier;* en allemand, *Dünnbier*).

Ce malt contenait 4,2 pour 100 d'eau[3]. — Desséché à 110°, il présentait la composition suivante :

Fibre ligneuse	9,0
Substance albumineuse	9,0
Parties constituantes non azotées	79,2
Substances inorganiques	2,8

Ce malt, épuisé par l'empâtage, a laissé différentes sortes de drêche présentant la composition qui va suivre. Nous admettons en *a* une proportion d'eau de 71 à 78, et en *b* une proportion d'eau de 76 à 78 : cette eau était déterminée par la dessiccation à 110°[4]. — Les drêches ainsi desséchées présentaient la composition suivante :

	a				
Fibre ligneuse	27,1	25,6	34,6	29,2	29,1
Substances albumineuses	16,9	22,7	19,3	18,9	19,4

1. *Dingler's Polyt. Journal*, t. CIII, p. 375.
2. *Erdmann's Journal*, t. LXVI, p. 312.
3. Cette quantité me paraît trop faible. (Voir p.18 .)
4. A cette température, ces substances ne peuvent pas perdre complètement l'eau qu'elles contiennent.

Parties constituantes non azotées.	51,6	46,3	43,3	46,8	46,4
Substances inorganiques..........	4,4	5,4	5,1	5,1	5,0

b

Fibre ligneuse....................	29,7	24,6	29,0	27,8
Substances albumineuses.........	21,3	23,5	19,5	21,4
Parties constituantes non azotées.	43,4	46,6	46,2	45,4
Substances inorganiques..........	5,5	5,3	5,3	5,4

Les drêches donnaient 5 pour 100 de cendres : le malt en contenait 2,78 pour 100. Les cendres présentaient, d'après Scheven, la composition suivante[1] :

	Malt.	Drêche.
Acide silicique..................	33,2	39,1
Acide phosphorique.............	36,5	35,4
Sesquioxyde de fer............	0,8	—
Chaux...........................	3,8	11,3
Magnésie........................	8,4	8,7
Potasse	17,3	4,4
Soude..	—	1,1
Acide sulfurique................	des traces.	—

Quelque importants que soient ces résultats, l'analyse n'a pas été poussée assez loin pour qu'on puisse en tirer une conclusion positive.

Mayer[2] a analysé la drêche d'une bière d'été(en hollandais, *zomer bier;* en allemand, *Sommerbier*) provenant d'une brasserie de Munich. La drêche contenait 74,7 pour 100 d'eau et avait été desséchée à 100°. Woiff[3] a analysé la drêche d'une bière de garde qui avait été brassée à l'établissement industriel d'Hohenheim. La quantité d'eau s'élevait à 77,6 pour 100.

	Mayer	Wolff.
Matière cellulaire..............	12,1	27,4
Matière grasse..................	6,7	—
Parties constituantes non azotées.	52,3	52,4
Parties constituantes azotées....	24,7	14,1
Cendres	4,2	6,2

Mayer a trouvé que la cendre de la drêche présentait la composition suivante :

1. *Erdmann's Journal*, t. LXVI, p. 316.
2. *Wagner's Jahresbericht*, 1856, p. 231.
3. *Id.*, 1856, p. 232.

Sesquioxyde de fer............	4,4
Chaux.........................	11,9
Magnésie......................	11,5
Soude.........................	0,5
Potasse.......................	3,9
Acide phosphorique..........	40,5
Acide sulfurique..............	1,5
Acide silicique...............	25,3
Chlore........................	des traces.

Les expériences de Oudemans dont les résultats ont été indiqués p. 17, nous serviront encore à nous guider. Nous ne devons pas oublier de faire remarquer que l'analyse que nous donnons ici et qui représente seulement les résultats fournis par la drêche d'une brasserie, ne peut être considérée que comme un exemple.

Composition de la drêche d'une brasserie où l'on opère par la méthode indiquée p. 157.

Drêche d'orge provenant d'un malt.........	touraillé,	plus fortement touraillé,	encore plus fortement touraillé,	fortement touraillé.
Dextrine..................	0,0	0,0	0,0	0,0
Amidon....................	9,5	6,7	5,3	3,8
Sucre.....................	0,0	0,0	0,0	0,0
Matières cellulaires......	6,2	7,8	9,4	7,7
Substances albumineuses.	4,1	4,7	5,4	4,3
Matière grasse...........	0,4	0,3	0,4	0,3
Cendres..................	1,1	1,3	1,2	1,1
Eau......................	79,3	79,1	78,6	82,5
	100,3	99,9	100,3	99,7

Si nous ramenons par le calcul les résultats à ce qu'ils seraient pour 100 parties de drêche supposée anhydre, nous obtiendrons :

Drêche d'orge provenant d'un malt..........	touraillé,	plus fortement touraillé,	encore plus fortement touraillé,	fortement touraillé.
Amidon..................	44,6	32,2	24,4	22,1
Matières cellulaires......	29,1	37,5	43,3	44,8
Substances albumineuses.	19,2	22,6	25,0	25,0
Matière grasse...........	1,9	1,5	1,8	1,7
Cendre...................	5,2	6,2	5,5	6,4
	100,0	100,0	100,0	100,0

Ces résultats sont importants et nous apprennent ce que nous pouvions désirer savoir.

Le sucre et la dextrine ont disparu. Je ne m'arrêterai pas sur les résultats obtenus pour les cendres : j'y reviendrai lorsque je m'occuperai des substances inorganiques de la bière. La matière grasse paraît avoir peu diminué : en effet nous voyons qu'elle est encore en proportion presque aussi forte qu'elle se trouvait originairement dans le grain (2,1).

Ces résultats, tels qu'ils sont, ne sont cependant pas bien comparables, ni entre eux, ni avec ceux obtenus pour le grain qui a servi à préparer les malts. Pour obtenir un point de comparaison sérieux, nous devons prendre pour point de départ les matières cellulaires qui n'ont subi dans l'empâtage aucune modification. Prenons donc pour exemple la première drêche fournie par un malt touraillé et la dernière fournie par un malt fortement touraillé, et comparons-les respectivement avec le malt touraillé, et le malt fortement touraillé (p. 141, 142), en partant, pour un malt et une drêche de même ordre, d'une quantité de matières cellulaires identique.

	Malt d'orge touraillé.	Drêche de malt d'orge touraillé.
Produits de torréfaction	7,8	0,0
Dextrine	6,6	0,0
Amidon	58,6	16,6
Sucre	0,7	0,0
Matières cellulaires	10,8	10,8
Substances albumineuses	10,4	7,1
Matière grasse	2,4	0,7
Substances inorganiques	2,7	2,0
	100,0	37,2

	Malt d'orge fortem[t] touraillé.	Drêche de malt fortem[t] touraillé
Produits de torréfaction	14,0	0,0
Dextrine	10,2	0,0
Amidon	47,6	5,7
Sucre	0,9	0,0
Matières cellulaires	11,5	11,5
Substances albumineuses	10,5	6,4
Matière grasse	2,6	0,4
Substances inorganiques	2,7	1,6
	100,0	25,6

De la comparaison du malt touraillé avec la drêche du malt touraillé, il résulte qu'il reste 2/7 d'amidon dans le malt épuisé; qu'il s'y trouve encore une quantité considérable de substances albumineuses et presque les 2/3 de ce qu'il y avait originairement dans le malt, en sorte que 1/3 seulement des matières albumineuses est passé dans le moût; que la quantité de la matière grasse et des substances inorganiques a diminué et qu'il en est passé par conséquent une certaine portion dans le moût. On ne doit du reste pas être étonné de la grande quantité de matières albumineuses contenue dans la drêche. La température de 75°, à laquelle l'agent de transformation agit le plus puissamment, est déjà plus que suffisante pour déterminer la coagulation des substances albumineuses.

La comparaison du malt fortement desséché avec la drêche correspondante nous apprend que 1/8 de l'amidon seulement a échappé à l'empâtage, ce qui démontre jusqu'à l'évidence l'influence de la torréfaction sur la nature de la bière : elle nous apprend en outre qu'il est resté dans la drêche une quantité proportionnellement moindre de substance albumineuse représentée par les 4/7 de la quantité qui existait originairement dans le grain; elle nous fait voir également que la quantité de matière grasse et de cendres a diminué et qu'il en est passé une certaine quantité dans le moût.

Dans les brasseries françaises, on admet, d'après Payen [1], une perte de 5 à 20 pour 100 d'amidon.

D'après les indications de Knapp [2], la drêche d'orge contient de 4 à 8 pour 100 d'amidon et de 6 à 7 pour 100 de substances albumineuses [3], tandis que, d'autre part, il s'y trouve 75 pour 100 d'eau. Ses résultats s'accordent donc avec les résultats des expériences d'Oudemans.

En ce qui concerne la quantité totale de substances utiles, que l'eau, en se transformant en moût dans l'empâtage, dissout et soustrait ainsi au malt, il résulte des deux exemples que nous avons indiqués et qui provenaient d'une brasserie dans laquelle on fabrique la bière au moyen de la méthode par infusion, que, les substances étant supposées anhydres : 100 parties de malt touraillé perdent, par l'action de l'eau dans l'empâtage, $100 - 37,2 = 62,8$.

100 parties de malt fortement touraillé abandonnent à l'eau $100 - 25,6 = 74,4$.

1. *Chimie industrielle*, 4e édit., t. II, p. 316.
2. *Loc. cit.*, p. 125.
3. Knapp rectifie, p. 325 (*loc. cit.*), l'indication inexacte de 21 à 26 p. 100 de matières albumineuses dans la drêche, qu'il avait donnée, p. 125.

Admettons, en nombres ronds, de 65 à 75.

Ces quantités sont à peu près celles que l'on obtient d'après Muspratt[1] en Angleterre. Il admet en effet 78,3 pour 100 de principes utiles dans le malt d'orge : d'après ses indications, pour un quarter ou 352 livres, il doit se dissoudre, dans le traitement par l'eau, 234 à 249 livres; ce qui représente 66 à 71 pour 100. La différence n'est pas grande ; mais chaque centième en moins ôte à la bière qui en résulte une certaine quantité des principes constituants du grain. Dans tous les cas, ces résultats nous apprennent que la différence qui existe entre les bières anglaises et les bières hollandaises ne vient pas de la manière défectueuse dont on traite en Hollande le grain dans l'empâtage; elle ne provient pas non plus des quantités relatives d'eau et de malt que l'on emploie.

Balling, en traitant 10 loths[2] de malt par 43 1/3 loths d'eau à 75°, a obtenu 50 loths de moût et 3 1/2 loths de drêche sèche. Essayés au moyen de son saccharimètre, ces 50 loths ont fourni 6 loths d'extraits : 100 parties de malt, traitées par l'eau, perdraient donc 60 parties de substances solubles. Ce résultat, qui est le résultat le moins élevé que l'on obtienne en Hollande, est cependant considéré par Balling comme satisfaisant; il paraît probable qu'il ne s'applique qu'à du malt contenant de l'eau.

Knapp[3] admet, pour le malt desséché, une perte moyenne de 65 pour 100.

D'après Casartelli[4], un quarter, ou 352 livres de malt fournit, par un premier traitement, 275,5 d'extrait, c'est-à-dire 78 pour 100, et il prétend en outre que le résidu de ce traitement contient encore une quantité de principes utiles assez forte pour qu'il soit convenable de le soumettre à un second traitement. Une quantité de 70 pour 100 est déjà bien élevée. Si, de 100 parties de malt touraillé et de 100 parties de malt fortement touraillé (p. 141), nous retranchons la quantité d'eau et de matières cellulaires, c'est-à-dire 11,1+9,4 =20,5 et 8,2 + 10,6 = 18,8, que nous pouvons présenter en nombre rond par 20 pour 100, la proportion de substances

1. Mupratt-Stohmann, *loc. cit.*, p. 578.
2. La livre de Vienne (Autriche) de 32 loths présente une valeur égale à 0k,560 : la valeur du loth en grammes est donc de 17gr,50.
3. *Loc. cit.*, p. 326.
4. Muspratt, *loc. cit.*

solubles la plus élevée que pourrait contenir le malt serait de 100 — 20 = 80; mais il faudrait admettre pour cela que la cendre, la matière grasse et la totalité des substances albumineuses se soient entièrement dissoutes, ce qui n'est assurément pas exact. L'évaluation de Casartelli est donc beaucoup trop élevée. En admettant même que le malt fût entièrement sec, nous obtiendrions, en retranchant seulement la cellulose qui s'élève (p. 143) à 10,8 pour le malt touraillé et à 11,5 pour le malt fortement touraillé, une quantité de principes utiles égale à 89 et 88 pour 100, y compris la matière grasse et la cendre. Mais même alors l'évaluation à 78 p. 100 est encore trop élevée.

Il paraît douteux que, même lorsqu'on suit le meilleur mode d'opérer, les principes utiles que l'on retire du malt puissent s'élever à une quantité aussi considérable, lorsque, dans l'exemple que nous avons indiqué (p. 173), nous avons trouvé que la drêche sèche, provenant d'un malt fortement touraillé, contenait encore 5,7 p. 100 d'amidon et 6,4 p. 100 de matières albumineuses.

Si, pour comparer, nous rapprochons les résultats obtenus par Ritthausen (p. 170) de ceux fournis par les expériences d'Oudemans, cette comparaison nous montrera que, dans la brasserie dans laquelle Ritthausen avait pris la drêche qu'il a analysée, il se perdait une forte proportion d'amidon, tandis que, dans la brasserie d'où provenait la drêche, analysée par Oudemans, qui avait été obtenue au moyen de la méthode par infusion, ainsi que nous l'avons indiqué (p. 157), on opérait beaucoup mieux. Si, dans cette comparaison, nous prenons pour point de départ les matières cellulaires considérées comme = 1, nous trouvons, pour les cinq sortes de drêche analysées par Ritthausen, la perte d'amidon représentée par

Drêche *a*.....	1,9	1,8	1,2	1,6	1,6	Moyenne	1,5
Drêche *b*.....	1,5	1,9	1,6	1,6		—	1,6

Quel résultat nous donne la drêche des expériences de Oudemans, en partant du même point de départ? Le malt touraillé donne, pour la perte d'amidon, 1,5; celui qui a été plus fortement touraillé, donne 0,9; celui qui a été encore plus fortement touraillé, donne 0,6, et celui qui a été fortement touraillé, donne 0,5.

Au point de vue pratique, il serait nécessaire de savoir la quantité de la perte que donne chaque méthode d'empâtage: au point de vue chimique, les indications que nous avons données suffisent parfaitement.

Quoi qu'il en soit, le meilleur brasseur est celui qui extrait du grain la plus grande quantité de parties constituantes utiles : en effet, la bière qu'il fabrique est la meilleure et la plus forte, et sa manière de travailler est la plus profitable. Il n'est pas besoin de faire remarquer que toutes les opérations que nous étudions successivement ici concourent à ce but et que l'empâtage est seulement une des phases de la fabrication de la bière.

On a recommaudé maintes fois l'emploi, dans la panification, des principes utiles qui, dans la préparation de la bière, restent dans la drêche et constituent ainsi une perte. Récemment encore, Neu[1] a proposé de traiter la drêche par l'eau et d'agiter avec soin le tout : les matières albumineuses contenues dans la drêche restent ainsi en suspension dans l'eau et peuvent être séparées des parties corticales du grain de malt. On filtre la liqueur trouble ainsi obtenue. La liqueur filtrée passe claire et l'on trouve sur le filtre les matières albumineuses que l'on mélange avec de la farine de seigle pour en faire du pain.

En Hollande, ainsi que dans d'autres pays, on donne la drêche aux bestiaux. Les brasseurs devraient se la faire bien payer : en effet, c'est une substance essentiellement nutritive, bien qu'elle le paraisse peu. Quelle est en effet la matière nutritive, servant à l'alimentation des bestiaux, qui contient 4 à 4,5 pour 100 de substances albumineuses pour une proportion d'eau de 78 à 82 pour 100, et qui contient en outre de 4 à 9 pour 100 d'amidon?

Jusqu'ici, je ne me suis presque pas occupé de la quantité d'eau par laquelle on doit traiter le malt pour obtenir une bonne bière. En général, moins la quantité d'eau employée est considérable, plus la bière que l'on obtient est forte : cela n'a pas besoin de plus d'explication. La quantité d'eau la plus faible que l'on puisse employer est celle à laquelle l'action chimique qui constitue essentiellement l'empâtage, peut encore avoir lieu sans être entravée en aucune manière. Si l'on ajoute au malt une trop grande quantité d'eau, cela

1. *Polyt. Centralbl*, 1856, p. 190.

détermine une trop grande dilution de l'agent de transformation et paralyse son action sur l'amidon qui existe encore dans le malt; si l'on n'ajoute pas assez d'eau, l'agent de transformation se trouve enveloppé d'une solution de dextrine trop épaisse pour qu'il puisse exercer son action d'une manière convenable.

Pour ces raisons, la quantité d'eau à employer doit être comprise entre ces deux extrêmes : une quantité d'eau trop considérable et une quantité d'eau trop faible conduisent également à ce résultat que la drêche retient une quantité considérable de principes utiles.

Une forte proportion de l'eau employée reste dans la drêche. Balling admet que la drêche provenant de 100 livres de malt retient, dans certains cas, 120, et, dans d'autres, de 150 à 170 livres d'eau ; or, nous avons vu que 100 livres de malt desséché donnent 25 à 37 pour 100 de drêche. Combien devait-il se trouver d'eau dans cette drêche lorsqu'elle était humide? Les expériences d'Oudemans (p. 172) donnent 79-79-79-83 pour 100, ce qui fait, pour 1 livre de drêche sèche, 4 livres d'eau, et pour 25 à 37 livres, de 100 à 148 livres d'eau. résultat qui concorde à peu près avec celui que Balling a obtenu par un autre procédé. Mais l'eau qui reste ainsi dans le malt représente une perte égale d'infusion de malt qui reste dans la drêche si l'on n'opère pas le lavage de cette dernière. L'exactitude de notre observation est confirmée par ce qui a lieu généralement dans les substances organiques humides. Les substances cellulaires imprégnées d'humidité retiennent une quantité d'eau triple de leur poids ; mais les matières albumineuses imprégnées d'humidité et l'amidon transformé en empois en retiennent beaucoup plus.

C'est pour éviter cette perte que l'on est dans la nécessité d'épuiser encore plus d'une fois le résidu par l'eau : la quantité des parties constituantes utiles dissoutes dans la dernière infusion qui se perd ainsi s'élève à la valeur indiquée précédemment. Müller [1] dit positivement que c'est en traitant à deux reprises le résidu par une nouvelle quantité d'eau qu'il est possible d'arriver à enlever au malt l'infusion concentrée qu'il retient.

Une question nous reste encore à résoudre, celle de sa-

1. *Handbuch der Bierbrauer*, p. 190.

voir quelle est la quantité de principes utiles qui ne s'est pas dissoute et qui est restée dans le résidu après le premier traitement par l'eau.

La quantité d'eau que l'on doit employer pour la préparation d'une bonne bière peut être déterminée de la manière suivante. Si l'on admet que 1/12 de l'eau, en moyenne, se perd par l'ébullition de peu de durée à laquelle on soumet l'infusion, et par l'évaporation qui a lieu pendant le refroidissement, nous devons encore retrancher la quantité d'eau qui reste dans la drêche, pour obtenir la quantité de liquide qui se trouve dans l'infusion. Si, comme cela se fait en Hollande dans quelques localités, on brasse une bière en employant 700 livres d'eau pour 100 livres de malt dont la proportion d'eau s'élève à 1/10, il peut rester par exemple 30 livres de drêche sèche qui retiennent 30 × 4 = 120 livres d'eau : 700 — 120 = 580 ; 1/12 des 700 livres d'eau s'évapore par une ébullition de peu de durée et par le refroidissement : 1/12 de 700 = 58. Nous obtenons donc 580 — 58 = 522 livres d'eau pour la bière, dans lesquelles se sont dissoutes 60 parties de principes utiles dont une partie se transforme ultérieurement en alcool par la fermentation. Si l'on veut connaître la quantité d'extrait contenue dans le moût, on doit ajouter ensemble 580 et 60 : ce qui donne 640 dans lesquels il se trouve 60 parties d'extrait : c'est-à-dire 9,3 pour 100. Ces 9,3 pour 100 contiennent une quantité plus ou moins considérable de sucre qui est décomposée ultérieurement par la fermentation. Plus la quantité de sucre qui se décompose ainsi est considérable, plus la quantité d'extrait diminue par la transformation du moût en bière.

D'après Payen [1], on emploie dans les brasseries françaises les proportions suivantes de matières premières [2].

Pour 2000 kilogrames de malt et 200 kilogrammes de sirop à 33° que l'on a épuisés successivement au moyen de 2500 litres d'eau à 60°, de 2500 litres d'eau à 90° et de 1200 litres d'eau à 100°, formant en tout 6200 litres, on obtient 6000 litres de bière double.

Dans un second traitement du même malt, on a employé 4000 litres d'eau à 100° qui ont donné 4000 litres de petite bière représentant 2000 litres de bière double. (La distinc-

1. *Chimie industrielle* 1859, 4e édit., t. II, p. 312

2. Nous admettons ici, pour simplifier, que le malt présente la même pesanteur spécifique que l'orge (100 litres d'orge pèsent 64 à 67 kil.)

tion que fait ici Payen ne serait pas exacte pour tout autre pays que la France : en effet, dans les autres pays, entre la petite bière et la bière double vient se ranger la bonne bière ordinaire ; mais, en France, la loi du 27 avril 1816 qui régit la fabrication des bières, n'admettant que deux sortes de bières, la bière double ou bière forte et la petite bière, la bière ordinaire qui serait l'intermédiaire entre la bière forte et la petite bière, serait assujettie aux mêmes droits que labière forte : aussi ne s'y fabrique-t-il réellement, conformément à l'indication de Payen, que deux espèces de bières, la bière double et la petite bière.)

En réunissant ensemble les résultats des deux opérations, nous voyons que 2000 kilogrammes de malt auxquels on a ajouté 200 kilogrammes de sirop fournissent 6000 + 4000 = 10000 litres. La quantité de malt que l'on emploie représente donc à elle seule 1/5 de la quantité de bière que l'on veut obtenir.

La proportion de malt que l'on emploie dans la fabrication des bières anglaises, est encore un peu plus élevée. Pour préparer 5000 à 6000 kilogrammes d'ale, on emploie 4000 kilogrammes de malt, et pour obtenir 5000 à 6000 kilogrammes de porter, on emploie 2100 kilogrammes de malt pâle, 1600 kilogrammes de malt ambré et 800 kilogrammes de malt brun, en tout 4500 kilogrammes de malt.

La quantité de malt que l'on emploie en Hollande peut être déduite de la composition des bières que nous donnerons plus tard.

Mais, sous ce rapport, il existe de si grandes différences que la détermination de cette quantité ne peut présenter aucune utilité pour le but que nous nous proposons. Je crois devoir seulement faire remarquer que, dans ces dernières années, on s'est efforcé d'arriver à n'avoir pas besoin de vaporiser par l'ébullition une quantité d'eau considérable, dans le but de concentrer la liqueur, parce que cette évaporation occasionne une perte de combustible qui ne serait pas compensée par la production d'un effet utile.

En prenant pour point de départ les bières légères de consommation usuelle et en remontant jusqu'aux bières fortes de consommation usuelle, nous observons une pesanteur spécifique de la décoction, variant de 1,04 à 1,074, qui correspond à une proportion d'extrait de malt de 10 à 18 pour 100. Mais il existe des bières encore plus légères et des bières encore plus fortes. On admet que, pour une bonne bière légère, l'infusion de malt qui a été bouillie doit présenter une pesanteur spécifique de 1,03 à 1,05 qui correspond à une quantité d'extrait variant de 8 à 12 pour 100. Pour les bières les meilleures, on trouve une pesanteur spécifique de 1,06 à 1,07, qui correspond à une quantité de 15 à 17 pour 100 d'extrait. Pour des bières plus fortes, on obtient une pesanteur spécifique plus élevée qui correspond par suite à une quantité d'extrait plus forte.

Nous pouvons, en partant de là, déterminer à peu près la nature de la bière que peut donner un moût déterminé, en faisant abstraction de la perte d'alcool qui a lieu par volatilisation dans la fermentation et en admettant, pour plus de simplicité, que le rapport de l'équivalent de sucre de fruits ($C^{12}H^{12}O^{12} = 2250$) aux 2 équivalents d'alcool ($= 1150$) est de 2 : 1.

Si, en effet, un moût contient avant la fermentation 8 pour 100 d'extrait dans lesquels il se trouve 6 de sucre et si, sur les 6 de sucre, 5 viennent à fermenter, la bière qui en résultera contiendra 3 pour 100 d'extrait et 2,5 pour 100 d'alcool : ce sera donc une bière légère et faiblement alcoolique.

Si, avant la fermentation, un moût contient 16 pour 100 d'extrait dans lesquels il se trouve 10 de sucre, et si, sur les 10 de sucre, 9 viennent à fermenter, ce moût fournira une bière qui contiendra 7 pour 100 d'extrait et 4,5 d'alcool : cette bière sera donc nourrissante et suffisamment alcoolique.

Si, avant la fermentation, un moût contient 16 pour 100 d'extrait dans lesquels il se trouve 13 de sucre, et si, sur ces 13 de sucre, 12 viennent à fermenter, la bière que l'on obtiendra ainsi contiendra 4 pour 100 d'extrait et 6 pour 100 d'alcool : cette bière sera donc forte et alcoolique.

Les indications que nous avons données sur les quantités respectives d'eau et de malt que l'on doit employer, lorsqu'on veut obtenir une infusion de malt d'une force déterminée, s'appliquent également à l'infusion de malt, bouillie et évaporée, dont les brasseurs doivent connaître la concentration, c'est-à-dire la quantité d'extrait, pour pouvoir obtenir une bière d'une force déterminée. Prenons encore ici comme point de départ un malt qui donne 60 pour 100 d'extrait, et nous trouverons par exemple, pour le liquide bouilli et évaporé d'une pesanteur spécifique de 1,074, les résultats suivants: 18 : 100 :: 60 ; : x; d'où $x=333$. Ce qui veut dire que, en traitant par l'eau 100 parties de malt et en faisant bouillir, puis évaporer la liqueur, etc., etc., jusqu'à ce qu'il ne reste plus que 333 parties, on obtient un moût qui est composé de 273 d'eau et de 60 d'extrait de malt. La bière que l'on préparera au moyen de ce moût sera donc une bière forte. Une infusion de malt qui, après avoir été bouillie et évaporée, présentera une pesanteur spécifique de 1,04 devra contenir 10 pour 100 d'extrait et par suite, pour 540 d'eau, 60 parties d'extrait de malt.

Les bières légères de consommation usuelle et les bières fortes de consommation usuelle sont représentées par ces deux extrêmes : nous voyons donc que 100 parties de malt doivent donner 600 parties de petite bière et 333 parties de bière forte.

Dans notre pensée, ces nombres ne sont du reste que l'expression générale des quantités respectives de malt et d'eau que l'on doit employer dans la préparation de la bière. Mais ils n'expriment que les quantités mêmes de malt et d'eau que l'on doit employer. Le malt peut contenir une quantité d'eau supérieure ou inférieure à 10 pour 100. D'autre part, le malt desséché et le malt touraillé ne fournissent pas la même quantité d'extrait. Par les différentes méthodes de brassage, on retire du malt des proportions plus ou moins grandes de principes solubles. Enfin on doit de plus tenir compte tant de l'évaporation qui a lieu par l'ébullition que de l'évaporation qui a lieu pendant le refroidissement ultérieur de la liqueur : on en évalue la quantité à 1/12 de la quantité totale ; mais ce n'est qu'une estimation générale : sa valeur peut varier avec le mode de brassage que l'on emploie.

Les exemples indiqués suffisent cependant très bien pour nous faire connaître approximativement les quantités relatives des substances que l'on doit employer : ils nous apprennent que 1 partie de malt fournit 6 parties de bière faible et 3 parties 1/2 de bière très bonne.

Dans le but de donner le moyen de connaître la quantité de matières extractives contenues dans un moût, Balling[1]

1. *Gährungs Chemie*, t. I, fascicule I, tableau E.

a effectué la détermination du rapport qui existe entre la pesanteur spécifique de l'infusion de malt et la quantité d'extrait; dans cette détermination, dont j'ai, du reste, déjà parlé ailleurs [1], Balling prend pour point de départ la densité d'une dissolution de sucre qui, suivant lui, peut être considérée comme égale à celle d'une infusion de malt de même concentration : nous pouvons réellement admettre qu'il y a concordance, ou plutôt que les différences sont très peu considérables. En effet, la liqueur, lorsqu'elle sort de la cuve-matière ou de la chaudière à brasser, est une dissolution aqueuse de différentes matières, parmi lesquelles vient se mettre au premier rang le sucre, et qui, en outre, contient surtout de la dextrine; il s'y trouve, de plus, une certaine quantité de substances albumineuses, des sels inorganiques, et, dans le second cas, une certaine proportion des principes du houblon. Le sucre et la dextrine sont les substances les plus importantes en poids; or, lorsqu'on dissout dans l'eau des quantités égales de dextrine et de sucre, on obtient des dissolutions dont les pesanteurs spécifiques ne présentent que des différences insignifiantes.

On peut trouver un tableau détaillé dans l'endroit indiqué; j'en extrais seulement les résultats suivants, dont la détermination a eu lieu à 17°,7 :

PESANTEUR spécifique.	QUANTITÉ d'extrait de malt pour 100 de moût.	PESANTEUR spécifique.	QUANTITÉ d'extrait de malt pour 100 de moût.	PESANTEUR spécifique.	QUANTITÉ d'extrait de malt pour 100 de moût.
1,0040	1	1,0446	11	1,0877	21
1,0080	2	1,0488	12	1,0922	22
1,0120	3	1,0530	13	1,0967	23
1,0160	4	1,0572	14	1,1013	24
1,0200	5	1,0614	15	1,1059	25
1,0240	6	1,0657	16	1,1106	26
1,0281	7	1,0700	17	1,1153	27
1,0322	8	1,0744	18	1,1200	28
1,0363	9	1,0788	19	1,1247	29
1,0404	10	1,0832	20	1,1295	30

Graham, Hofmann et Redwood [2] ont fait, dans le but de

1. *De Wijn*, p. 240.
2. *Jahresbericht von Liebig und Hermann Kopp*, 1852, p. 801.

déterminer le rapport entre la pesanteur spécifique du moût ou de la bière et des dissolutions de leurs parties constituantes, des expériences qui les ont conduits à des résultats importants. Il ressort de leurs expériences que l'hypothèse de Balling, d'après laquelle des quantités égales d'extrait de bière et de sucre donnent des dissolutions de même pesanteur spécifique, se rapproche beaucoup de la vérité. Je crois devoir indiquer ici quelques-uns des faits que ces recherches nous ont fait connaître.

Lorsqu'on dissout dans l'eau du sucre de canne et lorsqu'on y ajoute de la levure, on observe que la liqueur qui n'a pas encore commencé à fermenter augmente de pesanteur spécifique au moment où la transformation du sucre de canne en sucre de raisins s'effectue.

Dans la transformation de la dextrine en sucre, la pesanteur spécifique de la liqueur diminue.

Cette diminution est encore plus notable lorsqu'il se produit une substance qui paraît être, dans tous les cas, le dernier degré de la transformation du sucre par la fermentation et qui ne paraît faire défaut dans aucune espèce de bière. (Je m'occuperai plus loin avec détail de cette substance.)

Graham, Hofmann et Redwood ont trouvé pour la pesanteur spécifique des dissolutions les résultats suivants :

QUANTITÉ DE SUCRE contenu dans 1000 parties de dissolution.	SUCRE DE CANNE.	SUCRE D'AMIDON.	CARAMEL.	DEXTRINE.	MATIÈRE EXTRACTIVE après la fermentation.	MOUT OBTENU avec du malt pâle.	MOUT OBTENU avec du malt brun.	QUANTITÉ de carbone.
50	1020	1021	1017	1019	1018	1020	1020	21
100	1040	1042	1035	1038	1036	1041	1041	42
150	1062	1065	1052	1057	1054	1063	1063	63
200	1084	1088	1072	1068	1073	1086	1086	8[illegible]
250	1107	1111	1091	1096		1109	1109	105

La première colonne représente la quantité de sucre de canne contenue dans 1000 parties de dissolution ; la seconde et les suivantes donnent la pesanteur spécifique des dissolutions qui contiennent des substances présentant toutes, non seulement une même quantité de carbone, mais, en outre, une quantité de carbone égale à celle du sucre qui est contenu dans la première colonne. La quantité de carbone se trouve dans la dernière colonne.

De ces expériences, qui concordent assez bien avec le principe sur lequel repose la méthode de Balling, il ressort que, pour un même poids, le sucre d'amidon, en se dissolvant dans l'eau, donne une dissolution d'une pesanteur spécifique plus grande que le sucre de canne, et la dextrine une dissolution d'une pesanteur spécifique moindre, et que, pour un certain rapport entre leurs poids, ils donnent une dissolution présentant à peu près la même pesanteur spécifique que la dissolution obtenue au moyen du sucre de canne seul. — Pour le moût, la méthode de Balling peut donc être considérée comme tout à fait convenable. Mais, pour l'extrait de bière dont on a séparé l'alcool par la distillation et que l'on a ramené à son volume primitif par une addition d'eau, les différences sont considérables. Il existe moins de compensation pour la dextrine qui détermine l'abaissement de la pesanteur spécifique; en effet, le sucre d'amidon diminue beaucoup par la fermentation. En outre, il se produit par la fermentation une matière extractive qui détermine une diminution notable de la pesanteur spécifique.

La conclusion générale des expériences indiquées est donc que, pour l'extrait de bière, la méthode saccharimétrique indique une quantité d'extrait plus forte que celle qui existe réellement; que, lorsque, dans le moût, il existe à peu près autant de sucre que de dextrine, comme cela arrive toujours dans les infusions peu riches en matières solides, la méthode saccharimétrique indique alors une quantité trop faible de matières solides [1].

1. La manière dont on doit opérer l'essai halimétrique lorsqu'on veut s'en servir pour apprécier la qualité d'une bière, est expliquée avec détails dans un grand nombre d'endroits et notamment dans le *Polyt. Centralblatt*, 1837, p. 33; la méthode optique de Steinheil se trouve également décrite dans le même recueil, 1844, p. 117 et 1846, p. 387. Je me contenterai de donner ces indications; aucun sujet n'a été examiné avec plus de détail dans les journaux scientifiques depuis quelques années. — Dans le recueil que nous venons d'indiquer, on trouve citées en différents endroits des analyses de Kaiser et d'autres chimistes qui sont indiquées comme provenant du *Baierisches Kunst-und Gewerbe-Blatt*, et que je ne connais pas.

Si, dans ce traité, je ne m'arrête pas davantage sur la détermination

Le passage du moût à l'aigre, ce danger si redouté du brassage, mérite sans contredit d'être examiné par nous au point de vue chimique avec quelque détail. Il peut se produire, soit pendant l'empâtage dans la cuve-matière, soit pendant le refroidissement dans les bacs refroidissoirs, soit pendant la fermentation dans la cuve-guilloire, ou bien, enfin, dans la liqueur fermentée. Dans le dernier cas, la production de l'acide acétique a lieu aux dépens de l'alcool, et tout ce qui s'applique à la production du vinaigre de vin, du vinaigre de raisin et du vinaigre de bière, s'applique également au passage de la bière à l'aigre.

Mais les causes pour lesquelles le moût tourne à l'aigre dans la cuve-matière, ou pour lesquelles la liqueur qui a déjà été soumise à l'ébullition subit la même transformation dans les bacs refroidissoirs, sont, au contraire, tout autres. En effet, ces liqueurs ne contiennent pas encore d'alcool : il ne peut donc pas s'y produire d'acide acétique par oxydation de l'alcool.

Un trop long séjour dans les cuves au contact de l'air, et surtout la malpropreté des cuves, qui peuvent retenir encore des traces de matières organiques provenant d'une opération antérieure et devenues acides, peuvent prédisposer la liqueur à cette transformation. L'agent transformateur de l'amidon agit directement sur le sucre contenu dans la liqueur et le fait passer à l'aigre, sans qu'il se soit formé préalablement de l'alcool [1].

On sait qu'une certaine quantité de substances d'origine organique, et notamment les infusions végétales, peuvent devenir acides et que l'on ne peut que rarement les conserver en été pendant quelque temps, sans qu'elles subissent cette transformation. C'est un fait bien connu que, dans la prépa-

de la force de l'extrait de malt de la bière, cela tient à ce que j'ai déjà traité cette question dans mon ouvrage sur le vin. On pourra du reste consulter sur ce sujet les ouvrages de Balling, de Müller et de Habich, etc., etc.

Relativement aux saccharimètres de Allen, de Bate, de Dring, de Fage et de Long, et relativement à l'influence de la température sur la pesanteur spécifique du malt, on peut consulter l'ouvrage anglais de Sheridan Muspratt : *Chemistry theoretical, practical and analytical as applied and relating to the arts and manufactures*, t. I, art. *Beer*, ou bien la traduction allemande du même ouvrage : Muspratt ; *Theoretische, praktische und analytische Chemie, in Anwendung auf Künste und Gewerbe*, von Stohmann und Gerding, 1854, t. I, art. Bier.

1. On réussit très bien à neutraliser les substances acides qui peuvent adhérer aux cuves-matières en bois, en nettoyant ces cuves de temps en temps avec de la chaux.

ration du sucre de betterave, cette transformation se produit quelquefois dans le jus obtenu par expression.

Dans les liqueurs qui deviennent ainsi acides, il se produit quelquefois de l'acide lactique et quelquefois de l'acide acétique. Il s'agirait donc de savoir quel est l'acide qui prend naissance dans le moût.

J'examinerai un peu plus loin cette question, en parlant du refroidissement du moût; j'ajouterai seulement ici qu'un moût exposé pendant quelque temps à l'air n'a pas donné d'acide acétique par la distillation, mais que, par l'ébullition avec du carbonate de zinc, il a donné une quantité considérable de lactate de zinc.

CHAPITRE VII

DE LA CUISSON DU MOUT.

Quelle que soit la manière dont le moût a été préparé, on le fait bouillir, et quelquefois même on l'évapore pour le concentrer; dans ce dernier cas, la cuisson doit durer plus longtemps [1].

Pour cette cuisson, on introduit dans une chaudière le moût qui doit être aussi clair que possible, et on le chauffe jusqu'à l'ébullition. Cette cuisson doit suivre immédiatement la préparation du moût; si l'on tarde un peu, ce retard peut avoir pour conséquence une production d'acide lactique et déterminer par suite le passage du moût à l'aigre, surtout par une saison chaude et lorsqu'on opère sur du malt desséché à l'air.

Quelles que soient les précautions avec lesquelles on opère l'empâtage, il se produit toujours une petite quantité d'acide lactique, dont la présence contribue jusqu'à un certain point à communiquer à la bière la qualité voulue. Une fois que le moût a commencé à devenir acide, il a de la tendance à le

1. Dans ce cas, la quantité de liquide qui se perd par l'évaporation, ne doit plus être évaluée à 1/12 ainsi qu'on l'a indiqué p. 179; mais elle est beaucoup plus considérable.

devenir de plus en plus, tendance qui est d'autant plus grande que le moût, pendant l'empâtage, a été plus complètement saturé d'air, et contient ainsi un germe qui est susceptible d'y déterminer une décomposition continuelle. L'expulsion de cet air par l'ébullition est donc indispensable; et, lors même qu'il n'y aurait pas d'autre raison de faire bouillir le moût, la tendance à l'acidité, que présente le moût et à laquelle on ne peut pas remédier autrement, l'exigerait impérieusement.

La cuisson a pour résultat de répartir également dans le moût les principes constituants du houblon, ce qui contribue à communiquer à la bière les propriétés qu'elle doit avoir.

Une première transformation, que l'on cherche à produire par la cuisson du moût, est la coagulation d'une quantité considérable de matières albumineuses qui, si elles n'étaient pas séparées, détermineraient de suite une fermentation très vive et très rapide; mais, en même temps, la bière qui a subi ainsi une fermentation vive et rapide, ne pourrait plus se conserver : en effet, ces deux propriétés sont intimement reliées l'une à l'autre. Par cette cuisson du moût, la liqueur se trouble et il se porte à sa surface une certaine quantité d'écume, qui est composée d'albumine coagulée et d'autres matières solides entraînées avec cette albumine hors de la cuve-matière. Si nous considérons cette écume à ce point de vue qu'elle contient de l'albumine, nous voyons que le moût subit la perte d'une portion de la plus nutritive de ces parties constituantes dont elle perdra une quantité encore plus grande par la fermentation. Elle en a, du reste, déjà perdu une quantité assez considérable par l'empâtage; en effet, 4/7 — 1/3 des matières albumineuses du malt sont restées comme partie constituante de la drêche dans la cuve-matière (p. 174).

On ne tient généralement pas suffisamment compte de cette perte lorsqu'on apprécie la consommation de la bière comme substance nutritive. Celui qui boit de la bière préparée avec une quantité de grain présentant une puissance nutritive égale à celle d'un certain poids de pain ne doit pas croire que, en buvant la bière, il prenne la même quantité de matière nutritive qu'en mangeant le pain. Il se tromperait de beaucoup : en admettant même que la totalité des principes nutritifs de l'orge passât dans le malt et passât ensuite du malt dans l'infusion aqueuse que l'on a préparée au moyen de ce malt, il se séparerait toujours sous forme solide par la cuisson du moût une quantité considérable des matières albumineuses qui y sont dissoutes.

Des flocons d'albumine coagulée se rassemblent à la surface de la liqueur bouillante et en sont séparés, et l'on continue l'ébullition jusqu'à ce qu'il ne s'en sépare plus d'une manière sensible.

On a déjà soulevé plusieurs fois la question de savoir si l'on ne pouvait pas se passer de soumettre le moût à la cuisson. On peut bien, par la fermentation d'un moût qui n'a pas été soumis à la cuisson, obtenir une boisson alcoolique; mais on ne pourra jamais obtenir ainsi une bière ou du moins une bière qui puisse se conserver. Une grande quantité de matière albumineuse doit être séparée de la liqueur, et il ne doit plus en rester que la quantité indispensable pour la fermentation qui doit se produire ultérieurement et qui doit transformer le sucre en alcool et en acide carbonique.

Nous avons déjà étudié en détail, p. 102, les substances albumineuses qui sont coagulées par l'ébullition, ainsi que les deux autres sortes de substances albumineuses qui, même après l'ébullition, restent encore dissoutes; mais la nature particulière de ces substances est difficile à déterminer, parce que nous ne possédons pas de réactif qui nous permette d'en effectuer la séparation.

Si, comme cela a lieu dans la préparation du moût destiné à la fabrication des bières bavaroises, on a déjà préalablement soumis à une température élevée la masse épaisse qui se trouve au fond de la cuve, de manière que l'albumine ait déjà été antérieurement coagulée en partie, la quantité d'albumine qui se sépare par l'ébullition du moût, est par cela même plus faible.

On reconnaît que l'ébullition a duré suffisamment longtemps à ce caractère que, si l'on prélève une certaine quantité du liquide contenu dans la chaudière, les flocons qui y sont en suspension se déposent rapidement, en sorte qu'elle devient instantanément claire. Mais si la liqueur doit être amenée par l'évaporation à un plus haut degré de concentration, on doit continuer à la faire bouillir jusqu'à ce qu'elle soit suffisamment concentrée, ce que l'on peut reconnaître au moyen de l'aréomètre.

En général, la liqueur qui est destinée à la préparation d'une bière que l'on doit consommer de suite est soumise à une ébullition moins prolongée que celle qui doit servir à la préparation de la bière de garde. Plus on a fait bouillir longtemps, plus est grande la quantité de matière albumineuse qui se coagule et qui cesse ainsi de pouvoir concourir à la production du ferment.

Un autre but de la cuisson est d'arriver à ce que la dextrine qui reste dans le moût se conserve au même état dans la bière et ne se transforme plus en sucre. Par l'ébullition, la puissance active de l'agent transformateur est annihilée; la transformation en sucre se trouve donc limitée à la quantité qui s'était produite jusqu'au moment où la liqueur commence à bouillir.

Enfin, par la cuisson, on transforme en dextrine l'amidon qui ne s'était pas encore modifié ou qui se trouvait encore à l'état d'empois : à la température de l'ébullition, l'agent transformateur ne peut plus transformer l'amidon ni la dextrine en sucre, mais il détermine encore la transformation de l'amidon en dextrine.

Plus on prolonge l'ébullition et l'évaporation, plus le sucre incristallisable peut devenir brun par l'action de l'air. Tandis que, pour les bières blanches, on cherche à arriver à une liqueur aussi peu colorée que possible, on s'efforce au contraire, pour les bières brunes, d'obtenir une liqueur colorée. Les bières blanches, surtout lorsque le moût contient beaucoup de sucre, ne doivent être soumises, pour cette raison, qu'à une ébullition de peu de durée : en effet, sous l'influence des matières albumineuses, le sucre de fruits se colore de plus en plus brun [1]. Pour préparer de la bière blanche, on ne doit faire bouillir le moût que très peu de

1. Pour donner à quelques bières brunes la coloration que l'on désire, on introduit dans la chaudière une petite quantité de potasse, de soude ou de chaux. La quantité nécessaire pour déterminer la coloration varie suivant la proportion d'acide contenue dans le moût. Si cette proportion d'acide est considérable, il est nécessaire d'employer une plus grande quantité d'alcali pour qu'il en existe à l'état libre une certaine quantité qui puisse agir sur le sucre de fruits: si la proportion d'acide contenue dans le moût est peu considérable, la quantité d'alcali qu'il faut ajouter est moindre. L'alcali qui ne rencontre pas d'acide pour le saturer, agit seul sur le sucre de fruits, de manière à y déterminer la production d'une substance brune.

On comprend bien que je ne recommande pas ce mode d'opérer : je l'explique seulement.

Je ne recommande pas davantage, pour colorer le moût dans le but d'en préparer des bières plus foncées, l'addition de jus de réglisse, de chicorée torréfiée, de caramel, qui constituent de véritables falsifications.—Le malt auquel on a fait prendre par la torréfaction une couleur foncée est le seul moyen convenable de colorer le moût.

temps. Les bières très épaisses ne peuvent atteindre leur consistance que par l'ébullition et l'évaporation; elles possèdent donc toutes une couleur brune, comme celle du porter par exemple.

La durée de l'ébullition peut donc varier beaucoup par différents motifs. Pour faire sortir du moût l'air qu'il contient et pour coaguler les substances albumineuses, quinze minutes sont suffisantes; mais, dans la plupart des cas, on maintient le moût en ébullition beaucoup plus longtemps et quelquefois même pendant une ou deux heures. Il y a des bières qui ne deviennent susceptibles de se conserver qu'après une ébullition de deux heures, et il y en a d'autres qui n'arrivent à la consistance nécessaire qu'après une ébullition et une évaporation de plusieurs heures.

Mais, quel que soit le motif pour lequel on les fait bouillir, soit simplement pour coaguler les matières albumineuses et pour chasser l'air contenu dans le moût, soit pour évaporer et concentrer le moût, on n'ajoute généralement le houblon que lorsque la plus grande partie des substances albumineuses est coagulée, puis on fait bouillir légèrement le tout. La quantité de houblon que l'on ajoute peut varier de 1/4 (elle peut même être inférieure à ce chiffre) à 4 p. 100 de malt employés primitivement. Plus on emploie de houblon, plus la bière est amère et mieux elle peut se conserver [1].

Nous avons dit p. 39 que quatre des parties constituantes du houblon se dissolvent surtout dans le moût : le principe amer du houblon, l'acide tannique, la résine et l'huile essentielle. L'acide tannique doit coaguler une certaine quantité des substances albumineuses qui sont encore dissoutes. La résine, bien qu'insoluble dans l'eau, se répartit dans la liqueur; il en est de même de l'huile essentielle. La substance amère s'y dissout. Comme l'huile essentielle est volatile, et comme, par suite, il s'en perd par volatilisation une partie pendant l'ébullition, un grand nombre de personnes ont conseillé de ne pas faire bouillir le moût avec le houblon, mais de l'y faire infuser seulement. Dans ce cas, on dissoudrait une quantité moindre des principes constituants du houblon et l'on ne dissoudrait notamment pas la

1. Voir le tableau de Levesque dans Muspratt-Stohmann, *loc. cit.* p. 634.

quantité des parties constituantes principales du houblon, de la substance amère, de l'acide tannique et de la résine qui est désirable pour que la bière présente les qualités voulues : ce n'est pas la présence de l'huile essentielle seule, ce n'est même pas surtout la présence de cette huile essentielle, qui paraît désirable pour la bière. L'ébullition avec le houblon, lors même qu'il se dégagerait un peu d'huile essentielle, détermine dans tous les cas une combinaison intime de la substance amère avec les principes constituants de la bière, qui améliore considérablement sa saveur.

Dans l'établissement de la Société des brasseries belges à Louvain, Lacambre et Persac [1], suivant en cela l'exemple des brasseries anglaises, ont fait établir des chaudières fermées : l'emploi de ces chaudières présente cet avantage qu'il ne se perd pas d'huile essentielle de houblon. Dans ces chaudières, il existe en outre un moulinet qui maintient le houblon en mouvement et augmente ainsi ses points de contact avec le liquide. Redtenbacher [2] conseille d'ajouter au moût de l'extrait de houblon et de l'huile de houblon, au lieu de le faire bouillir avec le houblon. On retire du houblon à peu près 12 p. 100 de cet extrait, et l'on obtient en même temps à peu près 0,2 p. 100 d'huile de houblon, si l'on place un chapiteau sur la chaudière dans laquelle on prépare l'extrait.

Pour un tonneau de bière, il est nécessaire d'ajouter 4 loths (70 grammes) d'extrait de houblon et 11 grains d'huile essentielle de houblon.

Gehlen et B. Newton [3] ont également recommandé le même mode d'opérer. Trommsdorf [4] a trouvé que l'extrait de houblon qui pouvait être conservé longtemps sans se modifier, n'était cependant pas bon pour la fabrication de la bière. Cela datait déjà de 1835.

Lorsque le houblon est suffisamment épuisé, on arrête l'ébullition : pour quelques espèces de bières, et notamment pour les bières blanches, on ajoute alors certaines substances destinées à opérer la clarification du moût; puis on fait bouillir encore une fois le tout avec soin. On soutire

1. Lacambre, *Traité complet de la fabrication des bières*, nouvelle édition, 1856, t. I, p. 174.
2. *Mittheil. des Ver. zur Ermitt. der Gewerb. in Böhmen*, février 1843.
3. Muspratt Stohmann, *loc. cit.*, p. 629.
4. Erdmann's *Journal*, t. VI, p. 29.

ensuite de la chaudière le moût que l'on fait passer au travers d'un filtre de manière à l'obtenir clair, puis on le laisse refroidir.

La quantité de houblon que l'on doit employer doit être déterminée tant d'après le degré d'amertume que l'on veut communiquer à la bière, que d'après la durée du temps que l'on veut rendre la bière susceptible de se conserver. Comme le houblon jouit de la propriété d'empêcher la transformation chimique, propriété qu'il doit tant à son acide tannique qui coagule encore une certaine quantité de l'albumine contenue dans le moût, qu'à sa résine et à son huile essentielle qui ne sont pas séparées de la dissolution par l'acide tannique, on comprend qu'une bière fortement houblonnée peut se conserver plus longtemps qu'une bière faiblement houblonnée.

Même dans la manière dont le houblon est ajouté, il existe une grande différence. Outre le houblon que l'on introduit dans la chaudière, on en ajoute aussi quelquefois une certaine quantité dans la cuve-matière, et on l'épuise par de l'eau tiède simultanément avec le malt. Cette méthode paraît du reste étrange au point de vue scientifique. Dans d'autres localités, après avoir fait bouillir le moût avec du houblon, on ajoute encore du houblon dans les cuves où l'on fait fermenter la bière, afin de donner une saveur houblonnée très prononcée et de rendre la bière susceptible de se conserver plus longtemps. Balling conseille de faire bouillir le moût avec une partie de houblon et de filtrer sur une autre partie de houblon la liqueur chaude telle qu'elle sort de la chaudière, parce que, quand on opère ainsi, toute l'huile essentielle de la dernière portion du houblon reste dans la liqueur, et parce que, en outre, il s'y dissout une nouvelle quantité d'acide tannique. (Voir en outre p. 157.)

Dans tous les cas, quelle que soit la manière dont on a employé le houblon, on l'exprime afin qu'il ne contienne interposée aucune portion du moût.

On a proposé un grand nombre de moyens pour clarifier le moût dans la chaudière, de manière qu'il coule complètement clair dans les bacs refroidissoirs, ce qui est indispensable pour la bonne réussite des opérations suivantes.

Comme agents de clarification, on emploie des substances

albumineuses et des substances glutineuses que l'on introduit dans la chaudière et qui y forment un coagulum tant par l'action de la température de l'ébullition que par l'action de l'acide tannique du houblon. Parmi ces substances, nous citerons le lait, le sang, l'albumine, les pieds de veaux et la colle de poisson.

On a recommandé aussi, pour la clarification de la bière, l'emploi de la mousse d'Irlande, du *carrageen*, que l'on introduit dans la bière sans lui faire subir aucun traitement préalable.

Beaucoup de voix se sont élevées contre l'emploi de substances animales telles que les pieds de veaux, la colle de poisson, etc., comme agents de clarification, surtout pendant la cuisson. Lacambre[1] se prononce expressément contre l'emploi de ces matières, et considère toutes les matières gélatineuses comme étant non seulement inutiles, mais même nuisibles : en effet, elles ne se coagulent pas par l'ébullition comme le sérum du sang, le blanc d'œuf, etc., mais elles restent dissoutes dans la liqueur. Elles ne feraient par conséquent qu'augmenter la quantité de matières fortement décomposables qui se trouvent dans le moût et exagérer la tendance de la bière à une décomposition ultérieure. Nous devons cependant faire observer que les brasseurs sont opposés à l'emploi du sang comme agent clarificateur et que les consommateurs sont si bien habitués à la saveur des bières auxquelles on a ajouté des pieds de veaux, de la colle de poisson ou d'autres matières de la même nature, qu'on les emploie pour satisfaire le goût des consommateurs, bien que, comme agents de clarification, elles ne produisent pas l'effet désiré. Tel est, en résumé, ce que dit Lacambre. En ce qui concerne la colle de poisson, il est cependant dans l'erreur. Une liqueur bouillante, comme celle qui se trouve dans la chaudière à brasser, ne détermine pas la coagulation de la colle de poisson; mais dès que l'acide tannique du houblon se dissout dans cette liqueur, la coagulation s'effectue : Lacambre n'a pas tenu compte de ce fait. Du reste, lorsqu'on emploie la colle de poisson comme agent de clarification, on doit ajouter au moût une forte proportion de houblon; car, sans cela, il resterait dans la bière une grande quantité de substances

1. *Loc. cit.*, nouvelle édition, 1856, t I, p. 182.

albumineuses et de colle de poisson qui pourraient en déterminer l'altération rapide. Dans tous les cas, une petite quantité de colle de poisson en combinaison avec l'acide tannique reste dissoute dans l'acide lactique du moût, ainsi que je le montrerai avec plus de détails plus loin (lorsqu'il sera question du *refroidissement du moût*). Un moût clarifié au moyen de la colle de poisson ne peut donc pas se conserver longtemps.

Lacambre recommande d'une manière toute spéciale l'emploi de la chaux pour effectuer la clarification du moût. Il s'appuie sur les avantages que présente l'emploi de cette substance pour la clarification du jus de betteraves : son emploi pour la clarification du jus de canne peut venir également à l'appui de l'opinion de ce praticien. Pour un litre de liqueur, on ne doit employer que 4 à 5 grammes de chaux. L'action immédiate qu'exerce la chaux est de saturer les acides qui retiennent l'albumine en dissolution ; mais, de plus, la chaux se combine avec la matière albumineuse. — Toutefois, comme la chaux communique à la bière une saveur désagréable, son emploi ne paraît pas devoir être recommandé.

Le *carrageen* ne possède pas la faculté d'être précipité par l'acide tannique, et ne peut, par suite, effectuer la clarification de la bière.

On avait cependant admis que le *carrageen* était très utile pour protéger le moût contre l'acidité pendant le refroidissement sur les bacs refroidissoirs. Dans ce but, on le faisait bouillir dans la chaudière à brasser avec le moût et le houblon. Müller [1] pense que, par sa nature mucilagineuse, il préserve de l'action de l'air le moût qui se trouve sur les bacs refroidissoirs; cette opinion me paraît cependant difficile à admettre. — Si le carrageen ou un autre mucus végétal quelconque peut réellement effectuer la clarification de la liqueur contenue dans la chaudière, et, par suite, la préserver contre l'acidité, on ne paraît pas, d'après ce que l'on sait jusqu'ici, pouvoir expliquer comment cela a lieu.

On a également recommandé le mucus de la semence de lin comme agent de clarification. On lave les semences avec de l'eau froide; on les fait bouillir dans l'eau et l'on ajoute

1. *Handbuch für Bierbrauer*, 1854, p. 350.

le liquide mucilagineux ainsi obtenu dans le moût en ébullition, une demi-heure avant d'ajouter le houblon [1].

Rousseau [2], au lieu de colle de poisson, conseille d'employer pour la clarification de la bière une autre substance qui est le cachou. Cette substance améliore le goût de la bière et la rend susceptible de se conserver plus longtemps. Si le cachou ne communique pas réellement à la bière une saveur désagréable, il peut être utilisé avantageusement pour la préserver de la décomposition : en effet, il contient de l'acide tannique et peut, par suite, précipiter les substances albumineuses : il agit donc comme le houblon.

Dans toute opération où il s'agit d'arriver à ce que des substances solides soient séparées de substances liquides, le moyen le plus simple à employer est de filtrer avec le plus de soin possible : cela s'applique par conséquent au moût que l'on transvase de la cuve-matière dans la chaudière, de la chaudière dans le bac refroidissoir ou de ce dernier dans la cuve-guilloire. En ce qui concerne la disposition du filtre, je la laisse à décider aux praticiens.

Dans beaucoup de brasseries, on fait passer au travers d'un filtre à houblon le liquide qui se rend de la chaudière dans les bacs refroidissoirs : ce filtre consiste en un sac ou en un tonneau rempli de houblon que la liqueur traverse pour en sortir claire. Disposé convenablement, ce mode de filtration paraît être le meilleur.

CHAPITRE VIII

DU REFROIDISSEMENT DU MOUT

La liqueur claire que l'on a soutirée de la chaudière, doit fermenter pour passer à l'état de bière.

Mais, avant que cette liqueur puisse fermenter, on doit la

1. *Polyt. Centr. bl.*, 1855, p. 319.
2. *Id.*, 1853, p. 1147.

faire refroidir; et, suivant la nature de la fermentation que l'on veut y déterminer, son refroidissement doit atteindre une température particulière. Le refroidissement doit avoir lieu rapidement : en effet, cette liqueur est encore très exposée à devenir acide.

Les causes pour lesquelles la liqueur devient acide peuvent être très différentes : elles peuvent avoir leur origine, soit dans les circonstances extérieures, soit dans le moût lui-même. Plus le moût est clair, moins il a de tendance à devenir acide : ce fait, que l'expérience a démontré exact, est d'une grande valeur tant au point de vue pratique qu'au point de vue théorique. Mais une température chaude et par suite un refroidissement plus lent, un orage, ainsi que les autres circonstances atmosphériques mal connues, qui déterminent l'altération rapide des sucs végétaux, du lait, de la viande, etc., peuvent exercer ici une action fâcheuse.

La malpropreté des bacs refroidissoirs, l'existence d'un agent de transformation susceptible de déterminer l'acidité, peuvent faire devenir instantanément acide la liqueur même la plus claire : en même temps, on voit quelquefois se produire tous les phénomènes d'une fermentation, et une certaine quantité de gaz acide carbonique se dégage à la surface de la liqueur refroidie. Il est par conséquent d'une grande importance de maintenir les bacs aussi propres que possible.

Si, du reste, la liqueur claire présente dès le maltage même une tendance à devenir acide, cette tendance se développera encore par la suite : si la liqueur est claire, cela ne l'empêche donc pas positivement de devenir acide. Mais, si elle est trouble, elle présente, dans tous les cas, une grande tendance à se décomposer.

Tout le monde sait que, en été, lorsque les sucs des plantes deviennent acides, il s'y produit de l'acide lactique, et tout le monde sait également que cet acide prend naissance lorsque le lait devient acide. Boutron et Fremy ont fait sur ce sujet des travaux dans lesquels ils en ont approfondi les particularités les plus intimes. Presque toutes les substances albumineuses possèdent la faculté de faire subir cette transformation à différentes espèces de sucre et notamment au sucre de fruits.

Aucune matière n'est plus apte à déterminer cette transformation que les particules d'albumine très divisée qui sont exposées au contact de l'air. Cette albumine devient alors un agent de transformation du sucre en acide lactique. La caséine et les substances albumineuses du malt possèdent également cette propriété à un très haut degré. Après l'ébullition du moût, ces substances albumineuses ne contiennent plus d'agent transformateur de l'amidon; mais, sous leur nouvel état, les matières albumineuses qui restent insolubles jouissent de la propriété d'absorber de l'oxygène et de se transformer en agent susceptible de déterminer la transformation du sucre en acide lactique. Il ne se produit ici, ni assimilation, ni séparation d'aucun des éléments du sucre : une simple modification du groupement moléculaire suffit (p. 155 et 186).

Pour obtenir une grande quantité d'acide lactique, on moud le malt en farine fine; on l'humecte avec de l'eau et on le laisse exposé à l'air : la pâte contient au bout de peu de jours une grande quantité d'acide lactique. Il en est de même d'une infusion aqueuse de malt préparée à froid. Déjà, dans l'empâtage, la liqueur sucrée présente une très grande tendance à donner naissance à de l'acide lactique : en effet, le moût, même après la cuisson, présente une grande tendance à devenir acide, si on ne le fait pas fermenter aussi rapidement que possible.

Une température élevée est favorable à la production de l'acide lactique : une température basse au contraire détermine dans la même liqueur la fermentation alcoolique. Il n'existe aucune raison d'admettre que ce soient deux matières albumineuses différentes qui donnent naissance à ces deux fermentations. La même matière albumineuse peut, à des températures différentes, devenir l'agent de la transformation du sucre en acide lactique ou l'agent du dédoublement du sucre en alcool et en acide carbonique.

Ce dernier mode d'action est celui qui doit se produire dans la préparation de la bière : il est donc nécessaire de faire refroidir aussi rapidement que possible le moût après sa sortie de la chaudière, afin de le faire passer aussi rapidement que possible à une température inférieure à celle de 30° à 25° qui est surtout favorable à la production de l'acide lactique, pour lui faire atteindre celle à laquelle le dédoublement du sucre en acide carbonique et en alcool a lieu.

Pour faire refroidir le moût, on le transvase en général dans des bacs peu profonds où on le fait séjourner pendant quelque temps : les bacs doivent être aussi propres que possible, afin de ne contenir aucun agent susceptible de déterminer une production d'acide lactique. C'est dans ce but que l'on s'est servi, dans ces derniers temps, de bacs refroidissoirs en fer ou d'un mode de disposition tout différent au moyen duquel on peut amoindrir le contact de l'air, qui favorise beaucoup la transformation du sucre contenu dans le moût en acide lactique. Je renverrai aux ouvrages qui traitent de la bière au point de vue pratique ceux de mes lecteurs qui voudraient étudier ce sujet avec détail.

Je ferai seulement mention ici de nouveaux appareils refroidisseurs dans lesquels le refroidissement est opéré au moyen d'eau froide et dont on a essayé de faire usage dans de bonnes brasseries dans le but d'obvier au grand inconvénient que présente le contact de l'air et à la tendance évidente à l'acidité que ce contact détermine dans le moût. On fait passer le moût dans des tubes que l'on refroidit extérieurement au moyen d'eau froide à une température déterminée. De cette manière, le moût se trouve complètement à l'abri du contact de l'air et est ainsi préservé des inconvénients qui résultent de ce contact.

Habich [1] a considéré la nécessité d'un bon refroidissement à cet autre point de vue qu'on ne peut pas préparer en été de la bière par fermentation avec dépôt, lorsqu'on suit la méthode de refroidissement ordinaire, mais qu'on peut en obtenir ainsi seulement dans la saison froide. Il dit que la question devrait être résolue de manière que l'on pût obtenir de bonne bière dans toutes les saisons, mais que, en été, on ne peut pas obtenir par la méthode ordinaire un refroidissement suffisant et que l'on ne peut pas, par suite, arriver à une bonne fermentation avec dépôt, et il pense qu'il serait tout à fait convenable d'apporter des améliorations aux appareils de refroidissement afin d'atteindre le but indiqué.

On peut obtenir un refroidissement plus considérable et plus rapide en accélérant l'évaporation du moût ou en déterminant une transmission plus rapide de sa chaleur à d'autres substances. Dans les bacs refroidissoirs en bois, c'est

1. Dingler's *Journal*, t. CIL, p. 63.

l'évaporation seule qui produit le refroidissement. En l'accélérant au moyen de ventilateurs, on arrive beaucoup mieux et plus rapidement au but proposé; il s'évapore ainsi une certaine quantité de liquide dont la perte peut être compensée par l'emploi d'une plus grande quantité d'eau dans l'empâtage.

L'évaporation de la liqueur sur les bacs refroidissoirs continue rapidement tant que le liquide est chaud et détermine un refroidissement proportionnel. Mais, lorsque la liqueur a atteint à peu près la température de l'air ambiant, l'évaporation devient faible et la liqueur cesse de se refroidir. Lorsque l'air est humide, l'évaporation de la liqueur est peu considérable et le refroidissement est très limité.

Par la transmission de la chaleur, on atteint également le but : on emploie alors, au lieu de bacs refroidissoirs en bois, des bacs refroidissoirs en fer qui sont refroidis extérieurement au moyen d'eau froide : ce refroidissement s'effectue du reste d'autant plus rapidement que l'eau est plus froide et qu'elle est renouvelée plus souvent.

En multipliant les surfaces par lesquelles le refroidissement s'opère, on diminue les frais que peut occasionner le déplacement d'une grande quantité d'eau froide.

Tels sont les principes théoriques dont la pratique fait déjà l'application d'une manière ou d'une autre dans les bonnes brasseries. C'est ainsi, par exemple, que l'on fait couler l'eau froide dans des tuyaux de métal plongés dans le liquide à refroidir; mais, comme le liquide chaud occupe la partie supérieure, on place les tubes refroidisseurs précisément au-dessous de la surface du liquide à refroidir que que l'on maintient en mouvement.

Deux bacs refroidissoirs sont nécessaires : l'un dans lequel on fait refroidir la liqueur chaude par évaporation, et le second dans lequel on détermine le refroidissement par la transmission de la chaleur au moyen des tubes dont nous venons de parler.

Habich recommande cette méthode comme très bonne.

Mais, pour pouvoir opérer ainsi le refroidissement, de grandes quantités d'eau sont nécessaires. Admettons que la liqueur reste dans le premier bac jusqu'à ce qu'elle soit à une température de 37°,5 et que 10000 livres doivent être refroidies artificiellement jusqu'à 12°,5, au moyen d'un courant d'eau à une température de 10°,5. passant dans les tubes :

on trouve alors :

	Quantités de chaleur.
10000 livres de liqueur à 37°,5. donnent..........	375000
10000 — — à 12°,5, donnent..........	125000
L'eau, en effectuant le refroidissement, doit donc enlever..............................	250000

Mais l'eau qui sert à effectuer le refroidissement a elle-même une température de 10°,5 et ne diffère que de 2 degrés de la température de 12°,5 ; elle ne peut donc déterminer un refroidissement que de 2 degrés, Il est donc nécessaire d'employer 250000/2 = 125000 livres d'eau pour déterminer le refroidissement de la liqueur jusqu'à 12°,5 avec de l'eau à 10°,5.

Afin de n'avoir besoin que d'une quantité d'eau moins considérable, Habich amène l'eau froide dans des bacs en fer assez élevés qui contiennent le moût encore chaud (admettons que la liqueur ait 80°,5 et l'eau froide 10°,5) ; si les tubes sont disposés de telle façon que l'eau froide pénètre par la partie inférieure de la cuve pour monter ensuite à la partie supérieure, on sera dispensé d'employer une quantité d'eau aussi considérable : en effet, la couche inférieure du moût passe rapidement à une température de 10°,5 ; les couches placées au-dessus sont plus chaudes et la couche supérieure est la plus chaude, en sorte que le liquide qui monte dans les tubes devient de plus en plus chaud, mais doit toujours se trouver à une température inférieure relativement au moût. Pour mieux nous faire comprendre, subdivisons par exemple le moût en huit couches et admettons que le moût présente une température de 80°,5 et que l'on introduise par en bas de l'eau à 10°,5 au moyen de tubes disposés verticalement ; si l'eau qui s'écoule par la partie supérieure présente une température de 70°, nous observons dans les huit couches un refroidissement qui peut être représenté approximativement de la manière suivante, en allant de haut en bas.

	Moût.	Eau froide	Perte de chaleur.
1.............	80°,5	70°,5	10
2.............	70°,5	60°,5	10
3.............	60°,5	50°,5	10
4.............	50°,5	40°,5	10
5.............	40°,5	30°,5	10

	Moût.	Eau froide.	Perte de chaleur.
6.............	30°,5	20°,5	10
7.............	20°,5	10°,5	10
8.............	10°,5	10°,0	0

De cette manière, on peut effectuer un refroidissement très notable du moût au moyen d'une quantité d'eau froide relativement plus faible et l'on peut en outre utiliser dans la brasserie l'eau qui s'écoule des tubes refroidisseurs.

Ce procédé paraît atteindre le but indiqué : au lieu d'un bac élevé, on peut mettre deux bacs plus petits l'un à côté de l'autre et utiliser seulement dans la brasserie l'eau la plus chaude, tandis que l'on fait traverser le second bac à l'eau qui est plus froide. Enfin on peut amener par l'addition de morceaux de glace le moût à une température aussi basse qu'on peut le désirer.

Lorsqu'on met ce procédé en pratique, on ne se trouve plus en présence de la difficulté qui est inhérente à la circulation du moût dans des tubes qui sont refroidis extérieurement par l'eau, et qui consiste en ce que ces tubes ne peuvent jamais être nettoyés aussi bien que les bacs. Par la méthode de Habich, le refroidissement a lieu rapidement, ce qui amoindrit beaucoup les effets fâcheux qui peuvent résulter pour le moût de son séjour au contact de l'air.

Si l'on emploie la méthode ordinaire de refroidissement dans des bacs en bois ouverts, la liqueur chaude que l'on y a placée doit y séjourner plusieurs heures. Lorsque cela est possible, on doit en été mettre de préférence le moût dans le bac, le soir. Les bacs refroidissoirs doivent être placés autant que possible dans un courant d'air, mais on doit les préserver avec soin de la pluie. On y laisse séjourner le moût jusqu'à ce qu'il soit arrivé au degré de refroidissement voulu qui varie suivant la bière que l'on veut obtenir et que nous indiquerons plus tard en traitant de la fermentation.

Lorsque, en été, on n'a pas pu refroidir suffisamment sur les bacs refroidissoirs un moût que l'on destine à la préparation de la bière par fermentation avec dépôt, on ajoute à la liqueur, avant d'y déterminer la fermentation, de petits morceaux de glace, afin d'obtenir la température désirée.

Dans les bacs refroidissoirs, il se sépare une substance floconneuse (désignée par les brasseurs allemands sous le nom de *Kühlgeläger*) que nous devons examiner d'une manière plus approfondie.

La quantité de cette substance floconneuse a été estimée par Balling[1] à 1/2 livre pour 100 livres de malt. Balling la considère comme étant de l'albumine. Toutefois ce précipité est éminemment composé de deux substances différentes : une portion s'est produite par l'action de l'air, tandis que l'autre s'est déposée par le refroidissement. Si on laisse refroidir la liqueur chaude et complètement claire dans un flacon qui en soit complètement rempli et qui soit fermé, elle donne par le refroidissement un dépôt qui se redissout de nouveau par l'action de la chaleur. Si l'on décante ensuite dans une capsule large le contenu clair et refroidi, du flacon, il se trouble et ce trouble provient évidemment de l'action de l'air.

Ces deux précipités ne sont évidemment pas de la même nature. La matière qui se dépose pendant le refroidissement paraît être une combinaison de l'acide tannique du houblon avec de l'empois non modifié. L'empois forme avec l'acide tannique un précipité qui se dissout par l'action de la chaleur, mais qui se sépare de nouveau par le refroidissement.

J'ai observé, sur un dépôt de ce genre qui s'était produit dans un bac refroidissoir, que, après l'avoir fait bouillir et l'avoir filtré chaud, il se troublait encore par le refroidissement. L'iode indiquait dans la liqueur la présence d'une quantité considérable d'amidon, et le sesquichlorure de fer indiquait la présence de l'acide tannique.

La production de ce précipité n'est pas du tout à désirer dans la préparation de la bière; lorsqu'il se produit, la bière est moins susceptible de se conserver : en effet l'amidon qui est resté dans le moût sans se modifier augmente sa tendance à devenir acide.

Un bon moût ne présente en aucune manière les réactions de l'amidon : on n'a donc pas à craindre que ce dépôt s'y produise. Mais s'il est resté de l'amidon dans le moût, cet amidon détermine dans les bacs refroidissoirs une précipitation de tannate d'amidon.

Si l'on ajoute une dissolution d'acide tannique à de l'eau amidonnée et si l'on chauffe, le précipité qui s'était formé

1. *Loc. cit.*, p. 243, ou 3e édit., t. I, fascicule I, p. 164.

d'abord disparaît; mais il reparaît par le refroidissement. C'est un trouble de la même nature que l'on observe, après le refroidissement, dans une décoction d'écorce de quinquina et dans un grand nombre d'autres liquides.

Balling parle ici de la précipitation de la dextrine par l'acide tannique : mais la dextrine n'est pas précipitée par l'acide tannique. En effet qu'adviendrait-il de l'acide tannique du houblon dans le moût qui est si riche en dextrine si l'acide tannique donnait avec la dextrine un précipité? On a confondu ici l'empois avec la dextrine : l'empois est précipité par l'acide tannique, tandis que la dextrine ne l'est pas.

Balling pense que l'acide tannique du houblon, pouvant se transformer facilement en acide gallique par son contact prolongé avec l'air dans les bacs refroidissoirs, subit non seulement cette transformation par suite de laquelle il n'existe plus d'acide tannique dans la liqueur, mais, en outre, détermine, en se décomposant, la décomposition des autres substances et devient ainsi la cause pour laquelle la liqueur devient acide. Son opinion est que l'on doit, au moyen d'un agent de clarification que l'on introduit dans le moût, séparer tout l'acide tannique qui peut s'y trouver : de cette manière, il n'y existe plus d'acide tannique qui puisse passer à l'état d'acide gallique et déterminer l'acidité de la liqueur contenue dans les bacs refroidissoirs.

Je suis précisément d'une opinion tout opposée et je m'appuie d'abord ici sur ce résultat de l'expérience qu'un grand nombre de bières, qui ont été fabriquées sans que l'on y ait ajouté aucun agent clarificateur, ne deviennent pas acides : je m'appuie en outre sur la grande lenteur de la transformation de l'acide tannique en acide gallique, du moins par comparaison avec le temps que la liqueur séjourne sur les bacs refroidissoirs pour arriver au refroidissement. En outre, il existe d'autres substances, en quantités considérables, qui présentent une grande tendance à la décomposition, comme les substances qui doivent précisément concourir à la production de cette levure, laquelle doit être plus tard l'agent de la fermentation, en sorte qu'il n'est pas besoin de recourir à une autre substance qui serait susceptible de mettre les molécules en mouvement; dans tous les cas, l'action que pourrait exercer dans ce sens l'acide tannique en se transformant en acide gallique, est très peu énergique.

L'autre portion du dépôt qui se produit par l'action de l'air est une combinaison de matière albumineuse, d'acide tannique et d'apothème d'acide tannique : cette dernière substance s'est produite par l'action de l'air. Cette portion du dépôt est brune : elle est soluble dans les alcalis et peut être précipitée de cette dissolution par l'action des acides. Elle se dissout dans l'acide acétique concentré et peut être précipitée de la dissolution par un alcali. La prussiate jaune de potasse produit dans la dissolution acétique un abondant précipité d'albumine. Une dissolution concentrée de potasse en dégage de l'ammoniaque : si l'on traite le dépôt par la potasse sur une lame d'argent, cette lame est noircie par suite d'une production de sulfure d'argent : tous ces caractères y démontrent la présence d'une substance albumineuse. La dissolution acétique de cette substance est colorée en noir par un sel de sesquioxyde de fer. Il s'y trouve donc de l'acide tannique : le précipité est donc du tannate d'albumine.

Knapp[1], qui indique la plupart de ces réactions que j'ai du reste toutes vérifiées, dit que, dans un moût où ce dépôt s'est effectué, il ne reste plus d'acide tannique.

Mais, dans le moût aussi bien que dans la bière, les réactifs peuvent facilement induire en erreur en ce qui est relatif à l'acide tannique : en effet, dans ces deux liquides, l'acide tannique n'est pas précipité par la colle de poisson. Le tannate de colle de poisson, comme le tannate d'albumine, se dissout facilement dans l'acide lactique. Or, comme, dans le moût ainsi que dans la bière, il existe de l'acide lactique, la présence de l'acide tannique peut ne pas y être indiquée par la colle de poisson, à moins que l'acide lactique n'ait été préalablement neutralisé par une base. La question de savoir s'il existe ou non de l'acide tannique dans le liquide qui se trouve sur les bacs refroidissoirs ne peut assurément présenter aucun doute : mais il nous resterait à savoir si l'acide tannique reste à cet état dans la bière, ou si cet acide se transforme lentement en acide gallique.

Le dépôt dont il vient d'être question contient de plus une petite quantité de la substance amère du houblon : en effet, lorsqu'on le traite par l'alcool, il lui communique une saveur amère.

1. *Loc. cit.*, p. 338.

Lorsque la liqueur a atteint le degré de refroidissement désiré, on la filtre avec soin pour en séparer toute trace de dépôt, puis on la fait fermenter.

CHAPITRE IX

FERMENTATION DU MOUT.

Lorsque le moût est refroidi, on le fait fermenter.

Le but de la fermentation est de transformer en alcool et en acide carbonique une très grande partie du sucre contenu dans le moût : on doit toutefois avoir soin qu'il reste encore dans la liqueur une certaine quantité de sucre qui ne soit pas décomposée. Le moût passe enfin ainsi à l'état de bière.

Je pense qu'il n'est pas utile d'indiquer de nouveau ici les circonstances déterminantes de la fermentation que j'ai examinées avec détail dans un autre ouvrage[1]. J'indiquerai cependant ici quelques particularités qui n'avaient pas trouvé place dans cet ouvrage et qui me paraissent utiles à faire connaître.

On fait refroidir le moût dans les bacs refroidissoirs, soit à une température de 14° à 20°, soit à une température de 6° à 8°, suivant que l'on veut s'en servir pour préparer de la bière par fermentation superficielle ou par fermentation avec dépôt, et on le maintient autant que possible à la même température, en ayant soin d'éviter qu'elle ne subisse aucune variation. C'est précisément dans les localités où cette condition est la plus complètement remplie que l'on prépare la meilleure bière.

Les cuves-guilloires sont ouvertes ou fermées. Dans ces dernières, la fermentation s'effectue beaucoup mieux et suit une marche beaucoup plus régulière. Certaines cuves-guilloires sont disposées de telle façon que l'acide carbo-

1. *De Wijn, Scheikundig Onderzocht*, p. 42.

nique puisse bien se dégager, mais que l'air ne puisse pas y avoir accès.

Dans la préparation de certaines bières, comme les bières belges connues sous les noms de faro et de lambick, on transvase directement, ainsi que nous l'avons déjà indiqué, le moût convenablement refroidi dans des tonneaux où on l'abandonne à lui-même, pour qu'il y subisse une fermentation lente, sans qu'on y ajoute de ferment.

Il existe deux sortes de fermentation : la fermentation superficielle (en Hollandais, *boven-gisting :* en allemand, *Obergährung*) et la fermentation avec dépôt (en hollandais, *ondergisting;* en allemand, *Untergährung*); la première exige la plus élevée et la seconde la plus basse des températures indiquées. Leur dénomination indique la nature des deux phénomènes. Dans la fermentation superficielle, le ferment monte à la surface sous forme d'écume; dans la fermentation avec dépôt, il reste en grande partie au fond. La fermentation superficielle est rapide; la fermentation avec dépôt est lente. Dans la préparation des bières hollandaises, on se sert surtout du premier mode de fermentation, tandis que, dans la préparation des bières de Bavière, on on emploie généralement le second.

Les deux sortes de fermentation sont déterminées par du ferment provenant d'une fermentation de même dénomination. Pour la fermentation des bières de Bavière, on ajoute donc à la liqueur qui s'écoule du bac refroidissoir dans la cuve-guilloire, une petite quantité de ferment provenant d'une fermentation avec dépôt qui l'ait précédée. Pour préparer les autres bières, on a besoin d'un ferment provenant d'une fermentation superficielle. Le ferment, quelle que soit son espèce, exerce la même action chimique sur le sucre contenu dans le moût, c'est-à-dire qu'il le transforme en alcool qui reste dans la liqueur et en acide carbonique qui se dégage : mais les phénomènes extérieurs qui accompagnent cette fermentation diffèrent suivant l'espèce du ferment. Malgré cette différence dans les phénomènes extérieurs de la fermentation il se produit bien du ferment dans les deux cas : mais, dans l'un des deux cas, le ferment qui se produit est susceptible de déterminer une fermentation rapide, tandis que, dans l'autre cas, il possède la faculté de déterminer une fermentation lente.

Dans la fermentation de la bière, on distingue deux phases

principales : la fermentation qui commence immédiatement après l'addition du ferment et continue lentement jusqu'à un certain degré, en donnant naissance à une écume, et la fermentation qui la suit et qui est accompagnée d'une production de ferment. Dans la première, le ferment que l'on ajoute est détruit; dans la seconde qui donne naissance à une écume bien distincte de la première, il se produit une quantité de ferment cinq fois plus grande que celle qui avait été ajoutée d'abord. La première, fermentation peut être désignée sous le nom de fermentation produisant de l'écume (en hollandais, *schuim-gisting*, en allemand, *Schaumgährung*), et la seconde sous le nom de fermentation produisant de la levure (en hollandais *gist-gisting;* en allemand, *Hefegährung*). La fermentation complémentaire (en hollandais, *na-gisting* , en allemand, *Nachgährung*) dont nous nous occuperons plus tard, est différente des deux précédentes.

Nous devons rappeler que l'on a fait bouillir le moût et qu'on l'a fait bouillir avec du houblon, et que cette ébullition et l'évaporation qui en est résultée ont fait perdre au moût, par coagulation, une certaine quantité de substances albumineuses : nous avons vu en effet que ces substances albumineuses se séparent dans la chaudière par l'ébullition, soit sous forme de grumeaux, soit sous forme d'écume. — Cependant le moût tient encore en dissolution une assez grande quantité de substances albumineuses à un état tel qu'une addition tout à fait peu considérable de ferment provenant d'une fermentation antérieure suffit pour déterminer la fermentation du moût et que, pendant cette fermentation, il se produit une quantité considérable de ferment.

Cette particularité mérite que nous l'examinions avant d'étudier de plus près la différence qui existe entre la fermentation superficielle et la fermentation avec dépôt. On admet généralement que, par l'ébullition, les matières albumineuses contenues dans une liqueur se coagulent et se séparent ainsi de la liqueur : la production du ferment dans la fermentation de la bière nous apprend que, après l'ébullition du moût, une grande quantité de substance albumineuse reste au contraire dissoute tandis qu'une partie seulement est coagulée.

Il a été question (p. 101) de l'existence de différentes matières albumineuses dans le moût, de la diminution des matières albumineuses insolubles par la germination et de l'augmentation des matières albumineuses solubles. On a fait remarquer qu'il y existait des matières albumineuses coagulables, mais qu'il s'y rencontrait aussi d'autres matières albumineuses qui n'étaient pas coagulées par la chaleur et qu'il se trouvait dans le moût une quantité considérable de ces dernières.

Résumons ce que nous avons dit p. 101, et faisons-en l'application à la préparation de la bière. Dans 100 livres de malt, il se trouve presque une demi-livre de matières albumineuses coagulables par l'action de la chaleur. Une demi-livre de matières albumineuses coagulables pour 700 livres d'eau par exemple (ce qui représente la proportion relative d'eau que l'on emploie dans la préparation de la petite bière) peut déjà manifester bien nettement sa présence dans la chaudière, en se rendant à la surface sous forme d'écume.

Après que l'on a séparé par l'action de la chaleur les substances coagulables dont une grande partie s'était déjà séparée dans la cuve matière, un moût provenant du traitement de 100 livres de malt par 700 livres d'eau contient encore 2 livres de substances albumineuses solubles (p. 101).

On ne connaît pas la quantité de ces matières albumineuses qui est précipitée par l'acide tannique du houblon ; mais nous avons montré (p. 106) qu'une partie de ces matières albumineuses échappe à l'action de l'acide tannique : en effet, une partie des matières albumineuses n'est pas précipitée par l'acide tannique, ce qui vient, entre autres raisons, de la présence d'une certaine quantité d'acide lactique.

Dans le vin, c'est la présence de l'acide tartrique qui est la cause pour laquelle l'acide tannique peut se trouver en présence de substances albumineuses sous forme soluble sans en effectuer la précipitation ; dans le moût, c'est, entre autres causes, à la présence d'une certaine quantité d'acide lactique (en effet, cet acide ne fait jamais défaut), que l'on doit attribuer ce phénomène. Si l'on ajoute de l'acide lactique à du blanc d'œuf, l'acide tannique ne peut plus y produire de précipité de tannate d'albumine, même par l'ébullition.

Il n'existe donc pas dans le moût une matière albumineuse, de nature spéciale, qui ne soit pas précipitée par l'acide tannique : la combinaison se forme bien, mais elle est maintenue en dissolution par la présence d'un acide [1].

Je pense que nous nous sommes ainsi rendu compte de la possibilité de l'existence d'une quantité considérable de matières albumineuses sous forme soluble dans le moût, même après son ébullition avec l'acide tannique, d'une manière suffisante pour que nous ne soyons pas étonnés de la séparation d'une quantité notable de nouveau ferment.

Il ne convient pas, du reste, de désigner par le nom de gluten (*kleber*), comme quelques auteurs le font pour abréger, les substances albumineuses qui sont restées ainsi en dissolution dans le moût. Nous ne connaissons pas la nature des substances albumineuses qui restent dissoutes dans le moût après son ébullition, et nous ne savons pas quelle est la substance génératrice de la levure. Du reste, cela importe peu; en effet, la levure peut avoir pour substances génératrices des substances très différentes.

1. Un assez grand nombre d'acides, et notamment l'acide sulfurique, exercent une action contraire à la fermentation. Berzelius avait déjà indiqué que 1/1000 d'acide sulfurique ralentissait la fermentation. Calvert (*Journal de Pharmacie et de Chimie*, 3e série, t. IX, p. 92, 1846) a fait observer que 1/15000 à 1/16000 d'acide sulfurique, et même une quantité encore plus petite de cet acide, détermine un ralentissement de la fermentation. Tandis que la fermentation du moût s'accomplit en 24 heures, elle dure huit jours pour le même moût auquel on a ajouté une petite quantité d'acide sulfurique. Le moût présente donc alors une grande tendance à subir cette fermentation visqueuse dont j'ai parlé ailleurs. (*De Wijn*, p. 101.)

Avec une dissolution de sucre additionnée de ferment, on obtient les mêmes résultats.

Cette observation présente une certaine valeur relativement à la préparation de la bière. En France, où l'on ajoute au moût du sirop de fécule qui a été préparé au moyen de l'acide sulfurique, cette observation présente encore une plus grande importance.

L'acide phosphorique ne paraît pas jouir de cette propriété : du moins, elle ne paraît pas se rencontrer dans les phosphates acides qui existent dans le ferment. L'acide lactique ne paraît pas exercer une action contraire à la fermentation alcoolique, du moins lorsqu'il n'est pas en trop grande quantité.

Nous croyons devoir encore mentionner ici sur le même sujet l'opinion de Berthelot, qui (*Chimie organique fondée sur la synthèse*, t. II, p. 611) s'exprime ainsi : « La présence des acides minéraux, employés à la dose de quelques centièmes au moins, s'oppose à l'action de la levure. Au contraire, une très faible proportion d'un acide, et surtout d'un acide organique, facilite cette même action. » Cette opinion ne s'accorde, comme on le voit, qu'incomplètement avec celles de Berzelius et de Calvert.

Ce sujet, très important au point de vue de ses conséquences pratiques, sur lequel on pourrait encore consulter l'ouvrage de Balling (*Gährung's Chemie*, t. I, fascicule I, p. 128, 2e édition), mériterait assurément d'être élucidé par de nouvelles expériences comparatives.

Il se présente cependant une particularité sur laquelle nous devons nous arrêter : elle est relative au changement particulier que les substances albumineuses subissent lorsqu'elles se coagulent au sein d'une liqueur bouillante et lorsqu'on les fait bouillir avec cette liqueur. Le moût est porté à l'ébullition et, par suite, les matières albumineuses coagulables s'en séparent; mais la liqueur bouillante réagit ensuite sur les matières coagulées.

Par l'ébullition, l'albumine est tranformée de nouveau partiellement en une substance soluble dans l'eau, dont les propriétés se distinguent en partie, mais non en totalité, de celles des substances qui appartiennent à la série des matières albumineuses : cette substance prend également naissance par l'action de l'eau bouillante sur l'albumine animale, sur la fibrine, sur les couennes inflammatoires, et sur les autres matières de nature analogue. Je lui ai trouvé pour composition $C^{36}H^{25}Az^{4}O^{13}$ [1]. Elle se trouvait combinée avec de l'ammoniaque et de l'eau. Cette composition ne peut nous donner aucune indication relativement à la nature de cette substance. Elle nous fait voir seulement que, dans cette matière, le carbone, l'hydrogène et l'azote se trouvent dans le même rapport que dans l'albumine qui l'a produite, tandis que l'oxygène s'y trouve en plus grande quantité que dans l'albumine, et dans un rapport tel que, le groupement organique de l'albumine étant représenté par la formule $C^{36}H^{25}Az^{4}O^{10}$, la substance indiquée devra contenir O^{3} en plus.

Cette substance prend donc naissance aux dépens de l'albumine pendant l'ébullition du moût dans la chaudière et se trouve par conséquent contenue dans la bière.

Lorsqu'on traite la levure par l'eau bouillante ou par l'eau froide, on obtient une substance soluble dans l'eau, qui est un produit de décomposition du contenu albumineux de la levure, et dans laquelle le rapport entre le carbone et l'azote est encore le même que dans toutes les substances albumineuses, c'est-à-dire de 36 à 4 [2]. Cette substance est une partie constituante essentielle de la levure : c'est un premier produit de cette décomposition de la levure qui est la cause de la fermentation.

1. *Scheik. onderz.*, t. IV, p. 283.
2. *Scheik. onderz.*, t. II, p. 460.

Si nous comparons la composition de cette substance avec celle des substances albumineuses, nous trouvons qu'elle est exprimée par la formule $C^{36}H^{25}N^{4}O^{15} + 8HO$. On obtient donc :

Groupement organique de l'albumine............	$C^{36}H^{25}Az^{4}O^{10}$
Groupement organique de la substance qui se produit par l'action de l'eau bouillante sur l'albumine	$C^{36}H^{25}Az^{4}O^{13}$
Groupement organique de l'extrait aqueux de levure.	$C^{36}H^{25}Az^{4}O^{15}$

La deuxième substance, celle par conséquent qui se produit dans le moût par l'ébullition, est donc en voie de se transformer en extrait de levure, c'est-à-dire en une substance qui existe dans la levure et qui, pouvant être enlevée à la levure par l'eau froide, forme par conséquent une des parties constituantes de la bière.

Nous pouvons bien ne pas connaître parfaitement leur nature, mais ce n'est pas une raison pour ne pas reconnaître leur existence, lors même qu'elle ne serait pas favorable aux idées de certaines personnes. — Nous savons du moins que, par l'ébullition de l'albumine qui s'était d'abord coagulée, il passe dans le moût une substance soluble qui contient plus d'oxygène que l'albumine et qui, en s'assimilant encore une nouvelle quantité d'oxygène, peut se transformer en cet extrait aqueux de levure qui doit devenir ultérieurement une des parties constituantes de la bière.

Nous avons vu que 100 livres de malt contiennent 2 livres de substances albumineuses solubles. Il s'y trouve donc des matériaux plus que suffisants pour former le contenu des cellules de levure qui doivent prendre naissance : en ce qui concerne les enveloppes de ces mêmes cellules, elles doivent se former aux dépens de la dextrine dont il existe une grande quantité dans le moût [1].

Si, ainsi que cela existe réellement, nous admettons, dans les cellules de la levure, 3 parties de substances albumineuses pour 2 parties de cellulose [2], et, dans 100 livres de

1. Suivant Pasteur (*Annales de Chimie et de Physique*, 3e série, t. LVIII, p. 323 et suivantes, 1860), ce serait aux dépens des éléments du sucre que la cellulose de la levure se produit. M. Pasteur se fonde ici sur ce fait qu'il a observé une production de levure dans un milieu formé de sucre, d'un sel ammoniacal et de phosphates, et sur ce que, dans la fermentation du sucre en présence de matières albuminoïdes, il y a dans la levure plus de cellulose après qu'avant la fermentation.

2. *Scheik. onderz.*, t. II, p. 447, 1845.

malt, 2 livres de substances albumineuses solubles, nous reconnaîtrons qu'il y a des matériaux suffisants pour donner naissance à 3,3 livres de levure entièrement sèche. Si, d'autre part, nous admettons 75 p. 100 d'eau dans la levure soi-disant sèche, nous trouvons que 100 livres de malt peuvent donner 13 livres de levure dite sèche, c'est-à-dire de levure solide, non liquide.

On ne doit donc pas être étonné de trouver dans les cuves-guilloires des brasseries une quantité de levure quintuple de celle que l'on avait ajoutée au moût pour en déterminer la fermentation.

Revenons maintenant à l'examen de la fermentation telle qu'elle a lieu dans la cuve-guilloire.

Aussitôt que l'on ajoute de la levure superficielle ou de la levure de dépôt [1] au moût suffisamment refroidi, il commence à se produire dans ce moût, pourvu qu'il soit à une température convenable, une fermentation superficielle ou une fermentation avec dépôt qui, en suivant régulièrement son cours, donne ultérieurement naissance à une nouvelle quantité de levure superficielle ou de levure par dépôt. La levure que l'on ajoute détermine la première fermentation, et de cette première fermentation dépend le fermentation ultérieure ainsi que la formation de la nouvelle levure.

La levure superficielle, ainsi qu'on l'admet généralement, ne se distingue sous aucun rapport de la levure par dépôt, c'est-à-dire que, par l'analyse, on n'a pu constater entre elles aucune différence. Le fait que la levure superficielle monte surtout à la surface sous forme d'écume, tandis que la levure par dépôt se rassemble surtout au fond de la cuve, vient seulement de ce que la levure superficielle détermine une action beaucoup plus vive, tandis que la levure par dépôt détermine une action plus lente. Dans le premier cas, les bulles d'acide carbonique, qui sont beau-

1. Dans son mémoire sur la fermentation alcoolique, M. Pasteur (*Annales de Chimie et de Physique*, 3e série, t. LVIII, p. 323 et suivantes, 1860), désigne ces deux sortes de levures sous les noms de *levure supérieure* (*boven-gist*) et de *levure inférieure* (*onder-gist*). Les dénominations de levure superficielle et de levure de dépôt qui avaient été adoptées par Gerhardt (Liebig, *Traité de Chimie organique*, traduction française, Paris, 1840, t. I, introduction, p. XLII), nous ont paru devoir être préférées et donnent à notre avis une idée plus exacte de la nature des phénomènes.

coup plus fortes, soulèvent la levure et maintiennent à la surface les globules de levure auxquels elles adhèrent. Mais la forme des globules est la même : leur contenu dans les deux sortes de levure est d'abord transparent, puis devient grenu. Dans la levure superficielle, il se forme près d'un globule un autre globule, et sur un autre point un troisième, près desquels il vient s'en former d'autres, en sorte que, au bout de quelque temps, il s'est ainsi produit une suite de globules reliés entre eux, se ramifiant plus ou moins. Dans la fermentation par dépôt, les globules, au contraire, ne sont pas reliés entre eux, mais restent toujours libres, c'est-à-dire qu'ils se séparent de la cellule génératrice (*moeder celletjes*) aussitôt après leur formation.

L'action des deux sortes de levure consiste, ainsi que nous l'avons indiqué dans un autre ouvrage [1], en une décomposition du contenu des cellules qui se manifeste d'abord par une dissolution de ce contenu et qui, en poursuivant son cours ultérieur, peut même aller jusqu'à une production d'ammoniaque [2]. La décomposition que ces deux sortes de levure subissent ainsi s'étend au sucre avec lequel elles se trouvent en contact.

Ainsi, par l'addition de la levure superficielle ou de la levure de dépôt, le sucre du moût préalablement bouilli passe à l'état d'activité chimique, et il se produit d'abord de la levure aux dépens des éléments des parties constituantes de la liqueur; en même temps la quantité de sucre contenue dans cette liqueur diminue tandis que la quantité d'alcool augmente dans la même proportion, et la réaction a lieu dans un rapport tel que 2475 parties (en poids) de sucre de fruits donnent naissance à 1150 parties (en poids) d'alcool, avec dégagement de 1100 parties (en poids) d'acide carbonique : il reste seulement dans la liqueur une petite quantité de ce dernier qui, même dans le cas où il y en a le plus, est toujours moindre que le volume de la liqueur. — Il se produit donc un poids d'alcool égal à la moitié de celui du sucre décomposé, tandis que l'autre moitié nous représente

1. *De Wijn*, l. c.
2. Suivant M. Pasteur (*loc. cit.*, p. 376), « l'azote de la levure ne se transforme jamais en ammoniaque pendant la fermentation alcoolique. Loin qu'il se forme de l'ammoniaque, celle que l'on ajoute peut même disparaître. » Les expériences que M. Pasteur cite à l'appui de cette proposition ne nous paraissent pas convaincantes, ni démonstratives.

à peu près le poids de l'acide carbonique qui se dégage ; nous prenons ici pour formule du sucre de fruits $C^{12}H^{14}O^{14}=2475$. — Le reste, qui est de 225 parties (en poids), représente deux équivalents d'eau qui se sont séparés de la combinaison.

Bien que ce soit déjà une transformation importante que subit la liqueur, elle n'est cependant pas la seule : aux dépens des parties constituantes du moût, il se produit de la levure qui se sépare, et cette production de levure enlève au moût, outre le sucre, une quantité d'autres substances nutritives d'autant plus considérable que la quantité de levure produite est plus grande. Les parties constituantes nutritives que la production de la levure enlève ainsi au moût, sont les substances albumineuses qui peuvent assurément être considérées comme tenant le premier rang parmi les substances nutritives, et qui, bien que sous une autre forme, constituent le principe nutritif le plus important des grains, et, d'autre part, la dextrine dont il existe une quantité considérable dans le moût. Cette dernière paraît fournir surtout les matériaux de l'enveloppe des cellules de la levure : la dextrine $C^{12}H^{10}O^{10}$, qui est soluble, se transforme alors en cellulose $C^{24}H^{21}O^{21}$, qui est insoluble. Plus, par conséquent, la quantité de levure produite est considérable, plus la quantité de dextrine perdue par la liqueur est grande et moins la bière doit être nutritive. Plus la quantité de dextrine qui est transformée en cellulose est grande, plus est considérable la quantité de matière albumineuse qui, formant le contenu des globules de la levure, disparaît de la liqueur avec la levure, et plus la bière doit devenir pauvre en celle de ses parties constituantes qui est la plus nutritive, qui est essentiellement nutritive.

La production de la levure dans la fermentation de la bière n'est donc pas un résultat que l'on doive désirer atteindre par la fermentation; mais c'est un résultat que l'on ne peut pas éviter. Je ne sais pas si l'on a poussé sur ce sujet les expériences jusqu'au point de déterminer si, suivant que l'on ajoute une quantité plus ou moins grande de levure à la liqueur que l'on fait fermenter, la quantité de levure qui se produit diminue ou augmente, mais il ne paraît pas douteux que l'addition d'une autre quantité de levure ne doive avoir pour conséquence une augmentation ou une diminution de la quantité de levure produite. Il est en outre positif que, moins il se produit de levure, plus la quantité de substances albumineuses et de dextrine qui reste dans la bière est considérable, et plus la bière est nutritive.

Un champ considérable d'expériences nouvelles s'est ouvert ici depuis que cette théorie si étrange dans laquelle on considérait la fermentation comme la conséquence d'une végétation, a fait place à celle dans laquelle on applique à la fermentation la théorie de Stahl sur les molécules en mouvement. Cela du reste ne s'applique pas seulement au point de vue technique, à la préparation de la bière; mais cela s'applique aussi au point de vue scientifique.

Si l'on ajoute de la levure à une dissolution de sucre pur, la levure est décomposée; mais, d'autre part, les cellules séparées de la substance propre de la levure se sont épaissies par une adjonction de cellulose qui n'a pu se former qu'aux dépens du sucre : la levure qui avait servi à la fermentation était devenue plus lourde[1].

Nous croyons du reste devoir faire observer que, s'il nous paraît admissible que, partout où il se trouve simultanément de la dextrine et du sucre dans une liqueur fermentée, la substance qui doit servir à la production de la cellulose est la dextrine et non le sucre, cette hypothèse n'a pas encore reçu la confirmation de l'expérience.

Il n'est pas démontré davantage que, dans la production e la levure, les nouvelles cellules sont formées par la dextrine et non par le sucre.

Mais ce qui est encore plus important, si l'on sait actuellement d'une manière positive qu'il peut y avoir fermentation sans production de ferment, on sait aussi qu'il peut y avoir fermentation avec production de ferment. Mais on ne sait pas quelle relation existe entre les deux phénomènes et comment la fermentation sans production de ferment vient se relier à la fermentation avec production de ferment.

M. Pasteur a publié récemment[2] sur la fermentation des recherches que nous croyons devoir résumer ici. Ce chimiste est un des défenseurs de la théorie dans laquelle

1. Schmidt, *Annalen der Chem. und Pharm.*, t. LXI, p. 168. — L'expérience de Schmidt et celle de M. Pasteur que nous avons indiquée dans la note de la page 212, nous paraissent conduire seulement à cette conclusion que, dans une liqueur qui contient seulement du sucre, il peut se produire de la cellulose aux dépens de ce sucre.

2. *Comptes rendus de l'Académie des Sciences*, t. XLVI, p. 179 et p. 857. — *Annales de Chimie et de Physique*, 3e série, t. LVIII. 233, 80p. 16,

la fermentation est la conséquence d'une *production* de ferment et non d'une *décomposition* de ferment. Il prend deux quantités égales de levure fraîche que l'on a préalablement lavée : au moyen de l'une, il fait fermenter de l'eau sucrée, il fait bouillir l'autre avec de l'eau et il filtre pour séparer les cellules de levure. Il ajoute ensuite à la liqueur claire une quantité de sucre égale à celle qu'il a employée dans le premier cas et une trace de levure d'un poids peu important. — Il a observé dans le dernier mélange une production de levure et une décomposition proportionnelle de sucre.

Dans le premier cas, 5 grammes de levure ont accompli en 6 jours la fermentation de 12gr,9 de sucre, qui, au bout de ce laps de temps, était terminée : dans cette opération, les 5 grammes de levure étaient épuisés.

Dans le dernier cas, l'infusion aqueuse de 5 grammes de levure a accompli en 9 jours la fermentation de 10 grammes de sucre, qui, au bout de ce laps de temps, était terminée : dans cette opération, les cellules de levure qui s'étaient formées, étaient épuisées.

M. Pasteur attribue la différence dans la durée de la fermentation et dans la quantité de sucre qui y a fermenté, en partie à la quantité plus grande d'eau que l'on a employée dans le second cas, en partie à l'impossibilité d'enlever aux cellules de levure au moyen de l'eau la totalité de leurs parties solubles. Il aurait pu ajouter, en outre, un troisième motif : c'est que l'action de l'eau bouillante n'avait pas dû augmenter l'activité de la substance de la levure.

D'après M. Pasteur, la cause de la fermentation n'est pas la moisissure de la levure, mais la production de moisissure de levure ; la cause de la fermentation est le développement des cellules de levure aux dépens des substances dissoutes. Son expérience que nous venons d'indiquer ne peut être en harmonie avec sa proposition que s'il y a une relation entre la quantité de cellules de levure formée et la quantité de sucre détruite : c'est ce qui n'a encore été démontré expérimentalement par personne. Or, tant que cela n'aura pas encore été prouvé, l'opinion de M. Pasteur, et des autres dont il suit en cela la trace, ne pourra pas être considérée comme valable.

En ce qui concerne le fait qu'il se forme quelques cellules nouvelles lorsque le contenu des cellules primitives se trouve en contact avec l eau sucrée, cela prouve seulement qu'il peut aussi y avoir de cette manière une production de nouvelle levure, mais cela ne prouve aucunement qu'il y ait une relation génétique entre le développement d'un végétal qui constituerait essentiellement la moisissure de levure et le dédoublement d'un groupe organique, du sucre. La règle est que le dédoublement d'un groupe *a* détermine le dédoublement d'un groupe *b;* mais en ce qui concerne l'hypothèse que la production d'une cellule peut avoir pour conséquence une décomposition d'une substance organique aussi énergique que peut l'être celle du sucre dans la fermentation, elle serait unique dans tout le règne organique, et doit être prouvée d'une manière péremptoire ou doit être rejetée.

Il est en effet suffisamment démontré que, dans la fermentation, il y a dédoublement des parties constituantes de la levure : il est également prouvé que le dédoublement d'un groupe *a* détermine le dédoublement d'un groupe *b*. Ceux donc qui admettent le dédoublement de la levure comme cause du dédoublement du sucre partent d'un point de départ parfaitement déterminé qu'ils ne peuvent abandonner sans tomber dans l'arbitraire.

Si, en même temps que le dédoublement de *a* et le dédoublement de *b* qui résulte du premier, il se produit un développement de cellules, ce sont des actions qui sont indépendantes l'une de l'autre et qui n'ont aucune relation génétique. Et ceux qui admettent une relation génétique entre la production des cellules et la décomposition du sucre, doivent assurément prendre un fait isolé pour preuve qu'il existe une relation quantitative bien nette en dehors de laquelle il n'existe rien autre que l'arbitraire.

Pasteur parle d'une expérience de Thénard souvent répétée, dans laquelle la levure desséchée à 100° ou chauffée dans l'eau bouillante, conserve la faculté de déterminer la fermentation comme la levure ordinaire, mais exerce une action un peu plus lente. Il l'a rapprochée de son expérience dans laquelle la liqueur obtenue en faisant bouillir la levure et en filtrant a déterminé la fermentation. Il existe en effet un certain rapprochement entre ces deux expériences. Mais en ce qui concerne les conclusions favorables à l'opinion de Pasteur que l'on peut tirer de l'expérience de Thénard, nous rappellerons l'observation que nous avons déjà faite précédemment et qui s'y applique parfaitement. Il est nécessaire de prouver que, au moyen de la levure desséchée à 100° ou soumise à l'ébullition avec de l'eau, il se produit une quantité de nouvelles cellules proportionnelle à la quantité de sucre décomposée, et c'est ce que personne n'a prouvé.

La question est transportée par M. Pasteur sur un autre terrain, lorsqu'il dit que la levure qui, après avoir été soumise à l'ébullition avec de l'eau, détermine la fermentation, étant devenue de la levure ordinaire, tout se passe comme pour le jus du raisin, qui fermente spontanément : il dit en effet quelque chose d'analogue à ce qui suit : le commencement de la fermentation du jus de raisin a lieu sans cellules de levure; le commencement de la fermentation peut donc avoir également lieu au moyen de cellules de levure épuisées par l'ébullition. — Nous n'avons pas besoin d'aller plus loin.

La production de la fermentation dans du jus de raisin dans lequel on n'a introduit aucune cellule de levure, et la progression simultanée de la fermentation ne viennent apporter aucune preuve en faveur d'une *production* de cellules de levure comme *cause* de la fermentation, lorsqu'on en rapproche la production artificielle de la levure telle qu'elle a lieu à Schiedam.

C'est une particularité que l'on a trop oubliée. On peut au moyen de farine de grain préparer une quantité considérable de levure pour une formation d'une petite quantité d'alcool et pour une décomposition d'une petite quantité de sucre, tandis que, dans le jus de raisin, il se décompose une grande quantité de sucre, il se produit une grande quantité d'alcool, mais il ne se forme qu'une petite quantité de levure.

La production de la levure et la production de l'alcool ne suivent pas une marche proportionnelle, et l'opinion de M. Pasteur est par suite dénuée de tout fondement. Celui qui connaît la grande quantité de levure que l'on expédie de Schiedam et sait que 1 1/2 p. 100 de levure à l'état sec est une quantité suffisante pour transformer 100 parties de sucre en alcool et en acide carbonique considère comme inutile la question de savoir où l'on peut retrouver l'alcool qui s'est produit en même temps à Schiedam. Il n'est pas là.

Il existe donc une production de cellules de levure, sans

production proportionnelle d'alcool aux dépens du sucre, et, comme on ne peut pas douter du fait, je ne sais vraiment pas comment on peut être en état de prouver qu'il existe une relation positive entre la production de la levure et la décomposition du sucre.

M. Pasteur pense pouvoir donner du poids à son hypothèse en démontrant que, dans la fermentation, il se perd une certaine quantité de sucre. Il prend deux quantités de levure fraîche égales en poids; il lave l'une avec de l'eau et l'autre avec de l'eau sucrée et les dessèche ensuite toutes les deux : la dernière pèse plus que la première. — Il en conclut qu'une certaine quantité de sucre a servi à la nourriture de la levure. Mais ce résultat n'indique rien autre chose, si ce n'est que, sous cette influence, il s'est produit, si l'on veut, quelques cellules de levure. — Cela ne prouve rien du reste relativement à la cause de ce qui a lieu dans la fermentation; ou s'il en est ainsi, il faut que, pendant le lavage de la levure avec de l'eau sucrée, il se soit formé un peu d'alcool, dont M. Pasteur ne parle pas.

Le fait que, par le lavage avec de l'eau sucrée, le poids des cellules de levure diminue moins que par le lavage avec de l'eau seule peut du reste dépendre seulement de ce que l'eau sucrée n'est pas un aussi bon dissolvant du contenu des cellules de levure que l'eau seule.

M. Pasteur parle de la production de l'ammoniaque dans la décomposition de la levure. Il admet que l'on a dit que tout l'azote de la levure se transformait en ammoniaque. Mais, autant que cela soit venu à ma connaissance, personne ne l'a prétendu : on a prétendu seulement que, parmi les produits de la décomposition de la levure, il se trouvait de l'ammoniaque [1].

En ce qui concerne le fait que, dans la levure épuisée, il existe moins d'azote que dans la levure fraîche, M. Pasteur l'explique en disant que l'azote de la levure ordinaire se ré-

1. En ce qui est relatif au fait allégué par M. Pasteur (voir la note de la p. 214) que, loin d'y avoir formation d'ammoniaque pendant la fermentation alcoolique, celle que l'on ajoute peut disparaître, il n'a rien qui doive précisément nous étonner : 1° si nous admettons avec M. Pasteur (voir la note de la p. 212) qu'il peut se produire de la levure dans un milieu formé de sucre, d'un sel ammoniacal et de phosphates; 2° si nous nous rappelons ce fait que, pendant la fermentation, il y a production d'un acide qu'une certaine quantité d'ammoniaque a pu saturer : mais il ne prouve pas que, par la décomposition ultérieure de la levure qui est une matière azotée, il ne puisse pas se produire d'ammoniaque.

partit entre les cellules de cette levure et les nouvelles cellules de levure qui se sont formées aux dépens du sucre.

Nous trouvons ici une nouvelle preuve de l'inexactitude de l'opinion de M. Pasteur et de tous ceux qui attribuent à une production de cellules de levure la cause de la fermentation. Les cellules sont saines ou dégénérées.

Les cellules de levure à l'état sain doivent contenir une quantité déterminée de substance albuminoïde. Cette quantité peut varier entre certaines limites. Pour les cellules de levure à l'état sain, les limites sont fixes.

Introduisons dans de l'eau sucrée des cellules de levure qui, à l'état sain, contiennent par exemple 10 pour 100 d'azote et laissons fermenter le tout. On trouve après la fermentation, dans l'excès d'eau sucrée, de la levure entièrement épuisée qui ne contient plus qu'une très petite quantité d'azote, 3 pour 100, et qui n'est plus en état de déterminer aucune fermentation. La formation de ces produits tout à fait dégénérés, qui ont perdu leurs facultés naturelles, est pour M. Pasteur la cause de la fermentation.

Il faut, en vérité, que l'on mette beaucoup de persistance à soutenir une opinion si elle n'est pas écartée par de tels résultats.

Bien qu'il n'ait aucune preuve plus décisive à ajouter de la consommation du contenu des cellules de levure, pendant la fermentation et par la fermentation, que la perte de substance, M. Pasteur la considère comme une preuve de son opinion. De ce que 100 livres de poudre à canon ont été consommées par le coup de canon de manière à ne laisser que 5 livres de résidu, M. Pasteur en conclut que le coup est la conséquence d'une production de nouvelle poudre à canon.

La pauvreté des cellules nouvellement formées et la vacuité des cellules épuisées prouvent précisément, s'il est besoin d'en donner une preuve nouvelle, que l'épuisement, la transformation, la décomposition, le dédoublement des matières albumineuses viennent se rattacher intimement à la décomposition du sucre et que les nouvelles cellules dégénérées qui sont rondes et en forme de sac, mais ne sont pas de la levure, qui portent improprement et par manque d'une expression convenable le nom de levure, doivent être sans action; que, par conséquent, la production de la levure ne se rattache à la fermentation par aucune relation d'origine. Ou bien, s'il en est ainsi, la fermentation est la conséquence d'une production de levure dégénérée, et non de levure saine; or personne ne l'a encore démontré et la fermentation de la bière peut en être une réfutation. En effet la fermentation de la bière est une bonne fermentation et produit de bonne levure.

Le fait que, dans la fermentation, il peut se produire de la levure dégénérée, aussi bien que de la levure saine, est bien connu : on sait également qu'une petite quantité de sucre échappe au dédoublement en alcool et en acide carbonique. Hoffman, Graham et Redwood ont trouvé comme ésidu de la fermentation une matière extractive s'élevant à une quantité de 3 pour 100. M. Pasteur a indiqué dans ce résidu, comme en faisant partie normalement, l'acide succinique dont la quantité pouvait s'élever à environ 1/2 pour 100 de la quantité de sucre employée. Après avoir concentré le liquide qui reste après la fermentation du sucre, on le précipite par un sel d'argent, puis on décompose le sel d'argent par l'hydrogène sulfuré. — On peut aussi évaporer jusqu'à consistance d'extrait et traiter par l'éther au moyen duquel on obtient immédiatement l'acide succinique, ou, s'il n'apparaît pas de cristaux, ce qui peut venir de ce qu'il y a en même temps de l'acide lactique, on sature par la chaux et on traite par l'alcool faible dans lequel le succinate de chaux est soluble. — M. Pasteur a trouvé également de l'acide succinique dans le vin.

Il a en outre trouvé de la glycérine dans l'extrait qui reste après la fermentation du sucre.

Enfin M. Pasteur [1] émet l'opinion que l'acide lactique n'est pas un produit particulier de la fermentation alcoolique, mais qu'il provient d'une autre sorte de fermentation qui se produit simultanément par l'action d'une levure de nature particulière dont les globules sont plus petits que ceux de la levure ordinaire. Si donc, en même temps que l'alcool, il se produit de l'acide lactique, il pense que cela vient de ce qu'il se produit simultanément deux sortes de fermentation qui sont toutes deux les produits de leur levure spéciale. — Quant au fait que, dans toute fermentation, la liqueur devient acide, il pense que cela est une conséquence

1. *Comptes rendus de l'Académie des sciences*, t. XLVII, p. 224. — *Annales de Chimie et de Physique*, t. LVIII, p. 323 et suivantes, 1860.

de ce qu'il se produit toujours de l'acide succinique. La réaction acide de la liqueur pourrait cependant être attribuée avec plus de raison à la présence de l'acide phosphorique qui apparaît toujours comme produit de décomposition du ferment et qui ne fait défaut dans aucun extrait restant après une fermentation de sucre.

La quantité de levure que l'on ajoute dans la préparation de la bière, varie non seulement suivant l'espèce de bière, mais aussi suivant la température de l'air. Dumas [1] indique la quantité de levure que l'on emploie ordinairement en France comme s'élevant, pour la petite bière, à 18 pour 10 000 en été, à 22 pour 10 000 au printemps et à l'automne, et à 25 pour 10 000 en hiver; et celle que l'on emploie pour la bière forte comme s'élevant, en été, à 20 pour 10 000, au printemps et à l'automne à 30 pour 10 000, et en hiver à 35 pour 10 000. Mais la nature de la levure doit influer aussi sur la quantité de cette levure que l'on doit employer : en effet Balling indique, pour la même quantité de moût, des quantités de levure beaucoup plus faibles, 5 à 11 et 16 parties, comme étant les plus convenables.

Les bières anglaises, qui fermentent à une température plus basse, nécessitent une quantité de levure plus forte, variant de 25 à 100 pour 10 000 de moût.

Il doit y avoir là une source importante de différence dans la qualité de la bière : mais on n'est pas encore, à cet égard, remonté de la différence à la cause. L'addition d'une quantité considérable de levure doit nécessairement produire, même à une basse température, une fermentation très vive dans laquelle il ne doit se consommer qu'une portion plus faible des substances albumineuses de la bière. Une pareille bière doit être très nutritive. Mais pourrait-elle aussi se conserver longtemps?

En outre, la levure est composée, en partie, de cellules actives dont le contenu est actif, en partie, de cellules qui ont perdu une quantité plus ou moins grande de leurs facultés actives et qui peuvent même les avoir perdues tout à fait. Comment peut-on, d'après ce que nous venons de dire, déterminer avec précision la quantité de levure que l'on ajoute? S'il y avait seulement *production* de levure, on n'aurait dans la levure que des cellules actives; mais, comme

1. *Chimie appliquée aux arts*, t. VI, p. 466.

la *production* de levure est précédée d'une décomposition de levure, toutes les cellules qui proviennent de la levure, ajoutée d'abord, sont mélangées avec la levure de nouvelle formation.

De là provient, entre autres, une cause de différence dans la composition de la levure, que l'on ne peut pas éviter.

Il se présente ici un inconvénient auquel je ne connais aucun palliatif. Les cellules de levure fermentent et se rassemblent au fond de la cuve sous forme de cellules inactives, vides, épaisses, devenues plus lourdes. Dans la fermentation superficielle, dans laquelle la levure qui se rend à la surface est recueillie pour servir à déterminer une fermentation nouvelle, les cellules inactives ne nuisent pas. Dans la fermentation avec dépôt, au contraire, dans laquelle la levure que l'on doit recueillir pour servir à une fermentation ultérieure, se rassemble au fond de la cuve, une quantité de plus en plus grande de levure épuisée se trouve toujours mélangée avec la levure de dépôt. La levure doit donc, de cette manière, devenir de moins en moins active. J'ai lu du reste que l'on avait conseillé de remplacer de temps en temps la levure par de la levure provenant d'une autre brasserie; mais il paraît résulter de ce que nous avons indiqué qu'il est nécessaire de rejeter de temps en temps la levure de dépôt et de la remplacer par de la levure de dépôt récemment préparée.

Après ces observations générales sur la fermentation, nous pouvons examiner en particulier la fermentation superficielle et la fermentation par dépôt.

Fermentation superficielle. — La fermentation superficielle exige une température plus élevée; elle se produit par l'action de la levure superficielle et présente une marche plus rapide. Il en résulte que, dans le même temps, une quantité plus grande de sucre est transformée en alcool et en acide carbonique; que le mouvement qui se produit à l'intérieur de la liqueur, est beaucoup plus vif; qu'il se dégage des bulles d'acide carbonique plus grosses; que ce gaz, plus léger, soulève à la surface une plus grande quantité de levure; que, par conséquent, il apparaît à la surface de la liqueur plus d'écume et qu'il s'y rassemble une plus grande quantité de levure que l'on peut recueillir.

Le moût, qui était clair et qui est devenu plus ou moins trouble par l'addition d'une petite quantité de levure dans la cuve-matière, se trouble toujours de plus en plus jusqu'à un certain degré par suite de la formation de nouvelle levure, qui a lieu. La température du liquide qui fermente s'élève dans ce cas au-dessus de celle de l'air ambiant, et cette élévation de la température suit une marche proportionnelle au développement de la puissance de la fermentation. L'écume, qui s'est rassemblée à la surface et qui était d'abord blanche, brunit par l'action de l'air; le mouvement qui se produit à l'intérieur de la liqueur diminue peu à peu d'intensité ; l'écume descend au fond, et la température de la liqueur s'abaisse; la première période de la fermentation, la fermentation primaire, est alors terminée. Le moût est transformé en bière.

Dans la fermentation superficielle, on ne laisse cependant pas la bière fermenter complètement dans la cuve-guilloire. Le moût que l'on a transvasé du bac refroidissoir dans la cuve-guilloire, doit avoir subi d'abord un refroidissement déterminé et avoir été amené à une température qui varie suivant que ce moût doit servir à préparer de la bière que l'on doive consommer immédiatement, ou suivant qu'il doit être employé à la préparation de la bière de garde. Le refroidissement que l'on doit faire subir au moût, avant de le transvaser dans la cuve-guilloire, doit l'avoir amené à une température d'environ 20° pour les bières jeunes que l'on veut faire fermenter par fermentation superficielle : pour les bières de garde que l'on désigne en Hollande sous le nom de *oude bieren* (vieilles bières), le moût a besoin d'être refroidi préalablement jusqu'à 14°. Le moût, contenu dans la cuve-matière reçoit alors une addition de levure et commence à fermenter. Mais on n'y laisse pas la fermentation s'accomplir entièrement. Pour la préparation des bières jeunes, on soutire le moût dans des tonneaux plus petits, aussitôt que la fermentation est bien en marche, et on laisse la fermentation se terminer dans ces tonneaux plus petits; ce transvasement, de la cuve-guilloire, dans des tonneaux plus petits, peut, en été, avoir lieu déjà au bout d'une heure et demie.

Le moût destiné à la préparation des bières de garde doit rester plus longtemps dans la cuve-guilloire; toutefois, dans la préparation de ces bières, on interrompt également la fermentation primaire et l'on transvase, comme dans la préparation des bières jeunes, la liqueur dans des tonneaux plus petits où on leur fait subir la fermentation dite complémentaire. Cette fermentation complémentaire ne présente du reste rien qui la distingue de la fermentation principale, si ce n'est qu'elle est moins vive.

Pour les deux sortes de bière, les tonneaux sont disposés deux par deux dans le cellier, de telle façon que leurs ouvertures soient légèrement penchées l'une vers l'autre : la levure sort sous forme d'écume par ces ouvertures et est recueillie dans de petites cuves placées sous les tonneaux. On doit avoir soin de remplir de temps en temps les tonneaux pour accélérer autant que possible la séparation de la levure à laquelle la présence d'une certaine quantité de la substance amère du houblon communique une saveur amère et pour pouvoir la faire écouler hors du tonneau que l'on a ainsi complètement rempli. Toutefois, il se dépose aussi du ferment au fond de la cuve. Lorsqu'il cesse de s'élever de l'écume, ce qui a lieu pour les bières jeunes au bout de 3 à 4 jours, on transvase la bière dans d'autres tonneaux, et on la livre à la consommation. Pour la préparation de la bière de garde, on laisse reposer le tout pendant quelque temps dans le tonneau et l'on tranvase au moyen d'une pompe la liqueur claire dans d'autres tonneaux où elle subit tranquillement la fermentation complémentaire et devient ainsi de la bière de garde.

Fermentation par dépôt. — La fermentation par dépôt exige pour sa mise en activité une température plus basse et nécessite l'emploi de levure de dépôt : sa marche est généralement plus lente. La liqueur se trouble également ici par suite d'une production de levure; mais cette levure se produit plus lentement. L'élévation de température qui se produit pendant la fermentation, est peu considérable et s'élève à peine à plus de 4 à 5 degrés. Il monte à la surface une quantité d'écume bien moins considérable, ce qui vient de ce que les bulles d'acide carbonique qui se produisent dès le commencement de la fermentation, sont trop petites pour soulever les globules de levure jusqu'à la surface de la liqueur, et les y faire flotter : dans tous les cas, les globules de ferment retombent de suite au fond pour être soulevés de nouveau légèrement et retomber de nouveau. La fermentation par dépôt exige, par suite, en général une quantité de temps plus que double de celle qu'exige la fermentation superficielle et qui dépend, comme cette dernière, de la température de l'air ambiant : la durée de la fermentation par dépôt est généralement de 7 à 9 jours, tandis que la fermentation superficielle peut être terminée au bout de 2 jours et même quelquefois au bout d'un temps encore plus court : rarement, elle dure plus de 4 jours.

Dans la fermentation par dépôt, le moût doit subir un refroidissement plus fort que dans la fermentation superficielle : pour la préparation de ce qu'on appelle la bière d'été, la température du moût doit être abaissée jusqu'à environ 6° ; pour la préparation de la bière dite d'hiver, la température du moût doit être abaissée jusqu'à 8°. On met le moût dans une grande cuve-guilloire et on le mélange avec de la levure de dépôt. On doit, dans ce cas, mélanger le moût et la levure avec beaucoup plus de soin que dans la fermentation superficielle, parce que, sans cela, la fermentation s'opérerait beaucoup plus lentement. Au bout de quelques heures, on observe à la surface une petite quantité d'écume qui augmente et peut se maintenir pendant deux jours et qui diminue ensuite.

Quoi qu'il en soit, il se dépose de la levure au fond de la cuve, et la quantité de levure qui se dépose ainsi est bien plus considérable que la quantité de levure qui se produit dans la fermentation superficielle. Lorsque la levure s'est ainsi déposée au fond de la cuve et lorsque, par suite, la bière, qui était trouble, pendant que la fermentation était dans toute sa force, est redevenue claire, ce qui a lieu au bout de 7 à 9 jours, on la transvase, en ayant soin de la tenir aussi claire et aussi exempte de ferment que possible, de la cuve-guilloire dans d'autres tonneaux dans lesquels elle continue à fermenter, mais lentement. Il s'y produit également une fermentation complémentaire, qui est d'autant plus vive qu'il est resté plus de ferment dans la bière. Cette circonstance détermine aussi le degré de promptitude avec lequel la bière doit être consommée. La fermentation complémentaire doit ici, sous tous les rapports, être considérée comme se rapprochant de cette période de la fermentation que nous décrirons plus loin sous le nom de *fermentation tertiaire*, et que nous retrouvons complètement dans la fermentation complémentaire de ces bières que l'on prépare en Hollande au moyen de la fermentation superficielle et que l'on désigne sous le nom de *oude bieren* (vieilles bières).

Lorsque la bière a subi la fermentation par dépôt, on la transvase dans d'autres tonneaux que l'on doit placer dans des caves froides, afin que la bière y subisse lentement la fermentation complémentaire.

Dans la fermentation par dépôt, une partie du sucre est également transformée en alcool et en acide carbonique : la saveur de la liqueur devient par suite moins douce, et cette liqueur devient plus alcoolique. En outre, il se sépare de la dextrine et des matières albumineuses sous forme de ferment, et la bière devient par suite proportionnellement moins nutritive. Mais, dans la fermentation par dépôt, il se produit en outre une transformation particulière qui dépend de la lenteur de l'opération ; je veux parler de la production d'une certaine quantité d'acide lactique qui communique à la bière une saveur acidule. La production de l'acide lactique ne fait pas entièrement défaut dans la fermentation superficielle, mais elle a lieu dans une proportion bien plus faible. Dans la fermentation par dépôt, la quantité d'acide lactique produit est quelquefois considérable. Plus la marche de la fermentation est lente, plus la quantité d'acide lactique produit est considérable. Dans les bières de Bavière et dans un grand nombre de bières belges, qui toutes sont préparées au moyen de la fermentation par dépôt, il existe des quantités considérables d'acide lactique. Il se produit, aux dépens du sucre de fruits, ce qu'on appelle un déplacement de molécules $C^{12}H^{12}O^{12} = 2C^6H^5O^5 + 2HO$. La petite quantité d'acide lactique qui s'y trouve ainsi, ne peut pas être nuisible, puisqu'il y a en même temps de l'alcool.

La bière, préparée avec fermentation par dépôt, est déjà par cela même susceptible de se conserver plus longtemps que celle qui a été préparée par fermentation superficielle. Elle peut très rapidement être obtenue claire et ne plus contenir de levure. Au bout de quelque temps, il se dépose encore de la levure ; on soutire alors la bière dans un autre tonneau où on la conserve. Mise en bouteille, elle ne mousse que très peu lorsqu'on la verse : cette particularité mérite à notre avis d'être examinée de plus près.

La différence entre la fermentation superficielle et la fermentation par dépôt est suffisamment importante pour mériter d'arrêter notre attention encore plus longtemps. Les végétaux qui constituent la levure, sont, ainsi que nous l'avons dit, les mêmes dans la levure superficielle et dans la levure de dépôt. Dans la première, les globules adhèrent ensemble pour la plupart : c'est la seule différence que l'on puisse observer. On ne peut, du reste, trouver aucune différence, ni dans la forme, ni dans la composition, et lors même que l'on aurait trouvé de la différence, il y a quelquefois plus de différence entre deux sortes de levure superficielle qu'entre la levure superficielle et la levure de dépôt.

Strecker[1], se basant sur les expériences de Schlossberger[2], a assigné à ces deux sortes de levure la composition suivante :

	LEVURE SUPERFICIELLE.	LEVURE DE DÉPOT.
Carbone	49,4	47,6
Hydrogène	6,7	6,3
Azote	12,4	9,8
Oxygène et soufre	31,5	36,3

Mais on ne trouve pas, pour deux sortes de levure superficielle, la même composition, pas plus que pour deux sortes de levure de dépôt. Trois sortes de levure, provenant de Schiedam, qui ont été analysées comme telles, ont fourni, pour leur composition, les résultats suivants[3] :

Carbone	50,9	50,3	50,0
Hydrogène	7,2	7,0	7,0
Azote	11,0	9,4	8,4
Oxygène et soufre	30,9	33,3	34,6

On reconnaît évidemment, par l'examen des chiffres qui précèdent, qu'il peut exister une grande différence entre deux levures. Il ne peut, du reste, en être autrement, puisque la levure est une vésicule de cellulose, remplie d'un contenu albumineux, et, comme la quantité de contenu albumineux peut varier, cela seul peut déterminer une différence dans la composition. Le principe actif de ce contenu est toujours le même. Si on l'épuise par l'acide acétique et si l'on précipite ensuite par l'ammoniaque, le précipité présente exactement la composition de l'albumine végétale, du

1. *Kurzes Lehrbuch der organischen Chemie*, 1853, p. 401.
2. *Annalen der Pharm.*, t. LI, p. 200.
3. *Scheik. onderz.*, t. II, p. 444

gluten ou de l'albumine animale : on ne doit pas tenir compte du soufre, parce que le soufre de la levure n'a pas encore été déterminé. On a réuni, dans le tableau suivant, la composition de ces diverses substances, afin de pouvoir mieux en faire la comparaison :

	SUBSTANCES albumineuses de la levure[1].	ALBUMINE du sang[2].	CASÉINE animale[3].	ALBUMINE de l'œuf[4].	ALBUMINE du froment[5].	GLUTEN du froment[6].
Carbone	53,4	53,4	53,8	53,5	53,9	53,8
Hydrogène.........	7,0	7,1	7,1	7,0	6,9	7,0
Azote...............	15,8	15,6	15,6	15,5	15,6	15,6
Oxygène et soufre..	23,8	23,9	23,5	24,0	23,6	23,6

Si, dans toutes ces substances, la quantité de soufre n'était pas différente (de plus, dans quelques-unes, il existe du phosphore, tandis que, dans d'autres, il n'y en a pas), on pourrait considérer comme identiques toutes ces substances qui se rapprochent également par leurs principales propriétés. Elles ne sont cependant pas identiques, bien qu'elles contiennent toutes le même groupement organique comme partie constituante fondamentale. Assurément, aucun de ceux qui auront observé cette concordance entre les résultats analytiques, ne pourra émettre une opinion contraire à celle que nous exprimons ici. Ce fait, que j'ai déjà signalé il y a dix-neuf ans, je suis encore obligé de le faire ressortir ici de nouveau.

Nous avons, par ce que nous venons de dire, suffisamment élucidé la nature de la partie constituante active de la levure. — Mais nous n'avons pas fait voir les différences qui distinguent ces matières albumineuses les unes des autres.

Il nous suffit de savoir que le contenu des vésicules de

1. *Scheik. onderz.*, t. II, p. 451.
2. *Scheik. onderz.*, t. IV, p. 326.
3. *Scheik. onderz.*, t. IV, p. 396.
4. *Scheik. onderz.*, t. IV, p. 398.
5. *Bulletin de Néerlande*, 1838, p. 111.
6. *Scheik. onderz.*, t. IV, p. 154 et t. II, p. 404.

levure, dans la fermentation superficielle, aussi bien que dans la fermentation par dépôt, est sous tous les rapports une véritable substance albumineuse qui, avec l'adjonction de quantités variables de cellulose ou de vésicules, $C^{24}H^{21}O^{21}$, constitue la levure et que cette substance présente une grande tendance à se décomposer et surtout à passer à un degré supérieur d'oxydation (p. 212).

On peut facilement, au moyen de la levure superficielle, produire de la levure de dépôt : mais le contraire n'est pas facile. En ajoutant de la levure superficielle à un moût que l'on a fait refroidir jusqu'à la température à laquelle la fermentation par dépôt a lieu, il se produit une fermentation partielle par dépôt : si la levure qui s'y produit est ajoutée de nouveau à un moût que l'on a refroidi à une basse température, la levure qui prend naissance dans la fermentation ainsi déterminée présente de plus en plus le caractère d'une levure susceptible de déterminer une fermentation par dépôt. En répétant plusieurs fois la même opération, on prépare, au moyen d'une levure superficielle, de la levure de dépôt.

En ce qui concerne la différence qui existe entre la levure superficielle et la levure de dépôt, elle peut provenir d'une plus grande épaisseur des parois des cellules à travers lesquelles la substance albumineuse doit passer pour se rendre au dehors et déterminer la production de la fermentation, ou d'une moindre tendance à se décomposer que présente le contenu albumineux des cellules de levure de dépôt. Pour parler franchement, on ne connaît pas la raison de leur différence. Mais cela ne présente aucun inconvénient pour le but que nous nous proposons d'atteindre : en effet c'est le degré de force de la levure et non sa nature qui a de l'influence.

Des expériences de Schlossberger [1], on ne peut donc pas conclure que la levure de dépôt contienne moins de substances albumineuses que la levure superficielle, bien qu'il y ait trouvé moins d'azote : en effet, dans deux sortes de levure de Schiedam, j'ai trouvé encore moins d'azote, ainsi qu'on peut le voir par la comparaison des résultats qui suivent :

	SCHLOSSBERGER.				MULDER.		
	Levure superficielle.		Levure de dépôt.		Levure de Schiedam.		
Azote...	11,6 ...	12,2 ...	9,6...	9,6	11,0	9,4	8,4

1. *Annalen der Pharm.*, t. LI, p. 200.

Liebig [1] a donné une explication tout à fait inexacte de la différence qui existe entre la levure superficielle et la levure de dépôt. Suivant ce chimiste, la levure superficielle est atteinte de putréfaction et détermine dans le sucre une décomposition de même ordre : la fermentation par dépôt se produit par le contact avec le gluten qui s'est oxydé. Dans la fermentation superficielle, il doit par conséquent se produire, outre l'alcool et l'acide carbonique, une autre substance, ce qui ne doit pas avoir lieu dans la fermentation par dépôt. Le produit accessoire, qui prend ainsi naissance dans la fermentation superficielle, doit être surtout de l'acide acétique. D'après Liebig, il ne doit donc y avoir presque pas de gluten dans la bière préparée au moyen de la fermentation par dépôt, tandis qu'il doit y en avoir une très grande quantité dans la bière préparée au moyen de la fermentation superficielle, et cette dernière doit présenter beaucoup de tendance à devenir acide, tandis que, dans la première, il ne doit se produire qu'une quantité très faible d'acide acétique.

Si l'on excepte la dernière observation qui est exacte, tout le reste est inexact.

La levure superficielle est-elle atteinte de putréfaction?

Schmidt [2] a prouvé que la colle forte putréfiée, la viande putréfiée, ou bien la levure putréfiée, introduites dans une dissolution de sucre, perdent tous les caractères de la putréfaction et donnent une liqueur d'une saveur agréable.

Mais si nous considérons l'expression à un point de vue général, nous ne trouvons rien qui puisse nous satisfaire dans l'ensemble de l'explication de Liebig en ce qui concerne la différence qui existe entre la fermentation superficielle et la fermentation par dépôt. — Il est positif qu'il sera difficile de trouver une explication satisfaisante : en effet la cause et le résultat se réunissent pour rendre difficile la réponse à la question.

On peut à volonté faire subir à un même moût la fermentation superficielle ou la fermentation par dépôt, en y ajoutant de la levure superficielle ou de la levure de dépôt, pourvu que ce moût ait été préalablement amené à une

1. *Handwörterbuch der reinen und angewandten Chemie*, t. I, p. 785.
2. *Annalen der Chemie und Pharmacie*, t. LXI, p. 177.

température convenable. La première impression dépend donc de la nature de la levure : or cette première impression est la cause déterminante de tout le phénomène, puisque la levure de dépôt, par l'action lente à laquelle elle donne lieu, ne peut produire que de la levure de dépôt, tandis que la levure superficielle, par l'action vive qu'elle détermine, peut seulement donner naissance à de la levure superficielle. Lorsque l'action est lente, l'air est moins complètement éloigné de la liqueur, que lorsque l'action est très vive : en effet, dans ce dernier, cas, la masse d'acide carbonique qui se dégage chasse l'air.

La cause de tout le phénomène réside donc dans l'impression primitive que l'une ou l'autre des deux sortes de levures a faite sur le moût. Mais de là résulte une différence d'action qui réagit d'une manière déterminée sur tout le phénomène.

Pour pouvoir expliquer la différence qui existe entre la fermentation superficielle et la fermentation par dépôt, la connaissance de la différence entre la levure superficielle et la levure de dépôt nous serait nécessaire : or cette connaissance nous fait entièrement défaut. Dans la levure superficielle, il existe une substance plus active : dans la levure de dépôt, il existe une substance moins active : c'est tout ce que nous savons. L'une des substances agit de la même manière que l'autre; toutes les deux décomposent en effet le sucre ; mais l'une le décompose plus rapidement que l'autre.

Nous pouvons, en nous tenant à l'expression du fait, y joindre en outre la règle que tout corps donne naissance à son semblable et que par conséquent, dans le cas dont nous nous occupons, la substance qui exerce une action vive, ou la levure superficielle, donne naissance à une substance qui exerce une action vive, et que la levure qui exerce une action lente, donne naissance à de la levure de dépôt.

Ces deux faits étant admis, ils peuvent nous être utiles dans l'examen ultérieur du phénomène, lorsque nous soulevons la question suivante : que se passe-t-il dans la fermentation dont la marche est lente? Que se passe-t-il dans la fermentation dont la marche est rapide?

Dans la fermentation dont la marche est lente, l'oxygène de l'air a certainement un accès plus facile : mais l'accès plus ou moins facile de l'oxygène de l'air ne détermine pas le phénomène : il n'a même peut-être pas la moindre influence [1].

Dans la fermentation dont la marche est lente, il ne se produit pas une élévation de température aussi considérable : mais l'élévation de température est la conséquence et n'est assurément pas la cause d'une action quelconque.

La fermentation lente est la cause qui détermine aux dépens du sucre la production non seulement de l'alcool et de l'acide carbonique, mais aussi d'autres substances qui ne se produisent pas dans la fermentation dont la marche est rapide. C'est là un autre fait dont on peut sans difficulté reconnaître la généralité; il a été du reste pleinement confirmé par l'expérience. En effet, dans toutes les bières qui sont le produit d'une fermentation par dépôt, il se produit de l'acide lactique : dans la bière provenant de fermentation superficielle, l'acide lactique n'est qu'en petite quantité. Lorsqu'il y a production d'acide lactique, il ne se produit pas en même temps de l'acide acétique : là où il existe une quantité considérable d'acide lactique, il ne peut pas facilement se produire de l'acide acétique.

Cela nous fournit une différence importante entre les bières produites au moyen de la fermentation par dépôt et les bières produites au moyen de la fermentation superficielle. Les premières peuvent être exposées à l'air sans que l'alcool s'y transforme facilement en acide acétique : en effet, l'acide lactique empêche cette transformation. Les dernières au contraire ne contiennent que peu d'acide lactique : l'alcool peut donc y passer à l'état d'acide acétique par l'action de l'air.

Il existe cependant entre les bières obtenues au moyen de la fermentation superficielle et les bières obtenues au moyen de la fermentation par dépôt une différence plus prononcée qui se rattache à la différence du mode de fermentation et qui peut en être ou la cause ou bien le résultat.

Je veux parler de la possibilité de produire de nouveau ferment.

Suivant Liebig, il ne doit rester dans la bière préparée au moyen de la fermentation par dépôt qu'une quantité tout

1. *De Wijn scheikundig beschouwd*, p. 44.

à fait peu considérable de substances albumineuses, tandis que la bière obtenue par fermentation superficielle doit au contraire en tenir de grandes quantités en dissolution. Si cela était réellement, les bières de Brabant, de Bavière et beaucoup d'autres bières devraient manquer de la partie constituante qui est surtout nutritive et devraient par suite venir après la bière jeune de Hollande la plus simple.

Cela n'est positivement pas exact : il n'existe pas moins de matières albumineuses dans les bières obtenues au moyen de la fermentation par dépôt : au contraire, il s'en trouve plus; mais ces matières albumineuses ne sont pas à l'état convenable pour pouvoir servir à la production de la levure, état sous lequel elles se trouvent dans les bières préparées par la fermentation superficielle, du moins tant qu'elles sont jeunes.

Si l'on verse d'une cruche de la bière que l'on désigne en Hollande sous le nom de *versch bier* (bière jeune), elle est d'abord claire au moment où on la verse. Mais si on la laisse reposer quelque temps dans le verre, elle mousse et se trouble, d'autant plus qu'elle séjourne plus longtemps dans le verre. Ce trouble provient d'une production de nouvelle levure.

La bière, obtenue au moyen de la fermentation par dépôt, ne présente pas ce caractère : elle ne mousse pas, mais elle ne se trouble pas non plus au contact de l'air; c'est un fait bien connu que cela n'arrive pas non plus aux bières de garde préparées en Hollande par fermentation superficielle.

On doit reconnaître qu'une pareille bière qui contient encore des substances albumineuses à un état convenable pour produire de la levure, doit être susceptible de se décomposer rapidement; mais la forme sous laquelle les matières albumineuses se trouvent ne détermine pas en même temps leur quantité. Dans la bière préparée au moyen de la fermentation par dépôt, il n'existe pas du moins une quantité d'une substance azotée, moindre que dans la bière obtenue par fermentation superficielle, ainsi que nous le verrons plus loin et ainsi que l'on peut déjà s'en assurer par une expérience très simple. On mélange du sucre de raisin avec de l'eau et de la levure et on laisse la fermentation se déterminer dans toute la masse : après avoir bien agité le tout, on partage la liqueur en deux portions égales; si l'on ajoute à l'une de l'acide lactique, elle s'éclaircit; l'acide lactique possède donc la faculté de dissoudre les substances albumineuses de la levure[1].

En ce qui concerne le fait que, par suite de la faculté que possède l'acide lactique de dissoudre les substances albumineuses insolubles de la levure, une bière dans laquelle il se trouve une quantité abondante d'acide lactique doit contenir plus de substances albumineuses qu'une autre bière qui ne présenterait pas le même caractère, il ne peut paraître douteux à personne. Or, les bières préparées au moyen de la fermentation par dépôt contiennent plus d'acide lactique.

On tomberait cependant dans une grave erreur, en admettant entre les bières obtenues au moyen de la fermentation superficielle et les bières obtenues au moyen de la fermentation par dépôt, une différence aussi tranchée que celle admise généralement. La fermentation est distincte; mais le produit ne l'est pas. Une fermentation complémentaire prolongée des bières préparées par fermentation superficielle produit une bière que l'on ne peut distinguer de la bière préparée au moyen de la fermentation par dépôt: cette bière peut bien se conserver, présente une saveur acidule, ne mousse pas et contient beaucoup d'alcool. Les bières hollandaises désignées sous le nom de *oude bieren* (vieilles bières), que l'on prépare toutes au moyen de la fermentation superficielle, sont dans ce cas.

La fermentation spontanée, que l'on fait subir en Belgique au faro et au lambick, mérite d'être examinée par nous en peu de mots : elle n'est du reste pas employée seulement pour la préparation de ces bières; mais elle trouve encore son application dans un grand nombre d'autres localités. En sortant des bacs refroidissoirs, le moût ne se rend pas dans la cuve-guilloire, mais se rend de suite dans les tonneaux; on n'y ajoute pas de levure et l'on conserve les tonneaux dans un cellier d'une température basse. La levure se forme spontanément aux dépens des substances albumineuses contenues dans le moût, et la levure qui se forme ainsi est

1. Dans les deux liqueurs, je n'ai observé aucune différence pendant le cours ultérieur de la fermentation : dans toutes les deux, la marche est la même, en sorte que l'acide lactique possède bien la faculté de dissoudre les substances albumineuses, mais n'accélère pas plus qu'il ne ralentit la fermentation. (*De Wijn*, p. 64.)

de la levure de dépôt. Elle se produit lentement, en sorte que la bière ne se forme que lentement : cette bière reste longtemps trouble, ce qui vient de ce qu'il se produit toujours de nouvelle levure; mais lorsque la bière est devenue claire, elle jouit à un très haut degré de la faculté de se conserver. Cette bière, ainsi que je l'ai déjà fait remarquer plusieurs fois, est préparée avec de l'orge et du froment. On fait bouillir une portion de la trempe claire, et on l'ajoute de nouveau à la trempe épaisse qui a été laissée dans la cuve matière.

Quelquefois la fermentation ne part pas. Pour qu'elle se produise, on n'ajoute pas alors de la levure dans les tonneaux, mais on y ajoute du moût non houblonné, ce qui fait commencer la fermentation.

Au point de vue chimique, ce qui est surtout remarquable dans la préparation de ces bières, c'est qu'elles fermentent comme le jus de raisin, sans qu'on y ajoute de la levure. Malgré la température à laquelle les substances albumineuses du malt ont été préalablement soumises, il en reste cependant encore une quantité suffisante pour qu'il se produise, mais lentement, une fermentation avec production simultanée de levure. Relativement au fait qu'une grande partie du sucre passe à l'état d'acide lactique et que, par suite, ces bières sont caractérisées par la présence d'une quantité considérable d'acide lactique, il trouve son explication dans le mode même de préparation.

Habich[1] a cherché à résoudre cette énigme en admettant que des traces de cellules de levure flottent dans l'air de la brasserie, qu'elles sont entraînées par l'acide carbonique et sont transportées dans les liquides qui doivent ultérieurement subir la fermentation. — Mais, d'abord, il faudrait que l'air, à l'époque des vendanges, fût rempli de traces de levure, et c'est ce que personne n'a démontré : on presse le jus de raisins et on le laisse fermenter où l'on veut, pourvu que la température soit seulement assez élevée. Habich a fait également une expérience qui, selon lui, devait prouver l'exactitude de son opinion, mais qui ne prouve rien. — Il a placé près de la cuve-guilloire deux vases de verre pleins de moût bien clair. — Le col de l'un des vases était bouché avec du coton, tandis que le col de l'autre était ouvert. Au

1. *Dingler's Journal*, t. CXLVIII, p. 379.

bout de quatorze jours, la fermentation ne s'était produite ni dans l'un, ni dans l'autre. S'il y avait eu des traces de cellules de levure dans l'air de la brasserie, il aurait dû se produire des cellules de levure dans le vase ouvert, et c'est ce qui n'a pas eu lieu.

Habich pense du reste que, dans les tonneaux en bois que l'on emploie dans la méthode belge, il doit rester des traces de cellules de levure, provenant de fermentations antérieures, qui sont suffisantes pour produire la fermentation.

Nous croyons devoir indiquer encore ici quelques règles pratiques qui ressortent de ce que nous venons de dire.

La bière, préparée avec du malt fortement touraillé, exige l'addition d'une quantité de levure plus grande que la bière préparée avec du malt faiblement touraillé : par une forte dessiccation à la touraille, la substance génératrice de la levure qui doit se former, est détruite.

Plus la levure que l'on ajoute est fraîche, plus la fermentation suit son cours régulier.

Plus la température de l'air est basse, plus est grande la quantité de levure que l'on doit ajouter pour produire la fermentation, aussi bien la fermentation par dépôt que la fermentation superficielle.

Quelquefois on ajoute en une fois la quantité de levure qui est nécessaire; quelquefois on l'ajoute peu à peu, suivant que la fermentation marche bien ou non.

En ce qui concerne la levure, on peut encore faire les observations suivantes. Si l'on ne brasse pas continuellement, on doit ou bien veiller à la bonne conservation de la levure, ou bien en préparer de nouvelle lorsqu'on veut brasser.

Pour conserver la levure, on la mélange avec une grande quantité de sucre de manière que le mélange prenne un aspect pulvérulent. Un lavage préalable de la levure au moyen de l'eau est préférable pour sa conservation : on doit du reste, pour la conserver, employer un tonneau que l'on ait soin de bien remplir et de bien fermer. Le sucre agit ici comme moyen de dessécher et de diviser la matière.

Ou bien on mélange à la levure une quantité de charbon animal assez grande pour qu'elle devienne sèche. On remplit entièrement un tonneau de ce mélange et on le conserve dans un endroit frais. Si l'on veut prendre une partie du ferment ainsi conservé pour l'employer, on agite le mélange avec du moût récemment préparé et l'on sépare le charbon par filtration.

Pour l'avoir fraîche, on conserve la levure, sans y rien ajouter, en remplissant entièrement de cette levure des flacons que l'on ferme bien et en conservant ces flacons à une température basse. On peut encore laver une fois la levure avec de l'eau, l'exprimer et en remplir des flacons.

Ou bien on enferme la levure dans un sac que l'on plonge dans un tonneau entièrement rempli de vieille bière de garde[1].

Pour préparer de la levure fraîche, on emploie le dépôt de levure que l'on trouve au fond des tonneaux dans lesquels on a mis de la bière de garde, et on le mélange avec une petite quantité d'une infusion concentrée de malt. La levure qui se produit ainsi est de la levure superficielle ou de la levure de dépôt, suivant la manière dont on a réglé la température pendant sa production. — Avec la levure ainsi obtenue, on doit préparer encore, au moyen d'une nouvelle infusion de malt, une nouvelle quantité de levure avant d'obtenir une levure telle qu'on puisse l'employer avec assurance dans la préparation de la bière, pour déterminer une bonne fermentation.

Si l'on n'a pas de levure, on peut prendre pour point de départ une petite quantité de moût qui soit susceptible de donner naissance à de la levure, sans qu'il soit nécessaire d'y ajouter préalablement de la levure. Au moyen de la levure ainsi obtenue, on prépare, avec une nouvelle quantité de moût, une quantité plus grande de levure et on répète la même opération, non seulement jusqu'à ce que l'on ait obtenu une quantité suffisante de levure, mais encore jusqu'à ce que l'on ait obtenu de la levure superficielle ou de la levure de dépôt qui présente les propriétés convenables pour déterminer la fermentation dans la préparation de la bière[2].

Lorsqu'on manque de levure, on peut, d'après Fownes, en préparer de la manière suivante[3] :

1. La question de la conservation de la levure a été traitée avec détail par A. Müller dans *Erdmann's Journal*, t. LVII, p. 162.
2. Müller, *Handbuch für Bierbrauer*, 1854, p. 39.
3. *Philos. Mag.*, t. XXI, p. 352.

Après avoir malaxé de la farine de froment avec de l'eau, de manière à en former une pâte ferme, on expose le tout à une température modérément élevée. Il commence, au bout de trois jours, à se dégager de la masse une odeur aigre, désagréable, qui cependant disparaît plus tard: il se produit un dégagement de gaz qui augmente, et, vers le sixième ou le septième jour, il se manifeste une odeur agréable, spiritueuse. On agite alors cette pâte de froment avec de l'eau tiède, et on la mélange avec une infusion de malt à 40°. La fermentation se produit immédiatement. Il se sépare de cette liqueur une levure de très bonne qualité.

En ce qui concerne les quantités à employer, Fownes indique une poignée de farine de froment, un pot de malt et trois pots d'eau. On doit en retirer un demi-pot de bonne levure humide. Ces indications de quantités sont du reste défectueuses.

En outre, Fownes recommande de ne pas employer seulement, pour la préparation de la levure artificielle, de l'infusion de malt, mais d'employer du moût qui a bouilli avec du houblon. L'emploi du houblon doit toutefois présenter ici plutôt de l'inconvénient que de l'avantage, ainsi que cela ressort nettement de la préparation de la levure de Schiedam. En effet, serait-ce l'acide tannique, la substance amère ou l'huile essentielle du houblon qui serait favorable à la production de la levure?

Si, dans la fermentation superficielle, la fermentation n'est pas assez vive, et si le moût ne contient pas assez de levure, on peut, en ajoutant une petite quantité de malt moulu en farine fine, augmenter la production de la levure.

En Angleterre, on est dans l'habitude d'enlever plusieurs fois de la levure pendant la fermentation afin de ralentir l'action. Il existe donc toujours un excès de levure.

Je n'ai du reste pas l'intention de traiter ici en détail de la production de la levure.

Bull [1] et Mitscherlich [2] ont trouvé pour la composition des cendres de levure de bière blanche les résultats suivants :

1. *Pogg. Annalen*, t. LXXVI, p. 401.
2. *Annalen der Chemie und Pharmacie*, t. LVI, p. 356.

	BULL.	MITSCHERLICH. LEVURE SUPERFICIELLE fraîche.	LEVURE DE DÉPÔT.	BIÈRE PRÉPARÉE avec cette dernière.
Potasse	35,2	39,5	28,3	40,8
Soude	0,4	...	...	0,5
Chlorure de potassium	0,2	...	...	...
Chaux	4,2	...	...	...
Magnésie	4,0	...	...	...
Sexquioxyde de fer	0,6	...	...	...
Acide phosphorique	54,7	41,8	39,5	20,0
Acide sulfurique	0,1	...	...	...
Acide silicique	...	...	...	16,6
Phosph. de magn. $2MgO, PhO^5$	...	16,8	22,6	20,0
Phosph. de chaux $2CaO, PhO^5$.	...	2,3	9,7	2,6
Quantité de cendres pour 100	...	7,7	7,5	0,3

La bière perd donc une quantité de ces combinaisons d'autant plus grande qu'il se forme plus de levure.

Ce qui va suivre nous servira à passer de la fermentation proprement dite à la *fermentation complémentaire* dont nous nous occuperons un peu plus loin.

Jusque dans ces derniers temps, on croyait que les sucres proprement dits (le sucre de canne, les différentes espèces de sucre de raisin et le sucre de lait) étaient seuls susceptibles de subir la fermentation alcoolique. Berthelot[1] a réussi à faire subir par l'action de la levure une décomposition du même ordre à d'autres substances : et ces substances sont précisément celles qui paraissent se rapprocher des sucres proprement dits par leur saveur douceâtre, mais dont cependant la composition n'est pas, comme pour ces derniers, telle que l'hydrogène et l'oxygène s'y trouvent

1. *Annales de Chimie et de Physique*, 3e série, t. L, p. 322. — Depuis la publication de l'édition hollandaise de ce traité, Berthelot a résumé ses idées sur la fermentation dans sa *Chimie organique fondée sur la synthèse*, t. II, p. 604 et suivantes, à laquelle nous renverrons également ceux de nos lecteurs qui désireraient connaître avec plus de détail l'opinion de ce chimiste sur le sujet si important dont il est ici question.

dans le même rapport que dans l'eau. Parmi ces substances, viennent se ranger :

La mannite.................... $C^6H^8O^6$
La glycérine.................. $C^6H^7O^6$
La dulcine.................... $C^6H^7O^6$

Toutes ces substances contiennent plus d'hydrogène qu'il n'en faut à l'oxygène pour former de l'eau. Pour qu'elles puissent être dédoublées en alcool et en acide carbonique, il faudrait qu'il se produisît en même temps une autre combinaison qui pût prendre l'excès d'hydrogène, ou bien il faudrait que la fermentation fût accompagnée d'un dégagement simultané d'hydrogène. Berthelot a trouvé que cette dernière hypothèse était une réalité. Il a rendu ainsi positivement un grand service à la science.

Mais, ce qui est surtout important pour notre sujet, il a essayé de déterminer la fermentation alcoolique de la gomme et de l'amidon, en opérant de la même manière que pour la mannite, etc., ce qui ne peut être obtenu au moyen de la levure ordinaire, et il a trouvé que la gomme et l'amidon peuvent également se décomposer en alcool et en acide carbonique, sans avoir besoin de subir la transformation préalable en sucre qu'on lui fait subir dans la préparation de la bière, par l'action de l'agent transformateur, avant de la soumettre à la fermentation.

Berthelot a vu que, en opérant à une température de 50°, plusieurs semaines étaient nécessaires pour déterminer le dédoublement des substances indiquées, et il a observé que, outre l'alcool et l'acide carbonique, il se produisait toujours d'autres substances aux dépens de la matière qui était soumise à l'expérience.

On dissolvait les substances dans l'eau ; on employait, pour produire la fermentation, une substance animale, dans la plupart des cas la caséine, et, dans tous les cas, on ajoutait du carbonate de chaux à la masse, afin de neutraliser les acides qui pouvaient se former et de paralyser leur influence contraire. — Le carbonate de chaux n'est pas nécessaire dans la fermentation des sucres proprement dits ; mais Berthelot pense que, dans ce cas aussi, il exerce une action avantageuse et favorise la fermentation, ce qu'il explique en disant qu'il se produit toujours, bien qu'en petite quantité, des acides qui exerceraient une action contraire et que le carbonate de chaux neutralise. Chevreul avait déjà émis cette opinion. J'ai déjà fait observer (p. 45) et j'ai démontré que la pratique confirme cette manière de voir.

Non seulement l'acide lactique et l'acide acétique qui existent déjà dans la bière sont transformés par le carbonate de chaux en sels qui ne sont pas nuisibles (c'est-à-dire qui ne sont pas nuisibles à la fermentation), mais le carbonate de chaux exerce encore une action utile en ce qu'il neutralise les acides qui se produisent par la décomposition de la levure. Berthelot a pu remplacer le carbonate de chaux par d'autres carbonates, par des oxydes métalliques, et même par du fer et du zinc qui, à l'état d'oxydes, neutralisent également les acides qui se forment et les empêchent d'être nuisibles à la fermentation.

Mais, si la séparation de tous les acides libres par l'action du carbonate de chaux dans la préparation de la bière peut exercer une action favorable à la fermentation, on ne doit pas oublier que, dans la préparation de la bière, cette séparation doit avoir des limites, et que ce que Berthelot considère avec juste raison comme étant favorable à la fermentation ne peut pas s'appliquer dans toute son étendue à la préparation de la bière. Si, dans la préparation de la bière, on introduisait dans la cuve-guilloire un excès de carbonate de chaux, on ôterait ainsi à la bière cette saveur fraîche qui, tempérée par le sucre et la dextrine, constitue précisément celle que l'on exige de la bière. Mais on séparerait, en outre, de la bière tout l'acide phosphorique et toute la substance albumineuse, et l'on enlèverait par conséquent à la bière des parties constituantes qui en font une boisson utile.

De ce que Berthelot a confirmé par ses expériences ce fait qui, du reste, était déjà suffisamment acquis à la science, qu'un ferment alcoolique n'agit pas par sa forme, mais agit par sa composition, et que, par conséquent, les globules de levure n'agissent pas parce qu'ils possèdent la forme globulaire, mais parce qu'ils contiennent une substance albumineuse en décomposition, il n'en résulte pas que, dans la fermentation, la forme soit entièrement indifférente, bien que Berthelot ait vu la fermentation se produire par l'action de substances albumineuses de différentes espèces et aussi par l'action de la gélatine, ce qui, du reste était déjà connu [1]. La différence entre la levure superficielle et la levure de dépôt nous démontre suffisamment que la manière dont le contenu des cellules agit détermine le caractère particulier de la fermentation. Il peut y avoir fermentation sans que l'on ajoute de la levure; mais obtenir telle ou telle fermentation qui soit cependant toujours alcoolique, cela dépend de la nature même de la levure.

Si, donc, Berthelot a observé que, en opérant complètement à l'abri du contact de l'air, il ne se produit pas de cellules de levure, lorsqu'on emploie la caséine ou la gélatine comme ferment, bien qu'il se forme de l'alcool et de l'acide carbonique aux dépens du sucre, ce fait est une confirmation de ce que l'on savait déjà, que la fermentation et la production des cellules de levure sont deux phénomènes différents qui ne se rattachent pas nécessairement l'un à l'autre; mais on ne peut pas en conclure qu'il puisse se produire une bonne fermentation de la bière sans qu'il y ait en même temps production de cellules de levure, et, alors même que cela serait possible, la production de la levure dans la fermentation de la bière ne détermine aucun résultat que l'on pourrait entièrement supprimer.

Les résultats que Berthelot a obtenus par exemple dans la fermentation de la mannite par l'action de la caséine, en présence du carbonate de chaux, sont tout à fait remarquables. En même temps qu'il se produit de l'alcool et qu'il se dégage de l'acide carbonique et de l'hydrogène, la caséine ne se putréfie pas. Elle ne donne pas un seul produit de putréfaction, mais elle se décompose en produits gazeux, et presque tout son azote se dégage à l'état libre. Berthelot en conclut que la mannite, à l'état de décomposition, détermine le mode de décomposition de la caséine de même que la caséine détermine le mode de décomposition de la mannite : cette conclusion pouvait du reste déjà être tirée d'une expérience de Schmidt dans laquelle ce chimiste a vu que de la fibrine putréfiée, dès qu'elle est mise en contact avec une dissolution de sucre, cesse de se putréfier et remplit les fonctions d'un ferment.

Tous ces résultats présentent une certaine importance lorsqu'on veut arriver à la connaissance de la fermentation

1. *De Wijn*, p. 56.

complémentaire qui se produit dans la bière, tant de celle qui mérite réellement ce nom que de celle qui continue à se produire dans la bière jusqu'à ce qu'elle cesse d'être de la bière, soit qu'elle ait été enfermée dans des tonneaux ou dans d'autres vases.

Pour mieux faire comprendre le mode de transformation dont je veux parler ici, j'indiquerai encore quelques expériences de Berthelot, qui se rattachent entièrement à notre sujet; il exécutait ces expériences dans des vases entièrement pleins qui ne donnaient issue aux gaz qu'au moyen d'un tube plongeant sous le mercure. On se trouvait ainsi dans des conditions analogues à celles où se trouve la bière lorsqu'elle est dans des tonneaux fermés ou bien dans des cruches ou dans des flacons que l'on a bouchés avec des bouchons.

10gr de sucre de canne, 120gr d'eau, 10gr de craie et 2gr de fromage étaient mélangés ensemble et maintenus en contact pendant six semaines à une température de 40°. On a obtenu 1gr,2 d'alcool ou 12 pour 100. En outre, on a trouvé, dans la liqueur, du lactate de chaux, des cellules de levure et 30gr de sucre modifié.

170gr de sucre de canne, 2 litres d'eau, 200gr de craie et 200gr de fromage ont été maintenus ensemble pendant deux mois à une température de 0° et ont produit 10gr, c'est-à-dire 6 pour 100 d'alcool, du lactate de chaux, un peu de butyrate de chaux, mais n'ont pas produit de mannite.

50gr de glucose, 800gr d'eau, 50gr de craie et 20gr de fromage ont donné, au bout de cinq mois, à la température ordinaire, 1gr d'alcool, c'est-à-dire 2 pour 100, et du butyrate de chaux.

50gr de glucose, 800gr d'eau, 20gr de fromage et 50gr de gypse n'ont donné, du 18 décembre 1855 au 12 mai 1858, aucune trace d'alcool. Il existait dans la liqueur une certaine quantité de cellules de levure. Le 2 juin, on a ajouté 50gr de craie et 20gr de fromage. Le 22 juin, la glucose avait dis paru; il s'était produit 7gr d'alcool, c'est-à-dire 14 pour 100. du lactate de chaux, du butyrate de chaux, mais il ne s'était pas produit de mannite, ni de sulfure de calcium.

Les expériences suivantes ne présentent pas une moindre importance pour le but que nous nous proposons.

10gr d'amidon, 120gr d'eau, 10gr de craie et 2gr de fromage ont été maintenus, pendant six semaines, à une température de 40° et ont fourni 1gr,6 d'alcool, c'est-à-dire 16 p. 100, un sel de chaux soluble, un peu d'amidon non décomposé, mais n'ont donné ni sucre, ni levure.

Dans une expérience exécutée sur les mêmes quantités, on a analysé la liqueur tous les deux jours et l'on n'a pas trouvé de sucre.

L'amidon peut donc donner de l'alcool, sans passer préalablement à l'état de sucre.

10gr de gomme arabique, 120gr d'eau, 10gr de craie, 2gr de fromage maintenus ensemble pendant six semaines à une température de 40° ont produit 1gr,2 d'alcool, c'est-à-dire 12 pour 100, un sel de chaux soluble, mais n'ont fourni ni levure, ni sucre, ni glycérine.

Les expériences de Berthelot ouvrent, à mon avis, une voie qui conduit à une idée beaucoup plus générale que celle que l'on se faisait jusqu'ici de la fermentation alcoolique.

CHAPITRE X

DE LA FERMENTATION COMPLÉMENTAIRE.

Sous la dénomination de fermentation complémentaire, on ne désigne pas toujours le même ordre de faits. On devrait comprendre, sous la dénomination de fermentation principale, la période de la fermentation pendant laquelle cette dernière est dans toute sa force, et, par conséquent, dans la fermentation par dépôt, l'ensemble des phénomènes qui ont lieu dans la cuve-guilloire et, dans la fermentation superficielle, l'ensemble des phénomènes qui se produisent dans la cuve-guilloire et dans les tonneaux, tant qu'ils sont ouverts, de manière à laisser une issue à la levure superficielle. Les phénomènes que nous indiquons en dernier lieu, ont souvent été désignés, mais improprement, sous le nom de fermentation complémentaire : le nom de fermentation terminale (en hollandais, *uitgisting;* en allemand, *Ausgährung*), leur conviendrait mieux. On trouble la fermentation qui a lieu dans la cuve-guilloire; mais la fermentation ainsi troublée ne peut nullement être désignée sous le nom de fermentation complémentaire.

Lorsque la fermentatien principale est terminée, on clarifie quelquefois la bière avant de laisser s'y accomplir la fermentation complémentaire proprement dite. Une bonne bière, bien brassée et bien préparée, est claire, et comme, au moyen d'une bonne préparation, on obtient toujours une bière qui n'est pas trouble, on ne devrait, à proprement parler, ajouter à la bière aucun agent de clarification. Mais, d'une part, l'imperfection des méthodes et, d'autre part, la rapidité avec laquelle on doit livrer les bières à la consommation ne permettent pas toujours d'atteindre directement ce résultat, en sorte que l'on a été obligé de chercher des moyens de clarifier entièrement la bière : en effet les consommateurs qui savent ce que c'est qu'une bonne bière attachent beaucoup de prix à ce qu'elle soit claire.

Müller [1] conseille la filtration au travers de copeaux de hêtre. Après les avoir bien lavés, même avec de l'eau chaude, il les introduit dans un tonneau où il fait couler de la bière, provenant d'un autre tonneau, dans lequel elle ne s'est pas éclaircie : on y enferme cette bière avec les copeaux; on agite à plusieurs reprises le tout, puis on soutire la bière dans un autre tonneau. Les mêmes copeaux de hêtre peuvent servir encore pour clarifier d'autres bières provenant d'autres tonneaux.

La substance que l'on emploie le plus ordinairement pour opérer la clarification est la colle de poisson; mais il ne faut pas qu'elle ait été transformée en colle par l'action de l'eau chaude. On ramollit la colle de poisson au moyen de l'eau froide et l'on renouvelle l'eau à plusieurs reprises, de manière que la colle se gonfle bien. Lorsqu'elle s'est bien gonflée et a été bien lavée, on la mélange avec un peu de bière pour la bien diviser : on ajoute ensuite le tout dans le tonneau à la bière que l'on veut clarifier, en ayant soin d'opérer le mélange intime des matières. Au bout de quelques jours, on soutire la bière, qui est devenue claire.

La colle de poisson agit surtout ici comme agent mécanique : elle se trouve ici à l'état gélatineux, mais non à l'état soluble, à l'état de colle : cette gélatine constitue alors un véritable filtre, une sorte d'éponge qui retient les matières

1. *Loc. cit.*, p. 348.

troubles de la bière. Il arrive cependant que l'alcool contenu dans la bière fait contracter légèrement la colle de poisson, la rend moins gélatineuse, ce qui du reste peut se produire aussi par l'action de l'acide tannique qui se trouve également contenu dans la bière.

Cette circonstance présente l'inconvénient que tout l'acide tannique contenu dans la bière en est séparé, en sorte qu'il est impossible que la bière ainsi séparée se conserve longtemps.

Jusqu'ici on n'a pas pu, pour clarifier la bière, remplacer la colle de poisson par aucune autre substance. Je parle ici seulement de la clarification de la bière : j'ai traité (p. 250) de la clarification du moût.

Les conditions qui sont favorables à la clarification de la bière, sont : la préparation d'un malt qui soit de bonne qualité et qui soit bien actif; l'emploi d'un malt dont la totalité ait été touraillée; la mouture du malt en particules qui ne soient pas trop ténues; un bon empâtage, dans lequel, par conséquent, tout l'amidon réparti dans la liqueur soit transformé en dextrine et en sucre; l'emploi d'un houblon de bonne qualité et en quantité assez forte; une bonne fermentation bien réglée. Si l'on néglige une ou plusieurs de ces conditions, on ne peut pas obtenir un bon produit, lors même que l'on emploierait pour la préparation de la bière une quantité considérable de grain.

Quel que soit le mode de clarification dont on se serve, on ne l'applique que lorsque la fermentation principale est terminée. Lorsqu'on emploie la colle de poisson, même entièrement humectée, il doit toujours s'en dissoudre une certaine quantité par l'action de l'acide lactique et la bière doit être exposée à se détériorer (p. 194 et 205).

En ce qui concerne l'acide tannique, nous ferons ici une observation générale. Comme on admet ordinairement qu'il n'existe pas d'acide tannique dans la bière, on peut, dans le cas où il en serait réellement ainsi, se demander comment la bière l'a perdu. L'infusion de malt a été soumise à l'ébullition avec du houblon; mais, bien que, pendant l'ébullition, une quantité considérable d'acide tannique ait été séparée par les substances albumineuses qui se sont coagulées, il en reste encore dans le moût. Une certaine quantité d'acide tannique se dépose en outre sur les bacs refroidissoirs sous forme de tannate d'amidon et de tannate d'albumine, et de plus une certaine quantité d'acide tannique est transformée en apothène d'acide tannique. Par la clarification au moyen de la colle de poisson, une nouvelle quantité d'acide tannique se sépare encore de la bière.

A ce que nous venons de dire, on peut opposer, d'autre part, ce fait, que l'acide lactique peut dissoudre du tannate d'albumine et du tannate de gélatine, de telle sorte qu'il pourrait ainsi entrer de nouveau une certaine quantité d'acide tannique dans la bière.

Quoi qu'il en soit, il est positif que l'on ne trouve pas d'acide tannique dans les bières de garde qui sont colorées en noir par des sels de sesquioxyde de fer. Déjà, pendant la cuisson dans la chaudière, l'acide tannique a été transformé en partie en acide gallique. Cette transformation continue dans les bacs refroidissoirs et pendant la fermentation, en sorte que, à la place de l'acide tannique, on rencontre toujours une quantité de plus en plus grande d'acide gallique. Je démontrerai plus loin par une expérience ce que j'avance ici.

Dans les bières tout à fait jeunes, on trouve des traces d'acide tannique. Quelque faible qu'en puisse être la quantité, je crois qu'elle contribue à communiquer à la bière la faculté de pouvoir se conserver.

Quant aux bières qui se conservent longtemps, l'acide tannique n'est pas ce qui contribue à leur conservation : en effet on trouve, à sa place, de l'acide gallique auquel on ne connaît aucune propriété qui puisse le rendre susceptible de s'opposer à la détérioration de la bière.

Nous comprenons sous le nom de fermentation complémentaire, dans la fermentation superficielle ainsi que dans la fermentation par dépôt, les phénomènes qui se produisent après la fermeture des tonneaux. La période d'activité chimique est loin d'être terminée; elle continue encore. mais à un degré bien plus faible que dans la fermentation principale. Son énergie dépend du reste d'un très grand nombre de circonstances. Le liquide contenu dans les tonneaux renferme encore de la levure, et cette levure est de la levure de dépôt, pour la bière préparée au moyen de la fermentation superficielle de même que pour la bière préparée au moyen de la fermentation par dépôt : dans la bière préparée au moyen de la fermentation superficielle, il se dépose du moins, au fond des tonneaux, de la levure qui possède d'une manière plus ou moins prononcée le caractère de la levure de dépôt. Cela nous montre précisément que toutes les bières, quel que soit leur mode de préparation, subissent alors une fermentation que l'on pourrait considérer comme une véritable fermentation par dépôt. Cela doit être indubitablement attribué à ce que le ferment qui se dépose au fond des tonneaux est devenu déjà en partie inactif et ne peut par suite déterminer aucune autre fermentation qu'une fermentation peu vive.

Pour préparer certaines bières, on ferme les tonneaux et on les fait rouler, pour bien mélanger de nouveau la levure avec toute la liqueur et déterminer une fermentation complémentaire plus énergique; puis on soutire dans d'autres tonneaux la bière lorsqu'elle s'est éclaircie.

On ne le fait du reste jamais pour les bières de garde que l'on prépare au moyen d'une fermentation superficielle : mais on le fait seulement pour les bières qui doivent être livrées rapidement à la consommation.

Dans les premières, on doit en général tenir autant que possible les tonneaux en repos, afin que la levure reste au fond, et transvaser au bout de quelque temps, en ayant soin d'éviter autant que possible le contact avec l'air, la bière, devenue claire, dans les tonneaux où elle doit être conservée et où elle doit subir une fermentation tertiaire dont l'action est réduite au minimum. C'est ainsi que l'on opère en Hollande pour la préparation des bières de garde. La levure est trop énergique pour pouvoir rester dans la bière. Pour que la bière puisse se conserver dans les tonneaux, il faut qu'elle soit aussi claire que possible.

Dans la fermentation par dépôt, la séparation de la levure n'est pas aussi nécessaire. Cependant, plus la bière arrive claire dans les tonneaux où elle doit rester, plus elle peut se conserver longtemps. La fermentation ne cesse pas lorsque la levure a été entièrement séparée : en effet, il se produit toujours de nouvelle levure qui se rassemble au fond et entretient une fermentation lente.

Les bières dont la fermentation a eu lieu à une température élevée, qui, par conséquent, ont été préparées rapidement, ne peuvent, pas plus que les bières jeunes peu houblonnées, être conservées longtemps dans les tonneaux. On doit les boire rapidement ou les soutirer rapidement dans des cruches que l'on doit avoir soin de bien fermer. Ce sont ces bières qui sont connues en Hollande comme étant très mousseuses. Elles contiennent une grande quantité de substance susceptible de se transformer en levure. Après avoir bien laissé la bière se déposer dans les *tonneaux*, on la soutire dans des flacons ou dans des cruches, où elle continue à fermenter rapidement, surtout en été, en sorte que, même au bout de peu de jours, elle contient une quantité d'acide carbonique suffisante pour chasser le bouchon avec force et se comporter comme une bière très mousseuse.

Si la bière provient d'une macération dans laquelle on a obtenu un moût concentré, ou si le malt a été desséché à une température élevée, ou bien si la bière a été fortement houblonnée, elle présente des propriétés tout autres, même lorsqu'elle a été obtenue par fermentation superficielle. Pour une macération qui fournit un moût concentré, c'est-à-dire dans laquelle on n'a employé que peu d'eau et beaucoup de grains, il peut se produire une grande quantité d'alcool qui exerce une action contraire à la transformation chimique. Le malt fortement desséché fournit des traces d'huiles pyrogénées (créosote, etc.) qui exercent également une influence contraire à la transformation chimique. Par une forte addition de houblon enfin, la bière acquiert la propriété de résister davantage à la transformation chimique, faculté qu'elle doit à ce qu'elle contient une certaine quantité de substance amère et d'huile éthérée de houblon.

On peut préparer des bières de cette espèce par fermentation superficielle; néanmoins, dans la fermentation complémentaire, elles se comportent tout autrement que les bières jeunes dont j'ai déjà parlé. Elles subissent d'abord dans les tonneaux une fermentation complémentaire qui est lente et peuvent se conserver longtemps lorsqu'elles sont du nombre des bières qui, pour l'une des raisons indiquées, pour deux de ces raisons et même pour toutes les trois simultanément, possèdent une nature toute différente; on peut même les soutirer partiellement, au fur et à mesure que l'on en a besoin. A cette catégorie appartiennent les bières désignées en Hollande sous le nom de *oude bieren* (vieilles bières), ainsi que les bières amères, de couleur brun-foncé, que l'on prépare toutes en Hollande par fermentation superficielle; si la température du cellier dans lequel on emmagasine les tonneaux, est basse, il est possible de les conserver longtemps. Une bière de cette espèce ne mousse pas lorsqu'on la soutire du tonneau, mais elle tient en dissolution une quantité suffisante d'acide carbonique. Si l'on transvase dans des flacons ou dans des cruches, après qu'elles sont devenues claires, des bières de cette espèce, dans la préparation desquelles la macération a fourni une infusion concentrée de malt, pour lesquelles on a employé du malt fortement touraillé ou dans la préparation desquelles on a ajouté une forte proportion de houblon, elles continuent à fermenter et peuvent acquérir au bout de quelque temps une quantité d'acide carbonique suffisante pour paraître mousseuses lorsqu'on les verse; mais cette mousse ne sera jamais aussi extraordinairement forte que dans les bières jeunes : dans la plupart des cas, l'acide carbonique forme, en se dégageant, des perles ou de petites bulles, surtout lorsque la bière contient une quantité considérable d'huile empyreumatique de houblon.

Toutes les bières qui sont préparées au moyen de la fermentation par dépôt sont du reste plus susceptibles de se conserver. Toutefois, après les avoir transvasées de la cuve-guilloire dans les tonneaux, on leur laisse aussi subir la fermentation complémentaire et l'on ferme les tonneaux. La fermentation continue avec une excessive lenteur et ces bières peuvent en général être tirées directement du tonneau pour être consommées. Si on les soutire dans des flacons ou dans des cruches peu de temps après que la fermentation secondaire est terminée, elles ne moussent lorsqu'on les verse qu'après avoir séjourné longtemps dans des flacons fermés dans lesquels elles se trouvent entièrement à l'abri du contact de l'air; mais elles donnent rarement autre chose qu'une écume formée de la réunion de bulles simulant des perles, lorsqu'elles n'ont été transvasées dans les flacons qu'après s'être complètement éclaircies dans le tonneau. Plus la levure reste longtemps en contact avec la bière, plus la fermentation s'accomplit rapidement, plus la bière doit être consommée rapidement. Plus, au contraire, la bière se maintient claire, plus elle est susceptible de se conserver longtemps. Plus la température est basse, plus la bière se conserve; plus la température est élevée, plus la bière se décompose rapidement.

Pendant toute la durée de ces fermentations plus rapides

ou plus lentes, la quantité d'alcool contenue dans la bière augmente, la quantité de sucre diminue et la saveur devient par suite moins douce. La bière reste une bière potable aussi longtemps qu'il continue à s'y produire une fermentation d'une nature quelconque et par suite aussi longtemps qu'il y existe encore de l'acide carbonique en dissolution.

Ce que nous venons de dire nous montre clairement pourquoi les celliers dans lesquels on veut conserver des bières de garde, doivent remplir les conditions suivantes : 1° une basse température, parce que la fermentation complémentaire suit alors une marche très lente; 2° une température constante, parce qu'elle détermine des fermentations du même ordre que celles qui se sont produites dans la liqueur par la fermentation dès que l'action a commencé à se produire.

Dans aucune sorte de bière, la fermentation complémentaire ne fait défaut : dès qu'il cesse de se produire une fermentation dans la liqueur, cette liqueur cesse d'être de la bière. Sous ce rapport, la bière est entièrement distincte du vin, et par exemple du vin de Bordeaux. Lorsqu'on le met en bouteilles, le vin a cessé de fermenter. Il n'existe aucune espèce de bière, ou du moins aucune espèce de bière potable, qui se trouve à cet état.

Quelquefois, pendant la fermentation, la bière peut devenir acide. Zimmerman a conseillé d'employer dans ce cas le sucre de fruits pour obvier à cet inconvénient : son emploi présente en effet quelques avantages. Le sucre remplit ici un double but. D'abord, il absorbe, sans exercer aucune action nuisible, l'acide acétique qui s'est déjà produit et fait disparaître la saveur acide : mais, d'autre part, il rend la levure qui existe dans la liqueur, susceptible de fonctionner de nouveau comme ferment; il détermine la production d'une nouvelle fermentation : l'alcool qui a été transformé en acide acétique, est remplacé par une nouvelle quantité d'alcool et la liqueur peut reprendre le caractère essentiel de la bière : tenir de l'acide carbonique en dissolution et subir toujours une fermentation alcoolique plus ou moins prononcée. Le sucre que l'on ajoute ainsi imprime une nouvelle impulsion à l'activité chimique des substances albumineuses, et la production de l'acide acétique est arrêtée. Le sucre de canne rend le même service[1]. Si ce moyen

1. Müller, *loc. cit.*, p. 357.

n'agit pas rapidement, on enlève à la bière la levure qui s'y trouve et l'on ajoute de la levure fraîche.

Si la bière est devenue acide, on y ajoute du bicarbonate de soude afin de saturer l'acide acétique qu'elle contient. Ce moyen doit toutefois être considéré comme une falsification ; nous y reviendrons plus loin.

CHAPITRE XI

DE LA FERMENTATION TERTIAIRE.

La fermentation complémentaire comprend les transformations que la bière subit dans les tonneaux tant qu'il se sépare de la levure. Dans une bonne bière, elle doit être entièrement terminée avant que cette bière soit livrée à la consommation. Mais lorsqu'elle est terminée et lorsqu'on a transvasé dans d'autres tonneaux ou bien dans des flacons ou dans des cruches la bière que l'on destine à être conservée plus longtemps, il continue encore à s'y produire une fermentation qui, à cause de la lenteur de sa marche, mérite d'être désignée par un nom particulier.

En indiquant les expériences de Berthelot, j'ai déjà eu l'occasion (p. 241) de parler des transformations que la bière subit pendant cette troisième période de la fermentation.

Cette fermentation tertiaire se produit dans toutes les bières; mais elle n'est pas toujours accompagnée des mêmes phénomènes. La bière préparée au moyen de la fermentation par dépôt contient peu de sucre et beaucoup d'acide lactique; elle ne mousse jamais fortement lorsqu'on la verse hors du flacon qui la contient. Dans la bière qui a été préparée au moyen de la fermentation superficielle et qui contient beaucoup de sucre, il se produit, lorsque cette bière contient une quantité suffisante de levure, une diminution de la quantité de sucre et une augmentation de la quantité d'alcool, et cette bière peut retenir un volume d'acide carbonique quadruple ou quintuple du sien. Les flacons ou les cruches ont par conséquent à supporter une pression de deux à trois atmosphères.

La bière, préparée au moyen de la fermentation par dépôt, si on ne la soutire que lorsque la levure-s'en est entièrement séparée et si on la transvase en ayant soin de la maintenir autant que possible à l'abri du contact de l'air, dans des tonneaux, quelquefois même très grands, peut être conservée claire, pourvu que la température du cellier soit suffisamment basse. La basse température est ici une condition essentielle de la bonne conservation de la bière. La fermentation tertiaire ne s'arrête pas lorsque la température descend jusqu'à 10° et 12° et même au-dessous : mais elle marche alors très lentement, et cette lenteur de la fer. mentation tertiaire est précisément une des causes de la bonne conservation de la bière.

Pour éviter que l'air ne pénètre dans les tonneaux qui contiennent la bière, on a en Bavière l'habitude de les enduire intérieurement d'une couche de poix, ce qui présente en outre l'avantage d'introduire dans la bière, ainsi que les anciens le faisaient pour leurs vins [1], une certaine quantité d'huile pyrogénée qui exerce une action contraire à la décomposition.

Les bières que l'on puise au tonneau finissent toutes par devenir acides lorsqu'on ne consomme pas en peu de jours tout le contenu du tonneau. Il est impossible de les préserver complètement du contact de l'air, même lorsqu'on fait sortir la bière du tonneau au moyen d'une pompe. C'est du reste un fait qu'Otto de Guericke, bourgmestre de Magdebourg, connaissait déjà. Toutefois lorsqu'on maintient le tonneau fermé et lorsqu'on ne laisse pas échapper l'acide carbonique qui se dégage toujours de la bière, ce soutirage de la bière au moyen d'une pompe (ou si l'on veut au moyen d'un robinet), est un moyen qui peut l'empêcher en partie de devenir acide, parce que l'acide carbonique qui se dégage continuellement de la bière, remplit alors la partie du tonneau qui devient vide. Mais les dernières portions de bière que l'on soutire d'un pareil tonneau, présentent une saveur fade, ce qui vient de ce que la bière a perdu de l'acide carbonique : en effet, au fur et à mesure que le tonneau se

1. *De Wijn*, p. 104.

vide, l'espace vide se remplit d'acide carbonique et la bière en perd une quantité proportionnelle.

Comme la bière est continuellement en fermentation et comme elle cesse d'être de la bière dès que la fermentation y est terminée, on peut tirer de là, en ce qui concerne sa conservation, les conséquences suivantes.

Lorsqu'on la conserve dans des tonneaux qui sont hermétiquement fermés et qui sont entièrement remplis de bière, la bière, qui paraît avoir cessé de fermenter, se charge d'une quantité d'acide carbonique de plus en plus considérable, en sorte que, lorsqu'on ouvre les tonneaux, cet acide carbonique s'en dégage en donnant naissance à une mousse dont la quantité est plus abondante ou plus faible, suivant que la marche de la fermentation a été plus vive ou plus paisible. L'air n'est aucunement nécessaire pour cela [1]. Par la fermentation qui se produit dans les tonneaux, ou bien dans les flacons ou dans les cruches, la quantité de l'alcool augmente, tandis que la quantité de sucre diminue. La bière devient donc plus excitante, moins douceâtre au goût et moins nutritive : en même temps, elle devient plus légère. Il se produit ici, d'après les expériences de Berthelot (p. 245), de l'acide lactique et peut-être aussi de l'acide butyrique. Nous ne devons pas omettre d'indiquer en outre comme résultat de ces expériences (que nous avons passées en revue avec détail, afin de pouvoir en déduire ici en peu de mots les conséquences relatives à la décomposition de la bière), ce fait que, dans la conservation de la bière en tonneaux entièrement fermés, les substances albumineuses sont décomposées dans la même proportion que le sucre, en sorte que, finalement, dans la bière que l'on conserve en tonneaux fermés, on doit arriver à un état qui ne permette plus aucune transformation ultérieure. Il ne s'y trouve pas une quantité considérable de sucre et il n'y existe pas non plus une quantité considérable de substance susceptible de se transformer en ferment : l'alcool, l'acide carbonique et l'acide lactique s'y trouvent au contraire en quantité considérable. Comment, par suite, une action chimique pourrait-elle encore s'y produire? La dextrine qui y existe remplit la fonction d'envelopper l'acide lactique de manière que la bière ne présente pas une saveur acide.

1. *De Winj*, p. 71.

C'est ainsi que je me rends compte de l'état d'une bière préparée au moyen de la fermentation par dépôt, et contenue depuis quelque temps dans des tonneaux fermés. La liqueur ne se trouve pas à l'état de repos chimique absolu; mais l'activité chimique y est réduite à son minimum, et la bière, par sa manière d'être au point de vue chimique, ne se distingue alors que peu du vieux vin, en faisant abstraction toutefois de ce fait qu'elle est saturée d'acide carbonique.

Dans les bières de cette nature, il se produit un dépôt qui n'est plus de la levure, mais qui est formé de cellules de levure qui sont épuisées et qui ne sont plus susceptibles de déterminer aucune fermentation dans une dissolution de sucre.

Il en est tout autrement des bières qui ne sont pas des bières de garde, des bières qui deviennent rapidement acides par l'action de l'air et que l'on désigne sous le nom de bières jeunes. Lorsqu'on a transvasé du tonneau dans les flacons ou dans les cruches ces bières, en ayant soin de les soutirer aussi claires que possible (si on les laisse trop longtemps dans le tonneau, elles deviennent rapidement acides ou fades), elles paraissent passer également à l'état de repos chimique. Mais la projection violente du bouchon qui a lieu quelquefois et même la fracture des flacons et des cruches nous apprennent le contraire. Il se produit également ici une diminution de la quantité d'alcool. La fermentation est très vive, en sorte que l'on ne doit penser en aucune manière à un équilibre chimique. Lorsqu'on ouvre la cruche, l'acide carbonique qui était comprimé, s'échappe à l'extérieur avec force, et la bière, qui était claire pendant qu'on la versait, se trouble et laisse déposer une quantité considérable de levure au fond du verre, si on l'y laisse un peu de temps en contact avec l'air.

CHAPITRE XII

DES ALTÉRATIONS DE LA BIÈRE.

Une bière est d'autant moins exposée à s'altérer qu'elle est plus riche en alcool, plus fortement houblonnée, plus claire et plus complètement préservée du contact de l'air.

L'alcool exerce une action contraire à la décomposition. Nous nous sommes rendu compte (p. 35) de l'action des parties constituantes du houblon, autant du moins que cela est possible. Nous avons parlé (p. 193) de l'influence que la propriété d'être claire exerce sur la bonne conservation d'une bière. Nous avons donc à dire encore ici quelques mots seulement sur la nécessité de tenir la bière à l'abri du contact de l'air.

Une conséquence de la préservation incomplète du contact de l'air est la formation d'une certaine quantité d'acide acétique. Les bières passent alors à l'état de bières aigres.

Bières aigres. — Lorsque l'alcool est étendu et lorsqu'il se trouve en contact avec des molécules qui sont à l'état d'activité chimique, il se transforme par l'action de l'oxygène de l'air en acide acétique : $C^4H^6O^2 + O^4 = C^4H^4O^4 + 2HO$. La production du vinaigre par procédé rapide en est un exemple. Il existe dans la bière une quantité abondante de molécules en mouvement. Il s'y trouve de l'alcool : il est donc seulement besoin que l'air ait accès pour qu'il puisse se produire du vinaigre.

Il se produit de l'acide acétique dans toutes les bières dès qu'elles sont exposées au contact de l'air : mais c'est dans les bières jeunes que cette production s'effectue le plus rapidement, et c'est dans les bières riches en alcool qu'elle a lieu le plus abondamment. Les bières de garde qui contiennent une quantité considérable d'acide lactique sont moins exposées à devenir aigres : cependant, dès qu'elles se trouvent en contact avec l'air, il doit s'y produire de l'acide acétique.

Les bières peuvent devenir aigres dans les tonneaux, aussi bien que dans les flacons s'ils ne sont pas bien fermés.

C'est l'acide acétique qui rend la bière aigre, et la saveur aigre qu'il donne à la bière ne doit pas être confondue avec la saveur acidule que l'on observe principalement dans les bières de garde et qui provient surtout de la présence d'une certaine quantité d'acide lactique.

Quelquefois les bières peuvent devenir aigres même dans des tonneaux fermés lorsque, en remplissant de bière les tonneaux pour pouvoir, après que la fermentation complémentaire est terminée, transvaser la bière plus claire dans d'autres tonneaux, on n'a pas eu soin de la maintenir autant que possible à l'abri du contact de l'air. Cela peut aussi arriver lorsqu'on a laissé la bière séjourner longtemps dans des tonneaux partiellement remplis, surtout lorsque la température du cellier n'est pas suffisamment basse. Dans des cruches ou dans des flacons fermés, il est impossible que la bière devienne acide, parce que l'air qui est nécessaire pour transformer l'alcool en acide acétique ne peut pas y avoir accès.

Bières plates. — Plus d'une cause peut contribuer à ce que les bières deviennent plates. Dans le cas le plus simple, l'absence de saveur de la bière peut être seulement la conséquence de ce qu'il s'est volatilisé de l'acide carbonique. J'ai déjà observé à plusieurs reprises que, dans aucune bière, l'acide carbonique ne peut faire défaut; que, quelque faible que cette fermentation puisse être, il doit toujours se produire dans la bière une fermentation, en sorte que, lorsqu'on conserve la bière dans des tonneaux, l'acide carbonique qui se dégage doit être remplacé continuellement par une nouvelle quantité d'acide carbonique qui se produit. Cela arrive aussi bien dans les bières de garde préparées au moyen de la fermentation superficielle que dans les bières obtenues au moyen de la fermentation par dépôt.

Si, dans une bière quelconque, pour qu'elle soit réellement une bière, il doit se trouver et se produire de l'acide carbonique, une bière qui a perdu tout son acide carbonique peut, par cette raison, être déjà considérée comme malade : mais l'essence de la maladie présente une cause plus intime que le simple dégagement de l'acide carbonique. La totalité de la portion de la levure qui est soluble ou la totalité de la substance susceptible de déterminer la fermentation peut être consommée, ou bien encore tout le sucre qui devait entretenir cette fermentation lente a pu être décomposé. Dans cette dernière hypothèse, la bière ne peut plus devenir acide : par suite du manque de sucre et d'acide carbonique, elle devient fade.

Bières filantes. — Le fait que certaines bières deviennent filantes peut être attribué à ce que la dextrine qui existe dans la bière et le sucre qui s'y trouve encore se transforment en mucus végétal. Desfosses a reproduit artificiellement cette transformation en faisant bouillir la levure de bière avec de l'eau, en ajoutant à cette liqueur une grande quantité de sucre, et en laissant reposer le tout pendant quelque temps dans un endroit chaud. Le mucus végétal qui se produit fait devenir bientôt la liqueur épaisse. Péligot, en traitant de la même manière le gluten, a obtenu une quantité de mucus végétal égale à environ 1/3 de la quantité de sucre employée[1]. Je me suis déjà occupé de cette question dans un autre ouvrage[2].

Lorsque cette maladie se produit dans la bière, elle paraît provenir de phénomènes morbides préexistant dans le malt et dans le moût.

Dans les bières de garde, surtout dans celles pour la préparation desquelles on a employé une quantité considérable de froment, la transformation se produit à un degré plus ou moins prononcé, sans que la bière soit aucunement altérée. Une bière de ce genre est caractérisée par sa consistance presque sirupeuse, bien que la quantité d'extrait qui s'y trouve n'indique pas qu'il y existe en somme une grande quantité de dextrine. Cela se présente d'une manière frappante dans le lambick provenant d'une brasserie d'Utrecht. Cette bière, lorsqu'on la verse, forme une colonne filiforme : elle est très épaisse et ne comporte pas plus de 3,5 pour 100 d'extrait. La dextrine s'est donc transformée en mucus végétal.

Bières moisies. — Les bières plates moisissent rapidement : la moisissure d'une bière est, dans le plupart des cas, la conséquence de ce qu'elle était plate. Mais, d'autre part, la production de la moisissure dans une bière peut

1. Dumas, *Chimie appliquée aux arts*, t. VI, p. 335.
2. *De Wijn*, p. 101.

provenir de ce qu'elle a été enfermée dans des tonneaux dont les parois étaient couvertes de moisissures, ainsi que cela peut arriver à des tonneaux qui ont séjourné dans des caves où l'air n'a que difficilement accès.

CHAPITRE XIII

DE LA COMPOSITION DE LA BIÈRE.

Nous devons d'abord distinguer dans la bière quatre parties constituantes dont les quantités respectives peuvent présenter des variations illimitées; ces quatre substances sont l'acide carbonique, l'alcool, l'extrait qui reste comme résidu lorsqu'on évapore la bière et l'eau dans laquelle ces substances sont dissoutes.

Acide carbonique. — En ce qui concerne la quantité d'acide carbonique, on observe entre les bières de très grandes différences. Une bière très mousseuse peut laisser dégager de 6 à 8 fois son volume d'acide carbonique, et il n'est pas extraordinaire de voir les bières jeunes préparées en Hollande fournir une écume qui dépasse de 3 à 4 fois le volume de bière, bien qu'il reste encore dans la bière une quantité considérable d'acide carbonique.

Les bières non mousseuses contiennent une quantité différente d'acide carbonique. On sait que l'on peut dissoudre dans l'eau, à la pression ordinaire de l'atmosphère, un volume d'acide carbonique à peu près égal au sien. Les substances solides amoindrissent la faculté que possède l'eau de dissoudre l'acide carbonique : la bière qui, outre l'alcool, tient en dissolution quelques centièmes de principes solides, ne peut donc pas, lorsqu'elle est renfermée dans un tonneau en bois d'où l'acide carbonique peut s'échapper, contenir une quantité d'acide carbonique aussi considérable que le volume même de la bière.

Toutefois, comme la fermentation continue toujours, l'acide carbonique qui se dégage est toujours remplacé, lors même que la bière n'est pas renfermée dans des tonneaux dans lesquels l'air ne peut pas pénétrer; dans les bières de garde qui séjournent dans les tonneaux, la quantité d'acide carbonique n'est donc pas sujette à de grandes variations. D'après les déterminations de Kaiser et d'autres expérimentateurs, la quantité d'acide carbonique varie en poids de 0,18 à 0,1 pour 100 : elle est donc, au maximum, de 18 parties d'acide carbonique pour 10000 de bière ou de 2 pour 1000. Un litre d'acide carbonique pèse presque 2 grammes à la pression atmosphérique ordinaire. Par conséquent, une bière qui contient en poids 2/1000 d'acide carbonique, en serait presque saturée si elle n'était que de l'eau. Une bière qui contient 0,10 pour 100 ou 18/10000 d'acide carbonique en poids contient donc autant d'acide carbonique que de l'eau qui en serait saturée sans pression.

Ces résultats nous suffisent pour nous rendre compte de la quantité d'acide carbonique qui est contenue dans une bonne bière de garde qui n'est pas mousseuse. Elle est toujours moindre que le volume total de la bière dans laquelle cet acide carbonique est dissous et plus forte que la moitié de ce volume. Dans les circonstances les plus favorables, la bière qui tient en dissolution des substances solides ne peut pas contenir une quantité d'acide carbonique aussi grande que celle qui serait absorbée par l'eau sans pression.

Toutefois, la bière non mousseuse contient une forte proportion d'acide carbonique, et c'est une des raisons pour lesquelles elle est généralement appréciée comme boisson.

Si la fermentation lente de la bière a lieu dans des tonneaux ou dans des flacons hermétiquement fermés, l'acide carbonique s'y accumule précisément comme s'il y avait été comprimé au moyen d'une pression artificielle; et, bien que, lorsqu'on la verse, une quantité considérable d'acide carbonique se perde dans l'air, il en reste encore une quantité considérable dans la liqueur lorsque cette dernière ne reste exposée que très peu de temps au contact de l'air.

Une indication plus exacte de la quantité d'acide carbonique qui est condensée dans les bières mousseuses, est du reste à peine nécessaire : en effet la bière la plus mousseuse contient, lorsqu'on la livre à la consommation, une quantité très variable d'acide carbonique : la plus grande partie de cet acide s'est perdue dans l'air pendant qu'on versait la bière. Lorsque la bière a cessé de mousser, elle doit contenir au maximum un volume d'acide carbonique à peu près égal au sien, ce qui représente en poids à peu près 2 grammes pour 1 litre de bière [1].

Alcool. — La quantité d'alcool contenue dans la bière varie aussi notablement, entre les limites de 2 à 8 pour cent, en sorte que les bières les plus fortes, relativement à la quantité d'alcool, marchent de pair avec les vins les plus faibles.

La quantité d'alcool contenue dans la bière ne dépend pas seulement de la quantité de grains qui a été employée à la préparation de la bière : si l'on a employé beaucoup de grains, si l'on a traité convenablement le malt et si la fermentation s'est bien accomplie, la quantité d'alcool doit être plus grande. Le contraire doit avoir lieu lorsque la fermentation n'a pas eu un cours bien régulier.

La quantité d'alcool qui se produit dans la bière par une bonne fermentation dépend de la quantité de sucre et de la quantité de substance susceptible de se transformer en levure, qui préexistait dans le moût, en sorte que, en général, les bières d'une saveur douce ne sont pas très alcooliques et que les bières riches en alcool ne sont pas douces, de même que cela se présente pour le vin.

Extrait. — Moins on a employé de grains pour la préparation d'une bière, moins cette bière contient de substances solides. C'est ce qui se présente lorsque l'amidon du malt a été transformé aussi complètement que possible en sucre pendant l'empâtage et lorsque, dans la fermentation, le sucre a été transformé aussi complètement que possible en alcool et en acide carbonique.

Des bières très fortes, c'est-à-dire très acooliques, peuvent

1. Pour empêcher l'acide carbonique de s'échapper des tonneaux qui sont partiellement remplis d'air, Wecker (*Polyt. centr. Blatt.*, 1857, p. 895) a recommandé de comprimer de l'air dans les tonneaux : cet air exerce alors une pression sur la bière et par conséquent aussi sur l'acide carbonique qu'elle contient, en sorte que cet acide ne peut pas s'échapper.

Ce procédé peut présenter des difficultés dans la pratique ; mais il paraît devoir bien répondre au but proposé.

Wecker voudrait que l'on soumît à la même pression la bière contenue dans les grands tonneaux où l'on conserve la bière en cave, dans les véritables pays à bière, et dont on la soutire directement pour la livrer à la consommation, afin de se préserver ainsi de la petite perte d'acide carbonique qui est inévitable lorsqu'on fait usage d'une pompe aspirante.

Il resterait cependant à savoir si l'air ainsi condensé dans les tonneaux n'expose pas la bière à devenir acide.

donc donner seulement une petite quantité de matières solides par l'évaporation. Mais ce résidu contient alors une quantité considérable de substances salines et, sous ce rapport, la bière est encore un aliment d'un pouvoir nutritif important.

La quantité de substances solides qui reste comme résidu après l'évaporation de la bière, présente des variations très notables; ordinairement, elle est de 3 à 6 pour 100, mais il y a des bières qui en contiennent beaucoup plus. C'est ce résidu qui contient surtout les parties constituantes nutritives de la bière.

On détermine cette quantité d'extrait en évaporant la bière au bain-marie et en desséchant le résidu à 130°. Il prend une couleur toujours de plus en plus foncée et se modifie par suite de plus en plus.

D'après les expériences de Dufft que nous indiquerons plus loin, la méthode de Balling, dans laquelle on déduit la quantité d'extrait de la pesanteur spécifique de la bière dont on a séparé l'alcool par évaporation et que l'on a ramenée à son volume primitif par une addition d'eau, paraît avoir donné, par comparaison avec une dissolution de sucre, de bons résultats. Sur les onze expériences, neuf ont donné des résultats concordants. J'ai exposé précédemment, p. 182, la méthode de Balling.

C'est ici l'endroit le plus convenable pour indiquer les différents résultats que l'on a trouvés par la détermination des quantités d'alcool et d'extrait contenues dans les différentes bières. De leurs quantités respectives et de la quantité d'alcool dépendent surtout les propriétés de la bière. Mais on ne doit pas croire que ces déterminations fassent connaître tout ce que l'on peut désirer relativement à la bière. On peut désirer que la bière soit claire ou trouble; qu'elle soit d'une saveur acidule ou d'une saveur douce; qu'elle présente une saveur amère ou qu'elle ne soit pas amère; qu'elle soit brune, brun-clair ou blanche; qu'elle soit mousseuse ou non mousseuse et qu'elle présente encore d'autres propriétés différentes; on peut désirer surtout qu'elle soit plus ou moins houblonnée.

Comme nous devons nous occuper plus loin de l'étude des parties constituantes de la bière, il ne paraîtra pas superflu de donner ici une indication des résultats que l'on a trouvés pour la quantité d'alcool et la quantité d'extrait. J'indiquerai en même temps les autres parties constituantes lorsque ces indications auront été données.

Il est difficile de faire un choix parmi les déterminations des parties constituantes de la bière, qui ont été faites. Je ne les ai cependant pas citées toutes, mais j'en ai cité un grand nombre, et de préférence celles des bières, de provenance bien connue, qui ont été faites par des méthodes éprouvées, mais seulement lorsque les auteurs de ces analyses ont indiqué les méthodes par lesquelles ils ont opéré. Cependant j'ai des doutes sur quelques déterminations, mais *relata refero*. Toutes ces analyses répondent complètement à ce que l'on peut en exiger, et notamment elles donnent bien une idée générale de la composition de la bière et des sortes de bières les plus renommées.

KAISER[1] (BIÈRE DE BAVIÈRE, EN 100 PARTIES).

	DATES.	PESANTEUR spécifique.	ALCOOL.	EXTRAIT.	ACIDE CARBO. p. 1000 part.
BIÈRE JEUNE D'HIVER.					
De la brasserie des Augustins de Munich.	1849	1,018	3,9	5,9	1,4
De la brasserie Leist de Munich........	1853	1,019	3,3	6,0	1,6
D'Augsbourg..........................	1854	1,013	4,0	4,5	1,8
De Bayreuth..........................	1854	1,016	2,3	5,4	1,8
De Landshut..........................	1854	1,018	3,4	5,7	1,8
D'Anspach............................	1854	1,015	3,2	5,2	1,8
BIÈRE DE GARDE D'ÉTÉ.					
De la brasserie de la Cour à Munich...	1846	1,011	4,4	3,9	1,6
De la brasserie de Deigel-Maier........	1853	1,022	3,7	6,6	1,3
De la brasserie de la Cour	1852	1,018	4,3	5,1	1,8
Du cloître des Franciscains (agée de 10 mois)............................	1853	1,012	5,2	5,0	1,5
BIÈRES FORTES.					
Double bière de la brasserie de Zacherl.	1853	1,026	5,2	7,8	1,8
Salvator-bier de la même brasserie.....	1853	1,034	4,6	9,5	1,3
Bock-bier de la brasserie de Mader.....	1852	1,027	4,2	9,2	1,7
Ale de la brasserie de Sedelmaier......	1850	1,022	7,8	8,4	1,8

1. Gerding, dans Musprat-Stohmann, *loc. cit.*, p. 691.

	DATES.	PESANTEUR spécifique.	ALCOOL.	EXTRAIT.	ACIDE CARBO p. 1000 part.
AUTRES BIÈRES.					
De Wanka, à Prague (ferment. par dépôt).	1848	1,013	4,8	4,7	1,8
De Pstross, à Prague (ferment. superfic.).	1844	1,017	4,5	5,1	1,5
Porter de Barclay-Perkins. Londres....	1852	1,017	5,4	6,0	1,6
Scotych-ale de W. Younger, Edimbourg, âgée de deux ans..........................	1851	1,030	8,5	10,9	1,5
Lambick de Bruxelles..................	1841	1,004	5,5	3,4	2,0
Faro de Bruxelles......................	1841	1,004	4,9	3,0	2,0
Bière d'orge de Bruxelles..............	1841	1,006	5,0	3,8	1,9
Mumme de Brunswick	1854	1,231	3,6	47,6	1,2
KAISER[1] (BIÈRE DE BAVIÈRE).					
Bière de Brey, à Munich	....	.....	3,0	5,8	...
Bière du comte Buttlar	....	.....	2,7	5,9	...
Bière de trois ans......................	....	.....	3,7	3,9	...
Bière d'un an	....	.....	3,5	3,6	...
Double bière des Augustins.............	....	.....	3,6	8,0	...
Salvator-Bier de Zacherl...............	....	.....	4,2	8,1	...
Bock de la brasserie de la Cour.........	....	.....	4,0	7,2	...
Bière à l'instar de l'ale................	....	.....	6,0	7,0	...
KAISER[2] (BIÈRE BELGE).					
Lambick de Bruxelles..................	....	.....	4,7	3,4	...
Faro de Bruxelles......................	....	.....	4,1	3,0	...
Bière d'orge de Bruxelles..............	....	.....	4,2	3,8	...
KAISER (BIÈRE DE BRUNSWICK).					
Mumme de Brunswick...................	....	.....	1,8	39,0	...
Bière de garde, brassée par la méthode bavaroise, Otto........................	....	.....	3,5	5,4	...
Bière douce de Brunswick, Otto........	....	.....	1,3	14,0	...
Bière de Brunswick, brassée par la méthode munichoise, Balhorn............	....	.....	5,0	6,5	...

Leo[3] a analysé deux espèces de bières de Munich, désignées sous les noms de *Heilige Vater-Bier* et de *Bockbier*. Toutes les deux sont des bières d'une bonne qualité, des bières doubles. La première est mise en vente le 2 avril de chaque année dans la brasserie de Zacherl. Le *Bockbier*,

1. *Kunst und Gewerbe-Blatt des Polyt. Vereins in Berlin*, 1842 : extrait du *Pharm. Centr. Blatt.*
2. *Loc. cit.*, 1842.
3. Erdmann's *Journal für praktische Chemie*, t. XVII, p. 107.

qui est préparé seulement dans la brasserie Royale, est livré à la consommation en mai.

	Pesant spécif.	Alcool.	Extrait.	Acide carb.
Bière désignée sous le nom de Heilige Vater-Bier...	1,03	4,9	13,0	0,08
Bockbier................	1,02	3,9	8,5	0,08

Le liquide que l'on avait obtenu en soumettant à la distillation la première sorte de bière, n'était pas du tout acide : pour la seconde, on n'a pas donné d'indication analogue.

Heydloff[1] a obtenu les résultats suivants :

	Alcool.	Extrait.
Bière de Nuremberg..............	3,8	6,2
— d'Erlangen...................	3,8	6,0
— de Bamberg...................	4,1	5,8
— d'Erfurth, de Treitsckhe......	3,7	5,5
— — de Schlegel........	4,1	6,5
— — de John............	3,7	6,0
— — de Büchner........	4,2	6,5
Porter anglais..................	5,1	9,2

Nous devons a Bley[2] les analyses suivantes :

	Pesanteur spécif.	Acide acétique.	Acide carb.	Extrait.	Alcool.
Bière brune, Bernburg..........	1,028	0,0068	0,150	7,75	3,06
Gose (bière blanche)............	1,020	0,0050	0,110	4,30	5,00
Broyhan de Piessen (bière blanch)	1,015	0,0055	0,076	4,40	4,00
Vérit. bière de garde de Bavière..	1,005	0,0011	0,140	6,40	8,30
Bière de Bavière de Ballendstädt	1,0055	0,0052	0,119	5,50	9,50

Dufft[3] a trouvé, dans la bière de Rudolstadt, sur 100 parties :

Alcool................................	4,84
Gluten, albumine végétale................	0,06
Extrait précipitable par un sel de plomb..	2,96
Gomme et mucus végétal avec phosphates.	3,00
Sucre et acides végétaux.................	1,36
Eau....................................	87,88

Dans 11 sortes de bière dont 1 à 6 étaient des bières de garde et 7 à 11 des bières préparées par fermentation su-

1. *Polyt. Central Blatt*, 1853, p. 699.
2. *Archiv. der Pharm.*, t. XCVI, p. 146.
3. *Archiv. der Pharm.*, 2e série, t. XXXVIII, p. 280.

perficielle et qui avaient été brassées à Rudolstadt, il a trouvé :

	Pesanteur spécif. à 17°,5.	Alcool en poids.	Extrait.	Pesant. spécif. de la bière dont on a préalablem. séparé l'alcool, prise à 15°,6
1.....	1,012	4,8	5,0	1,020
2.....	1,012	3,4	4,3	1,017
3.....	1,013	4,0	5,0	1,020
4.....	1,012	3,9	5,5	1,022
5.....	1,005	3,9	3,8	1,025
6.....	1,008	3,9	4,0	1,010
7.....	1,015	2,4	4,3	1,017
8.....	1,013	2,6	4,0	1,016
9.....	1,012	2,4	4,5	1,018
10.....	1,019	2,0	6,0	1,024
11.....	1,007	2,1	3,5	1,013

Lacambre[1] a donné les indications suivantes qui sont les résultats d'analyses dont le plus grand nombre ont été faites par lui. Les premiers nombres expriment les résultats obtenus pour la bière jeune, tandis que les seconds expriment les résultats obtenus pour la bière de garde.

	Alcool.		Extrait.	
Ale de Londres..............	7	8	6,5	5
Ale de Hambourg............	5,5	6	6	5
Ale ordinaire de Londres.....	4	5	5	4
Porter.......................	5	6	7	6
Porter ordinaire de Londres...	3	4	5	4
Salvator de Munich...........	5	6	12	10
Bock de Munich..............	3,5	4	9	7
Bière ordinaire de Bavière....	3	4	6,5	4,5
Lambick de Bruxelles.........	4,5	6	5,5	3,5
Faro de Bruxelles............	2,5	4	5	3
Gulde beer de Diest...........	3,5	6	8	5,5
Peeterman de Louvain........	3,5	5	8	5,5
Bière blanche de Louvain 1re...	2,25	3,25	5	3,5
Double uytzet de Gand........	3,25	4,5	5	4
Uytzet simple de Gand........	2,75	3,5	4	3
Bière d'orge d'Anvers........	3	3,5	4,5	3
Bière forte de Strasbourg.....	4	4,5	4	3,5
Bière forte de Lille...........	4	5	4	3
Bière blanche de Paris........	3,5	4	8	5

WACKENRODER[2].

	Alcool.	Extr.	Album.	Cend.
Bière de Lichtenhain....................	3,2	4,5	0,05	0,2
Bière d'Ilmenau.........................	3,1	7,1	0,08	0,2

1. *Loc. cit.*, p. 258.
2. Erdmann's *Journal*, 1834.

Bière d'Iéna (soi-disant d'Erlangen).....	3,0	6,1	0,05	0,2
Bière de Weimar (soi-disant de Bamberg)	2,8	6,3	0,03	0,2
Bière de Oberweimar..................	2,6	7,3	0,02	0,3
Double bière d'Iéna..................	2,1	7,2	0,03	0,2

BIÈRE DE HESSE [1].

	Alcool.	Extrait.
Bière de Kinz...............	4,7	4,6
— Schwarzel..........	3,9	4,8
— Barth...............	3,5	4,3
— Schreiber...........	3,3	4,2
— Ampt...............	3,3	3,8

BIÈRE DE HANOVRE [2].

	Alcool.	Extrait.
Bière de Clausthal...........	6,0	6,3
— Meyer.............	4,4	6,5
— Wölde..............	4,8	4,3
— la brasserie Amts...	1,9	11,0

LUDWIG HOFFMANN [3].

	Pesanteur spécif.	Acide carbonique.	Alcool.	Extrait.
Burton ale.......	1,047	0,039	6,6	15,0
Pale ale..........	0,009	0,067	5,6	4,6

BALLING [4].

	Alcool.	Extrait
Bière d'Erlangen................	3,3	4,5
Bière de garde de Bavière.......	4,3	4,7
13 sortes de bière de Prague....	2,2 4,0	5,0 10,9
Ale de Londres..................	8,1	15,9
Porter de Londres...............	6,9	6,8

CHRISTISON [5].

Quantité d'alcool contenue dans quelques bières.

	Alcool.
Ale d'Édimbourg, avant le soutirage....................	5,7
— qui avait été conservée pendant deux ans dans des flacons bouchés..........................	6,1
Porter qui avait été conservé pendant quatre mois.......	5,4

1. Analysée par une commission du *Gewerbevereins*, 1839.
2. *Mittheilungen des Gew.-Vereins in Konigreiche Hannover*, 1835.
3. *Annalen der Chemie und Pharmacie*, t. LVI, p. 126.
4. *Loc. cit.*, p. 693.
5. Berzelius, *Jahresbericht*, t. XXI, p. 393.

BRANDE.

	Alcool.
Porter fortement mousseux (Brown-stout)........	6,3
Porter faiblement mousseux....................	3,9
Ale..	8,2

LIEBIG.

Bière de Giessen............................	3,9[1]

Engelmann[2] a fait, dans le laboratoire de Fresenius, des déterminations de la quantité respective des principes contenus dans la bière de Wiesbaden (les quatre premières sortes sont des bières doubles : la dernière est de la petite bière) qui présentent une grande importance notamment au point de vue de la comparaison des différentes méthodes d'analyses. Pour 1, 2 et 3, les déterminations ont été faites par la méthode de Balling; pour 4 et 5, ces déterminations ont été effectuées par la méthode optique de Steinheil.

	1 Extrait fourni par l'inf. de malt.	2 Extrait fourni par la bière.	3 Alcool calculé.	4 Extrait.	5 Alcool.
1......	14,9	6,5	4,4	6,4	4,3
2......	12,4	6,1	3,2	6,2	3,2
3......	11,4	4,4	3,6	4,5	3,6
4......	11,3	5,0	3,2	5,1	3,1
5......	10,9	5,1	2,9	...	...

Pour ces bières, on a en outre effectué la détermination de leurs parties constituantes plus intimes, dextrine et substances salines, sucre et alcool, et, par la comparaison de 1 et 2 ou de l'extrait d'infusion de malt et de l'extrait de bière, on a pu trouver la quantité de sucre qui était transformée en alcool; on pouvait déduire de là par le calcul la quantité d'alcool qui, d'autre part, avait été déterminée directement.

1. Pour un grand nombre de sortes de bières qui n'ont pas été indiquées ici, on peut trouver dans le *Pharm. Central Blatt*, 1834, p. 97, les déterminations de leurs quantités d'extrait et d'alcool faites par Accum, Brande, Schrade, Wackenroder, Lampadius.

En ce qui concerne les bières anglaises, on peut trouver dans Hassall, *Foods and its adulterations*, London, p. 632, un certain nombre de déterminations d'alcool, d'acides, de gomme, de sucre, etc.

2. Erdmann's *Journal*, t. L, p. 133.

DANS LA BIÈRE.

	Dextrine et sels.	Sucre.	Sucre décomposé.	Alcool que l'on aurait dû obtenir.	Alcool obtenu
1......	5,4	1,1	8,5	4,3	4,2
2......	5,1	1,0	6,2	3,2	3,1
3......	3,6	0,7	7,1	3,6	3,5
4......	4,0	1,0	6,3	3,2	3,1
5......	4,2	0,9	5,7	2,9	2,9

Quelque exacte que soit cependant cette concordance, elle présente une cause d'erreurs qui vient de ce que, dans la fermentation, il se volatilise de l'eau et de l'alcool, en sorte que, à moins que les quantités respectives d'eau et d'alcool qui se sont évaporées ne soient proportionnelles, il doit y avoir une différence.

Les résultats de Schafhautl, de Kaiser, de Büchner et de Pettenkofer [1] qui, en comparant les résultats de l'analyse avec les résultats obtenus tant par la méthode de Balling que par celle de Fuchs, ont trouvé plus d'alcool, sont en opposition avec cette concordance. D'autre part, la quantité d'extrait que l'on déterminait par évaporation, était plus faible que ne l'indiquait la méthode de Balling.

J'ai engagé Hekmeijer à analyser quelques bières de Hollande et surtout des bières d'Utrecht. La méthode qu'il a suivie sera décrite plus loin. Des résultats qui vont suivre, il résulte que, parmi ces bières, il s'en trouve réellement quelques-unes qui ne doivent pas être rejetées. Ce que l'on a indiqué comme acide lactique, c'est la quantité des acides fixes et libres.

1. *Polyt. Central Blatt*, 1848, p. 972, et 1855, p. 675.

TABLEAU :

BIÈRES D'UTRECHT.	ALCOOL pour 100 VOLUM.	ACIDE ACÉTIQUE pour 100 PARTIES en poids.	ACIDE LACTIQUE pour 100 PARTIES en poids.	ACIDE CARBONIQUE pour 100 PARTIES en poids.	EXTRAIT pour 100 PARTIES en poids.	CENDRES pour 100 PARTIES en poids.	ALBUMINE pour 100 PARTIES en poids calc. sur 15,5N.
Oud bruin bier du Boog	3,8	0,035	0,32	0,073	3,36	0,34	0,41
Nieuw ligt du Boog..	4,1	0,008	0,25	0,103	2,86	0,25	....
Lambick du Boog....	5,4	0,016	0,35	0,159	3,49	0,36	....
Lambick du Krans...	4,6	0,120	0,40	0,090	1,79	0,21	....
Bière de table du Aker.	4,4	0,044	0,16	0,163	3,41	0,34	....
AUTRES BIÈRES.							
Prinsessen-Bier......	4,0	0,060	0,17	0,090	2,60	0,21	0,46
Heumens-Bier......	4,2	0,012	0,27	0,135	2,79	0,28	....
Bosch Bier de la veuve Heeren.........	5,2	0,044	0,42	0,010	4,83	0,38	....

Comme on peut le voir, les bières analysées ne manquent pas d'alcool : mais si l'on en excepte le boschbier, la quantité d'extrait n'est pas considérable. Toutefois nous ne devons pas omettre d'observer que, dans les expériences de Hekmeijer, les extraits qui avaient été maintenus à une température de 13° étaient réellement secs. On se demande si cela s'applique également aux déterminations d'extraits de bière des autres chimistes. Quelque simple que soit la dessiccation d'une substance organique, on ne l'opère souvent qu'incomplètement parce qu'on emploie une température trop basse.

Une bière de Hollande d'une très bonne qualité est celle de Nuijs et Cie de Middelbourg, que l'on apprécie généralement à cause de sa limpidité, de sa faculté de se conserver et de sa saveur. Avec un extrait dont la quantité s'élève à 5,18, on trouve les parties constituantes suivantes; les principes du houblon, les matières grasses et les autres substances qui peuvent être mélangées, n'ont pas été déterminées séparément :

Alcool (en volume)	4,95	
Substances albumineuses	0,83	5,18
Sucre, dextrine et matières extractives	3,67	
Substances incombustibles	0,42	
Acide lactique	0,26	
Acide acétique	0,02	
Acide carbonique	0,10	

Bien que, en les considérant au point de vue de leurs facultés nutritives et de leurs facultés excitantes, je sois loin de considérer les autres bières de Hollande analysées comme devant être rejetées, bien que j'admette au contraire que les bières de Hollande et notamment les sortes qui ont été soumises à l'analyse, sont essentiellement nutritives, je crois cependant, sous le rapport de la qualité, devoir mettre en première ligne les bières de Nuijs et Cie.

On peut obtenir avec une exactitude suffisante la quantité des parties constituantes de quelques sortes de bière, en se basant sur la force que présentait après la cuisson l'infusion de moût qui avait servi à préparer ces bières. Nous pouvons partir ici de cette hypothèse que 1 partie d'alcool consomme, pour se produire, 2 parties de sucre.

Prenons pour exemple la bière de Nuijs et Cie que nous

avons citée en dernier lieu. Il s'y trouve 4,95 pour 100 d'alcool : dans l'infusion de malt, il devait donc exister 9,9 pour 100 de sucre. Si nous ajoutons les 5,18 d'extrait pour 100, nous obtenons 15,08 d'extrait pour 100 dans le moût avant la fermentation.

Prenons pour autre exemple une ale d'Écosse (p. 265) dans laquelle on a trouvé 8,5 d'alcool et 10,9 d'extrait, nous obtiendrons : $8,5 \times 2 = 17 + 10,9 = 27,9$ pour 100 d'extrait dans le moût avant la fermentation.

Pour cette dernière, on doit employer par conséquent trois fois plus de grains ou trois fois moins d'eau pour l'infusion du malt que pour celle dont nous avons donné un exemple p. 179.

Autres parties constituantes. — Dans ce qui précède, nous avons donné un aperçu des quantités respectives d'alcool, d'acide carbonique et de principes solides que laisse la bière par l'évaporation ; sous ce rapport, il y a des concordances et des discordances.

Pour que nous puissions nous rendre un compte exact des chiffres trouvés, nous devons connaître d'une manière plus approfondie chacune des parties constituantes en particulier que l'on rencontre dans la bière et dont le nombre est loin d'être peu considérable.

Parmi les parties constituantes de l'extrait de bière, nous rencontrons inévitablement : de la dextrine, du sucre, de l'acide tannique ou de l'acide gallique, de la substance amère et de la résine de houblon, des substances albumineuses de différentes espèces, de l'extrait de levure, de l'extrait de houblon, de la matière grasse, des sels ammoniacaux provenant de la décomposition de la levure, des substances salines provenant du malt, du houblon et de l'eau. Nous connaissons ces dernières puisque nous connaissons leur provenance. Nous trouvons, en outre, des lactates et de l'acide lactique libre, dont on doit admettre l'existence dans toutes les bières ; les lactates se sont produits par l'action de l'acide lactique libre sur les carbonates contenus dans l'eau. Nous rencontrons aussi des acétates et une quantité plus ou moins grande d'acide acétique libre dont nous nous occuperons d'une manière plus approfondie en examinant les parties constituantes volatiles de la bière. — Lorsqu'on a employé du malt fortement touraillé, nous devons encore retrouver dans la bière les produits pyrogénés du malt, l'assamare et le caramel. Mais nous y rencontrons en outre des malates qui proviennent du houblon et des substances que l'on ajoute quelquefois à la bière dans la bonne intention d'améliorer la qualité de la bière en lui communiquant telle ou telle propriété, ou dans l'intention blâmable de masquer une mauvaise qualité de la bière ou de remplacer un principe utile par un principe moins bon et de moindre valeur.

En passant en revue ces parties constituantes, nous nous arrêterons sur les plus importantes. Il n'est pas besoin d'indiquer que le *sucre* dont il est ici question est du sucre de fruits et que l'espèce de sucre de fruits à laquelle il appartient vient se placer à la limite extrême de la série des sucres et se transforme avec une excessive facilité en acide glucique : que la *dextrine*, dans la bière brune, est mélangée avec de la *substance gommeuse produite par torréfaction*. Nous n'avons pas besoin de nous arrêter sur le fait même de l'existence de ces trois substances dans la bière; mais nous dirons encore un mot sur leurs quantités respectives.

Les quantités de *dextrine*, de *sucre* et de *substance gommeuse produite par torréfaction* sont proportionnelles à la quantité d'extrait: elles en constituent ensemble environ les 7/8. Dans les bières douces, c'est le sucre qui domine : dans les bières épaisses peu colorées, c'est la dextrine : dans les bières brunes, c'est la substance gommeuse produite par torréfaction, soit seule, soit réunie à la dextrine. Les deux premières sont assurément des principes nutritifs ; en ce qui concerne la dernière, cela dépend de la température à laquelle la dessiccation à la touraille a été effectuée. En général, si l'on fait abstraction des bières très épaisses, la quantité des trois substances indiquées est faible : une beurrée peu épaisse contient une quantité de principes nutritifs beaucoup plus considérable qu'un litre de bonne bière dans lequel 30 à 40 grammes des trois substances indiquées se trouvent mélangés.

J'ai laissé indécise la question de savoir si la substance gommeuse produite par torréfaction devait être comptée, dans toute la force de l'expression, parmi les substances nutritives de la bière qui se transforment entièrement en sucre dans l'organisme humain. Ce qui n'a lieu qu'incomplètement dans le moût (p. 83) pourrait peut-être s'effectuer entièrement par l'action de la salive ou du suc pancréatique. Les observations nécessaires font encore ici entièrement défaut.

Substances albumineuses. — Si l'on ne tient compte que de sa nature même, la bière ne doit pas contenir une grande quantité de substances albumineuses ; j'ai déjà examiné plusieurs fois ce sujet avec une exactitude suffisante ; j'ai également fait observer à plusieurs reprises que les différentes sortes de bières peuvent et doivent même en contenir des quantités différentes.

Nous devons à peu près les seules connaissances que nous possédions sur ce sujet, à Gorup-Besanez qui a trouvé dans la liqueur résultant du traitement de l'extrait de bière par l'alcool une quantité d'azote égale à 1,73 gramme : cet extrait provenait de 100 litres de bière de Bavière. En partant, pour le calcul, d'une quantité d'azote égale à 15,5 p. 100, on obtient 25,58 grammes de substances albumineuses p. 100 litres, c'est-à-dire 1/4 de gramme pour 1 litre. Mais les substances albumineuses de la bière ne sont pas entièrement solubles dans l'alcool : le résultat que nous venons d'indiquer n'exprime donc pas la quantité totale de substances albumineuses qui est contenue dans la bière.

Liebig, s'appuyant sur des indications contenues dans un mémoire de L. A. Büchner sur la puissance nutritive de la bière brune de Bavière, observe à cet égard [1] que sa puissance nutritive doit être très faible, puisque, dans sa préparation, on tend toujours à séparer autant que possible toutes les substances albumineuses sous forme de levure. S'il existe des substances albumineuses dans la bière, elles se trouvent, suivant Liebig, sous forme de levure et sont maintenues en dissolution par l'acide acétique. Il fait voir du reste qu'il existe des sels ammoniacaux dans la bière, de telle sorte qu'une simple détermination d'azote ne permet d'arriver à aucune conclusion relative à la quantité de substance albumineuse contenue dans la bière.

La dernière observation est juste, mais son application est générale et non particulière. On ne peut aucunement déduire d'un dosage d'azote un résultat certain relativement à la quantité des substances albumineuses. Ce n'est que lorsque les autres méthodes de détermination de ces

1. *Annalen*, t. LIV, p. 373.

substances donneraient des résultats encore plus erronés, comme dans l'analyse des grains par exemple, que l'on doit employer ce mode de détermination.

Il est vrai qu'il existe des traces de sels ammoniacaux dans la bière, mais il n'y en a que des traces.

Dans les expériences de Graham, Hoffmann et Redwood, que nous avons indiquées p. 183, on trouve une observation relative à la quantité d'albumine contenue dans une infusion de malt et dans une bière. L'infusion de malt présentait une pesanteur spécifique de 1,088 et contenait 21 p. 100 d'extrait; cette infusion était donc très forte. Avant la fermentation, elle contenait 0,217 p. 100 et, après la fermentation, 0,134 p. 100 d'azote. Avant la fermentation, elle contenait donc 3,43 et, après la fermentation, 2,11 de substances albumineuses[1] : mais 0,217 et 0,134 donnent 1,4 p. 100 et 0,9 p. 100 de substances albumineuses.

Si donc cela est exact, il se trouverait, dans 21 parties de cet extrait de malt, 1,4 parties de substances albumineuses, c'est-à-dire, dans 100 parties d'extrait de malt, 7 parties de substances albumineuses.

Comparons à ce résultat celui que nous avons indiqué p. 173, duquel il résulte que 1/3 à 3/7 seulement ou en moyenne 2/3 de toutes les substances albumineuses sont enlevés au malt. Si nous admettons que, dans le malt touraillé, les substances albumineuses s'élèvent en moyenne à 12 p. 100 et que, dans l'empâtage, 70 p. 100 des substances contenues dans le malt soient dissoutes, nous trouvons dans 70 parties d'extrait de malt 5 parties de substances albumineuses, c'est-à-dire 7 p. 100. Par une voie toute différente, on arrive donc à un résultat identique avec celui que les chimistes anglais ont obtenu.

En prenant pour point de départ ce qui vient d'être indiqué, nous pouvons donc généraliser et admettre que, dans l'extrait de malt, il existe en moyenne 7 p. 100 de substances albumineuses.

Mais quelle quantité de ces substances rencontre-t-on dans l'extrait de bière? Les recherches des mêmes chimistes anglais nous fournissent à cet égard une réponse.

Par la fermentation, la quantité de substances albumi-

1. Telles sont les indications que l'on peut lire dans le *Jahresbericht*, 1852 p. 802.

neuses contenue dans 100 parties d'infusion de malt s'abaisse de 1,4 à 0,9, c'est-à-dire à peu près de 3 à 2, en sorte que 1/3 de ces substances albumineuses se sépare sous forme de levure, et que les 2/3 de ces substances albumineuses passent dans la bière.

On ne peut cependant pas encore, pour différentes raisons, conclure de là qu'il se trouve dans l'extrait de bière 2/3 de 7 p. 100 ou 4,6 p. 100 de substances albumineuses : on doit d'abord faire remarquer que, par la cuisson et par le refroidissement, une partie de l'eau de l'infusion du malt s'évapore : mais, en outre, il n'existe pas de relation simple entre l'extrait de malt et l'extrait de bière à cause de la quantité différente de sucre qui est transformée en alcool, ce qui peut déterminer une augmentation relative de la quantité des substances albumineuses contenue dans l'extrait de bière.

Si, conformément à la détermination des chimistes anglais, 4,6 p. 100 des substances albumineuses de l'extrait de malt restaient dissoutes, et si les 2/3 du sucre de cet extrait de malt étaient décomposés par la fermentation, l'extrait de bière devrait contenir en moyenne 14 p. 100 environ de substances albumineuses.

Dans ce calcul, nous avons admis comme point de départ qu'il y avait 12 p. 100 d'extrait de malt dans l'infusion de malt dans laquelle 8 p. 100 de sucre sont décomposés par la fermentation : on devait donc obtenir un extrait de bière s'élevant à 4 p. 100. Je n'ai pas tenu compte ici de l'évaporation qui a lieu pendant la cuisson et pendant le refroidissement.

Une pareille bière est une bonne bière : elle contient 4 p. 100 d'alcool et 4 p. 100 d'extrait. — 4 p. 100 d'extrait, contenant 14 p. 100 de substances albumineuses, donnent 5,6 grammes de substances albumineuses pour 1 litre de bière.

Je pense en effet que ces nombres expriment approximativement la quantité moyenne de substances albumineuses contenue dans une bonne bière. Je reprends de nouveau les points fondamentaux du calcul. On suppose d'abord que le malt entièrement sec donne 70 p. 100 d'extrait; que les 2/3 des substances albumineuses du malt sont passés dans cet extrait; que l'infusion de malt donne 12 p. 100 d'extrait ; que, dans la fermentation, 1/3 des substances albumineuses se sépare sous forme de levure et que, par cette fermentation, 8 p. 100 du sucre contenu dans ces 12 p. 100 d'extrait de malt sont transformés en alcool.

Si les relations sont différentes, la quantité des substances albumineuses contenues dans la bière est plus grande ou plus petite.

Que nous apprend du reste l'expérience sous ce rapport? Hekmeijer a trouvé dans l'extrait fourni par une *oud bruin bier* du *Boog* 1,60 et 1,68 pour 100 d'azote et dans l'extrait fourni par une *prinsessen bier*, 1,77. On en déduit par le calcul pour la quantité d'albumine contenue dans l'extrait provenant de la *oud bruin bier* 10,7 p. 100 et pour la quantité d'albumine contenue dans l'extrait provenant de la *prinsessen bier* 11,5 p. 100; ces résultats, comme on le voit, présentent une concordance suffisante avec ceux que nous avons trouvés par les deux autres méthodes : la *oud bruin bier* contenait 3,8 p. 100 d'extrait : la *prinsessen bier* contenait 4 p. 100 d'extrait (p. 272).

Dans un litre de bière, on trouve, ainsi que nous l'avons vu p. 272 pour la *oud bruin bier*, 4,1 grammes; pour la *prinsessen bier*, 4,6 grammes de substances albumineuses.

La bière de Nuijs et Cie, dont il a été question p. 273, contenait une quantité double de substances albumineuses, c'est-à-dire 8,3 grammes pour 1 litre. L'albumine contenue dans l'extrait atteignait la proportion élevée de 16 p. 100 de l'extrait; en effet, 100 parties d'extrait fournissaient 2,46 d'azote.

Payen[1] indique une bonne bière de Strasbourg dont l'analyse avait été faite par lui et par Poinsot. Cette bière, qui avait été préparée au moyen d'orge et de houblon, contenait :

Alcool	4,50
Extrait	4,80
Azote	0,08
Substances inorganiques	0,39

100 parties d'extrait sec donnaient 1,69 d'azote, en sorte que 1 litre de cette bière contenait 48,4 grammes d'un extrait dont la proportion d'azote était presque égale à celle de l'orge; en effet, en partant d'une quantité d'azote égale

1. *Chimie industrielle*, 4e édition, 1859, t. II, p. 315.

à 15,5 pour 100, on trouvait par le calcul 10,9 pour 100 de substance azotée. Dans 100 parties de cette bière, il se trouvait 00,8 d'azote ; si l'on en déduit la quantité des substances albumineuses, on trouve 0,52 : ce qui nous donne de nouveau la forte proportion de 5 grammes par litre de bière.

Wackenroder dit avoir trouvé, dans toutes les bières, de l'albumine végétale qui se coagulait par l'évaporation de la bière et dont la quantité s'élevait à 1/4 et à 3/4 pour 100 du poids de l'extrait de bière [1]. La quantité qu'il indique est beaucoup trop faible. — Les analyses de Wackenroder que nous avions citées p. 268, indiquent pour les substances albumineuses contenues dans la bière une proportion qui est également peu considérable : il trouve, en effet, pour 10000 parties de bière 2 parties comme minimum et 8 comme maximum. Ces quantités sont encore beaucoup trop petites.

Les substances azotées qui peuvent se trouver dans la bière, sont :

1° Des substances qui se sont produites par l'action de l'ébullition sur les matières albumineuses solubles dans l'eau ;

2° Des substances albumineuses solubles dans les acides faibles (l'acide acétique, acide lactique) ;

3° Un reste de parties constituantes d'agent transformateur qui s'est formé après la cuisson ;

4° De l'extrait de levure (p. 211).

La bière donne avec l'acide tannique un précipité considérable, ce qui vient de ce qu'elle tient de l'albumine en dissolution. Cependant le moût a été soumis à l'ébullition avant la fermentation, et il a même été bouilli avec du houblon contenant du tannin. — Combien nous sommes loin de connaître cette classe importante de substances !

Lorsque nous nous occuperons de l'analyse de la bière, nous verrons que l'on peut y distinguer au moins quatre sortes différentes de substances albumineuses.

Matière grasse. — Par les différentes opérations du brassage, la matière grasse contenue dans les grains doit passer dans la liqueur. La nature aqueuse d'une liqueur n'exclut en aucune manière la présence des matières grasses dans

1. Berzelius, *Lehrbuch*, 1839, t. VIII, p. 111.

cette liqueur. En effet, la dextrine et les autres parties constituantes peuvent les maintenir en suspension dans la liqueur, de manière à pouvoir les répartir également dans toutes les parties de cette liqueur. Cependant, plus la bière est claire, moins elle tient de matière grasse en suspension. La bière peut du reste contenir une certaine quantité de matière grasse saponifiée sous forme de combinaison avec les bases, pourvu que ces savons soient solubles dans l'eau.

On obtient la quantité de matière grasse contenue dans la bière en traitant par l'éther l'extrait obtenu par l'évaporation de la bière jusqu'à siccité, après avoir préalablement décomposé par un acide les savons qui peuvent s'y trouver et en avoir séparé ainsi les acides gras.

Cet éther tient de plus en dissolution la résine de houblon.

En ce qui concerne la quantité de matière grasse contenue dans la bière, Vogel jeune a fait l'observation [1] suivante : puisque, sur 100 parties d'extrait, il n'a trouvé que 0,16 gramme de substances solubles dans l'éther et présentant la saveur du malt, cette matière grasse de la bière ne pouvait pas contribuer à l'engraissement. L'observation est juste : l'expérience a suffisamment démontré que, parmi les principes nutritifs qui peuvent déterminer une production de graisse, la bière qui contient une si faible proportion de substance grasse est aussi bien en état de produire de la graisse que si elle était riche en substance grasse.

Il est remarquable que la quantité de la graisse de l'abdomen, de cette graisse qui est contenue entre les membranes, qui recouvre les intestins par devant, augmente considérablement par l'usage de la bière. Un gros ventre et des jambes grêles sont devenus si caractéristiques pour les buveurs de bière qu'ils sont passés à l'état proverbial. Je ne connais aucune expérience qui permette d'attribuer avec quelque raison cette propriété à l'usage simultané de l'alcool et de l'acide carbonique ou de l'alcool et de la dextrine, bien que ce soit dans ces trois substances que l'on doive chercher très probablement la faculté de faire grossir le ventre et de faire devenir les jambes grêles.

1. *Annalen der Chemie und Pharmacie*, t. XLVI, p. 230.

Acide dérivé du sucre par la fermentation. — Dans les expériences indiquées p. 183, Graham, Hoffmann et Redwood ont indiqué la présence d'une substance qui reste comme résidu après la fermentation du sucre, aussi bien après la fermentation du sucre de cannes qu'après la fermentation du sucre de raisins ou du surcre de fruits, et que l'on retrouve aussi dans la bière. La quantité de cette substance s'élève à 3,7 pour 100, lorsque la fermentation est terminée. Elle n'est plus susceptible de fermenter et rappelle par ses caractères, ainsi que je l'ai déjà remarquer dans l'endroit indiqué, l'acide glucique ou le caramel [1]. Sa saveur est à la fois amère et acide, ce qui vient de ce qu'elle contient de l'acide lactique. Il ne s'y trouve pas de dextrine, ni de sucre, et cependant elle détermine la réduction de la liqueur cuivrique d'épreuve.

Tel est l'état de nos connaissances sur cette substance. Ce n'est pas de l'extrait de levure; en effet de 1,5 à 3 et 6 volumes pour 100 de levure de bière, on retire 4,4, 3,7 et 3,7 pour 100 de sucre employé. Si, par suite, il y avait une quantité suffisante de levure, une plus grande quantité de levure ne pouvait pas être en état d'en produire davantage: cette substance est donc un produit de la décomposition du sucre par la fermentation et ne provient pas de la levure.

Cette substance paraît être de l'acide glucique [1]: on la sépare de la bière en la faisant digérer avec de la chaux, ainsi que nous le ferons voir un peu plus loin. La liqueur, filtrée et séparée de l'excès de chaux, est évaporée, et le résidu est épuisé par l'alcool dans lequel le glucate neutre de chaux est insoluble. Mais il n'est pas encore pur. On le dissout dans l'eau et on le précipite par l'acétate de plomb basique.

Le précipité plombique, après avoir été lavé, est mis en suspension dans de l'eau dans laquelle on fait passer un courant de gaz hydrogène sulfuré. On évapore la liqueur filtrée et l'on épuise le résidu par l'alcool. L'extrait ainsi obtenu ne contient ni sucre, ni dextrine, ni acide acétique, ni acide lactique.

Par l'évaporation, il reste un acide qui paraît être de l'acide glucique.

1. *De Wijn*, p. 208.

C'est cependant avec intention que j'ai désigné cette substance sous la dénomination d'acide dérivé du sucre par la fermentation et non sous la dénomination d'acide glucique, parce que l'analyse élémentaire est seule en état de confirmer l'identité de cet acide qui est contenu dans la bière et de l'acide glucique. Les caractères de ce dernier, tels qu'ils résultent de ces réactions, ne me paraissent pas donner une preuve péremptoire de cette identité.

Dans tous les cas, il ne s'en trouve qu'une petite quantité dans la bière.

Cet acide contribue en partie avec l'acide lactique et l'acide acétique à communiquer à la bière une saveur acidule.

Autres acides organiques. — Il y a deux acides qui ne manquent dans aucune bière et qui, par la nature même du mode de préparation de la bière, ne peuvent pas manquer : ces deux acides sont l'acide lactique et l'acide acétique. Ce dernier est volatil, le premier ne l'est pas.

Acide acétique. — La production d'une trace d'acide acétique est inévitable, dès qu'un liquide alcoolique étendu, qui est mélangé avec des substances organiques, se trouve en contact avec l'air. Il se produit alors de l'acide acétique pendant et après la fermentation. On peut le séparer par distillation, pourvu que l'on continue la distillation assez longtemps; en effet l'extrait de bière retient fortement l'acide acétique. La quantité d'acide acétique contenue dans la bonne bière est très faible : elle a été indiqué p. 267 et p. 272.

Acide lactique. — Nous avons déjà traité, d'une manière suffisamment détaillée, de l'acide lactique qui est contenu dans la bière. On le retrouve dans toutes les bières. Marchand a indiqué sa présence dans les bières belges. En faisant bouillir la bière avec du carbonate de zinc, on obtient du lactate de zinc.

Après que l'acide acétique a passé à la distillation, il reste de l'acide lactique mélangé avec l'acide dérivé du sucre par la fermentation. Au moyen d'une dissolution titrée de saccharate de chaux ou d'une autre dissolution titrée quelconque qui permet de doser les acides, on peut donc, dans la bière que l'on a préalablement séparée de l'acide acétique par la distillation, déterminer tant l'acide lactique que les autres acides non volatils.

Acide succinique. — Nous avons déjà indiqué p. 222 que M. Pasteur a reconnu, parmi les acides qui se produisent par la fermentation, la présence de l'acide succinique, et que cet acide se trouvait mélangé de glycérine.

Acide tannique et acide gallique. — Beaucoup de chimistes comme Balling (voir p. 204), Knap (voir p. 205), nient qu'il existe de l'acide tannique dans la bière, et Payen [1] dit qu'il n'existe pas dans la bière d'acide tannique qui puisse, dans la clarification, déterminer la coagulation de la colle de poisson. Mais aucun de ces chimistes n'a remarqué ce fait que le tannate de colle de poisson est soluble dans l'acide lactique (voir p. 205 et 249). Peu de temps après sa préparation, on trouve de l'acide tannique dans la bière; mais sa quantité diminue avec le temps.

Les sels de sesquioxyde déterminent dans toutes les bières la production d'un précipité qui indique la présence, ou bien de l'acide tannique, ou bien de l'acide gallique, ou même de tous les deux.

On peut facilement s'en convaincre. On sature exactement de la bière de garde par l'ammoniaque, afin de faire passer l'acide lactique et l'acide acétique à l'état salin, puis on place un morceau de peau dans une portion de la bière ainsi saturée par l'ammoniaque et l'on maintient le tout en contact pendant quelque temps.

Si l'on essaie alors au moyen du sesquioxyde de fer cette portion que l'on a fait digérer avec la peau, comparativement avec celle que l'on n'a pas fait digérer avec de la peau, on reconnaît l'absence de l'acide tannique et la présence de l'acide gallique. Dans la liqueur que l'on a fait digérer avec de la peau, le sel de sesquioxyde de fer produit une coloration aussi prononcée que dans la portion de la liqueur qui n'a pas subi le même traitement.

Toutes les bières de garde se comportent de la même manière : dans les bières jeunes, on peut trouver des traces d'acide tannique ; dans le moût après la fermentation, on en trouve une plus grande quantité ; dans le moût après la cuisson, on en trouve une quantité encore plus grande. L'air qui est en dissolution dans la bière, suffit pour transformer en acide gallique la petite quantité d'acide tannique qui s'y trouve.

1. *Chimie industrielle*, 4e édition, 1859, t. II, p. 298.

Sels ammoniacaux. — La bière n'en contient qu'une très petite quantité. Le malt contient de l'acide phosphorique et de la magnésie : si donc, dans la fermentation, il s'est produit de l'ammoniaque par la décomposition de la levure, elle doit déterminer une production de phosphate ammoniaco-magnésien. Tel est le motif pour lequel on ne trouve que des traces d'ammoniaque dans la bière lorsqu'elle est claire, à moins que, en décomposant par un alcali les substances albumineuses de la bière, on n'ait déterminé ainsi un dégagement d'ammoniaque. Parmi les substances albumineuses, il y en a qui ne peuvent pas supporter l'action de l'alcali même le plus faible sans être décomposées et donner naissance à un dégagement d'ammoniaque.

Lorsqu'on tient compte de l'acide phosphorique et de la magnésie que l'on rencontre dans toutes les bières, on pourrait penser que l'on ne peut y rencontrer aucune trace d'ammoniaque : mais on doit observer qu'une certaine quantité de phosphate ammoniaco-magnésien insoluble, à un état de très grande division, peut être retenue par la dextrine de la bière. Quoi qu'il en soit, la quantité d'ammoniaque contenue dans la bière est excessivement faible, ainsi que nous l'avons déjà fait observer.

Un alcali volatil. — Winckler[1] a trouvé dans la bière, de même que dans le vin, un alcali volatil, en distillant la bière avec de la chaux. Dans le vin, j'ai reconnu que cet alcali était de l'ammoniaque. Dans la bière où l'on peut rencontrer une quantité considérable de substances albumineuses, on peut, à côté de l'ammoniaque, rencontrer d'autres bases. La méthylamine $C^2H^3+AzH^2$ et la propylamine $C^6H^7+AzH^2$ sont des produits de l'action des alcalis sur les substances albumineuses. Elles peuvent donc se produire ici. Ce sont toutefois des produits de décomposition qui, par suite, n'ont rien de commun avec la bière.

Huiles de pommes de terre ou de blé (*foesel-olien*). — On admet généralement que, dans la fermentation de la bière, il ne se produit pas d'huiles de pommes de terre. Glassford a fait sur ce sujet des observations bien nettes qui l'ont conduit à ce résultat que l'esprit de malt, préparé avec de l'orge non maltée, contient une très petite quantité d'huiles de pommes de terre, tandis qu'un esprit de malt ne contient

1. *Jahrb. für pharm.*, 1852, août.

aucune trace d'huiles de pommes de terre lorsqu'il a été préparé avec de l'orge maltée à laquelle on a ajouté une petite quantité de houblon. Si l'observation est juste, il ne peut y avoir dans la bière aucune trace d'huiles de pommes de terre.

En admettant que ce fait soit exact, on ne peut en donner une explication. L'éther œnanthique n'est décomposé ni par la distillation avec l'acide tannique, ni par la distillation avec l'eau et le houblon. S'il n'y a pas d'huiles de pommes de terre, cela doit tenir à ce qu'il y a eu des obstacles à leur production.

Toutefois, ce point est excessivement difficile à élucider. Il n'est pas probable que l'on puisse arriver à une notion bien nette à cet égard; en effet, on n'opère pas la distillation de très grandes quantités de bière, et il n'est pas possible d'obtenir sans cela une quantité suffisante de produits volatils.

Je ne sais pas sur quelles raisons on s'appuie pour admettre d'une manière si positive l'absence des huiles de pommes de terre dans la bière. Il s'en produit dans toute espèce de fermentation : dans celle des grains (esprit de malt), il s'en produit une quantité considérable. Pourquoi donc, en présence d'une grande quantité d'eau, ne s'en produirait-il aucune trace ?

Acide sulfureux, huiles pyrogénées, huile essentielle de houblon. — Lorsqu'on veut conserver pendant longtemps des bières en tonneaux, et lorsqu'on emploie pour cela de grands tonneaux, on a, dans quelques localités, l'habitude de soufrer les tonneaux et d'imprégner ainsi la bière d'acide sulfureux. La manière dont cet acide sulfureux se comporte à l'égard de la bière ne présente rien de particulier. Tout ce qui, à cet égard, est applicable au vin [1], s'applique également à la bière.

En outre, on enduit d'abord intérieurement ces tonneaux d'une couche de poix pour les empêcher d'être pénétrés par la bière; mais la poix contient des huiles pyrogénées qui exercent une action contraire à la fermentation et qui peuvent, par conséquent, servir à rendre la bière susceptible de se conserver. Tout ce qui, sous ce rapport, a été dit relativement au vin [2], que les anciens additionnaient d'une

1. *De Wijn scheikundig beschouwd*, p. 79.
2. *De Wijn, loc. cit.*

quantité abondante de poix ou de goudron, s'applique aussi à la bière.

Comme on enduit ainsi de poix toute la surface intérieure du tonneau, l'air ne peut pas avoir accès, et l'évaporation de l'eau contenue dans la bière se trouve empêchée.

En outre, on rencontre dans la bière des huiles pyrogénées qui proviennent du malt fortement touraillé, et de l'huile essentielle de houblon qui est retenue par la résine de houblon (p. 38); mais leur existence est difficile à constater.

Les *parties constituantes du houblon* que l'on peut déterminer et dont on peut démontrer la présence dans la bière, sont seulement la résine de houblon et la substance amère du houblon. Après avoir évaporé la bière jusqu'à siccité, on épuise le résidu par l'alcool concentré, dans lequel ces deux principes sont solubles. On enlève au moyen de l'éther la matière grasse et la résine de houblon; pour la substance amère, on la dissout dans l'eau.

Il n'existe pas de bière houblonnée dans laquelle la présence des deux principes ne puisse pas être démontrée.

Matières colorantes du malt touraillé. — Plus le malt a été fortement touraillé, plus la bière est foncée. Les matières colorantes du malt touraillé sont de deux sortes : une portion de ces matières colorantes se précipite quand on traite la bière par l'acétate neutre de plomb, tandis qu'une autre portion reste dans la liqueur. La portion qui s'est combinée avec le plomb paraît être de l'acide apoglucique, du moins elle se comporte comme telle : la portion de ces matières colorantes qui reste dissoute dans la liqueur plombique ne présente en aucune manière les caractères d'un acide. Elle n'est pas précipitée par le chlorure d'étain; elle peut, du reste, être séparée. Si l'on ajoute de l'hydrogène sulfuré à la liqueur filtrée et séparée ainsi du précipité produit par le chlorure d'étain, et si l'on détermine ainsi une précipitation de sulfure d'étain, toute la matière colorante reste avec le sulfure d'étain par suite d'une attraction de surface : la liqueur que l'on sépare du sulfure d'étain est incolore, et la matière colorante peut ensuite être séparée du sulfure d'étain.

Les *parties constituantes inorganiques de la bière*, à l'exception toutefois de la petite quantité que le houblon et l'eau ont apportée et que nous négligerons ici, proviennent du malt ou du grain que l'on a employé concurremment avec le malt. Le malt, lorsqu'il est épuisé, est cependant bien loin d'avoir perdu tous les sels inorganiques qu'il contenait (p. 172) : et en effet, la totalité des sels inorganiques du malt n'a pas passé dans le moût. S'il en était ainsi, la bière serait une dissolution concentrée de ces combinaisons salines. La dissolution est, du reste, suffisamment concentrée, ce que l'on doit attribuer d'abord à ce qu'un très grand nombre des principes organiques insolubles de l'orge sont devenus solubles ; en effet, la plus grande partie de l'amidon s'est transformée en dextrine et en sucre solubles.

Mais, de plus, des acides prennent naissance dans la préparation de toute espèce de bière : il se produit toujours une certaine quantité d'acide lactique qui peut même quelquefois être considérable, et au moins une certaine quantité d'acide acétique. La solubilité des sels contenus dans le malt devient ainsi plus grande, et le phosphate de chaux, ainsi que le phosphate de magnésie, se dissolvent.

Si nous jetons un coup d'œil sur les parties constituantes des cendres d'orge indiquées p. 21, nous voyons qu'il s'y trouve une certaine quantité de phosphate de magnésie avec une petite quantité de phosphate de chaux, mais que, outre le chlorure de sodium, il se trouvait, dans l'orge, du sulfate de potasse et d'autres sels, surtout du phosphate de potasse et du phosphate de soude qui sont tous deux des sels solubles dans l'eau. L'acide phosphorique domine du reste à un tel point qu'il détermine le caractère de toute la cendre d'orge.

La bière doit donc contenir une quantité considérable de sels inorganiques : je leur ai attribué, p. 2, une partie de la puissance nutritive de la bière; et, comme nous avons maintenant démontré d'une manière plus positive l'existence de ces combinaisons salines dans la bière, nous pouvons faire ressortir l'utilité de l'usage de la bière pour les personnes sur lesquelles ces combinaisons salines peuvent exercer un effet salutaire, comme les convalescents, les enfants scrofuleux ou les personnes rachitiques, les femmes qui allaitent, etc., etc.

Dans la fermentation du moût qui a subi l'ébullition, il se sépare de la levure, et, par suite il se sépare de ce liquide une quantité considérable de phosphates : en effet, la levure est riche en phosphates (p. 241).

Cependant il en reste encore dans la bière. Une expérience très simple peut du reste nous montrer que, dans toutes les bières et surtout dans les bières très fortes, il existe une quantité notable de phosphate de chaux et de phosphate de magnésie. Si, en effet, on ajoute de l'ammoniaque à la bière, il se précipite du phosphate de chaux et du phosphate ammoniaco-magnésien.

La cendre d'une bière préparée avec du malt d'orge présente une composition très simple. Elle est formée de phosphate de potasse, de phosphate de soude, de phosphate de magnésie et d'une petite quantité de chlorure de sodium et de sulfate de potasse. La cendre de la bière préparée avec d'autres grains que l'orge présente avec la cendre de ces grains la même concordance que la cendre de bière d'orge présente avec la cendre d'orge.

En général, la composition de la cendre d'une bière est un signe caractéristique de la qualité de cette bière. Les pommes de terre, le sirop de fécule de pommes de terre, les autres sirops et les autres substances que l'on emploie à la préparation de la bière, donnent une bière qui fournit, par la combustion, des cendres d'une autre composition et dont la quantité est moindre : ces cendres contiennent donc moins de phosphates.

W. Martius [1] a analysé les cendres d'une bière d'Erlangen.

	Cendres de bière.	Cendres d'orge.	Cendres d'orge. Mœsman [2]
Potasse	37,22	17,0	17,5
Soude	8,04	5,9	6,3
Chaux	1,93	2,7	3,1
Magnésie	5,51	7,2	6,8
Sesquioxyde de fer	traces.	0,5	0,5
Acide sulfurique	1,44	1,4	1,5
Acide phosphorique	32,09	30,3	...
Chlore	2,91	1,3	1,3
Acide silicique	10,82	33,1	33,7

Cendres pour 1000 parties de bière : 2,88; extrait : 36,93

Il indique en outre la quantité de cendres d'une bière de Bavière, comparativement avec la quantité de l'extrait et avec celle de la bière même.

1. Buchner's *Neues Repertorium für Pharmacie*, t. III, p. 520.
2. Voir p. 18 de ce livre.

	Pesanteur spécifique de la bière.	Extr. contenu dans 100 p. de bière.	Cendre cont. dans 100 p. de bière.	Cendre contenue dans 100 part. d'extrait.
1.....	1,013	3,55	0,28	7,93
2.....	1,010	2,97	0,30	10,01
3.....	1,015	4,38	0,30	6,92
4.....	1,010	3,83	0,29	7,45
5.....	1,015	3,60	0,32	8,80
6.....	1,010	3,83	0,27	7,10

Les bières sur lesquelles ces analyses ont été opérées étaient des bières d'Erlangen d'une même période de brassage.

Mitscherlich a trouvé dans la cendre d'une bière qui avait été préparée au moyen de la fermentation par dépôt : 40,8 de potasse; 0,5 de soude; 20 de phosphate de magnésie; 20 d'acide phosphorique; 2,6 de phosphate de chaux; 16,6 d'acide silicique (p. 241).

Les analyses que nous avons indiquées nous apprennent en général que la cendre de bière se rapproche de la composition de la cendre d'orge.

Dickson [1] a analysé la cendre de neuf sortes de porter et d'ale. Pour 100 parties d'extrait, il a obtenu avec le porter de 5,7 à 14,6 pour 100 de cendres, et avec l'ale de 3,4 à 12,0 pour 100 de cendres qui présentaient la composition suivante :

	Minimum.	Maximum.	Minimum.	Maximum.
Potasse............	11,5	32,0	3,2	31,9
Soude..............	21,8	50,8	20,9	58,5
Chaux..............	0,4	6,9	0,6	6,7
Magnésie...........	0,1	1,4	0,1	4,6
Acide phosphorique.	7,9	20,6	6,0	25,7
Acide sulfurique....	1,6	12,2	0,1	19,2
Acide silicique......	0,2	14,5	3,0	18,3
Chlore..............	6,9	19,7	4,6	25,7

Berzelius [2] désigne comme parties constituantes de la cendre de la bière : le phosphate de potasse mélangé avec une très petite quantité de sulfate de potasse, de carbonate de potasse et de chlorure de potassium; du phosphate de chaux, du phosphate de magnésie et un peu de silice.

1. *Pharm. Centr. Bl.*, 1849, p. 183.
2. *Lehrbuch*, 1839. t. VIII, p. 111.

Si l'on y ajoute du phosphate de soude, la composition est exacte. On ne doit cependant pas s'attendre à ce que l'analyse des cendres de la bière donne toute espèce de résultat heureux relativement à la composition de la bière. En effet les parties constituantes contenues dans l'eau s'y trouvent mélangées. Les eaux calcaires doivent déterminer la séparation d'une quantité de phosphate de chaux d'autant plus grande qu'il se trouve dans la bière une quantité moindre d'acide lactique et d'acide acétique qui pourraient dissoudre le phosphate de chaux. Par ces motifs, les analyses des cendres de la bière ne peuvent servir en aucune manière à déterminer, comme le pense Keller[1], au moyen de la quantité d'acide phosphorique qui y existe, la quantité d'orge que l'on a employée à sa préparation.

Le malt contient en moyenne 0,7 pour 100 d'acide phosphorique, ce qui, pour un *Scheffel* de Bavière, c'est-à-dire 115 kilogr., donne 805 gr. d'acide phosphorique.

100 parties de malt laissent par le brassage 33 à 36 parties de résidu qui contiennent 1 pour 100 d'acide phosphorique. De l'acide phosphorique contenu dans 115 kilogr. de malt, il en passe donc 350 gr. dans la bière. Avec 115 kilogr. de malt, on brasse en Bavière 7 *Eimers* ou 478 litres de bière d'hiver et 6 *Eimers* ou 411 litres de bières d'été : 1 litre de bière d'hiver contient donc 0,73 gr. d'acide phosphorique et 1 litre de bière d'été, 0,85 du même acide.

Partant de là, Keller veut que la quantité d'acide phosphorique contenue dans la bière devienne un signe caractéristique de la quantité de malt qui a été employée à la préparation de la bière. Mais cela est impossible : une eau calcaire enlève de l'acide phosphorique à la bière. La présence d'une grande quantité d'acide lactique dans la bière pourrait faire entrer dans la bière une nouvelle quantité d'acide phosphorique. Mais nous ne pouvons pas nous rendre compte de ces deux circonstances : et, quelque exacte que soit en général la conclusion de Keller, les raisons que nous avons indiquées s'opposent à ce qu'elle puisse être utilisée pour une application de cette nature.

Keller pense avec beaucoup de raison que la quantité d'acide phosphorique contenue dans la bière est une des conditions déterminantes de son pouvoir nutritif. 2 litres de

1. *Wagner's Jahresbericht,* 1856, p. 229.

bonne bière d'été de Bavière contiennent 1,6 gr. d'acide phosphorique, ce qui représente une quantité d'acide phosphorique égale à celle contenue dans 530 grammes de viande fraîche de bœuf et dans 220 grammes de pain (contenant 45 pour 100 d'eau).

CHAPITRE XIV

ANALYSE DE LA BIÈRE

En faisant l'analyse de la bière, on a pour but de déterminer les quantités respectives de l'acide carbonique, de l'extrait, du sucre et de la dextrine, des substances albumineuses, des sels inorganiques et des matières étrangères qui s'y trouvent mélangées.

Outre cette espèce d'analyse, il existe encore un autre genre d'épreuves que l'on réalise au moyen de la langue et du palais. Il est indispensable de tenir compte des indications qu'ils donnent, par ce motif que chacun les possède et leur attribue volontiers une influence décisive, s'il n'a aucune raison pour agir autrement.

En réalité, si, par le brassage, on obtient une bière qui ne soit pas nuisible, mais saine, et qui satisfasse le goût des consommateurs, la science doit garder le silence. Elle ne doit pas insister; mais elle doit se tenir à l'écart.

Il en est cependant autrement lorsqu'il est question de l'effet utile, ou bien de la présence ou de l'absence de substances nuisibles. Dans ce cas, la langue et le palais ne donnent presque toujours aucune indication, et la chimie est en première et en dernière instance le seul juge qui puisse émettre un jugement convenable.

Dans ce qui va suivre, je donnerai en peu de mots les règles qui peuvent conduire à la connaissance de la nature et de la quantité de chacune des parties constituantes qui se trouvent dans la bière. Il ne manque pas de chimistes qui aient antérieurement examiné ce sujet. Parmi ces chimistes, je ne citerai que Zenneck qui, dans son *Anleitung zur Untersuchung des Bieres*, avait déjà donné, dès 1834, un grand nombre d'indications utiles dont, au point de vue technique, il est encore actuellement convenable de tenir compte dans la pratique. Je ne puis naturellement avoir en vue qu'une analyse scientifique, et je renverrai à l'ouvrage de Zenneck le lecteur pour beaucoup de particularités dont je ne ferai pas mention et qu'il a traitées.

Acide carbonique. — Afin que, en ouvrant les flacons ou les cruches, aussi bien qu'en transvasant la bière, il ne se dégage pas d'acide carbonique, on doit, pour les bières fortement mousseuses, opérer cette détermination dans les cruches ou dans les flacons mêmes, et aussitôt que le flacon est ouvert on doit le fermer rapidement avec un bouchon, muni d'un tube à recueillir les gaz qui plonge dans de l'eau de baryte dont il doit y avoir une quantité suffisante et qui doit être maintenue à l'abri du contact de l'air. On porte le flacon ou la cruche dans un vase de fer rempli d'eau salée, et l'on chauffe jusqu'à ce que tout l'acide carbonique soit chassé. On pèse le carbonate de baryte obtenu et l'on déduit de son poids par le calcul la quantité d'acide carbonique. On détermine dans le flacon ou dans le cruchon la quantité de bière qui s'y trouvait avant l'expérience. Dans les bières qui ne sont pas mousseuses, cette précaution est inutile : on peut alors chauffer cette bière dans une cornue.

La détermination de l'acide carbonique contenu dans la bière n'a que peu d'importance au point de vue pratique. En général, ce que les simples phénomènes physiques nous apprennent est suffisant dans la plupart des cas.

Alcool. — Le seul moyen de déterminer la quantité de l'alcool contenu dans la bière consiste à soumettre à la distillation un poids déterminé de cette bière à laquelle on a préalablement ajouté de la chaux dans le but d'empêcher l'acide acétique de se volatiliser : on laisse bien refroidir le liquide qui a passé à la distillation; on le recueille avec soin à l'abri du contact de l'air et l'on en détermine la quantité et la pesanteur spécifique, en ayant soin de noter la température.

Les déterminations des quantités d'alcool contenues dans des liqueurs qui, outre l'alcool, ne contiennent que de l'eau, et par suite aussi de la quantité de bière soumise à l'expérience, peuvent être déduites de la quantité d'alcool contenue dans le liquide qui a passé à la distillation. Ce sujet est trop connu pour que nous ayons besoin de nous y arrêter plus longtemps. Tous les instruments que l'on a recommandés dans ce but, n'ont de valeur qu'en ce qu'ils n'occupent pas beaucoup de place. Dans la plupart des cas, ils affectent une certaine coquetterie véritablement risible.

Extrait. — On détermine la quantité de la liqueur qui reste après que l'on en a séparé l'alcool et une partie de l'eau : admettons que la quantité de la liqueur qui reste s'élève à la moitié de celle de la bière. Au moyen d'un aréomètre, ou même au moyen d'un procédé plus sensible, on détermine sa pesanteur spécifique. Les résultats donnés par Balling, que nous avons indiqués p. 183, comportent une exactitude suffisante. Si l'on est parti de 1 litre de bière, par exemple, et si l'on trouve pour la liqueur évaporée jusqu'à moitié une pesanteur spécifique de 1,024, cela indique que le demi-litre contient 6 p. 100 d'extrait, et que, par suite, le litre en contient 3. — On peut aussi, après avoir évaporé l'alcool et une partie de l'eau, ajouter de nouveau de l'eau, de manière à obtenir exactement une liqueur dont la quantité soit égale à celle de la bière employée et déterminer alors la pesanteur spécifique[1].

Je ne répéterai pas ici ce que j'ai dit dans un autre ouvrage[2] relativement aux autres méthodes au moyen desquelles on peut déterminer les quantités respectives d'alcool et d'extrait. Tout ce que j'ai dit en cet endroit relativement aux ébullioscopes, s'applique également à la bière.

On peut du reste consulter à cet égard la note de la page 185.

Acide acétique et acide lactique. — Si l'on veut connaître la quantité de ces deux acides, qui du reste ne manquent dans aucune bière, on opère cette détermination au moyen de dissolutions tirées de saccharate de chaux, d'eau de baryte ou d'autres liqueurs alcalines. On prend deux quantités égales de bière ; on évapore l'une jusqu'à siccité ; puis on dissout le résidu dans l'eau. En déterminant la quantité d'acide contenue dans la partie non évaporée, on obtient la quantité de l'acide acétique et de l'acide lactique réunis : l'autre quantité donne l'acide lactique.

1. *De Wijn scheikundig onderzocht*, p. 239.
2. *Loc. cit.*, p. 114.

Ce que nous désignons ici comme acide lactique, comprend en outre l'acide dérivé du sucre par la fermentation (p. 282 et 283).

On doit observer ici une précaution que Hekmeijer n'a pas négligée dans ses analyses. Lorsqu'on détermine dans la bière, au moyen du saccharate de chaux, la quantité de l'acide acétique et des acides fixes contenus dans la bière, on obtient aussi en même temps l'acide carbonique, et on en tient compte comme s'il était de l'acide acétique. Pour obvier à cette erreur, Hekmeijer a fait chauffer la bière dans une cornue munie d'un tube réfrigérant convenablement disposé pour que, en soumettant la bière à l'ébullition, tout l'acide carbonique puisse s'en dégager, tandis que l'acide acétique et l'eau coulent de nouveau dans la cornue. Après avoir fait subir ce traitement à la bière, on peut y déterminer, au moyen du saccharate de chaux, l'acide acétique et les acides fixes.

On peut aussi se servir de la méthode suivante pour la détermination des acides. On agite la bière avec de la chaux que l'on a préalablement lavée avec soin et on la filtre; on décolore la liqueur au moyen du charbon animal que l'on a lavé à l'acide; on évapore et on filtre de nouveau pour séparer le carbonate de chaux qui s'est déposé. Si la liqueur présente une réaction neutre, il n'est pas nécessaire d'y faire passer de l'acide carbonique : dans une évaporation lente, l'acide carbonique de l'air remplit cette fonction.

De cette manière, non seulement les substances organiques, comme les substances albumineuses, par exemple, mais aussi l'acide phosphorique et l'acide sulfurique, sont séparés.

Dans la liqueur évaporée, on a de l'acétate de chaux, du lactate de chaux, ainsi que le sel de chaux de l'acide dérivé du sucre par la fermentation. On en opère la séparation de la manière suivante. L'acétate basique de plomb précipite de cette dissolution le glucate de plomb, tandis que le lactate et l'acétate de plomb restent dissous. Dans la liqueur filtrée, on peut précipiter le lactate de plomb par l'ammoniaque.

Sucre. — On détermine la quantité du sucre contenu dans la bière en évaporant la bière jusqu'à consistance d'extrait liquide, en traitant cet extrait par l'alcool, en filtrant, en évaporant la liqueur filtrée et en recherchant la quantité de sucre au moyen de la liqueur cuivrique d'épreuve. Je ne prétends pas ici qu'il n'existe pas en même temps dans la bière d'autres substances solubles dans l'alcool et qui puissent agir également sur la liqueur cuivrique d'épreuve et augmenter par suite la quantité du sucre; malgré cela, cette méthode est encore la moins inexacte.

Engelmann (voir précédemment, p. 270) a trouvé 14,9 pour 100 d'extrait dans le moût et 6,5 pour 100 d'extrait dans la bière : la différence s'élève à 8,4 pour 100. D'après le calcul, ces 8,4 pour 100 de sucre devraient donner 4,3 d'alcool : il a trouvé 4,2.

Dans l'exemple indiqué, dans lequel 8,4 pour 100 de sucre étaient passés à l'état d'alcool, Engelmann a trouvé dans la bière 1,1 p. 100 de sucre. Dans quatre autres sortes de bière, il a trouvé :

Sucre dans la bière.	Sucre transformé en alcool.
1,0	6,2
0,7	7,1
1,0	6,3
1,9	5,7

Dans les cinq exemples d'Engelmann, il disparaît donc des 2/3 au 9/10 du sucre du moût qui se transforment en alcool. La dernière sorte était de la petite bière.

Dextrine. — On étend d'eau l'extrait de bière traité par l'alcool : on fait bouillir le tout avec un peu d'acide sulfurique étendu pour transformer la dextrine en sucre, et l'on sépare les autres parties constituantes au moyen de l'alcool. On évapore la solution alcoolique ; on traite le résidu par l'eau et l'on détermine au moyen de la liqueur cuivrique d'épreuve la quantité du sucre qui s'est produit. Ici également, d'autres substances peuvent être transformées en sucre et agir aussi sur la liqueur cuivrique d'épreuve. Toutefois cette méthode est la moins inexacte. 225 parties de la quantité de sucre trouvée en dernier lieu, représentent 202,5 parties de dextrine : nous admettons ici pour la formule du sucre $C^{12} H^{12} O^{12}$, et pour celle de la dextrine $C^{12} H^{10} O^{10}$.

Wackenroder[1], dans des analyses de quelques sortes de bières, a établi des distinctions plus nombreuses que l'on

1. *De cerevisiæ vera mixtione et indole chemica,* Jenæ, 1850.

n'en établit généralement dans les analyses des bières.

Il désigne sous la dénomination de *sucre* ce qui, dans l'extrait de bière est dissous par l'alcool ordinaire, et il trouve, dans les bières de Munich, de 0,2 à 0,4 p. 100 de ce sucre.

Wackenroder nomme *dextrine* la partie insoluble dans l'alcool, et il trouve une quantité de 5 à 8 p. 100 de cette dextrine.

Ces quantités me paraissent trop élevées.

Substances albumineuses. — Pour la détermination de ces substances albumineuses, il reste à peine un autre mode d'opérer que d'évaporer une quantité connue de bière et de déterminer, dans l'extrait la quantité d'azote par la méthode de Will et Varrentrapp.

Parties constituantes inorganiques. — Pour déterminer les parties constituantes inorganiques, on évapore jusqu'à siccité une quantité déterminée de bière; on incinère le résidu et l'on analyse la cendre par les méthodes connues.

On peut, au moyen d'une méthode analogue à celle que j'ai indiquée pour le vin dans un autre ouvrage[1], isoler la plupart des substances qui sont dissoutes dans la bière, en la traitant successivement par l'acétate neutre de plomb, par le sous-acétate de plomb, par le sous-acétate de plomb et l'ammoniaque, en lavant les trois précipités ainsi obtenus, en les mettant chacun séparément en suspension dans l'eau et en faisant passer de l'hydrogène sulfuré dans les trois liqueurs ainsi que dans la liqueur filtrée et séparée ainsi du précipité obtenu au moyen du sous-acétate de plomb et de l'ammoniaque.

Ces liqueurs sont toutes les quatre colorées si la bière dont on est parti est colorée : mais la liqueur provenant de la combinaison sulfurée obtenue au moyen de l'acétate neutre de plomb est celle qui présente la couleur la plus foncée.

En traitant de la manière indiquée une bière de couleur jaune clair préparée au moyen de la fermentation superficielle, on a obtenu pour les quatre liqueurs les réactions suivantes[2].

La liqueur, provenant du précipité, produit par l'acétate

1. *De Wijn*, p. 283.
2. On n'a pas recherché l'acide succinique dont la présence dans la bière était encore inconnue.

de plomb, présente une réaction acide : elle est colorée en brun foncé : elle donne un abondant précipité avec l'eau de chaux, avec le chlorure de magnésium et l'ammoniaque.

Une dissolution de gélatine produit, dans la liqueur neutralisée par l'ammoniaque, un léger précipité de tannate de gélatine.

Le sesquichlorure de fer détermine une coloration noire de gallate et de tannate de fer.

Dans la dissolution neutralisée par l'ammoniaque, l'acide tannique produit des précipités qui sont des combinaisons d'acide tannique et de substances albumineuses. La dissolution de sublimé corrosif (bichlorure de mercure) détermine également la production d'un précipité.

L'acide nitrique étendu ne produit pas de précipité.

Le prussiate jaune de potasse produit un précipité de substances albumineuses.

L'acide nitrique concentré, puis l'ammoniaque, ajoutés à la liqueur déterminent une coloration rouge orangé des substances albumineuses. — L'alcool effectue également la précipitation de ces dernières.

Le chlorure de baryum et le nitrate d'argent indiquent, dans la liqueur préalablement additionnée d'acide nitrique, la présence d'une quantité considérable d'acide sulfurique et d'une très petite quantité de chlore : on devait du reste s'attendre à ce résultat, parce que le chlorure de plomb est suffisamment soluble.

Dans le précipité d'acétate neutre de plomb, il existe donc de l'acide phosphorique, de l'acide sulfurique, une petite quantité de chlore, une petite quantité d'acide tannique, de l'acide gallique et des substances albumineuses.

Un fait qui mérite encore notre attention, c'est que cette dissolution réduit fortement la liqueur cuivrique d'épreuve : cette réaction doit être attribuée, entre autres causes, à l'acide tannique et à l'acide gallique. Mais la réduction est beaucoup plus forte qu'elle ne pourrait l'être si elle ne provenait que de cette cause. Il n'existe pas de sucre ni de dextrine dans la dissolution, la réduction ne peut donc pas provenir de cette cause; mais elle peut provenir de la présence d'une certaine quantité d'acide apoglucique.

La liqueur, provenant du précipité obtenu avec le sous-acétate de plomb, était colorée en jaune. On ne pouvait pas s'attendre à y trouver, ni acide phosphorique, ni acide sulfurique. Elle présentait une réaction acide.

L'acide nitrique étendu n'y produisait pas de précipité.

L'acide nitrique concentré colorait en jaune la liqueur qui, par l'action de l'ammoniaque, devenait rouge orangé. Il y existait donc également des substances albumineuses.

Le prussiate jaune de potasse n'y produisait pas de précipité.

La dissolution, neutralisée par l'ammoniaque, ne donnait pas de précipité par l'action de la chaleur : la dissolution de sublimé corrosif y produisait un abondant précipité.

La liqueur cuivrique d'épreuve était fortement réduite par l'action de la chaleur, et, comme le sous-acétate de plomb ne précipite pas l'acide lactique, cette réduction doit être attribuée à l'acide glucique et à la dextrine qui sont précipités par le sous-acétate de plomb.

L'alcool produit aussi dans cette liqueur un trouble que l'on doit attribuer à la présence des substances albumineuses et de la dextrine.

Nous trouvons donc ici des substances albumineuses et l'acide que nous avons désigné sous le nom d'acide glucique.

La liqueur, provenant du précipité obtenu au moyen du sous-acétate de plomb et de l'ammoniaque, présentait encore une réaction acide et était également de couleur jaune.

L'acide nitrique étendu n'y produisait pas de précipité.

Par l'action de l'acide nitrique concentré, la liqueur, chauffée légèrement, puis additionnée d'ammoniaque, prenait une couleur rouge orangé. Pour la troisième fois, nous trouvons donc des substances albumineuses.

Le prussiate jaune de potasse ne donne pas de précipité : le sublimé corrosif indique encore la présence d'une substance albumineuse.

La liqueur cuivrique d'épreuve est fortement réduite par le sucre qui y existe, par la deuxième sorte de dextrine (p. 139) et par l'acide lactique.

L'alcool y produit un précipité abondant de dextrine, et, si l'on fait bouillir la liqueur avec du carbonate de zinc, il se dépose du lactate de zinc par le refroidissement.

La liqueur qui s'est séparée du dernier précipité, après avoir été traitée par l'hydrogène sulfuré, était presque incolore.

L'acide nitrique concentré y produisait, avec l'aide d'une faible chaleur, une coloration jaune qui devenait rouge orangé par une addition d'ammoniaque. Nous avons donc encore ici une substance albumineuse, de telle sorte que nous trouvons ici quatre sortes de substances albumineuses : l'une qui devient insoluble par l'action de l'acétate neutre de plomb; la deuxième qui devient insoluble par l'action du sous-acétate de plomb; la troisième qui devient insoluble par l'action du sous-acétate de plomb et de l'ammoniaque; et la quatrième qui reste dissoute.

La liqueur cuivrique d'épreuve ne subit aucune trace de réduction par l'action de cette liqueur.

On trouve du reste, dans cette dissolution, de la chaux, de la magnésie, de la potasse, de la soude et du chlore. Dans aucune des quatre dissolutions, l'iode n'a indiqué aucune trace de réaction indiquant la présence de l'amidon.

La bière de Munich, désignée sous le nom de *Heilige Vater-Bier* dont nous avons indiqué (p. 325) la composition d'après Leo, a fourni les réactions suivantes :

Pesanteur spécifique 1,03. Elle colore en rouge le papier de tournesol; elle donne avec l'eau de chaux un abondant précipité, et en même temps la liqueur est presque entièrement décolorée. La teinture de noix de galle détermine la production de flocons bruns solubles dans l'eau : l'alcool produit un précipité qui se redissout dans l'eau ; par l'action d'une dissolution de gélatine, il se produit un trouble très faible : l'iode n'exerce aucune réaction; le sublimé corrosif détermine la précipitation de flocons abondants; par l'action du sesquichlorure de fer et du sulfate de sesquioxyde de fer, il se produit une coloration foncée, mais il ne se produit pas de précipité; l'acétate neutre de plomb et le sous-acétate de plomb produisent un abondant précipité. Les sels de baryte et l'acide oxalique ne produisent que les réactions auxquelles on doit s'attendre en tenant compte des sels contenus dans l'eau employée à la préparation de la bière; il en est de même du nitrate d'argent, mais les substances organiques déterminent la réduction d'une certaine quantité d'argent.

Wackenroder [1] a examiné également l'action de différents réactifs sur les bières et spécialement sur les bières

1. Erdmann's *Journal*, t. XVIII, p. 196.

brunes. Toutes ces bières lui ont donné les réactions suivantes.

L'alcool produit un précipité blanc.

L'iode ne détermine aucune coloration.

Les acides minéraux n'apportent aucune modification dans les bières.

L'ammoniaque liquide produit un précipité qui est floconneux et plus tard un dépôt cristallin de phosphate ammoniaco-magnésien.

Le carbonate d'ammoniaque se comporte d'une manière analogue.

La potasse et le carbonate de soude produisent, après un long contact, un léger précipité.

Le chlorure de baryum détermine un trouble dans la plupart des bières.

L'oxalate de potasse produit un précipité abondant.

Le phosphate de soude produit un précipité très peu considérable, presque entièrement soluble dans l'acide nitrique.

Le sesquichlorure de fer ne produit aucun précipité.

L'acétate de sesquioxyde de fer produit un précipité brun, volumineux, presque entièrement soluble dans la potasse.

Le sulfate de cuivre détermine la production d'un léger trouble.

Le nitrate de protoxyde de mercure produit un précipité blanc, volumineux, qui devient gris et qui est en grande partie soluble dans l'acide nitrique.

Le sublimé corrosif produit un précipité blanc, floconneux.

Le nitrate d'argent produit un précipité blanc qui devient rapidement brun : ce précipité n'est pas entièrement soluble dans l'acide nitrique, mais il est entièrement soluble dans l'ammoniaque.

Le chlorure d'étain produit un léger précipité.

L'infusion de noix de galle détermine la production de flocons blancs.

L'extrait de bière, traité par l'alcool et évaporé de nouveau, abandonne à l'éther une matière grasse inodore, insipide. Lorsqu'on dissout dans l'eau la portion de l'extrait qui s'est dissoute dans l'alcool, elle donne une liqueur trouble, présentant une réaction acide, qui est précipitée par l'acétate de plomb, par le nitrate de bioxyde de mercure, par le nitrate d'argent, par le sublimé et par l'infusion de noix de galles. Wackenroder considère l'acide comme étant de l'acide malique. Il a trouvé en outre dans cet extrait alcoolique du sucre qui, mélangé avec la levure, fermentait, et une substance brune, de nature sirupeuse.

Si l'on traite par l'eau la portion de l'extrait qui ne s'est pas dissoute dans l'alcool, on obtient une liqueur qui contient de la dextrine et qui fermente lorsqu'on la mélange avec de la levure : tout le sucre n'avait donc pas été séparé par l'alcool. — L'iode n'indique dans la dissolution aqueuse la présence d'aucune trace d'amidon : les sels de plomb, d'argent, de protoxyde de mercure, y déterminent des précipités notables : l'acétate de sesquioxyde de fer détermine une précipitation de flocons bruns, abondants : le sublimé y produit un précipité blanc, et l'infusion de noix de galle un précipité blanc sale.

Comme la bière se comporte généralement à l'égard des réactifs de la manière qui vient d'être indiquée, je pense qu'il est inutile de m'arrêter plus longtemps sur ces réactions.

Van-Den-Broek a fait une analyse d'une pierre à bière (*bier-steen*)[1]. Cette analyse a donné les résultats suivants :

Sucre de fruits	45,21
Sucre de cannes	39,76
Substances albumineuses	6,16
Matière grasse et substances végétales insolubles	1,09
Substances inorganiques	2,22

On met cette soi-disant pierre à bière en digestion avec de l'eau, puis on mélange le tout avec de la levure. Par la fermentation, on obtient de la bière. — Balling a également analysé une pareille pierre à bière (*bier-steen, granensteen, zeilithoïde*) dont on devait la découverte à Rietch[2]. La bière que l'on a préparée au moyen de cette pierre à bière, contenait 6,6 pour 100 d'extrait et 3,7 pour 100 d'alcool[3].

1. *Aanteekeningen der Sectie-verg. voor Nat. en Geneesk, van het Prov. Utr. Gen.*, 22 avril 1854.
2. *Polyt. Centr. Bl.*, 1853, p. 247 ; voyez aussi *Dingler's Journal* CXLI, p. 75.
3. *Polyt. Centr. Bl.*, 1854, p. 1202.

CHAPITRE XV

FALSIFICATIONS DE LA BIERE.

Un grand nombre de falsifications de la bière que l'on rencontre surtout en Angleterre, ont été signalées par la science : je prends ici la dénomination de falsification de la bière dans le sens d'addition de substances que l'on ne doit pas s'attendre à y trouver, en tenant compte de son mode de fabrication, ou bien encore de substances nuisibles.

Il ne peut être question de falsification au moyen de l'*alcool* que pour les bières fortes et d'un prix élevé. La bière contient alors une quantité d'extrait relativement d'autant plus faible que l'on a ajouté plus d'alcool. Les bonnes bières d'un bon renom contiennent une quantité déterminée d'alcool et d'extrait. Si la quantité de ce dernier est très faible, tandis que la quantité du premier est élevée, cela rend probable une addition d'alcool, et c'est même le seul moyen que l'on possède de le supposer avec quelque probabilité. Pour la plupart des bières, cette falsification serait trop coûteuse; on ne doit du reste pas s'attendre à la rencontrer dans les bières de Hollande.

Une autre falsification que l'on peut mettre sur la même ligne que la falsification au moyen de l'alcool, est celle qui consiste à remplacer une partie du grain par des *pommes de terre* ou par une autre substance amylacée, d'un prix peu élevé, dont l'amidon se transforme, sous l'influence du malt, en dextrine et en sucre qui, plus tard, par l'action de la levure, est transformé en alcool. On peut encore arriver au même but, qui est d'augmenter la quantité d'alcool contenue dans la bière, au moyen d'une addition de *sirop de fécule* ou de *sirop ordinaire* que l'on décolore au moyen du charbon animal et que l'on fait ensuite fermenter.

Si la quantité de sucre contenue dans la bière n'est pas considérable, on peut reconnaître toutes ces falsifications à l'aide de la détermination des quantités relatives d'extrait et d'alcool : dans les bières falsifiées, la quantité du premier est toujours trop faible. La détermination de la quantité et de la nature des sels contenus dans la bière peut encore donner à cet égard des indications importantes.

La falsification de la bière au moyen de l'*eau* n'est pas à craindre ; on n'achèterait pas la bière ainsi falsifiée. On a plus de raisons d'admettre une addition de sucre, de dextrine ou de sirop de dextrine. La découverte d'une falsification de cette espèce est impossible, à moins que la quantité de ces substances que l'on a ajoutée, ne soit excessivement considérable.

Il se présente du reste à nous un champ très étendu de falsifications de la bière qui comprend toutes les falsifications que l'on peut faire dans le but de lui communiquer une propriété particulière, comme la saveur, l'odeur, ou d'accroître son action sur l'organisme,

Lorsque la bière est devenue acide, on y ajoute souvent de la *craie* ou du *bicarbonate de soude* dans le but de remédier à cet inconvénient. On peut alors facilement découvrir dans l'extrait fourni par cette bière, de l'acétate de soude ou bien de l'acétate et du lactate de chaux. Par la distillation de cet extrait avec de l'acide sulfurique, on obtient de l'acide acétique. L'extrait de bière fournit bien toujours une certaine quantité d'acide acétique : mais lorsqu'on a ajouté par fraude de la craie ou du bicarbonate de soude dans le but d'enlever à la bière sa saveur acide, il s'en trouve beaucoup plus. On reconnaît la présence d'une trop grande quantité de lactates, en faisant bouillir la bière avec du carbonate de zinc : le lactate de zinc se sépare alors sous la forme d'un dépôt cristallin. Par l'incinération d'une autre portion de l'extrait, une pareille bière fournit une quantité considérable de chaux ou de soude.

On emploie quelquefois pour la préparation de la bière un malt détérioré : mais on introduit alors du *noir d'os* dans la cuve-matière pendant l'empâtage et même dans la chaudière à brasser : l'odeur désagréable du malt est écartée par le noir d'os. Ce procédé, qui a été indiqué par Zimmermann, peut être positivement considéré comme une falsification. On ne peut du reste pas reconnaître que l'on en a fait usage. La bière a quelquefois elle-même une odeur désagréable : Müller[1] a conseillé d'employer le noir d'os pour la

1. *Loc. cit.*, p. 363.

lui enlever. Il dit que ce moyen est « le seul moyen convenable. » Il y en a cependant encore un autre, c'est d'employer cette bière à la fabrication du vinaigre ou de la jeter. Du reste, on ne devrait assurément pas livrer à la consommation de pareilles substances comme étant de bonne bière.

On ajoute quelquefois de la *potasse* pour rendre la bière plus mousseuse. On retrouve alors la potasse dans la cendre.

Dans les bières anglaises et dans d'autres bières, on ajoute du *chlorure de sodium* pour en améliorer la saveur ; on ne peut pas ranger cette addition au nombre des falsifications. On trouve alors le chlorure de sodium dans la cendre.

On a retrouvé l'*acide tartrique* dans la bière, ce qui vient de l'habitude que l'on a de ramollir au moyen de l'acide tartrique et de l'acide acétique la colle de poisson que l'on emploie pour la clarification.

On peut découvrir la présence du *suc de réglisse* dans la bière à l'odeur caractéristique qui se fait sentir lorsqu'on évapore la bière qui en contient.

Parmi les substances nuisibles que l'on peut rencontrer dans la bière, il faut ranger le *cuivre* qui provient de la chaudière que l'on n'a pas bien lavée avant de s'en servir, de telle sorte que la bière qui est restée, est devenue acide, ce qui a déterminé une production d'acétate de cuivre. Les tuyaux et les robinets en cuivre peuvent aussi dans une brasserie être la cause de la présence d'une certaine quantité de cuivre dans la bière. Lorsqu'on a ajouté du sirop de fécule dans le but d'augmenter la quantité d'alcool qui se produit par la fermentation du sucre de raisin contenu dans l'infusion de malt, et lorsque ce sirop de fécule contient du cuivre, ce qui, du reste, n'est pas rare, l'emploi de ce sirop de fécule peut être une source à laquelle la bière ait puisé une certaine quantité de cuivre.

La présence du cuivre dans la bière est facile à reconnaître. On évapore la bière, on carbonise le résidu et on le traite par l'acide nitrique. On peut alors s'assurer de la présence du cuivre au moyen de l'hydrogène sulfuré, au moyen de l'ammoniaque et au moyen des réactifs ordinaires de ce métal,

Le plomb que l'on rencontre dans la bière peut provenir des appareils ou des tuyaux en plomb que l'on emploie dans les brasseries. Suivant Meurein [1], certaines bières peuvent même contenir du plomb, parce qu'on y aurait ajouté à dessein de la litharge et des sels de plomb pour rendre la bière plus claire ou pour saturer les acides. Cela est peu probable. Dans tous les cas, on reconnaît la présence du plomb de la même manière que l'on reconnaît celle du cuivre, en évaporant la bière, en carbonisant le résidu et en le traitant par l'acide nitrique : le sulfate de soude, l'hydrogène sulfuré et les autres réactifs ordinaires indiquent alors la présence du plomb, s'il y en a.

Pour clarifier la bière, on y ajoute de la colle de poisson. Mais comme la bière est une liqueur peu alcoolique et comme la combinaison de la colle de poisson et de l'acide tannique est soluble dans l'acide lactique, la colle de poisson ne se sépare qu'incomplètement de la bière. Pour accélérer cette séparation, on ajoute quelquefois préalablement une dissolution d'*alun*. C'est seulement dans les cas rares que ce dernier est entièrement séparé par la colle de poisson. Pour démontrer la présence de l'alun dans la bière, on l'évapore jusqu'à siccité; on incinère le résidu et on le traite par l'eau bouillante. Le chlorure de baryum indique dans la dissolution ainsi obtenue la présence de l'acide sulfurique; le chlorure de platine y indique la présence de la potasse, et le carbonate d'ammoniaque la présence de l'alumine. Relativement à ces précipités, on ne doit pas oublier que toutes les bières contiennent de l'acide sulfurique et de la potasse et que le phosphate de chaux ne doit pas être confondu avec l'alumine.

On ajoute quelquefois de petites quantités d'*acide sulfurique* à la bière pour la clarifier. Pour les y découvrir, on évapore la bière; on chauffe dans une cornue l'extrait ainsi obtenu et l'on fait passer dans de l'eau de chlore le gaz qui se dégage. On trouve alors dans l'eau de chlore de l'acide sulfurique, ce qui vient de ce que le gaz qui s'est dégagé par l'action de la chaleur sur l'extrait était de l'acide sulfureux.

Dans le but de remplacer en partie le houblon dans la bière, on y mélange quelquefois une certaine quantité de substances amères ou d'autres substances comme l'*opium*,

1. Chevalier, *Dictionnaire des altérations et des falsifications des substances alimentaires*, etc., 3e édition, 1857, t. I, p. 132.

les *semences de coque du Levant,* la *strychnine, l'aloès,* la *noix vomique,* le *poivre d'Espagne,* les *têtes de pavots,* la *gentiane,* la *quassie,* le *gingembre,* les *clous de girofle,* la *racine de pyrèthre,* le *menianthes trifoliata,* la *petite centaurée,* l'*absinthe* et beaucoup d'autres substances: pour communiquer à la bière une couleur plus foncée, on a employé en outre le *suc de réglisse,* la *chicorée torréfiée,* le *caramel,* le *sirop torréfié,* l'*infusion de baies de sureau*[1].

Quelques-unes des substances indiquées doivent servir à donner à la bière une saveur plus amère, ou bien, ainsi que cela se présente pour les substances toxiques, à lui faire exercer sur l'organisme une action plus énergique qui vienne en aide à l'action de l'alcool.

Il n'est pas besoin de rappeler que la plupart des additions indiquées ne peuvent pas être reconnues par l'analyse de la bière, ou ne peuvent du moins être reconnues que rarement avec certitude. Pour reconnaître la présence de ces substances, les seuls caractères qui restent à notre disposition sont l'odeur et la saveur que prend la bière elle-même par l'évaporation, ou bien l'odeur et la saveur que prennent son extrait aqueux et son extrait alcoolique : en comparant cette odeur et cette saveur avec l'odeur et la saveur des substances indiquées, on peut arriver à la conclusion qu'une de ces substances existe probablement dans la bière.

Graham et Hofmann ont recherché dans un grand nombre de sortes de bières la *noix vomique* ou bien la *brucine* et la *strychnine.* On évapore la bière, en ayant soin d'opérer sur une grande quantité de bière parce que l'on ne doit pas compter sur l'addition d'une grande quantité de ces substances étrangères, et l'on épuise l'extrait par l'alcool : c'est dans cet extrait que l'on doit rechercher la strychnine et la brucine. On évapore cette dissolution et l'on épuise le résidu par l'éther. Dans le résidu de l'évaporation de cette dissolution, on peut reconnaître la présence de la strychnine, en ajoutant de l'acide sulfurique, puis un cristal de bichromate de potasse. S'il y a de la strychnine, il se produit une coloration violette qui persiste pendant peu de temps. Cette

1. D'après Payen, on a employé en France l'extrait de chicorée pour rendre la bière plus foncée. (*Comptes rendus*, 1846, t. XXIII, p. 400.) Payen la considère comme devant être préférée sous ce rapport au sucre torréfié parce qu'elle contribue à rendre la bière plus susceptible de se conserver. Comment peut-on recommander à ce point une addition de substances étrangères !

réaction, indiquée par Lefort[1] et par Thomson[2], a été employée par Graham et par Hofmann[3], pour rechercher la strychnine dans un grand nombre de bières anglaises, dans lesquelles ils n'en ont pas trouvé. 50 milligrammes de strychnine sont nécessaires pour rendre un litre de pale ale aussi amère qu'il le serait si l'on y ajoutait la quantité de houblon ordinaire, et cette quantité de strychnine est plus que double de celle qui est nécessaire pour donner la mort à un homme. Considérée à ce point de vue, la question présente une importance assez grande.

Pour isoler la strychnine contenue dans la bière, Hassall conseille d'évaporer la bière, d'épuiser l'extrait par l'alcool, de précipiter par une petite quantité d'acétate de plomb, de filtrer, de séparer le plomb au moyen de quelques gouttes d'acide sulfurique, de filtrer de nouveau et d'évaporer la liqueur.

Brieger[4] pense que la réaction exercée sur la strychnine par l'acide sulfurique et le bichromate de potasse perd beaucoup de sa netteté et peut même ne pas avoir lieu en présence de la morphine, de la quinine et du sucre : il n'en est pas ainsi en présence de l'amidon et de la santonine[5].

La manière de reconnaître la présence de la strychnine dans un mélange de différentes substances, et par conséquent aussi dans la bière, a été étudiée avec détail par Girdwood et Rodgers[6]. Ces chimistes ont employé la méthode suivante : on fait bouillir pendant quelque temps les matières solides, et par conséquent aussi l'extrait de bière, avec de l'acide chlorhydrique ; on évapore ; on traite le résidu par l'alcool ; l'on évapore de nouveau ; on traite le résidu par l'eau et l'on agite avec du chloroforme qui dissout le chlorhydrate de strychnine. On évapore le chloroforme et l'on traite au bain-marie le résidu par l'acide sulfurique concentré afin de décomposer les substances organiques qui ont pu se dissoudre dans le chloroforme. On traite le

1. *Journal de pharmacie*, 3e série, t. XXI p. 172.
2. *Journal de pharmacie*, 3e série, t. XVII, p. 276.
3. *Annalen der Chemie und Pharmacie*, t. LXXXIII, p. 39.
4. *Jahrb. für Pr. Pharm.*, t. XX, p. 87.
5. Relativement à la recherche des bases douées de propriétés toxiques, on peut consulter le *Handwörterbuch* de Liebig, etc., 2e édition, t. I, p. 460. et le *Jahresb.* de Liebig et Kopp, 1856, p 754, où se trouvent les expériences de Otto, Stas, Ahlers, Bingley, Copney, Letheby, Horsley, Herapath, Macadam, Hall, Schlienkamp, Wittstein, Edwards.
6. Wittstein, *Vierteljahresschrift*, t. VI, p. 549, 1857.

résidu par l'eau, on agite avec du chloroforme et l'on recommence deux fois le dernier traitement. Toutes les substances organiques qui peuvent s'y trouver, étant alors décomposées, on dissout le sel de strychnine dans le chloroforme, en agitant sa dissolution aqueuse avec du chloroforme; on évapore lentement et par petites portions le chloroforme sur une portion très restreinte d'une petite capsule de porcelaine, afin que le résidu occupe un espace aussi petit que possible; on ajoute de l'acide sulfurique au résidu de l'évaporation, puis on additionne le tout d'une petite quantité de bichromate de potasse. S'il existe la plus faible trace de strychnine, il se produit une coloration.

Pour reconnaître la présence de l'*opium* dans la bière, on cherche s'il existe de la morphine. Dans ce but, on évapore la bière, on traite le résidu par l'alcool; on évapore la dissolution alcoolique ; on dissout le résidu dans de l'eau additionnée de quelques gouttes d'acide acétique; on précipite par l'acétate de plomb; on filtre ; on fait passer de l'hydrogène sulfuré dans la liqueur; on filtre de nouveau, puis on évapore. S'il y a de la morphine, l'acide nitrique doit déterminer une coloration rouge. On peut du reste essayer encore au moyen d'autres réactifs s'il y a de la morphine[1].

Il n'existe malheureusement aucune réaction chimique qui permette de reconnaître la présence de la *belladone*, des *semences de coques du Levant*, de la *jusquiame* dans la bière.

Suivant Chevallier[2], on a employé l'*acide picrique* comme succédané du houblon dans la préparation de la bière. Pour le découvrir dans la bière, Lassaigne conseille de filtrer la bière sur du charbon animal ou de la traiter par le sous-acétate de plomb. Dans les deux cas, la bière est décolorée, lorsqu'elle est pure[3] ; si, au contraire, la bière contient de l'acide picrique, elle n'est pas décolorée. S'il existe de l'acide picrique dans la bière, elle reste amère après l'addition du sous-acétate de plomb, tandis que, s'il y avait seulement du houblon, la substance amère du houblon est précipitée par l'oxyde de plomb.

On pourrait découvrir de cette manière dans la bière

1. Kieffer, *Annalen der Chemie und Pharmacie*, septembre 1857, p. 271.
2. *Dictionnaire*, 3e édition, t. I, p. 132.
3. Cela est inexact, voir p. 297.

une quantité d'acide picrique s'élevant à $\frac{1}{12000}$ et même à $\frac{1}{18000}$. Cette méthode doit donner des résultats erronés : en effet, la substance amère du houblon n'est pas entièrement séparée de la bière par cette méthode.

Dumoulin[1] a présenté à l'Académie des sciences de France une bière qui contenait, pour 1 hectolitre, 0gr,25 d'acide picrique et qui ne contenait pas de houblon. Il a dit que la fermentation avait présenté un cours régulier, et il a émis l'opinion que l'emploi de cette bière méritait d'être recommandé dans la marine comme antiscorbutique.

Pour découvrir la présence de l'acide picrique dans la bière, Pohl[2] conseille d'ajouter à la bière de la laine blanche qui n'ait pas été peignée et de faire bouillir le tout pendant 6 à 10 minutes. S'il y a de l'acide picrique, la laine devient jaune, et cette coloration jaune est d'autant plus fondée qu'il existe plus d'acide picrique dans la bière,

On peut, suivant Herapath, découvrir dans la bière la présence de la *picrotoxine* qui vient de ce que l'on a ajouté à la bière une certaine quantité de semences de coque du Levant et qui est un poison amer, très dangereux, en ajoutant à la bière de l'acétate de plomb, et en séparant de la liqueur l'excès de plomb au moyen de l'hydrogène sulfuré; on filtre; on fait bouillir la liqueur; on évapore, puis on fait digérer la liqueur avec du charbon animal. Ce charbon contient la picrotoxine qu'on lui enlève au moyen de l'alcool : on filtre, puis on évapore l'alcool. Si la quantité de picrotoxine est suffisante, elle se dépose de l'alcool avec sa forme cristalline caractéristique.

Schlossberger conseille de donner à des animaux les extraits des bières dans lesquelles on suppose des substances toxiques et d'observer l'action qu'ils exercent. La belladone, par exemple, dilate la pupille, etc.[3]. Le conseil me paraît très bon.

1. *Comptes rendus*, t. XXXII, p. 879.
2. *Erdmann's Journal*, t. LXIII, p. 314.
3. *Org. Chemie*, 1857, p. 266.

CHAPITRE XVI

DE LA DÉPERDITION DE PRINCIPES NUTRITIFS QUI SE PRODUIT DANS LA PRÉPARATION DE LA BIÈRE.

Par les observations que nous avons faites jusqu'ici, on voit qu'une portion de l'orge, du froment ou de l'espèce de grain quelconque, qui avait été employée primitivement à la préparation de la bière, n'est pas utilisée dans cette préparation et se trouve perdue pour la consommation de l'homme et des animaux.

Il est nécessaire que nous en fassions le compte, et nous devons nous demander quelle est la quantité de cette perte et en quoi elle consiste.

Au sujet qui nous occupe, vient naturellement se rattacher la question de savoir à quel prix on peut préparer de la bière si l'on veut qu'elle soit bonne : on ne peut pas en effet préparer une bonne bière avec des matériaux insuffisants.

Pour pouvoir connaître la valeur de la perte qui a lieu pendant la transformation du grain en bière, nous n'avons besoin que d'appeler à notre aide les indications que nous avons données précédemment.

De ce qui a été indiqué p. 174, il résulte que, même lorsqu'on a opéré convenablement, une certaine quantité de l'amidon qui se trouvait dans l'orge n'est pas transformée en parties constituantes de la bière, et que cette quantité varie de 1/8 à 2/7 de la quantité du grain qui avait été employée. Cet amidon reste dans le résidu de l'empâtage, dans la drêche : pour le malt touraillé, elle est de 2/7 ; pour le malt fortement touraillé, elle est de 1/8. Si nous prenons 2/7, nous voyons que, sur 700 livres d'orge employées, il s'opère pour la consommation de l'homme une perte de 200 livres d'amidon. Toutefois ces 200 livres d'amidon peuvent être employées à la nourriture des bestiaux : il n'y a donc pas réellement de perte.

Il en est de même des substances albumineuses. Dans le grain, lorsqu'il a été épuisé, il reste 4/6 à 4/7 des substances albumineuses qui existaient primitivement dans l'orge.

Des 600 à 700 livres de substances albumineuses que contenait l'orge employée à la fabrication de la bière, 400 livres sont enlevées à la consommation de l'homme pour être données aux bestiaux comme aliment. Ce n'est donc pas non plus une perte réelle. En effet, par l'intermédiaire de bestiaux tels que les vaches, par exemple, l'homme retrouve ces substances albumineuses sous forme de viande.

La drêche est pour les bestiaux un aliment qui est tout à fait propre à favoriser la production de la chair et de la caséine. Si l'on fait abstraction de la quantité d'eau, il n'est presque aucun aliment végétal qui lui soit comparable. Nous avons dit, p. 172, qu'il s'y rencontre de 19 à 25 p. 100 de substances albumineuses pour une quantité d'amidon de 45 à 22 p. 100. La valeur excessivement élevée de cette substance pour l'alimentation des bestiaux, surtout lorsqu'on la mélange avec des substances d'une puissance nutritive moins énergique, n'a pas assurément besoin d'être démontrée plus clairement. Relativement à la quantité de substances albumineuses qu'elle contient, la drêche à l'état sec vient se ranger comme substance nutritive presque au même rang que les pois et les haricots.

Mais, dans la fabrication de la bière, à partir du commencement du traitement du grain jusques et y compris la fermentation qui termine l'opération, il se produit une perte qui est complète sous quelque rapport qu'on la considère.

Nous pouvons encore évaluer d'une autre manière la perte qui se produit pour la consommation de l'homme dans la préparation de la bière, en prenant pour point de départ les analyses de l'orge et du malt d'orge qui ont été faites par Oudemans et que nous avons indiquées p. 17.

Dans 100 parties d'orge desséchée à l'air, on trouve :

Amidon et dextrine	58,3
Substances albumineuses	9,7
Matière grasse	2,1
Substances inorganiques	2,5
	72,6

Supposons maintenant une bière préparée au moyen de 100 livres d'orge transformée en malt et au moyen d'une quantité d'eau suffisante pour qu'il puisse se produire 400 livres de bière, et admettons encore pour plus de simplicité que le poids de la bière est le même que celui de l'unité de mesure. La question se réduit alors à savoir quelle portion de ces 72 livres de parties constituantes utiles on retrouve dans la bière.

Si cette bière contient en poids 4,2 p. 100 d'extrait et 3,5 p. 100 d'alcool, c'est une bière d'une bonne consommation, d'une force convenable et d'une puissance nutritive suffisante.

400 kilos de bière contiennent alors 14 kilos d'alcool et 17 kilos d'extrait; en admettant que ce dernier soit composé uniquement de sucre et de dextrine, et en supposant pour plus de simplicité que ces substances peuvent toutes deux être représentées par 2025, l'alcool étant représenté par 1150. — Il existe alors dans 400 kilos de bière 31 kilos de parties constituantes utiles provenant de 58,3 amidon et dextrine. Sur 100 kilos d'orge, il se perd donc, pour la consommation de l'homme, par la transformation de l'orge en bière 58,3 — 31 = 27,3 kilos ou presque la moitié du tout.

Pour les substances albumineuses, on obtient du reste un résultat encore moins satisfaisant.

Admettons que la bière ait donné 4,2 p. 100 d'extrait et que cet extrait ait fourni par l'analyse 1,5 p. 100 d'azote. Si nous tenons compte de cet azote comme provenant des substances albumineuses, nous trouvons que, dans 1 kilo de bière, il existe $0^{g},4$ de substances albumineuses, c'est-à-dire que 400 kilos de bière contiennent $1^{k},6$ de substances albumineuses. Il y en avait $9^{k},7$ dans le grain. Sur $9^{k},7$, il s'est donc perdu $8^{k},1$, c'est-à-dire presque les 5/6 de la quantité qui existait primitivement dans le grain.

Admettons que, dans 100 parties d'extrait de bière, il existe 0,2 de matière grasse. Cela donne pour 4,2 p. 100 d'extrait, 0,008 de matière grasse, et, par suite, pour 400 kilos de bière 0,032 de matière grasse. Dans 100 kilos d'orge, il y avait 2,1 de matière grasse; il s'est donc perdu 2,07, ce qui est presque une perte de $\frac{69}{70}$.

Passons ensuite aux substances salines. Admettons qu'il existe 0,25 p. 100 de sels dans l'extrait : pour 400 kilos de bière, par exemple, cela nous donnera $0^{k},1$. Mais il y avait $2^{k},5$ de sels dans l'orge : il s'est donc produit une perte de 2,4 ou de $\frac{24}{25}$.

Partout, il y a donc perte pour la consommation de l'homme.

Mais nous avons dit que les bestiaux qui font usage de la drêche comme aliment, s'en trouvent bien. La perte, au point de vue économique, est donc beaucoup moindre ; en effet, par l'intermédiaire des bestiaux, l'homme retrouve ce que les bestiaux ont consommé comme nourriture ; dans la vache, il le retrouve sous forme de viande; dans le cheval, il le retrouve sous forme de force.

A combien s'élève la quantité des principes utiles que l'homme retrouve ainsi? Nous avons dit, p. 173, que, dans la drêche provenant du malt touraillé, il restait 1/4 de dextrine, de sucre et d'amidon que l'on pouvait utiliser pour la nourriture des bestiaux. Retranchons ce 1/4 de 1/2 qui a été perdu pour la consommation de l'homme, il reste 1/4 pour la perte totale de parties constituantes amylacées qui disparaît sous forme d'acide carbonique dans la fermentation.

Nous avons dit en outre, p. 174, qu'il restait les 2/3 des substances albumineuses que l'on pouvait utiliser pour la nourriture des bestiaux. Les 5/6 sont perdus pour la consommation de l'homme; si l'on en retranche 2/3 = 4/6, il reste pour la perte totale 1/6 de la quantité de substances albumineuses que l'on a trouvée dans l'orge, On retrouve du reste une partie de cette perte dans la levure que l'on vend au dehors (p. 181).

Nous ne retrouvons pas dans la drêche la matière grasse qui a été perdue (p. 172) : la drêche ne contient que les 2/7 de la quantité de matière grasse que l'on a trouvée dans l'orge : cette matière grasse s'est donc séparée avec la levure : elle ne sert donc pas plus à la nourriture de l'homme qu'à la nourriture des bestiaux.

Enfin les sels qui échappent à la consommation de l'homme servent à l'alimentation des bestiaux (p. 172).

Le résultat final est donc que, dans la préparation de la bière, 1/4 des parties constituantes amylacées et 1/6 des substances albumineuses de l'orge sont perdus pour la consommation de l'homme et des bestiaux.

Sur 400 kilos d'orge employés à la préparation de la bière, 100 kilos sont donc perdus pour la consommation de l'homme et des bestiaux sous forme d'amidon et de dextrine : sur 600 kilos d'orge, 100 kilos sont perdus sous forme de substances albumineuses. Si l'on emploie du froment, la perte n'est pas moindre.

Dans l'exemple que nous avons choisi, nous avons admis, ainsi qu'on a pu le voir, que l'opération était bien conduite. Nous avons admis notamment que, dans la préparation de la bière, il se dissolvait une quantité des principes utiles de l'orge desséchée à l'air aussi grande qu'on pouvait l'attendre d'après les données de la théorie et de l'expérience.

Peut-être ne sera-t-il pas considéré comme hors de propos de passer de nouveau en revue les bases dont nous sommes partis pour arriver à ce résultat que, dans la préparation de la bière, le 1/4 de l'amidon et de la dextrine contenus dans l'orge est perdu pour la consommation de l'homme et des bestiaux. En ce qui concerne les substances albumineuses, je pense que la perte a été étudiée avec un développement suffisant.

Dans l'orge desséchée à l'air, il existe 58,3 p. 100 d'amidon et de dextrine (p. 215). Il en reste 1/4 dans la drêche (p. 172) : en effet 16,6 est le 1/4 de 58,6 + 6,6 = 65,2 [1]. — Il reste donc en nombres ronds 45 p. 100 d'amidon et de dextrine de l'orge desséchée à l'air. En nombres ronds, 17 parties de sucre et de dextrine, 14 parties d'alcool et 14 parties d'acide carbonique se forment aux dépens de ces 45 parties de sucre. — Ces 14 parties d'acide carbonique qui se dégagent, sont le 1/4 de 58,3 ou la quantité totale d'amidon et de dextrine contenue dans l'orge.

Il n'a pas été tenu compte ici de la perte qui se produit par le lavage et la germination de l'orge (p. 55).

Relativement aux indications numériques, je n'ai donc rien exagéré. Nous ne nous ferions, du reste, qu'une idée imparfaite de la question qui nous occupe si nous nous en tenions seulement aux quantités. Aux dépens de l'amidon du grain, il s'est produit une substance gommeuse, du sucre et, en outre, de l'alcool. Pour 1150 parties d'alcool qui se sont produites aux dépens de l'amidon, il a disparu 1100 parties d'acide carbonique. Ces 1100 parties sont absolument perdues. D'autre part, au point de vue physiologique, l'alcool n'est pas comparable à l'amidon : relativement à la perte de 1/4 que subit l'amidon des grains dans la préparation de

1. Ces nombres sont relatifs au malt touraillé, mais ils peuvent nous servir ici d'exemple.

la bière, nous devons donc modifier notre jugement ; en effet, il se produit une substance qui exerce une action excitante sur l'organisme et dont l'action salutaire sur cet organisme est suffisamment prouvée, du moins lorsqu'on l'emploie à l'état étendu. Cela est surtout vrai lorsque cette substance se trouve en présence de l'albumine, de la dextrine, du sucre de fruits, de l'acide lactique, de la substance amère du houblon et des phosphates qui constituent, avec l'alcool, les parties constituantes principales de la bière.

En ce qui concerne la question de savoir si une partie d'alcool, lorsque cet alcool est étendu et mélangé avec d'autres substances nutritives, peut, au point de vue de l'effet utile, être considérée comme équivalente à 2 parties d'amidon, je ne puis exprimer aucune opinion décisive : nous manquons pour cela d'indications expérimentales. L'abus que l'on fait des boissons fortes détourne quelques personnes d'exprimer un jugement simple et vrai sur l'action salutaire de l'alcool lorsqu'il est étendu, ainsi que cela se présente dans la bière par exemple.

Celui qui examine avec impartialité l'effet salutaire qu'une bonne bière exerce sur l'organisme, attribue une bonne partie de cet effet à l'alcool qui y est contenu, en admettant même que l'alcool ne possède pas la moindre puissance nutritive.

Pour moi, je ferai observer, relativement au 1/4 de l'amidon et de la dextrine qui, dans la préparation de la bière au moyen de l'orge, est perdu pour la consommation de l'homme et des bestiaux, qu'il ne m'est pas possible d'admettre qu'il existe là une perte essentielle, d'autant plus que, à la place de l'amidon, il s'est produit de l'alcool dont l'action bienfaisante sur l'organisme est indubitable, pourvu seulement qu'il soit employé à l'état étendu et qu'il ne soit pas considéré comme un succédané de ce que nous appelons à proprement parler un aliment qui doit notamment être doué de la propriété de reproduire les matières qui ont été consommées.

En ce qui concerne, au contraire, la perte de 1/6 des substances albumineuses qui a lieu dans la préparation de la bière et dont, toutefois, une partie peut être retrouvée dans la levure, il n'y a aucune justification à présenter.

CHAPITRE XVII

DES SUBSTANCES DONT ON PEUT SE SERVIR EN PLACE DE GRAINS POUR PRÉPARER UNE BONNE BOISSON.

Nous avons vu que, dans la préparation de la bière, une certaine portion de principes utiles est perdue; cela nous conduit naturellement à la question de savoir par quelles substances on peut remplacer une partie des grains afin d'arriver ainsi à la préparation d'une boisson qui possède à un degré plus ou moins élevé les propriétés que l'on exige d'une bonne bière.

Nous traiterons ici cette question seulement au point de vue de la Hollande, dans laquelle certaine partie de la population, qui ne pouvait pas se procurer une bonne bière à cause de son prix élevé, a fait un grand abus de boissons fortes.

La question est déjà complètement résolue. On a préparé, au moyen d'un très grand nombre de substances très riches en amidon, de la bière qui, par ses propriétés nutritives et excitantes, mérite d'être recommandée comme boisson. Il n'est, du reste, nullement douteux que l'on pourrait très bien préparer de la bière au moyen de l'avoine et du sarrasin si l'on connaissait la manière dont on doit les employer. Le soi-disant vin des Cordillières est préparé avec du maïs. On obtient cette *chicha* en faisant séjourner le maïs dans l'eau pendant six à huit heures, en le réduisant en farine très fine et en faisant bouillir. On mélange ensuite la bouillie avec 4 fois 1/2 son volume d'eau, et on laisse fermenter à une température de 16 à 18 degrés. Au bout de vingt-quatre heures, lorsque la fermentation cesse d'être tumultueuse, on peut boire la *chicha*. C'est une boisson très forte qui doit, du reste, être consommée rapidement, parce qu'elle devient promptement acide, « circonstance qui sert d'excuse à ceux qui en boivent avec excès [1]. »

1. Boussingault, *Économie rurale*, 2e édition, t. I, p. 501.

Cette boisson est si nutritive qu'elle est quelquefois même le seul aliment de personnes qui doivent être astreintes à un travail très pénible.

L'orge et le froment ne sont donc pas absolument indispensables pour la préparation d'une bonne boisson.

Dans la province de Soccoro, on prépare au moyen du maïs bouilli, mélangé avec du sucre et soumis à la fermentation, un aliment que l'on désigne sous le nom de *masato* et que l'on renferme dans des tonneaux. « Il n'est pas rare de voir des personnes complètement ivres après en avoir mangé une ou deux assiettées [1]. » On mélange ce *masato* avec de l'eau et l'on obtient immédiatement la *chicha*.

Avec le riz, on prépare un aliment analogue au *masato* que l'on désigne sous le nom de *guaruzo* et qui, mélangé avec de l'eau, donne aussi une boisson nutritive et excitante.

Il ne manque donc pas de substances amylacées qui puissent fournir une bonne boisson. Les substances que l'on peut employer en Hollande dans ce but ne sont cependant pas nombreuses et, quelle que soit la substance amylacée que l'on emploie, il est impossible de remplacer entièrement les grains par d'autres substances : on a besoin de substances albumineuses et nulle substance ne peut les fournir mieux et plus facilement que l'orge. L'emploi de l'orge est donc et reste donc indispensable pour la préparation d'une boisson qui puisse remplacer la bière.

On peut toutefois ajouter à l'orge d'autres substances qui soient d'un prix moins élevé et qui puissent cependant fournir une bonne boisson. Ces substances doivent être telles qu'elles puissent fournir l'amidon ou le sucre à un prix moins élevé. Comme le sirop de fécule, qui est une substance d'un prix très peu élevé, fournit en outre du sucre à l'état convenable, comme on le prépare au moyen de la fécule de pommes de terre, mélangée avec de l'orge, peut fournir une bonne boisson, la fécule de pommes de terre se recommande avant tout pour remplacer une portion de l'orge.

Balling a encore rendu sous ce rapport d'éminents services en se conformant aux indications de Kirchhoff et de Dœbereiner (p. 8) : il a préparé au moyen de l'orge et de

1. Boussingault, *Loc. cit.*

la fécule de pommes de terre une boisson dont la saveur n'est pas inférieure aux bières les meilleures que l'on puisse préparer avec de l'orge [1].

L'emploi de la fécule de pommes de terre, avec diminution proportionnelle de la quantité d'orge que l'on emploie en même temps, permet d'éviter la perte de toutes ces substances albumineuses dont une si grande quantité est positivement perdue dans la préparation de la bière d'orge : et, d'autre part, l'amidon de l'orge se trouve ainsi remplacé par la fécule de pommes de terre, qui est d'un prix bien moindre et qui remplit toutes les conditions que remplit ce dernier : la fécule de pommes de terre est transformée en dextrine et en sucre par l'agent transformateur du malt d'orge : ce sucre fermente, et l'on obtient ainsi un liquide, de même que lorsqu'on emploie l'orge seule, qui cependant, entre autres différences, présente celle de contenir moins de phosphates.

A tout ce que nous venons de dire, on ne peut déjà opposer aucune contradiction lorsqu'on observe que, au moyen de l'orge germée, la fécule de pommes de terre est transformée pour les besoins de l'industrie en dextrine et en sucre et que, par la fermentation déterminée par la décomposition des parties constituantes de l'orge, on prépare en grand de l'alcool de fécule aux dépens de ce sucre.

Müller a également fait des expériences qui ont été favorables à la préparation d'une boisson au moyen de l'orge et de la fécule de pommes de terre. Les pommes de terre, telles qu'elles sont à l'état naturel, ne sont pas aptes à fournir une boisson savoureuse : il faut employer pour cela de la fécule de pommes de terre pure, sans odeur. On a du reste employé aussi avec succès des pommes de terre que l'on a préalablement purifiées au moyen de l'acide sulfurique. Pour opérer cette purification, on lave les pommes de terre avec de l'eau froide à laquelle on a ajouté une quantité d'acide sulfurique représentant 1 à 2 p. 100 du poids des pommes de terre; on lave les pommes de terre jusqu'à ce que l'eau qui s'écoule soit incolore et insipide; on dessèche le résidu et on le moud en farine fine. On obtient de cette manière un mélange de l'amidon et de la cellulose des pommes de terre qui peut très bien être employé sous cette forme à la préparation d'un bon succédané de la bière.

1. *Gährung's Chemie*, t. I, fascicule II, p. 72.

Pour la préparation d'une boisson au moyen de l'orge et de la fécule de pommes de terre ou au moyen de pommes de terre préalablement lavées, il est nécessaire d'employer un malt d'orge d'une grande puissance : on ne doit donc pas employer un malt d'orge touraillé, mais on doit employer un malt d'orge faiblement touraillé ou un malt desséché à l'air. On doit en outre employer une quantité considérable de ce malt pour que la transformation de la fécule de pommes de terre que l'on a ajoutée puisse être déterminée par l'agent modificateur contenu dans l'orge en un temps assez court pour que le moût ne devienne pas acide. Pour obtenir ce résultat, on doit pour 100 livres de fécule de pommes de terre employer 100 à 150 livres de malt de bonne qualité : la quantité de malt que l'on doit ajouter est du reste d'autant moindre que l'on a laissé la germination du grain se continuer pendant un temps plus long de manière à ce qu'il se soit développé une plus grande partie d'agent transformateur, ce qui, dans la préparation de la bière au moyen de l'orge seule, ne présente aucun avantage, mais peut au contraire, dans le cas dont nous nous occupons ici et dans lequel une quantité plus grande d'agent transformateur est nécessaire, produire la transformation d'une quantité beaucoup plus grande de la substance amylacée que l'on a ajoutée. Dans 100 livres de malt desséché à l'air, il existe 50 livres d'amidon : dans la préparation d'une boisson au moyen de l'orge seule, l'agent transformateur contenu dans les 100 livres de malt d'orge n'a pas besoin d'opérer la transformation d'une plus grande quantité de substance amylacée : mais il pourrait en transformer trois fois autant, c'est-à-dire les 50 livres d'amidon contenues dans le malt même et 100 livres de fécule de pommes de terre que l'on ajouterait.

La disposition générale des appareils pour la préparation d'une boisson au moyen de l'orge et de la fécule de pommes de terre reste la même que pour la préparation de la bière au moyen de l'orge seule, et le meilleur mode d'opérer paraît être celui qui consiste à mélanger dans la cuve-matière le malt d'orge avec de l'eau à 60° et à procéder à l'empâtage conformément à la méthode ordinaire, à faire bouillir conformément à la méthode indiquée p. 71 le malt dans la chaudière avec une partie de la trempée épaisse, tandis qu'on mélange la fécule de pommes de terre avec la portion de l'infusion de malt qui est restée dans la cuve-matière : par une addition d'eau chaude, on porte à 75° la température du mélange qui se trouve dans la cuve-matière, de manière que l'agent transformateur dissous puisse transformer la fécule de pommes de terre en dextrine et en sucre. Lorsque le moût est à un état convenable, on le soutire : on transvase de nouveau la trempe épaisse de la chaudière dans la cuve à brasser; on la traite de nouveau par l'eau : on répète encore une fois cette opération de la manière ordinaire ; on mélange les trois liqueurs, puis on les fait bouillir avec du houblon.

Si l'on veut obtenir un succédané de la bière qui soit plus foncé, on peut ajouter une petite quantité de malt fortement touraillé (malt-couleur) : si l'on opère en hiver où la température n'exerce pas une influence très favorable à la fermentation, il est bon d'ajouter 1/10 d'amidon de froment grossièrement moulu pour accélérer la production de la levure [1].

En France, une addition de sucre ou de sirop décoloré au moyen du charbon animal ou de sirop de fécule a généralement lieu même pour la préparation des meilleures bières ; j'ai du reste indiqué déjà le fait p. 236, et depuis que le gouvernement anglais a levé les prohibitions qui s'opposaient à l'emploi du sucre dans la préparation de la bière, le sucre paraît jouer également un certain rôle dans la fabrication de cette boisson en Angleterre.

Rohart [2] recommande d'employer 45 litres de sirop de sucre de cannes pour 2,500 litres de bière : il repousse l'emploi du sucre préparé au moyen de l'amidon, parce qu'il retient beaucoup trop de levure et peut être cause que cette bière devienne acide. Des expériences plus précises n'ont pas confirmé cette opinion.

Il est évident que, dans le succédané de la bière que l'on prépare au moyen de la fécule de pommes de terre, il existe une quantité des substances albumineuses et des substances salines du grain moindre que dans la bière. Balling [3] indique, pour deux sortes de bière préparées avec de la fécule de pommes de terre et de l'orge, une quantité d'extrait de 2 à 2,2 p. 100 et une quantité d'alcool de 7,6 à 5 p. 100 [4].

1. Voir en outre : Müller, *Loc. cit.*, p. 316.
2. *Traité, loc. cit.*
3. *Loc. cit.*, p, 391.
4. En ce qui concerne les succédanés de la bière, nous indiquerons quel-

Sur l'ordre du gouvernement bavarois, on a fait des expériences dans le but de fabriquer de la bière avec du malt d'orge et du sirop de sucre des colonies ou du sucre de fruits[1]. Les expériences faites avec le sirop de sucre des colonies n'ont pas été favorables, tant sous le rapport de la saveur que sous le rapport de la quantité d'acide phosphorique contenue dans la cendre de la bière ainsi obtenue. Ce dernier résultat s'explique très bien : s'il existe dans le sirop des sels de chaux ou du sucrate de chaux, l'acide phosphorique des phosphates contenus dans l'infusion de malt doit se séparer pendant l'opération à l'état de phosphate de chaux et doit par conséquent être perdu pour la bière. A sa place, on rencontre un sel de potasse soluble (qui s'est produit aux dépens du phosphate de potasse du moût) et la cendre de la bière fait effervescence lorsqu'on y verse un acide.

Pour la préparation d'une bière à laquelle doit concourir une certaine quantité de sirop, on doit donc avoir soin d'employer un sirop qui ne contienne pas de chaux.

Relativement à la saveur, on peut remarquer que le sirop ordinaire ne peut pas donner une bière qui présente un goût agréable : on doit d'abord enlever au sirop sa saveur et sa couleur si l'on ne veut pas qu'elles passent dans la bière et y restent.

Ces résultats n'avaient pas besoin d'être exposés avec autant de détail par la commission bavaroise ; ils coulent de source.

Les résultats obtenus avec la bière préparée au moyen du malt et du sucre de fruits étaient favorables. La quantité de cendres contenue dans la bière ainsi obtenue n'était pas plus grande que dans la bière préparée avec le malt seul, et la quantité d'acide phosphorique contenue dans la cendre était encore un peu plus grande que dans la bière préparée avec du malt seul (?). La commission n'a positivement trouvé rien à objecter contre la bière préparée au moyen du malt et du sucre de fruits, si ce n'est qu'elle donne moins de levure et présente au point de vue industriel cet inconvénient qu'elle peut donner lieu par la suite à un manque de levure : cette objection n'a pas précisément rapport à la

ques observations de Lampadius (*Erdm. Journal*, t. II, p. 462), de Siemens (*Polyt. centr. Bl.*, 1345, p. 22), et de Balling (*Ibid.*, p. 267).

1. *Dingler's Polyt. Journal*, t. CXLIII, p. 64.

fabrication même de la bière, puisqu'il se produit toujours une quantité de levure suffisante pour la préparation de la bière; mais elle présente de l'intérêt au point de vue de la vente de la levure pour les besoins du commerce.

Ce jugement, publié en Bavière par ordre du gouvernement, présente de l'importance. Le gouvernement bavarois doit, par la nature même des choses, favoriser la préparation de la bière avec du malt seul : si donc nous trouvons qu'il n'a pu faire à la bière préparée au moyen du malt et du sucre de fruits aucun autre reproche que la possibilité d'être la cause d'une absence de levure, l'addition d'une certaine quantité de sucre de fruits au malt dans la préparation de la bière se trouve ainsi reconnue bonne en Bavière. La bière préparée au moyen d'un malt d'orge seul et la bière préparée au moyen du malt et du sucre de fruits contenaient des quantités égales d'extrait et d'alcool : il s'y trouvait en effet 4 p. 100 d'extrait et 4 p. 100 d'alcool. La bière, provenant du malt seul, avait été obtenue au moyen de 75^{k},40 de malt d'orge et 0^{k},56 de houblon; et la bière, provenant du malt et du sucre de fruits, avait été obtenue au moyen de 56^{k},45 de malt, de 4 kilogrammes de sucre de fruits et de 0^{k},56 de houblon. On avait obtenu une quantité égale des deux espèces de bière, c'est-à-dire presque 300 litres[1].

Habich[2] a fait des observations relatives à la quantité de sucre que l'on peut ajouter à du malt d'orge, sans inconvénient pour la bière ou pour la levure, et sur la manière de l'ajouter.

Il a observé qu'un moût clair, non houblonné, devient trouble par le refroidissement, mais peut rester clair, lorsqu'on ajoute du sucre : le sucre maintient alors les substances albumineuses en dissolution. Si l'on soumet à la fermentation une pareille liqueur à laquelle on n'a pas ajouté plus de sucre qu'il n'était nécessaire pour maintenir les substances albumineuses en dissolution, on obtient une bonne bière et une bonne levure. — Si l'on a ajouté une plus grande quantité de sucre, on obtient une levure de mauvaise qualité.

1. Pour la première, on a indiqué 4 *metsen*, et, pour la seconde, 3 *metsen* de malt : 1 *metsen* vaut 18^{k},85. La quantité de la bière obtenue dans les deux cas a été évaluée à 4 *Eimer* 26 *Maas* ; 1 *Eimer* de Bavière=64 *Maas*=68,52 litres.

La quantité de bière obtenue s'accorde donc avec celle d'un moût de moyenne concentration.

2. *Dingler's Journal*, t. CLIX, p. 146.

Si donc on veut ajouter du sucre à une liqueur destinée à donner de la bière, il conseille d'ajouter au moût préalablement bouilli avec du houblon une quantité de sucre suffisante pour que, après le refroidissement, il se produise un léger trouble, mais pas plus. De cette manière, le dépôt qui se produisait sur les bacs refroidissoirs, était, d'après lui, formé seulement d'une combinaison d'acide tannique et de substances albumineuses et non de substances albumineuses libres.

Le but que je me suis proposé en donnant ces courtes indications sur ce succédané de la bière et sur la manière de le préparer, était d'attirer également l'attention sur ce point. On doit reconnaître qu'il y a lieu d'être peu satisfait de beaucoup de bières, parce qu'elles sont trop faibles et parce qu'elles contiennent une trop petite quantité de principes solides et une trop petite quantité d'alcool. Pour la préparation d'une boisson plus excitante, de la nature de la bière, on peut, ou bien employer une plus grande quantité de grain, ce qui fournit une bière d'un prix plus élevé, ou bien ajouter au grain des substances qui puissent le remplacer.

D'abord, chez beaucoup de personnes, l'idée n'est pas venue, pas plus autrefois qu'à présent, que l'on puisse avoir tort de désirer de ne pas boire une boisson forte. On sacrifie donc une petite quantité du pouvoir nutritif des bières de grains et l'on emploie un succédané de ces bières, c'est-à-dire la bière préparée avec des pommes de terre ou de la fécule de pommes de terre. — Je connais par expérience des succédanés de la bière de cette nature, et je puis certifier qu'ils surpassent par leur saveur et leurs autres propriétés sensibles, ainsi que Dœbereiner l'avait du reste déjà indiqué (p. 8), d'autres bières qui cependant sont bonnes.

Je pense que l'on ferait une œuvre essentiellement utile si l'on favorisait la fabrication de pareils succédanés de la bière, et que le gouvernement ferait bien de l'encourager sous tous les rapports.

Je ne les désigne pas sous les noms de bières et je renverrai à cet égard à ce que j'ai dit (p. 9). Mais ce sont des boissons saines et d'un goût agréable qui, toutefois, contiennent moins de substances nutritives que la bière proprement dite.

FIN.

TABLE DES MATIÈRES

Généralités 1

Chapitre premier. De la composition des différentes sortes de grains employés a la préparation de la bière. 7

I. Orge 19

II. Froment 21

III. Examen comparatif de l'orge et du froment.... 27

Chap. II. Du houblon 35

Chap. III. De l'eau 43

Chap. IV. Maltage ou préparation du malt 46

Humidité 47

Chaleur 48

Air 48

I. Orge 66

II. Froment 68

III. Seigle 69

IV. Avoine 71

Diastase 97

Chap. V. Dessiccation du malt 127

Chap. VI. Empatage 145

Chap. VII. De la cuisson du mout 187

Chap. VIII. Du refroidissement du mout 196

CHAP. IX. FERMENTATION DU MOUT 206
Fermentation superficielle 224
Fermentation par dépôt 226
CHAP. X. DE LA FERMENTATION COMPLÉMENTAIRE 246
CHAP. XI. DE LA FERMENTATION TERTIAIRE 254
CHAP. XII. DES ALTÉRATIONS DE LA BIÈRE 258
Bières aigres 258
Bières plates 259
Bières filantes 260
Bières moisies 260
CHAP. XIII. DE LA COMPOSITION DE LA BIÈRE 261
Alcool 263
Extrait 263
CHAP. XIV. ANALYSE DE LA BIÈRE 292
CHAP. XV. FALSIFICATION DE LA BIÈRE 303
CHAP. XVI. DE LA DÉPERDITION DES PRINCIPES NUTRITIFS QUI SE PRODUIT DANS LA PRÉPARATION DE LA BIÈRE 311
CHAP. XVII. DES SUBSTANCES DONT ON PEUT SE SERVIR EN PLACE DE GRAINS POUR PRÉPARER UNE BONNE BOISSON 317

Paris. — Imp. Gauthier-Villars, 55, quai des Augustin.

ENSEIGNEMENT PROFESSIONNEL

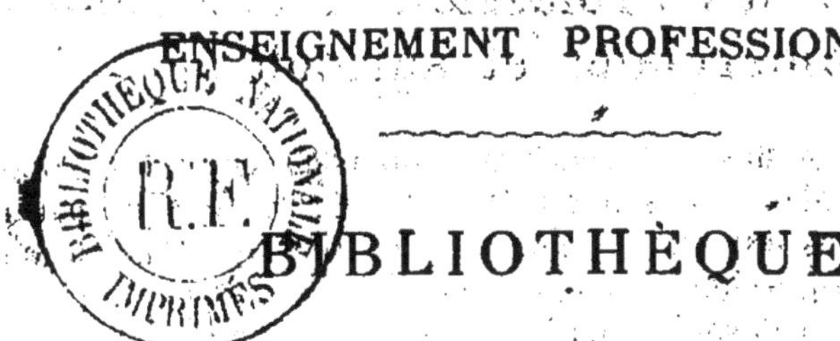

BIBLIOTHÈQUE
DES
PROFESSIONS INDUSTRIELLES
COMMERCIALES ET AGRICOLES

	PAGES
Avertissements	2-3
Table des matières par ordre alphabétique	7
Liste des ouvrages par ordre de série	13
Table des noms d'auteurs par ordre alphabétique	64

PARIS

J. HETZEL ET Cie, ÉDITEURS

18, RUE JACOB, 18

CATALOGUE **B.-U.**

Bibliothèque des Professions industrielles, commerciales et agricoles

Le premier mérite des volumes qui composent cette ENCYCLOPÉDIE c'est d'être accessibles par la forme, par le fond et par le prix, aux personnes qui ont le plus souvent besoin d'indications pratiques sur la profession dont elles font l'apprentissage, ou dans laquelle elles veulent devenir plus intelligemment habiles.

A ces personnes, dont le nombre est très grand, il faut des *guides pratiques exacts*, d'un format commode, d'un prix modéré, rédigés avec clarté et méthode, comme est clair et méthodique l'enseignement direct du professeur à l'élève ou celui du maître à l'apprenti. Telle a été la pensée qui a présidé à la publication de la *Bibliothèque des professions industrielles, commerciales et agricoles.*

Elle se compose de *onze séries*, qui se subdivisent comme suit :

A. **Sciences exactes.** — B. **Sciences d'observation.** — C. **Art de l'Ingénieur.** — D. **Mines et Métallurgie.** — E. **Mécanique, Machines motrices.** — F. **Professions militaires et maritimes.** — G. **Arts et métiers, Professions industrielles.** — H. **Agriculture, Jardinage, etc.** — I. **Economie domestique, Comptabilité, Législation, Mélanges.** — J. **Fonctions politiques et administratives, Emplois de l'Etat, Départementaux et Communaux, Services publics.** — K. **Beaux-arts, Décoration, Arts graphiques.**

Les volumes de cette collection sont publiés dans le format grand in-18, la plupart d'entre eux sont illustrés de gravures qui viennent mieux faire comprendre le texte ; des atlas renferment les dessins qui exigent d'être représentés à grandes échelles et avec plus de détails.

L'ENVOI est fait franco pour toute demande dépassant 15 francs et accompagnée de son montant en billets de banque, timbres-poste, mandat-poste, chèques ou mandats à vue sur Paris, coupons de valeur (déduction faite de l'impôt de 3 0/0).

Le prix du port est de 40 centimes pour les volumes de 4 francs et au-dessous ; 50 centimes pour les volumes de 5 et 6 francs ; — 60 centimes pour les volumes au-dessus de ce prix.

NOTA. — Les ouvrages marqués d'un ✳ ont été choisis par le ministère de l'Instruction publique pour faire partie des catalogues des bibliothèques publiques scolaires. Le deuxième *, plus petit, désigne les ouvrages choisis pour être distribués en prix.

Figure spécimen du *Guide pratique de l'ouvrier mécanicien*. (Voir page 37.)

BIBLIOTHÈQUE

DES

PROFESSIONS INDUSTRIELLES

COMMERCIALES ET AGRICOLES

Parmi les bibliothèques spéciales, techniques plutôt, qui tiennent ou commencent à tenir une si grande place dans la librairie contemporaine, il faut citer au premier rang la *Bibliothèque des Professions industrielles, commerciales et agricoles*, mise en vente par la librairie Hetzel, et qui comprend déjà 113 ouvrages formant 116 volumes accompagnés de 5 atlas. Le champ est vaste de toutes les connaissances exigées, ou qui devraient l'être, par ceux, — et le nombre en est de plus en plus considérable, — qui se destinent à l'industrie, au commerce ou à l'agriculture. Autrefois, il n'y a pas longtemps encore, la seule science à peu près reconnue était la routine. En tout, partout, dans les grandes comme dans les petites exploitations, on tenait à ne pas s'éloigner des habitudes et des traditions transmises. Cela faisait, en quelque sorte, partie de l'héritage.

Depuis quelques années, nous commençons, en France, à nous affranchir de ces méthodes arriérées. C'était bon de s'enfermer dans sa coquille quand les communications étaient difficiles, quand on se suffisait, pour ainsi dire, chacun chez soi, et quand on n'avait qu'un médiocre intérêt à suivre les progrès de l'industrie, par exemple, puisque la production répondait à la consommation. Aujourd'hui, ce n'est plus tout à fait cela ; c'est à qui fera le mieux, et, en même temps, fera le plus vite. La rapidité des transports, la rapidité des demandes qui peuvent être transmises, le même jour, d'un bout du monde à l'autre, ont provoqué une concurrence presque sans limites, et c'est tant pis pour ceux qui, s'en tenant aux vieux moyens, n'ont à leur service qu'un outillage inférieur. N'en pourrait-on dire autant pour l'agriculture, si complètement transformée depuis quelques années ? et même pour le commerce, dont les relations, au lieu d'être limitées, confinées dans un certain rayon, sont aujourd'hui universelles ?

Quoi de plus naturel que d'étudier les conditions nouvelles auxquelles sont soumises les industries diverses, les transactions commerciales, les exploitations agricoles ? Et en même temps, quoi de plus curieux, pour cette partie du public éclairé et qui aime d'autant plus à s'instruire, que l'étude rendue claire et facile, de ces trois choses qui sont les bases mêmes de la fortune d'un pays ? Les spécialistes n'ont qu'à choisir, dans les rayons de cette bibliothèque, pour trouver aussitôt ce qui les concerne et les intéresse. Autant de branches de la science, autant de traités particuliers, composés et écrits par les savants les plus autorisés et les professeurs les plus compétents.

La collection comprend onze séries consacrées à des ouvrages spéciaux, mais réunis tous, cependant, par un lien commun. Ainsi, il y a une série pour les sciences exactes, une autre pour les sciences d'observation. Dans la troisième, se trouve traité, sous ses différents aspects, l'art de l'ingénieur ; la quatrième s'occupe des mines et de la métallurgie. Ici sont étudiées les machines motrices ; là les professions militaires et maritimes. Plus loin, sous la rubrique Arts et Métiers, sont passées en revue les professions industrielles ; puis enfin l'agriculture, le jardinage et tout ce qui s'y rattache, l'étude des eaux, des bois et forêts, et enfin l'économie domestique. On voit tout ce qui peut tenir de traités particuliers dans cette nomenclature générale. Chacun a son volume, accompagné de dessins explicatifs et de figures, quand il est nécessaire, de façon à rendre les textes plus tangibles, pour ainsi dire, en tout cas, pour les mieux mettre à la portée du public.

Il est aisé de comprendre qu'une telle collection ne peut pas être exactement limitée, par la raison bien simple qu'elle doit se tenir à la hauteur du mouvement, c'est-à-dire du progrès, et tenir compte des inventions nouvelles qui, sans bouleverser de fond en comble les systèmes adoptés, les transforment en partie, ou tout au moins les modifient. Telle qu'elle est, on peut la considérer déjà comme supérieure à tout ce qui existe dans le même ordre d'idées. Le cadre général est plus vaste et peut s'élargir encore ; quant aux traités particuliers, comment n'offriraient-ils pas toutes les garanties désirables, grâce aux noms des spécialistes qui les ont rédigés? La physique, la chimie, les sciences naturelles, d'un côté, la géométrie, l'algèbre, de l'autre, sont enseignées de la façon la plus claire, et, ce qu'il ne faut pas oublier, par des moyens mis à la portée des gens du monde désireux d'acquérir des connaissances au moins superficielles sur toutes choses.

Ce qui caractérise notre époque, est un immense besoin de savoir. On veut au moins des notions sur toutes choses, et nulle part l'ignorance n'est un titre au respect. Comment les propriétaires, par exemple, pourraient-ils se rendre compte des engagements imposés à leurs fermiers, s'ils n'étaient, eux-mêmes, au fait des principales exigences de l'agriculture? Et il en est partout ainsi : on veut tout connaître, ou plutôt, on tient essentiellement à se renseigner ; et, pour cela, il faut des connaissances au moins élémentaires sur l'industrie, sur le commerce, sur l'agriculture, et par là même sur toutes les sciences qui s'y rapportent.

Nous ne voyons pas de vides appréciables, dans cette bibliothèque, et s'il s'en découvre, on peut être sûr qu'ils seront comblés à mesure. Elle répond d'ailleurs à un besoin réel, à un moment où la machine remplace, de plus en plus, les bras et où le mécanicien fait des progrès constants. A côté de cela, il est des sciences qu'on aurait grand tort de négliger et dont la connaissance s'impose à toutes les familles. Nous citerons, par exemple, l'hygiène et la médecine usuelles, de même que nous citerions pour les cultivateurs et les éleveurs de bétail, un indispensable traité de médecine vétérinaire où l'on puiserait, dans maintes circonstances, des remèdes efficaces qui, appliqués trop tard, sont inutiles et de nul effet. Rien de plus clair et de plus complet n'a été fait jusqu'à ce jour, ni de plus réellement utile. C'est l'encyclopédie du dix-neuvième siècle, qui se recommande aussi bien par la variété des sujets que par la valeur propre de chacun d'eux, où l'on trouve, en même temps que les vues d'ensemble, les guides pratiques de toutes les industries en exploitation et de toutes les professions et métiers connus. Nous ne saurions trop la recommander aux gens du monde curieux de notions générales, ainsi qu'aux personnes désireuses d'approfondir une spécialité.

Figure spécimen de l'*Habitation des animaux. Bergeries.* (Voir page 47.)

TABLE

DES MATIÈRES PAR ORDRE ALPHABÉTIQUE

AVEC RENVOI AUX PAGES POUR LES RENSEIGNEMENTS COMPLETS
TITRES, NOMS DES AUTEURS, PRIX ET ANALYSE DES OUVRAGES PUBLIÉS JUSQU'A CE JOUR

A

Acclimatation des animaux domestiques 55
Acides (valeur commerciale). 19
Acier (son emploi et ses propriétés) 30
Acier (Traité de l'), par Landrin. 30
Agent-voyer (Guide de l'). 23
Agriculteur (Chimiste) ... 57
Agriculture. Guide pratique d'Agriculture générale.... 46
Album des chemins de fer. 24
Alcoolisation. *Betterave*. 36
Algèbre (Principes d') 13
Alliages métalliques...... 31
Aluminium et métaux alcalins................. 30
Amidon (fabrication de l').. 36

Analyse des sucres....... 45
Analyse qualitative..... 19
Animaux domestiques... 55
Architecture........... 24
Architecture navale(Guide d')34
Arpenteur (le géomètre). . 23
Artifice (Feux d')......... 35
Asphaltes, bitumes....... 31

B

Basse-cour, éducation des poules, oies et canards... 51
Basse-cour (habitations de). 47
Beaux-Arts (Introduction à l'Etude des)........... 63
Betterave (Culture et Alcoolisation) 36
Bergeries............... 47
Bière (Art de faire la).... 40
Bijoutier............... 42
Bitumes (Applications des) 31
Bois (Tarif de cubage des). 24
Bois (Carbonisation des).. 37
Botanique............... 57
Brasseur (Guide du)...... 40
Brevets (Droits des inventeurs)................ 60
Bris et naufrages (Code des)................. 35

C

Caféier, cacaoyer 49
Calculs et comptes faits 14
Calligraphie........... 60
Canards (Education des).. 51
Canne à sucre(culture de la) 49
Carbonisation des bois. 37
Carrière (Choix d'une).... 62
Carton (Fabrication du)... 43
Cendres (Valeur commerciale des)............. 19
Chaleur (Théorie de la)... 22
Charcuterie pratique.... 43
Charpentier (Livre de poche du) 41
Chasseur médecin (Maladies des chiens)........ 52
Chauffeur (Manuel du).... 39
Chemins de fer (Traité de l'exploitation des)....... 27
— Album des chemins de fer 24
— Notions générales...... 27
Cheval (Elevage et dressage du)............... 49
Chiens (Traité des maladies des)............. 52
Chimie générale élémentaire................ 15
Chimie (Introduction à l'étude de la).......... 19
Chimie minérale......... 15
Chimie organique........ 15
Chimiste agriculteur..... 57
Chocolat (Fabrication du).. 49
Code des bris et naufrages.................. 35
Collodion sec au tannin. 43
Colombiers............. 47
Comestibles (Races marines)................ 56
Conducteur des Ponts et Chaussées (Guide du)... 23
Conférences agricoles.... 49
Conseillers généraux(Manuel des)............. 62
Conseillers communaux.. 62

Constructeur (Guide du). Dictionnaire des mots techniques employés dans la construction 25
Constructions et travaux à la mer 26
Corps gras industriels, Savons, Bougies, Chandelles, etc 39
Cosmétiques (Dictionnaire des) 44
Cotonnier (Culture du)... 55
Coupe et Confection des vêtements 59
Courtage. La liberté et le courtage des marchandises 60
Culture maraîchère........ 52
Cultures exotiques....... 49

D

Denrées exotiques et indigènes 44
Dessin linéaire 14
Dessinateur (Comment on devient un)............ 63
Dictionnaire du Constructeur 27
Dictionnaire des cosmétiques................. 43
Dictionnaire des falsifications................. 20
Dictionnaire des termes techniques............ 35
Douane................ 62
Drainage............... 48
Droit maritime international et commercial.......... 34

E

Écoles de France (Les grandes).............. 62
Economie domestique.... 58
Ecuries 47
Electricité (Principes généraux et applications d') 21
Électricien (Guide pratique de l'ouvrier).......... 40
Engrais. La vidange agricole................. 56
Engrenages (Traité pratique du tracé des)..... 32
Entomologie agricole. Destruction des insectes nuisibles 48
Epicerie (denrées indigènes et exotiques)....... 44
Essais des matières industrielles............... 17
Etables................. 47
Ethnographie (Description des races humaines)..... 61
Expropriés (Manuel des).. 60

F

Faïence (Art de faire la). 44
Falsifications (Dictionnaire des) 20
Féculier et amidonnier... 36
Fer (le)................ 29
Feux d'artifice 35
Filature de la laine peignée 42
Forge (maître de)........ 43
Fourrages (Plantes fourragères)........... 52

G

Gaz (Chauffage par le)..... 59
Géographie.............. 60
Géologue (Manuel du).... 28
Géomètre arpenteur...... 23
Géométrie élémentaire.... 14

H

Habitations des animaux. 47
Herboriseur (Manuel de l') 46
Huiles (Connaissance industrielle des).......... 40
Huîtres (Culture des)..... 56
Hydraulique, dessèchement.................. 46
Hydrauliques (Roues).... 32
Hydraulique urbaine et agricole.............. 43
Hydraulique et hydrologie générale.............. 22
Hygiène et médecine usuelle.............. 61

I

Ingénieur agricole (Hydraulique, dessèchement, drainage, irrigation, etc.). 46
Insectes nuisibles (Destruction des)........... 48
Inventeurs (Droits des).. 60

J

Jardinage (Manière de cultiver un jardin)......... 54
Joaillier (Guide pratique du).................. 42

L

Laine peignée et cardée.................. 42
Lapins (Guide pratique de l'éducateur des)........ 50
Législation pratique (premiers principes)........ 60
Liqueurs (Fabrication des) 45
Liquoriste des Dames.... 59

M

Maçonnerie (Guide du Constructeur).......... 23
Maison (Comment on construit une)............. 24
Manganèses (Valeur commerciale des)........... 19
Manuel du Chauffeur..... 39
Marchandises 27
Marine (Le droit maritime) 34
— Architecture navale..... 34
Mécanicien chauffeur (Manuel du)............ 39
Mécanique (Introduction à l'étude de la).......... 32
Mécanique pratique (Guide de l'ouvrier mécanicien). 37
Médecine usuelle........ 61
Métallurgiste (le Fer, ses propriétés)............ 29
— L'acier 30
Métallurgie pratique..... 28
Métaux (Manuel calculateur du poids des)...... 27

Métaux alcalins........ 30
Métaux (Essais des)...... 28
Métiers manuels (Le Livre des)................ 41
Météorologie agricole.... 50
Minéralogie appliquée... 21
Minéralogie usuelle..... 31

N

Naturaliste (Manuel du)........................... 30

O

Octrois (Nouveau Manuel) 62
Oies et canards....... 51
Olivier (culture de l').... 53
Ostréiculture. Races marines comestibles........ 55
Ouvrier mécanicien (Guide pratique de l')......... 37
Ouvrier électricien (Guide pratique de)......... 40

P

Papier (Fabrication du)... 42
Parfumeur (Guide du)... 44
Pensée (Transmission de la) et de la Voix........... 21
Perspective à l'usage des peintres............... 63
Physique appliquée à l'agriculture................. 47
Physique (Introduction à l'étude de la)........... 18
Photographe (l'Etudiant). 17
Pierres précieuses (Traité complet des).......... 42
Plantes fourragères. Prairies naturelles et prairies artificielles............. 52
Ponts et chaussées (Guide du conducteur des)...... 23
Porcelaine (Art de faire la) 44
Porcheries.............. 47
Poudres et salpêtres..... 35
Poules (Éducation des).... 51
Potasses et soudes....... 19
Prairies naturelles et artificielles............... 52

R

Races humaines.......... 61
Roseau (Culture du)..... 54
Roues hydrauliques....... 32

S

Salpêtres............... 35
Savons................. 40
Saule et osier (Culture du) 54
Sciences physiques appliquées à l'agriculture.... 47
Serrurerie (Barêmes de).. 36
Soudes................. 19
Sucre (Culture de la canne à) 49
Sucres (Essai et analyse des) 45

T

Tannin (Collodion sec au). 43
Tarif du poids des métaux. 27
Teinturier (Guide du).... 41
Télégraphie électrique... 18
Transmission de la Pensée et de la Voix........... 21
Termes techniques (Dictionnaire des).............. 37

V

Vaches. Choix des vaches laitières............... 50
Vernis (Fabrication des).. 39
Vêtements (Coupe et Confection des).......... 59
Vidange agricole......... 56
Vigneron (l'immense trésor du)................ 50
Vigneron (Guide pratique du)................ 54
Vignes et vinification..... 45
Vigne (Maladies de la).... 49
Vinification............ 45
Vins factices et boissons vineuses............... 58
Vin (Fraudes et maladies du) 20
Voix (Transmission de la Pensée et de la)........ 21
Voyageurs et Bagages.... 26

Z

Zoologie...................................... 30

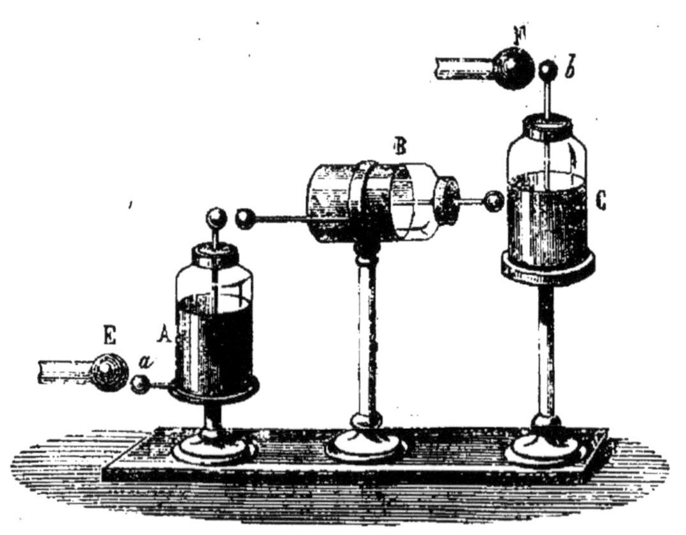

Gravure spécimen des *Leçons d'Électricité*. (Voir page 21.)

LISTE DES OUVRAGES

QUI COMPOSENT LA BIBLIOTHÈQUE

DES PROFESSIONS INDUSTRIELLES

COMMERCIALES ET AGRICOLES

Collection de volumes grand in-18

Le cartonnage toile de chaque volume se paye 0,50 c. en plus des prix indiqués

---

BIBLIOGRAPHIE RAISONNÉE

Série A

SCIENCES EXACTES

1. — Leprince (Paul), ingénieur, ancien élève de l'École d'arts et métiers de Châlons-sur-Marne. — Principes d' **ALGÈBRE.** 1 vol. XI-285 pages avec fig.. . . . . . 5 fr.

Un ouvrage de ce genre n'a pas encore été publié. Il indique les moyens les plus prompts et les plus simples à employer pour parvenir à la solution des problèmes. Il ne comprend que la marche pratique à suivre en algèbre pour arriver aux formules appliquées dans l'industrie en général.

2.—LENOIR (A.).—* **CALCULS ET COMPTES FAITS** à l'usage des industriels en général et spécialement des mécaniciens, charpentiers, serruriers, chaudronniers, pompiers, toiseurs, arpenteurs, vérificateurs, etc. Nouvelle édition de l'ouvrage revue et complétée par Joseph VINOT. 1 vol. 194 pages de texte et tableaux. . . . . 4 fr.

Son objet est d'éviter aux chefs d'atelier une foule de calculs souvent assez difficiles à résoudre ; enfin c'est un aide-mémoire qui est appelé à rendre de grands services par le temps qu'il fait économiser. Il se divise comme suit 1° Arithmétique. — 2° Conversion — 3° Physique. — 4° Mécanique. — 5° Frottements, résistances. — 6° Cubage des métaux. — 7° Cubage des bois. — 8° Tables commerciales.

3-4. — ROZAN (Ch.), professeur de mathématiques. — Leçons de **GÉOMÉTRIE ÉLÉMENTAIRE.** 1 vol. et un atlas, 262 pages de texte et 31 planches doubles. . . . . . 6 fr.

En résumant les principes essentiels de la géométrie élémentaire, ceux qui conduisent directement à la mesure des lignes, des surfaces et des corps, l'auteur s'est attaché surtout à faire sentir la liaison qui existe entre ces principes, la manière dont ils découlent les uns des autres par un enchaînement continuel de déductions et de conséquences. Il s'est donc attaché à couper le discours aussi peu que possible, et à dire d'une seule traite tout ce qui se rattache à un même ordre de questions. Il le dit très brièvement, pour ne pas fatiguer l'attention ou faire perdre de vue le point de départ ; cette rapidité des démonstrations n'a cependant rien ôté à leur clarté.

5-6. — ORTOLAN (A.), mécanicien chef de la marine de l'État, et MESTA (J.), mécanicien principal. — Guide pratique pour l'étude du **DESSIN LINÉAIRE** et de son application aux professions industrielles. 1 vol., LXXVI-204 p. et un atlas de 41 pl. doubles, grav. par EHRARD. . . . 6 fr.

Cet ouvrage recommandable est aujourd'hui adopté dans plusieurs écoles industrielles ; on le trouve dans tous les ateliers. Un dictionnaire des termes techniques lui sert d'introduction, ce qui a permis aux auteurs de donner dans le cours de leur travail des indications sur les détails, sans obliger l'élève à recourir au texte des premières leçons. C'est donc par la nomenclature des instruments indispensables à l'étude du dessin que les auteurs ont débuté, puis arrivant à l'application, ils donnent la définition des lignes géométriques : le point, la ligne droite, brisée, courbe ; arc de cercle, rayon ; les angles. — Tracé des parallèles et des perpendiculaires. — Construction des angles. — Figures géométriques. — Des triangles. — Des quadrilatères. — Tangentes et sécantes à la circonférence. — Angles inscrits et circonscrits à la circonférence. — Polygones réguliers, figures inscrites et circonscrites. — Définition et construction. — Mesure et divisions des lignes. — Mesure des angles. — Rapporteurs. — Des solides. — Du plan horizontal et du plan vertical, des projections, des croquis, de la vis. — Exécution d'un dessin d'après un croquis coté et sur une échelle de convention. — Exécution d'un dessin d'ensemble avec projection de coupe. — Des engrenages ou roues dentées. — De quelques courbes et de leur tracé. — Rédaction et copie d'un dessin. — Dessins ombrés au tire-ligne, du lavis, etc., etc.

Série B

SCIENCES D'OBSERVATION

CHIMIE, PHYSIQUE, ÉLECTRICITÉ, ETC.

1-2. — Dr SACC, professeur à l'Académie de Neuchâtel (Suisse), membre correspondant de la Société nationale de l'agriculture, professeur à Genève, etc. — Éléments de **CHIMIE**. 2 vol.

PREMIÈRE PARTIE. — **CHIMIE MINÉRALE** ou synthétique. 1 vol. . . . . 3 fr. 50

SECONDE PARTIE. — **CHIMIE ORGANIQUE** ou asynthétique. 1 vol.. . . . . 3 fr. 50

Ce petit traité, comme le dit l'auteur, n'a qu'une ambition, celle de faire aimer cette admirable science, d'en exposer aussi brièvement que possible le champ immense de manière à la rendre abordable à tous. C'est la première tentative d'une *chimie naturelle* et pure. L'auteur, laissant de côté tous les systèmes, aborde donc une voie qui doit devenir féconde.

3-4. — HÉTET (Frédéric), professeur de chimie aux écoles de la marine, pharmacien en chef, officier de la Légion d'honneur, membre de plusieurs sociétés savantes.—Cours de **CHIMIE GÉNÉRALE ÉLÉMENTAIRE**, d'après les principes modernes, avec les principales applications à la médecine, aux arts industriels et à la pyrotechnie, comprenant l'analyse chimique qualitative et quantitative. Ouvrage publié avec l'approbation de M. le ministre de la Marine et des Colonies. 2 vol. grand in-18 ensemble de LI-1300 pages et 174 fig. . . . . 10 fr.

Figure spécimen de l'*Étudiant Photographe*. (Voir page 17.

SOMMAIRE DES PRINCIPAUX CHAPITRES. — Nomenclature chimique. — Notation chimique. — Lois des combinaisons. — Théorie atomique. — Acides. — Sels. — Eléments monoatomiques. — Série du chlore. — Série du brome. — Série de l'iode. — Fluor. — Série du cyanogène. — Métalloïdes diatomiques. — Série de l'oxygène. — Protoxyde d'hydrogène. — Eau. — Eaux potables. — Série du soufre. — Métalloïdes triatomiques. — Série du bore. — Métalloïdes tripentatomiques. — Série de l'azote. — Combinaisons de l'azote avec l'hydrogène. — Composés oxygénés de l'azote. — Agents explosifs modernes. — Analyse de l'acide azotique. — Série du phosphore. — Combinaisons oxygénées du phosphore. Série de l'arsenic. — Série de l'antimoine. — Bismuth. — Uranium. — Tableau résumé des azotoïdes. — Métalloïdes tétratomiques. — Série du silcium. — Série du carbone. — Gaz d'éclairage. — Combinaisons avec l'oxygène. — Sulfure de carbone. — Feux liquides de guerre. — Dosage du carbone. — Analyse des gaz et des mélanges gazeux. — Série de l'étain. — Généréralités sur les métaux. — Métaux positifs. — Première classe. — Monontomiques. — Potassium. — Poudres. — Alcalimétrie. — Sodium. — Fabrication de la soude. — Lithium. — Analyse spectrale. — Rubidium. — Césium. — Thallium. — Argent. — Alliages d'argent. — Azotate d'argent. — Réaction des sels d'argent. — Dosage de l'argent. — Métaux de la deuxième classe ou biatomique. — Calcium. — Oxydes de calcium. — Usages de la chaux. — Sulfures de calcium. — Plâtre. — Cuisson du plâtre. — Phosphates calciques. — Carbonate de calcium. — Baryum. — Strontium. — Magnésium. — Oxyde de magnésium. — Zinc. — Oxyde de zinc. — Cadmium. — Cuivre. — Laitons. — Bronzes. — Oxyde de cuivre. — Acétate de cuivre. — Réactions des sels de cuivre. — Mercure. — Chlorure de mercure. — Iodure de mercure. — Sulfate de mercure. — Fulminate de mercure. — Plomb. — Oxyde de plomb. — Miniums. — Céruse. — Cobalt. — Nickel. — Chrome. — Manganèse. — Oxydes de manganèse. — Bioxyde de manganèse. — Fer. — Préparation de l'acier. — Usages du fer et de l'acier. — Propriété du fer et de l'acier. — Combinaisons du fer. — Analyse des combinaisons du fer. — Analyses des fontes et aciers. — Métaux triatomiques. — Or. — Dorure. — Métaux tétratomiques. — Molybdène. — Platine. — Amorces à fil de platine. — Osmium. — Iridium. — Palladium. — Aluminium. — Aluns. — Kaolins. — Argiles. — Mortiers. — Ciments. — Poteries. — Bétons. — Action de l'eau de mer. — Mastics. — Photographie.

---

5. — CHEVALIER (A.), auteur de l'*Hygiène de la vue*, de l'*Étudiant micrographe*, etc. — **L'ÉTUDIANT PHOTOGRAPHE**, traité pratique de photographie à l'usage des amateurs. avec les procédés de MM. Civiale, Bacot, Cavelier, Robert. 1 vol., 216 pages, avec 68 figures. . . . . 3 fr.

Ce livre est un manuel simplifié de photographie. Il sera utile à tous ceux qui voudront s'occuper des moyens de reproduire la nature à l'aide de la lumière. Comme son titre l'indique, c'est le livre de l'étudiant, et certes nous n'avons, en le livrant à la publicité, qu'un seul désir, celui d'être utile. Nous sommes sûrs des procédés indiqués, car nous avons dû expérimenter nous-mêmes celui relatif au collodion humide.

---

6. — GAUDRY (Jules), chef du laboratoire des essais au chemin de fer de l'Est. — Guide pratique pour l'**ESSAI DES MATIÈRES INDUSTRIELLES**, d'un emploi courant dans les usines, les chemins de fer, les bâtiments. la marine, etc., à l'usage des ingénieurs, manufacturiers, architectes, officiers

de marine, etc. 1 vol. XII-264 p., 37 fig. et nombreux tableaux . . . . 4 fr.

Sommaire des principaux chapitres : Introduction. — Caractère du présent ouvrage. — Installation d'un laboratoire. — Principes de l'installation. — Outillage et mobilier. — Personnel, tenue du laboratoire. — Première partie. — *Principes généraux de l'essai chimique.* — I. Composition et décomposition des corps. — II. Principes fondamentaux de l'analyse. — III. Manipulations chimiques. — IV. Marche de l'analyse. — Deuxième partie. — *Méthode d'essai des principales substances d'emploi courant.* — I. Essai de l'eau par évaporation et analyse du résidu. — Analyse des gaz de l'eau — Hydrotimétrie. — II. Essai des pierres. — III. Essai du sable. — IV. Essai de la chaux. — V. Essai des combustibles. — VI. Essai des métaux : Métaux en général. — Essai du fer. — Essai du cuivre. — Essai de l'étain. — Essai du plomb. — Essai du zinc. — Essai de l'antimoine. — Essai des alliages en général. — Essai du bronze. — Essai du laiton et des alliages blancs. — Recherche des métalloïdes dans les métaux et alliages. — VII. Essai des huiles et graisses : Des corps gras en général. — Essai des huiles. — Principales huiles. — Essai des suifs et graisses. — Essai du pétrole et des essences. — VIII. Essai des cuirs. — IX Essai de la céruse et du minium. — X. Essai des tissus et cordages. — XI. Essai du caoutchouc. — XII. Essai des acides, alcools, alcalis, etc. — Troisième partie. *Tableaux :* Tableau A des principaux corps simples. — B division des bases en cinq groupes. — C division des acides en trois groupes. — D décomposition de l'eau par les métaux. — E analyse de l'eau. — F états des incinérations. — G degré oléométrique des huiles. — H tableau comparatif des principaux métaux industriels. — Appareils divers pour les essais.

---

7. — Miége (B.), directeur de lignes télégraphiques. — Guide pratique de **TÉLÉGRAPHIE ÉLECTRIQUE**, ou *Vade-mecum* pratique à l'usage des employés des lignes télégraphiques, suivi du programme des connaissances exigées pour être admis au surnumérariat dans l'administration des lignes télégraphiques. 1 vol., XI-148 pages, avec 45 figures dans le texte. . . . . 2 fr.

M. Miége n'a pas voulu faire seulement un livre utile, mais bien un guide indispensable. Aux notions préliminaires sur le magnétisme, les différentes sources d'électricité et les propriétés des courants, succède la description de tous les appareils usités, avec l'indication des signaux généralement adoptés. Des formules d'une grande simplicité permettent de se rendre compte de l'intensité des courants et de rechercher la cause des dérangements. L'ouvrage de M. Miége sera aussi d'une incontestable utilité pour toute personne qui veut acquérir la connaissance des lois de l'électricité appliquées à la télégraphie.

---

8. — Du Temple (Louis), capitaine de frégate en retraite. * Introduction à l'**ÉTUDE DE LA PHYSIQUE**. 1 vol., 333 p. avec 146 figures . . . . 4 fr.

Sommaire des principaux chapitres : *Quelques définitions de chimie* : Éléments qui entrent dans la composition des corps. — Nomenclature chimique. — *Introduction.* — *La Force* : Pesanteur. — Actions moléculaires. — *Calorique et Chaleur :* Température. — Mode de propagation de la chaleur. — Changement d'état des corps par la chaleur. — *Lumière*. — Réflexion de la lumière. — Réfraction. — Décomposition et recomposition de la lumière. — Applications diverses des phénomènes de la lumière. — Lunettes. — *Sons*. — Propagation. — Réflexion. — Vibration. — *Électricité*. — *Électro-Magnétisme*. — *Electro-Chimie*.

9. — Will. — **ANALYSE QUALITATIVE**, instruction pratique à l'usage des laboratoires de chimie, par M. le docteur H. Will, professeur agrégé de l'Université de Giessen; traduit de l'allemand par M. le docteur G.-W Bichon, traducteur des lettres de M. Justus Liebig sur la chimie, et auteur de plusieurs travaux sur cette science. 1 vol., 248 pages. (*Epuisé.*)

Les traités spéciaux sur la chimie analytique sont ou trop volumineux ou incomplets, en ce sens que, dans ces derniers, manquent les indications indispensables pour que l'élève puisse se conduire lui-même. M. le docteur Will a su éviter ces deux défauts : son guide enseigne d'une manière simple, substantielle et méthodique, tout ce qu'il faut savoir pour être capable de découvrir et de séparer les parties constituantes des corps composés.

10. — Frésénius (R.) et le Dr Will, docteurs, assistants et préparateurs au laboratoire de Giessen. — Guide pratique pour reconnaître et pour déterminer le titre véritable et la valeur commerciale des **POTASSES**, des **SOUDES**, des **CENDRES**, des **ACIDES** et des **MANGANÈSES**, avec neuf tables de déterminations, traduit de l'allemand par le docteur G.-W. Bichon, ancien élève de M. Justus Liebig, nouvelle édition, augmentée de notes, tables et documents 1 vol., VI-229 pages avec figures . . . . 2 fr.

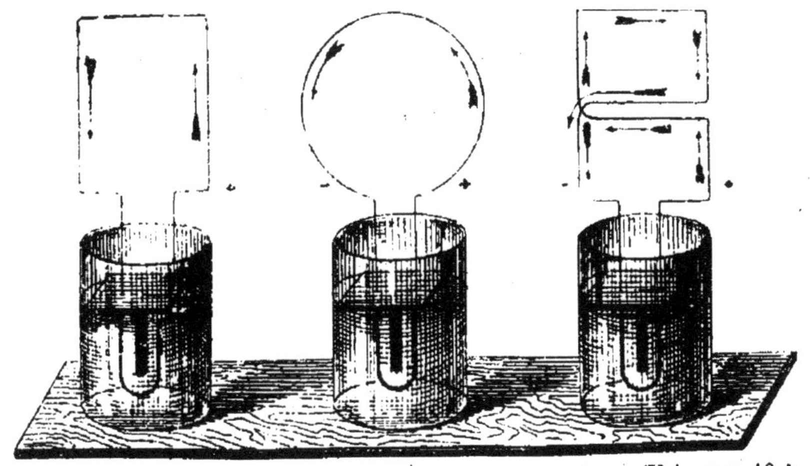

Figure spécimen de l'*Introduction à l'Étude de la physique*. (Voir page 18.)

Le livre de MM. Frésénius et Will est le résultat des précieuses recherches auxquelles se sont livrés ces deux savants chimistes étrangers; c'est avec beaucoup de pénétration et de succès qu'ils sont parvenus à perfectionner les méthodes d'essais relatifs aux potasses, soudes, acides et manganèses.

11. — LIEBIG (J.). — **INTRODUCTION A L'ÉTUDE DE LA CHIMIE**, contenant les principes généraux de cette science, les proportions chimiques, la théorie atomique, le rapport des poids atomiques avec le volume des corps, l'isomorphisme, les usages des poids atomatiques et des formules chimiques, les combinaisons isomériques des corps catalyptiques, etc., accompagnée de considérations détaillées sur les acides, les bases et les sels, traduit de l'allemand par Ch. GHÉRHARDT, augmentée d'une table alphabétique des matières présentant les définitions techniques et les relations des corps. 1 vol., 248 pages. . . . . 3 fr.

L'accueil favorable que cette traduction a rencontré en France rappelle le succès obtenu en Allemagne par l'édition originale de l'illustre savant, considéré à juste titre comme l'un des princes de la chimie moderne.

12. — BRUN (Jacques), vice-président de la Société suisse des pharmaciens. — Guide pratique pour reconnaître et corriger les **FRAUDES ET MALADIES DU VIN**, suivi d'un traité d'**analyse chimique** de tous les vins, 2e édit., 1 vol., 191 p., avec de nombreux tableaux. 3 fr.

L'art de falsifier les vins a fait ces dernières années de rapides progrès. La chimie ne doit pas se laisser devancer par la fraude : elle doit lui tenir tête et pouvoir toujours montrer du doigt la substance étrangère. Cette tâche, dit M. Brun, incombe surtout aux pharmaciens. Son livre est le résumé des différents traitements qu'il a trouvés réellement utiles, et qui, dans sa longue pratique, lui ont le mieux réussi pour l'examen chimique des vins suspects.

13. — LUNEL (docteur). — Guide pratique pour reconnaître les **FALSIFICATIONS**, ou **DICTIONNAIRES DE FALSIFICATIONS** des substances alimentaires (aliments et boissons), contenant : la description de *l'état naturel ou normal des substances alimentaires* et leur *composition chimique*, les moyens de constater leur nature, leur valeur réelle; les altérations spontanées, accidentelles, qu'elles peuvent subir, et les moyens de les prévenir; les altérations et falsifications qui les dénaturent, c'est-à-dire qui en modifient l'aspect, la saveur, les propriétés nutritives, et qui les rendent souvent dangereuses; enfin les moyens chimiques de rendre sensibles les altérations, falsifications et contrefaçons des diverses substances alimentaires. 1 vol. 200 pages. 5 fr.

14-15. — Noguès (A.-F.), professeur de sciences physiques et naturelles. — Guide pratique de **MINÉRALOGIE APPLIQUÉE** (histoire naturelle inorganique) ou connaissance des combustibles minéraux, des pierres précieuses, des matériaux de construction, des argiles céramiques, des minerais manufacturiers et des laboratoires, des minerais de fer, de cuivre, de zinc, de plomb, d'étain, de mercure, d'argent, d'antimoine, d'or, de platine, etc. 2 vol., 919 p. et 248 fig . . . . 10 fr.

Cet ouvrage a été écrit principalement pour les personnes qui désirent acquérir des notions justes, pratiques et usuelles sur les minerais métallifères et les minéraux employés dans les arts et l'industrie. Les étudiants qui suivent les cours des Facultés, les élèves des Ecoles spéciales et industrielles, les ingénieurs, les élèves des Écoles des mines, les mineurs, les agriculteurs, les directeurs d'exploitations minières, les gardes-mines, les amateurs et les gens du monde qui voudront acquérir des connaissances pratiques en minéralogie, le consulteront avec fruit.

Ce guide a été conçu dans un esprit essentiellement pratique et industriel. M. Noguès, en publiant cet ouvrage, a voulu offrir au public le cours de minéralogie qu'il professe avec tant de succès à l'Ecole centrale des arts et manufactures de Lyon. — Nous ne donnons pas ici la table des matières contenues dans l'œuvre de M. Noguès, elle est trop considérable, mais nous indiquerons le sommaire des chapitres.

I. Définitions des termes et généralités. — II. Caractères géométriques des minéraux ou cristallogie. — Cristallogie comparée ou morphologie minérale. — Cristallogénie. — Caractères physiques, chimiques et géologiques des minéraux. — Classification des minéraux. — Description des espèces minérales. — Appendice au carbone. — Organolithes. — Classifications.

---

16. — Du Temple (Louis), capitaine de frégate en retraite. — ** **TRANSMISSIONS DE LA PENSÉE ET DE LA VOIX.** 1 vol., 332 pages, orné de 62 figures . . . . . 4 fr.

Sommaire des principaux chapitres : *Organe de la vue et moyens employés pour la corriger.* — Structure de l'œil. — Marche des rayons lumineux dans l'œil. — *Organe de la voix.* — *Organe de l'ouïe.* — Oreille. — Comment l'homme peut diminuer les imperfections de l'ouïe. — *Langage.* — Définition. — Langage écrit. — Grandes inventions modernes. — *Papier.* — Historique. — Fabrication du papier à la main ou papier de cuve. — Fabrication du papier à la mécanique. — Différentes espèces de papier. — *Imprimerie* ou *Typographie.* — Historique. — Gravure. — Lithographie. — Presses typographiques. — Clichage. — Gravure en creux. — Gravure en relief. — *Photographie.* — Historique. — Procédés. — Photographie sur verre. — Préparation du collodion et son emploi. — *Électro-Métallurgie.* — Galvanoplastie. — Appareils galvanoplastiques, — Applications de la galvanoplastie. — — *Télégraphes aériens, pneumatiques, électriques.* — *Téléphone.* — *Phonographe.* — *Aérophone.* — *Postes.*

---

17. — Snow-Harris. — Leçons élémentaires d'**ÉLECTRICITÉ** ou exposition concise des principes généraux de l'électricité et de ses applications, annotées et traduites

par E. Garnault, professeur de physique à l'École navale. 1 vol. 264 pages, avec 72 figures dans le texte. 3 fr.

Les leçons de M. Snow-Harris ont eu un grand succès en Angleterre. L'auteur s'est surtout attaché à donner des idées saines, pratiques et théoriques sur les principes généraux de l'électricité et les faits les plus simples qu'il démontre à l'aide d'expériences faciles à répéter.

Le traducteur, qui est lui-même un professeur distingué, a ajouté à l'ouvrage anglais des notes dans lesquelles il donne surtout des aperçus sur les principales applications de l'électricité dans l'industrie.

---

18. — Laffineur. — Guide pratique d'**HYDRAULIQUE** et d'**HYDROLOGIE SOUTERRAINE ET SUPERFICIELLE** ou traité de la science des sources, de la création des fontaines, de la captation et de l'aménagement des eaux pour tous les besoins agricoles et industriels. 1 vol., 191 pages. avec figures. . . . . 3 fr. 50

19-20. — Clausius (R.), professeur à l'Université de Wurtzbourg. — **THÉORIE MÉCANIQUE DE LA CHALEUR**, traduit de l'allemand par F. Folie, professeur à l'École industrielle, et répétiteur à l'École des mines de Liége. 2 vol., xxx-748 pages . . . . 15 fr.

« Depuis que l'on a utilisé la chaleur comme force motrice au moyen des machines à vapeur, et que l'on a été ainsi amené pratiquement à regarder une certaine quantité de travail comme l'équivalent de la chaleur nécessaire pour le produire, il était naturel de rechercher théoriquement une relation déterminée entre une quantité de chaleur et le travail qu'il est possible de lui faire produire, et d'utiliser cette relation pour en déduire des conclusions sur l'essence et les lois de la chaleur elle-même. » (Clausius.)

Par le titre des chapitres, nous allons indiquer le mode de démonstration de l'auteur.

Introduction mathématique. — Principe fondamental de la théorie mécanique de la chaleur. — Second principe. — Influence de la pression et de la congélation des liquides. — Dépendance théorique qui existe entre deux lois empiriques relatives à la tension et à la chaleur latente de différentes vapeurs. — Equivalence des transformations au travail intérieur. — Axiome de la théorie mécanique de la chaleur. — Concentration de rayons de chaleur et de lumière, et les limites de son effet. — Mémoires sur les mouvements moléculaires admis pour l'explication de la chaleur. — Sur la conductibilité des corps gazeux pour la chaleur.

NOTA. — Les ouvrages marqués d'un ⁂ ont été choisis par le ministère de l'Instruction publique pour faire partie des catalogues des bibliothèques publiques scolaires. Le deuxième ⁎, plus petit, désigne les ouvrages choisis pour être distribués en prix.

Série C

ART DE L'INGÉNIEUR

PONTS ET CHAUSSÉES, CONSTRUCTIONS CIVILES, CHEMINS DE FER

1. — Guy (P.-G.), ancien élève de l'Ecole polytechnique, officier d'artillerie. — Guide pratique du **GÉOMÈTRE ARPENTEUR**, comprenant l'arpentage, le nivellement, le levé des plans et le partage des propriétés agricoles, avec un appendice sur le calcul des solides; 3e édition, entièrement refondue. 1 vol. de 272 pages et 183 figures . . 4 fr.

L'auteur, en publiant cet ouvrage, a eu pour intention d'en faire un *vade mecum* utile aux ingénieurs, aux conducteurs des ponts et chaussées, aux agents voyers, géomètres, arpenteurs, etc. Son format portatif permet de pouvoir le consulter sur le terrain ; il est un abrégé d'un grand nombre d'ouvrages encombrants, dont il présente toutes les données nécessaires pour connaître et vérifier la contenance des pièces de terre, pour en construire un plan exact, ce qui évitera aux propriétaires et aux fermiers des procès ruineux et ce qui leur permettra aussi d'étudier avec fruit les améliorations qu'ils voudraient apporter dans la culture de leurs terres,

---

2-3. — Birot (F.), ingénieur civil, ancien conducteur des ponts et chaussées. — Guide pratique du **CONDUCTEUR DES PONTS ET CHAUSSÉES** et de l'**AGENT VOYER.** Principes de l'art de l'ingénieur, comprenant: plans et nivellements, routes et chemins, ponts et aqueducs, travaux de construction en général et devis. 3e édition, revue et augmentée. 1 vol., de 545 pages, avec un atlas de 19 planches doubles, contenant 144 figures . . . . 8 fr.

Nous allons donner un extrait de la table des matières de cet ouvrage, devenu le *vade-mecum* des agents secondaires des ponts et chaussées.

Chap. Ier. — Tracé et mesure des lignes. Arpentage proprement dit. Mesure des angles. Levé à l'échelle. Instruments. — *Chap. II.* Objets du nivellement. Niveaux de différents systèmes. Stadia. — *Chap. III.* Classification des routes. Projets. De la forme générale des routes. Tracé des courbes. Tables diverses. — *Chap. IV.* Construction des chaussées. Entretien des routes. Déblais et remblais. — *Chap. V.* Ponts et aqueducs. Ponceaux. Murs de soutènement. Parapets. Voûtes biaises. Sondages. Pieux. Pilotis. Palplanches. Enrochements. — *Chap. VI.* Des cintres et des ponts en charpente. — *Chap. VII.* Etudes des matériaux employés dans les constructions. — *Chap. VIII.* Du métrage et du devis. Avant-métré d'un aqueduc, d'un ponceau, etc.

L'auteur a terminé par le programme d'admission pour l'emploi de conducteur.

---

4. — CORNET (G.), répétiteur à l'École centrale des arts et manufactures de Paris. — **ALBUM DES CHEMINS DE FER**, résumé graphique du cours professé à l'Ecole centrale des arts et manufactures. 4e édition, 1 vol. texte et 74 planches gravées sur acier. . . . . 10 fr.

---

5. — VIOLLET-LE-DUC. — *** Comment on construit une **MAISON**, 1 vol. de 324 pages, orné de 62 dessins par l'auteur. . . . . 4 fr.

Extrait de la table des matières. — Plantation de la maison et opérations sur le terrain. — La construction en élévation. — La visite au chantier. — — L'étude des escaliers. — Ce que c'est que l'architecture. — Etudes théoriques. — La charpente. — La fumisterie. — La menuiserie. — La couverture et la plomberie. — L'inauguration de la maison.

---

6. — VIOLLET-LE-DUC. — Introduction à l'étude de l'**ARCHITECTURE**. (*En préparation.*)

---

8. — FROCHOT (Alexis), sous-inspecteur des forêts, etc. Guide théorique et pratique de **CUBAGE** et **d'ESTIMATION DES BOIS**. à l'usage des propriétaires, régisseurs, marchands de bois, gardes forestiers, etc., etc. 1 vol., 160 pages et tableaux, 14 fig. et une planche graphique donnant les tarifs de cubage des arbres sur pied et des arbres abattus . . . . 4 fr.

Extrait de la table des matières. — **Cubage des bois abattus.** Bois en grume, bois ronds, bois méplats, bois équarris, bois de feu; exécution des calculs de cubage. — **Cubage des bois sur pied.** — Mesures des hauteurs : 1° au dendromètre; 2° à vue d'œil; 3° mesure des diamètres. — Cubage des résineux. — **Estimation des bois sur pied en matière,** bois de charpente, étais, perches de mines, poteaux télégraphiques, sciage, traverses de chemins de fer, bois de fente, bois de feu, écorces, frais de transport et d'exploitation. — Estimation en argent. — **Estimation des forets en fonds et superficie.** — Exposé de la méthode, bois susceptibles de revenus égaux et périodiques, bois donnant des revenus inégaux. — Procédés de calculs à employer. — Applications, tarifs linéaires, renseignements bibliographiques etc., etc.

Figure spécimen de *Comment on construit une maison*. (Voir page 24.)

9. — Pernot (L.-P.), officier de la Légion d'honneur, architecte-vérificateur des travaux publics. —☀Guide pratique du **CONSTRUCTEUR**. Dictionnaire des mots techniques employés dans la construction, à l'usage des architectes, propriétaires, entrepreneurs de maçonnerie, charpente,

serrurerie, couverture, etc., renfermant les termes d'architecture civile, l'analyse des lois de voirie, des bâtiments, etc. Troisième édition, corrigée, augmentée et entièrement refondue, par C. TRONQUOY, ingénieur civil, et ROCHET, architecte, 1 vol. . . . . 5 fr.

---

10. — DEMANET (A.), lieutenant-colonel honoraire du génie, membre de l'Académie royale de Belgique, etc. ☆ Guide pratique du **CONSTRUCTEUR. — MAÇONNERIE**, 1 vol., 252 pages, avec tableaux, accompagné de 20 planches doubles renfermant 137 figures gravées sur acier par CHAUMONT . . . . 5 fr.

Ce guide, écrit par M. Demanet, qui a professé un cours de construction à l'École militaire de Bruxelles, emprunte une grande autorité à l'expérience et à la position qu'occupait l'auteur. Les 20 planches qui accompagnent le texte sont gravées avec une grande exactitude.

Extrait de la table des matières :

Des tracés. — Des mortiers et mastics. — Des appareils. — De l'exécution des maçonneries. — Échafaudages et cintres. — Outils et appareils. — Décintrements, charges, jointoiement. — Des épaisseurs à donner aux maçonneries. — Évaluations des travaux de maçonnerie. — Travaux divers. — Travaux d'entretien et de restauration. — De l'organisation des chantiers, etc.

19-20. — BOUNICEAU, ingénieur en chef des ponts et chaussées. — Études et notions sur les **CONSTRUCTIONS A LA MER**, 1 vol. VIII-421 pages et atlas de 44 pl. in-4°, dont plusieurs doubles. . . . . 18 fr.

Cet ouvrage est le résumé d'études longues et consciencieuses d'un des ingénieurs en chef les plus distingués du corps national des ponts et chaussées M. Bouniceau a attaché son nom à des travaux d'une haute importance. Son travail devra être médité par tous ceux qu'intéressent les nouveaux développements que doivent prendre les constructions conçues en vue d'améliorer les ports de mer et les ouvrages nécessaires à la préservation des côtes. L'atlas qui accompagne ces Études est remarquable sous le rapport du choix des planches et de leur exécution. L'auteur dans sa préface dit : « Notre livre n'est pas un guide pratique, il est composé de notions et d'études, c'est un ensemble qui présente un programme complet sur la matière. »

Nous qui analysons le livre de M. Bouniceau, nous croyons qu'il est trop modeste et que certainement il n'y a pas un ingénieur chargé de travaux à la mer qui n'aura intérêt et profit à consulter cet ouvrage dont nous nous contenterons de donner le sommaire des chapitres pour en mieux faire connaître la portée.

Définitions et préliminaires. — Avant-ports. Bassins. Darses. — *Môles ou brise-lames.* — Môles à claire-voies. Môles anciens. Môles modernes. — *Jetées.* Ports à marée. Cheneaux. Dragues. Musoirs. Remorquage à vapeur dans les cheneaux. — *Ports d'échouage :* Epaisseur des quais. Ecluses. Portes d'èbe et de flot. Manœuvre des portes. Pose des portes. Ponts sur les écluses. *Bassins à flot :* leur forme, leur largeur, leur superficie. Valeur des places à quai. — *Nettoyage des ports.* — *Ouvrages pour la construction et le radoubage des navires :* Cales de construction. Cales de débarquement. Machines élévatoires. — *Ports dans les rivières à marée.* — *Canaux maritimes.* — *Ouvrages à l'issue sdes port de commerrce.* Phares. Phares en fer sur pieux à vis. Phares flottants. Feux de port. Bouées, balises. — ***Matériaux de construction. Mortiers.*** Pierres, sables, chaux et ciments. Fabrication des mortiers. Briques, bois. Fondations par épuisement. Fondations mixtes sur pilotis. Fondations en rade.

21-22. — ÉMION (Victor). — Traité de l'**EXPLOITATION DES CHEMINS DE FER**, ouvrage composé de deux parties, précédé d'une préface par M. Jules FAVRE, ensemble 787 pages.

PREMIÈRE PARTIE. — **VOYAGEURS ET BAGAGES**. . 4 fr.
DEUXIÈME PARTIE. — **MARCHANDISES**. . . . . . . 4 fr.

Aujourd'hui que tout le monde voyage, le manuel de M. V. Emion est devenu un guide indispensable. Il fait connaître à chacun ses droits et ses devoirs vis-à-vis des compagnies : il prend le voyageur chez lui, le mène à la gare, le suit à son départ, pendant sa route, à son arrivée, et le ramène à son domicile ; il prévoit toutes les difficultés, toutes les contestations, et en donne la solution fondée sur la loi, les règlements, la jurisprudence et l'équité.

Dans la seconde partie, M. Emion traite avec beaucoup de détails l'organisation du service des marchandises, les tarifs, les formalités exigées pour la remise des marchandises en gare, l'expédition, la livraison, enfin tout ce qui concerne les actions à intenter aux compagnies, soit pour avaries, soit pour retard, perte, négligence, etc.

---

25. — VANALPHEN, métreur vérificateur spécial de serrurerie. — Manuel calculateur du **POIDS DES MÉTAUX** employés dans les constructions, contenant : 1° les tableaux de la classification nouvelle des fers unis divers, des feuillards et de la tôle ; 2° 36 tableaux de poids de 1.100 échantillons divers de fers unis ; 3° 5 tableaux de poids de 25 épaisseurs de tôle ; 4° 14 tableaux de poids de toutes les fontes employées journellement dans les bâtiments, avec divers renseignements très utiles à consulter ; 5° 9 tableaux de poids de plomb, zinc et cuivre rouge, avec un appendice contenant : 1° le poids par mètre carré de feuille de divers métaux ; 2° le poids d'un mètre linéaire de fer (fers plats et carrés, fers ronds et carrés) ; 3° le poids des zincs laminés minces. (*Épuisé.*)

---

27. — PERDONNET. — **Notions générales** sur les **CHEMINS DE FER**. 1 volume. (*Épuisé.*)

Série D

MINES ET MÉTALLURGIE, GÉOLOGIE, HISTOIRE NATURELLE

1. — DANA. — **MANUEL DU GÉOLOGUE**, traduit et adapté de l'anglais, par W. HOUTLET. 1 vol. de 294 pages orné de 363 figures . . . . 4 fr.

TABLE DES MATIÈRES. — *Introduction.* — *Géologie physiographique.* — Traits généraux de la surface terrestre. — Système des formes terrestres. — *Géologie lithologique.* — Constitution des Roches. — Condition et structure des masses rocheuses. — Règne animal. — Règne végétal. — *Géologie historique.* — Age archéen. — Temps paléozoïque. — Temps mésozoïque. — Temps cénozoïque — Ere de l'intelligence. — *Observations générales sur l'histoire géologique.* — Durée des temps géologiques. — Progrès de la vie. — *Géologie dynamique.* — Vie. — Atmosphère. — Eau. — Chaleur. — Mouvements dans la croûte terrestre et leurs conséquences. — *Appendice.* — Instruments de géologie. — Échantillons.

3.—D. L. —Guide pratique de **MÉTALLURGIE** ou exposition détaillée des divers procédés employés pour obtenir des métaux utiles, précédé du Dictionnaire des mots techniques employés en métallurgie et de l'essai de la préparation des minerais. 1 vol. XV-350 p. et 8 pl. in-4 gravées sur cuivre comprenant plus de 100 fig. . . . . 4 fr.

EXTRAIT DE LA TABLE DES MATIÈRES : Définition et aperçu de l'histoire de la métallurgie. — Vocabulaire des mots techniques métallurgiques. — PREMIÈRE PARTIE. — *De l'essai des minerais.* — Des essais mécaniques par la voie sèche, la voie humide, d'or, d'argent, de platine, de fer, de cuivre, de zinc, d'étain, de plomb, de plomb argentifère par la coupellation, de mercure, d'antimoine, d'arsenic, de bismuth. — DEUXIÈME PARTIE. — *De la préparation et du traitement des minerais.* — I. De la préparation des minerais; triage, criblage, bocardage, lavage, grillage. — II. Traitement métallurgique des minerais d'or, d'argent, de platine, de fer, de cuivre, de zinc, d'étain, de plomb, de mercure, antimoine, arsenic, bismuth, etc. — Préparation mécanique. — Amalgamation, etc., etc.

Figure spécimen du *Manuel du Géologue*. (Voir page 28.)

4. — FAIRBAIRN (William), ingénieur civil, membre de la Société royale de Londres, correspondant de l'Institut de France, etc.—*Guide pratique du métallurgiste.* **LE FER**, son histoire, ses propriétés et ses différents procédés de fabrication, ouvrage traduit de l'anglais, avec l'approbation de l'auteur, et augmenté de notes et d'un appendice, par M. Gustave MAURICE, ingénieur civil des mines, secrétaire de la rédaction du Bulletin de la Société d'encouragement. 1 vol., 331 pages et 68 figures dans le texte . . . . . 4 fr.

Depuis longtemps, le nom de M. Fairbairn fait autorité dans l'industrie du fer. Après avoir tracé l'histoire des progrès de la fabrication du fer, l'auteur donne les analyses des minerais et des combustibles dans leurs rapports avec les résultats des différents procédés de fabrication : il saisit cette occasion pour donner la description des fourneaux, machines, etc., employés dans la métallurgie du fer.

M. Maurice a complété cette traduction par des notes et un appendice. Il a éliminé tout ce que le texte original pouvait présenter de trop laconique ou de trop exclusivement rédigé en vue de la métallurgie anglaise. Parmi ces appendices, on remarque ceux concernant les procédés Bessemer et les notes sur la résistance des tubes à l'écrasement.

Extrait de la table des matières. — Histoire de la fabrication du fer. — Les minerais des différentes parties du monde. — Les combustibles : charbon de bois, tourbe, coke, houille. — Production des combustibles dans le monde entier. — Réduction des minerais. — Transformation de la fonte en fer. — Des machines employées pour forger le fer. — La forge. — Le procédé Bessemer. — Fabrication de l'acier. — Trempe et recuite de l'acier. — De la résistance et des autres propriétés mécaniques de la fonte, du fer et de l'acier. — Composition chimique de la fonte. — Statistique de l'industrie sidérurgique, etc.

5. — DESSOYE (J.-B.-J.), ancien manufacturier. — Guide pratique de l'**EMPLOI DE L'ACIER**, ses propriétés, avec une introduction et des notes par Ed. GRATEAU, ingénieur civil des mines. 1 vol. de 303 pages . . . . 4 fr.

Ce livre constitue une véritable monographie de l'acier. M. Dessoye prend l'art de fabriquer l'acier à son origine et nous montre ses progrès. Il signale la nature et les propriétés natives de l'acier, en indique les différents modes d'élaboration et termine son guide par une étude sur l'emploi de l'acier dans les manipulations qu'on lui fait subir. Comme le fait remarquer M. Grateau dans sa savante introduction, ce livre s'adresse à tous ceux qui sont appelés à acheter et à consommer de l'acier d'une qualité quelconque, sous toute forme, et il devra être consulté par tous les praticiens.

Extrait de la table. — Considérations préliminaires. — Etudes historiques sur la fabrication de l'acier. — Etudes générales sur l'existence des propriétés natives. — Etudes sur l'emploi de l'acier, considéré dans ses propriétés caractéristiques. — De l'emploi de l'acier considéré dans les manipulations qu'on lui fait subir.

6. — LANDRIN (H.-C. fils), ingénieur civil, **TRAITÉ DE L'ACIER**, théorie métallurgique, travail pratique, propriétés et usages, 1 vol., 312 p. avec figures . . . . 5 fr.

Les deux ouvrages de MM. Landrin et Dessoye se complètent l'un par l'autre. Ils donnent au complet la fabrication et l'emploi de l'acier. Nous avons dit, en parlant de celui de M. Dessoye, en quoi consistait son étude; nous allons, par un extrait de la table des matières du livre de M. Landrin, indiquer en quoi il complète le précédent. — Histoire de l'acier, sa découverte, sa métallurgie dans l'antiquité et dans les différentes contrées. — De la chaleur, de l'oxygène, du soufre, de la chaux, des minerais de fer, des combustibles. — De l'acier et de sa théorie. — Théorie de Réaumur, docimasie. — Métallurgie, acide naturel, acier de fonte, acier puddlé, acier cimenté, acier de fusion, acier du Wootz.

Nouveaux procédés : Procédé Chenot, procédé Bessemer, procédé Taylor, procédé Uchatuis, acier damassé. *Etoffes* : Travail de l'acier, raffinage, soudure, recuit à la forge, trempe, recuit à la trempe, écrouissage. *Propriétés de l'acier* : Des limes, du fil d'acier, des aiguilles, tôle d'acier, des scies.

7. — AGASSIZ et GOULD. — Manuel du **NATURALISTE. (ZOOLOGIE.)** — Traduit par Elisée Reclus. 1 volume. (*En préparation.*)

11. — TISSIER (Charles et Alexandre), chimistes-manufacturiers. — Guide pratique de la **RECHERCHE**, de l'**EXTRACTION** et de la **FABRICATION** de l'**ALUMINIUM** et des **MÉTAUX ALCALINS**. Recherches techniques sur

leurs propriétés, leurs procédés d'extraction et leurs usages. 1 vol., 226 pages, 1 pl. et fig. dans le texte. 3 fr.

Les notions sur l'aluminium se trouvaient disséminées dans des recueils nombreux publiés en France et à l'étranger. Les auteurs de ce guide ont eu l'idée de faire de ces notions éparses un tout homogène dans lequel, après avoir retracé l'historique de la préparation des métaux alcalins, ils esquissent l'histoire de la préparation de l'aluminium. Des chapitres spéciaux sont consacrés à la fabrication industrielle et aux propriétés physiques et chimiques de ce nouveau métal qui a conquis très rapidement une grande place dans l'industrie.

---

12. — GUETTIER (A.), ingénieur, directeur de fonderies, etc. Guide pratique des **ALLIAGES MÉTALLIQUES**. 1 vol. VII-342 pages. . . . . 3 fr.

Après avoir donné quelques explications préliminaires sur les propriétés physiques et chimiques des métaux et des alliages, l'auteur examine au point de vue des alliages entre eux les métaux spécialement industriels, c'est-à-dire d'un usage vulgaire très répandu (cuivre, étain, zinc, plomb, fer, fonte, acier). Il donne ensuite quelques indications générales sur les métaux appartenant aux autres industries, mais n'occupant qu'une place secondaire (bismuth, antimoine, nickel, arsenic, mercure), et sur des métaux riches appartenant aux arts ou aux industries de luxe (or, argent, aluminium, platine); enfin, il envisage les métaux d'un usage industriel restreint, au point de vue possible de leur association avec les alliages présentant quelque intérêt dans les arts industriels.

---

15. — DRAPIEZ (M.). — Guide pratique de **MINÉRALOGIE USUELLE**. Exposition succincte et méthodique des minéraux, de leurs caractères, de leur composition chimique, de leurs gisements, de leur application aux arts et à l'industrie. 1 vol, 504 pages. . . . . 3 fr.

A la lucidité des définitions et à la simplicité de la méthode d'exposition, ce guide joint un mérite qui n'échappera pas aux hommes pratiques ; il contient la description des 1,500 espèces minérales dont il analyse les caractères distinctifs, la forme régulière et la forme irrégulière, les propriétés particulières, les compositions chimiques et les synonymies, les gisements, les applications dans les arts, dans l'industrie, etc.

---

18. — MALO (Léon), ingénieur civil, ancien élève de l'École centrale. — Guide pratique pour la fabrication et l'application de l'**ASPHALTE** et des **BITUMES**, 1 vol. III-319 pages, 7 planches . . . . 4 fr.

L'usage de l'asphalte et des bitumes se généralise. L'asphalte, après les ciments et les mortiers, vient prendre immédiatement sa place dans les constructions, et cependant il n'existait pas de traité pratique sur la fabrication et l'emploi de ces substances. Le livre de M. Malo comble cette lacune. Il abonde en renseignements intéressants non seulement pour les ingénieurs, mais aussi pour les autorités municipales. Ce guide pratique est accompagné de sept planches, dont quelques-unes de très grand format.

Extrait de la table des matières. — Définition, description historique de l'asphalte. — Nomenclature et régime des principales mines. — Extraction, préparation et cuisson. — Du bitume. — Manière d'employer l'asphalte. — Usages divers de l'asphalte. — Asphalte comprimé. — Notes et documents divers.

Série E

MÉCANIQUE, MACHINES MOTRICES

1. — LAFFINEUR (Jules). — Traité de la **CONSTRUCTION DES ROUES HYDRAULIQUES**, contenant tous les systèmes de roues en usage, les renseignements pratiques sur les dimensions à adopter pour les arbres tournants, les tourillons, les bras de roues hydrauliques, etc., etc. 1 vol., 142 p., avec de nombreux tableaux et 8 planches 3 fr. 50

L'auteur démontre dans sa préface que le perfectionnement des machines motrices des usines est à la fois une nécessité d'intérêt général et privé. Dans son ouvrage, il recherche et il définit les principales conditions à remplir sous ce rapport, et il donne ensuite tous les détails relatifs à la construction des roues hydrauliques dans les meilleures conditions possibles.

Fidèle à la méthode qui lui est propre, M. Laffineur s'est surtout attaché à se faire comprendre par la simplicité des termes employés et par les nombreux exemples qu'il donne.

Les planches sont d'une grande netteté ; elles représentent tous les systèmes de roues en usage, roues à palettes, roues pendantes, roues en dessous et à aubes courbes, roues à augets, roues horizontales, roues à niveau constant, frein dynamométrique, etc.

---

2. — DU TEMPLE (Louis), capitaine de frégate en retraite. — Introduction à l'**ÉTUDE DE LA MÉCANIQUE**. 1 volume. *(En préparation.)*

---

6. — DINÉE (F.-G.), mécanicien de la marine, ex-élève de l'École des arts et métiers de Châlons-sur-Marne. — Traité pratique du tracé et de la construction des **ENGRENAGES**, de la vis sans fin et des cames. 1 vol., 80 p. et 17 pl. 3 50

Ce livre répond à un besoin, car depuis longtemps il manquait à toute bibliothèque industrielle ; c'est une œuvre de mécanique véritablement pratique. Il se divise en trois chapitres :

1° Des courbes en usage dans la construction des engrenages ; 2° dimensions des détails et de l'ensemble des engrenages ; 3° tracé des engrenages, des vis sans fin, des cames.

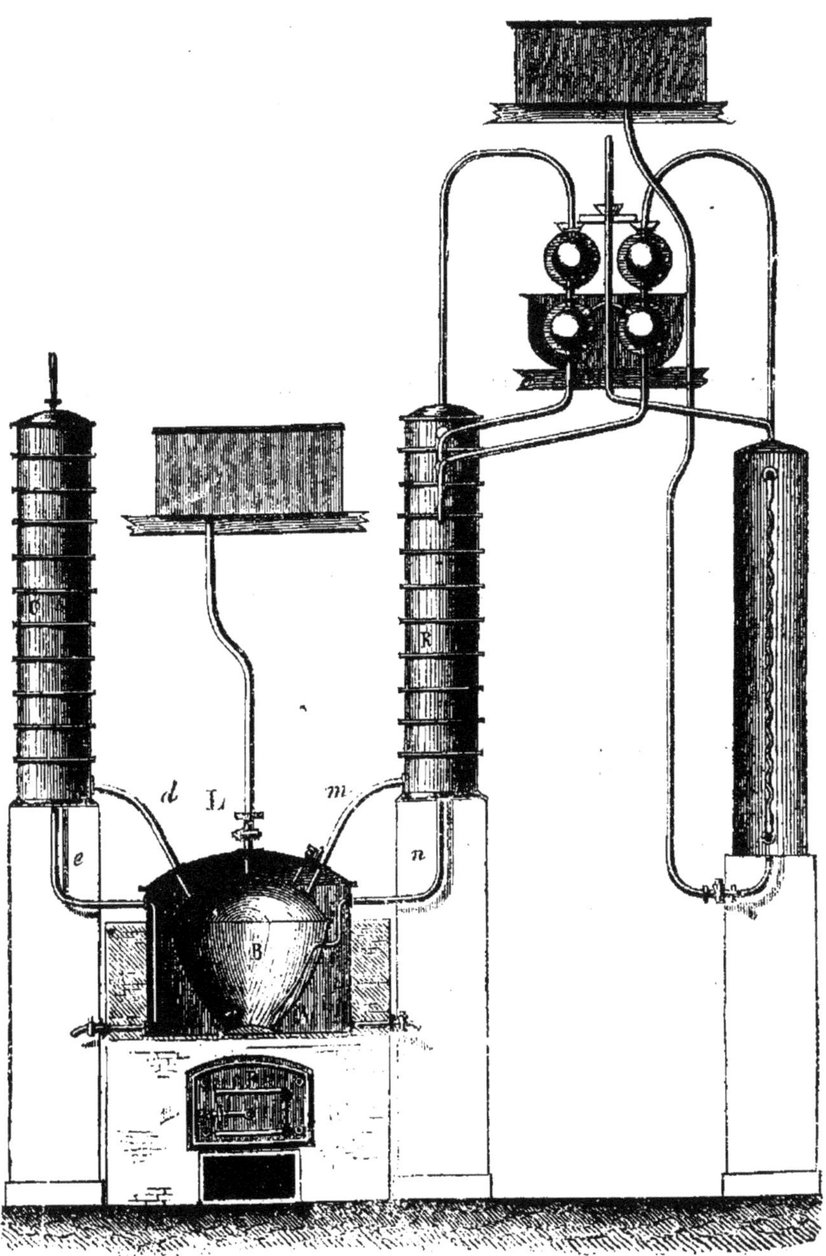

Figure spécimen du *Traité de la Culture et de l'Alcoolisation de la Betterave.*
(Voir page 36.)

Série F

PROFESSIONS MILITAIRES ET MARITIMES

1. — DONEAUD (Alph.), professeur à l'école navale. *Aide-mémoire de l'officier de marine* (marine militaire et marine marchande). — Notions pratiques de **DROIT MARITIME INTERNATIONAL ET COMMERCIAL**, 1 vol., 155 pages. . . . . 3 fr.

Les derniers traités de commerce ont augmenté dans des proportions considérables les relations internationales. Cet ouvrage de M. Doneaud devient donc d'une grande utilité pratique. Nous ajouterons que ce livre commence une série de volumes dont l'ensemble formera, dans notre bibliothèque, l'*Aide-mémoire* de l'officier de marine.

Extrait de la table des matières. — De la mer et des fleuves. — Droit international en temps de paix. — Droit commercial. — Droit maritime international en temps de guerre. — Documents officiels. — Bibliographie des principaux ouvrages à consulter pour le droit des gens en général, le droit international maritime et le droit commercial.

---

2. — BOUSQUET (Gustave), capitaine au long cours, ingénieur. — Guide pratique d'**ARCHITECTURE NAVALE** à l'usage des capitaines de la marine du commerce, appelés à surveiller les constructions et les réparations de leurs navires. 1 vol., VI-103 pages, avec figures dans le texte. 2 fr.

Dans la *première partie*, l'auteur traite de la connaissance des cales, c'est-à-dire l'endroit où doit être réparé le navire. — Droit et tour d'une pièce. — Écarts. — Quille. — L'étrave. — L'étambot. — L'assemblage des couples, etc.

Dans la *deuxième partie*, nous avons les revêtements intérieurs. — La lisse. — Les carlingues. — Les livets. — Bauquières. — Barrots. — Épontilles, etc.

Puis les revêtements extérieurs. Précintes, bordées, bois étuvés, chevillage, clous, calfatage, panneaux ou écoutilles, etc.

Cet abrégé très sommaire des matières contenues dans ce volume suffira pour faire comprendre au commandant d'un navire marchand que sa lecture ne lui en sera que très profitable.

3. — TARTARA (J.), commissaire ordonnateur de la marine en Algérie. — Nouveau **CODE DES BRIS ET NAUFRAGES**, ou sûreté et sauvetage maritime, publié avec l'autorisation du ministre de la Marine et des Colonies. 1 volume grand in-18 d'environ 400 pages . . . . . . 7 fr.

4. — STEERK (le major). — Guide pratique de la fabrication des **POUDRES ET SALPÊTRES**, avec un appendice sur les *feux d'artifice*, par M. SPILT. 1 vol., 360 pages, avec de nombreuses figures dans le texte . . . . . . 6 fr.

Dès les premières lignes de ce livre, on s'aperçoit que l'auteur est un homme compétent dans la matière qu'il traite, et qu'à l'étude dans le laboratoire, le major Steerk a joint l'expérience en grand. Dans ses données, tout est rigoureusement exact, et on peut accepter l'auteur comme guide, sans craindre de se tromper.

L'appendice sur les feux d'artifice résume en quelques pages les notions nécessaires pour la confection de ces feux.

Sommaire des chapitres. — Première partie : Soufre, salpêtre, bois. — Charbon : carbonisation par distillation, par vapeur, analyses des charbons. — Poudres : poudres de guerre, poudres de mine, poudres du commerce extérieur et poudres de chasse. — Epreuves. — Combustion des poudres, dosages, analyses.

Deuxième partie : Feux d'artifice. — Historique, matières premières, produits chimiques, outils, cartonnages, cartouches, feux qui produisent leur effet sur le sol, feux qui le produisent dans l'air, sur l'eau, etc., feux de salon, feux de théâtre. Confection des principales pièces d'artifice.

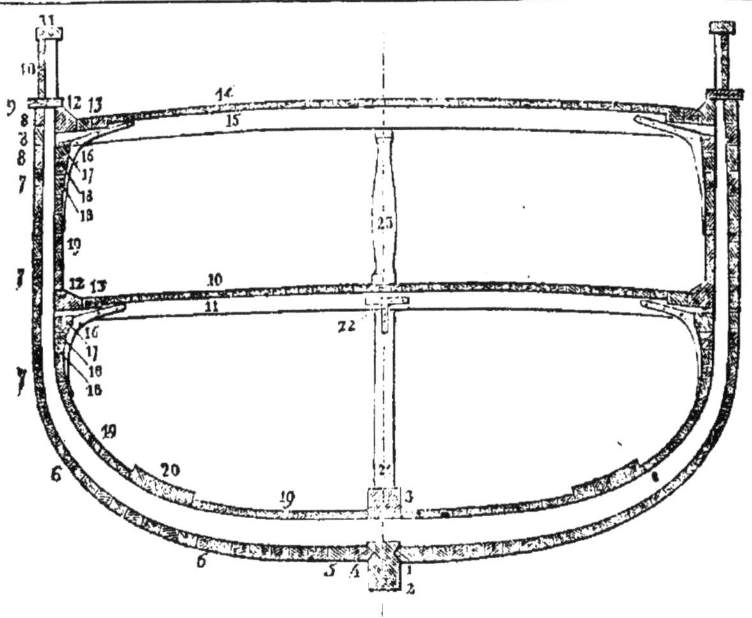

Figure spécimen du *Guide pratique d'architecture navale*. (Voir page 34).

Série G

ARTS ET MÉTIERS, PROFESSIONS INDUSTRIELLES

1.—Basset (N.).—Traité pratique de la **CULTURE** et de l'**ALCOOLISATION DE LA BETTERAVE.** Résumé complet des meilleurs travaux faits jusqu'à ce jour sur la betterave et son alcoolisation, renfermant toutes les notions nécessaires au cultivateur et au distillateur, ainsi que l'examen des méthodes de pulpation, de macération, de fermentation et de distillation employées aujourd'hui. 3e édition corrigée et considérablement augmentée. 1 vol. de 284 pages avec figures dans le texte . . . . 3 fr.

Avant de donner au public cette nouvelle édition, l'auteur avait étudié à fond les principales questions relatives à la culture, à la distillation de la betterave, afin d'apporter son contingent à la grande question de la transformation agricole, par les données que l'expérience lui a fournies. Il a voulu mettre sous les yeux des agriculteurs et des distillateurs les faits techniques, scientifiques et pratiques, dans la plus grande simplicité d'expression. Il examine avec impartialité les différents systèmes : Champenois, Kessler, Dubrunfaut, etc.

---

2. — Rouland (E.). — Nouveaux **BARÊMES DE SERRURERIE.** 1 vol.. . . . . 4 fr.

Extrait de la table des matières. — *Balcons* en barreaux de fer rond avec ou sans ornements, en barreaux de fer plats, en barreaux de fer carré. — *Grilles fixes* en barreaux de fer rond avec ou sans petits barreaux, avec ou sans ornements.— *Grilles ouvrantes* à deux vantaux avec ou sans petits barreaux, avec ou sans ornements. — *Portes* à un vantail et à deux vantaux en fer à T avec panneaux tôle. — *Poids des fers*, fers plats, carrés, ronds, T et cornières double T. — *Poids des tôles.*

---

3. — Dubief (L.-F.). — Guide pratique du **FÉCULIER** et de l'**AMIDONNIER**, suivi de la conversion de la fécule et de l'amidon en dextrine sèche et liquide, en sirop de glucose, sirop de froment, sirop impondérable; en sucre

de raisin, sucre massé, sucre granulé et cassonade, en vin, bière, cidre, alcool et vinaigre, ainsi que leur application dans beaucoup d'autres industries. 2e édition, 1 vol. de 267 pages, avec gravures dans le texte. . . . . . 4 fr.

Extrait de la table des matières. — Première partie. — Aperçu historique — Des substances qui contiennent la fécule. — Composition et conservation de la pomme de terre. — Extraction de la fécule. — Lavage, râpage, tamisage, épuration, séchage, blutage. — Des résidus de la pomme de terre. — Du blanchiment de la fécule. — Rendement de la pomme de terre en fécule. — Perfectionnements importants apportés au lavage, etc. — Conservation, vente et falsification. — Caractères et propriétés de la fécule.

Dans la deuxième partie, l'auteur donne la description des procédés à suivre pour fabriquer les amidons.

La troisième et dernière partie vient compléter les deux premières par les renseignements les plus récents.

Dans cet ouvrage, l'auteur s'est appliqué à dégager son texte de toute gêne scientifique; il a été clair et précis pour mettre son enseignement à la portée de toutes les instructions et de toutes les intelligences. Pour chaque sujet, il est entré dans des développements minutieux en indiquant souvent ces tours de mains si indispensables, et que seule, la pratique ordinairement peut apprendre.

---

4. — SOUVIRON (A.), professeur de technologie et d'histoire naturelle à l'Association polytechnique. —** Dictionnaire des **TERMES TECHNIQUES** de la science, de l'industrie, des lettres et des sciences. 1 vol. de 586 pages. 6 fr.

---

5. — DROMART (E.), ingénieur civil. **CARBONISATION DES BOIS EN FORÊTS**. 1 vol. . . . . 4 fr.

Extrait de la table des matières : Bois. — Charbon de bois. — Carbonisation des meules en forêts. — Carbonisation des bois à goudron. — Appareils à vases clos. — Appareils à vapeur surchauffée. — Carbonisation des bois durs, des tiges de bruyère. — Analyse des charbons.

---

6. — * Guide pratique de l'**OUVRIER MÉCANICIEN**, ou la MÉCANIQUE DE L'ATELIER, par MM. Bonnefoy, Cochez, Dinée, Gibert, Guipont, Juhel et Ortolan, mécaniciens en chef et mécaniciens principaux de la marine de l'État. 1 vol. x-627 pages, nombreuses figures dans le texte et atlas de 52 planches. Texte et atlas . . . . 12 fr.

Extrait de la Préface. — L'*Ouvrier mécanicien* est un recueil de faits réunis sous la forme de calculs arithmétiques accessibles à toutes les personnes qui savent faire les quatre premières règles. Nous ne saurions trop recommander aux ouvriers qui ne sont plus familiarisés avec les signes et les annotations mathématiques élémentaires, de ne pas croire qu'il y a pour eux quelque difficulté à comprendre les formules écrites dans ce livre et à s'en servir. Les calculs qu'elles résument sous la forme la plus simple sont suivis d'un ou de plusieurs exemples d'application.

Les parties du texte imprimées en caractères plus forts contiennent les indications simples et précises sur le plus grand nombre de cas d'application de la mécanique aux professions industrielles. Ces indications proviennent de l'expérience des ingénieurs et des constructeurs en renom et de celle des auteurs du livre.

Les parties du texte imprimées en petits caractères traitent le côté plus théorique que pratique des questions. On peut se dispenser de les étudier, si on ne veut trouver dans l'*Ouvrier mécanicien* que le secours d'un formulaire pour l'application immédiate.

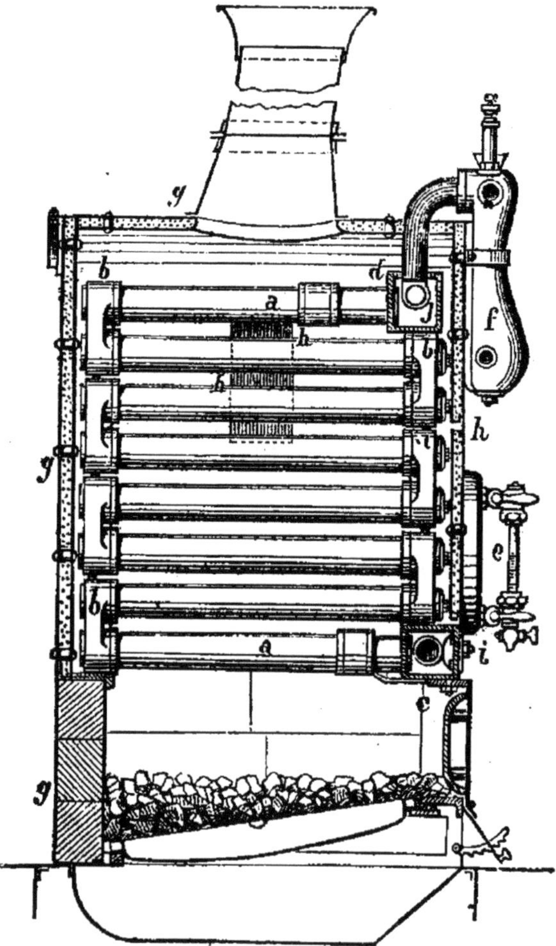

Figure spécimen du *Guide pratique de l'Ouvrier mécanicien*. (Voir page 37.)

Principales divisions de l'ouvrage : Arithmétique. — Algèbre pratique. — Géométrie pratique. — Mécanique élémentaire, forces, transformation des mouvements, résistance des matériaux. — Machines motrices à air, pompes, machines hydrauliques. — Machines à vapeur: de la chaleur, de la vapeur, condensateur, chaudières, données et renseignements divers.

Vingt-cinq tables numériques complètent les données pratiques sur les questions d'application. L'atlas comprend 52 planches.

7. — Jaunez, ingénieur civil.—Manuel du **CHAUFFEUR**. Guide pratique à l'usage des mécaniciens, des chauffeurs et des propriétaires de machines à vapeur; exposé des connaissances nécessaires, suivi de conseils afin d'éviter les explosions des chaudières à vapeur. 1 vol., 212 p., 37 fig. dans le texte et planches. . . . . 3 fr.

Cet ouvrage est spécialement destiné aux chauffeurs, comme l'indique son titre. Les bons chauffeurs pour l'industrie privée sont rares et, par conséquent, recherchés. Les personnes qui ont des machines à vapeur ne sont que trop souvent obligées d'employer pour chauffeurs des hommes qui manquent non seulement des connaissances indispensables pour remplir un tel emploi, mais quelquefois même de la moindre instruction pratique. Dans de telles circonstances, il y a évidemment danger, et c'est pourquoi nous avons publié cet ouvrage, afin qu'il soit mis dans les mains de tous les ouvriers qui, sans savoir le premier mot de la théorie de la chaleur ni de la mécanique, seront à même, après l'avoir lu attentivement, de conduire une machine à vapeur. Cet ouvrage doit être dans leurs mains comme un catéchisme qui viendra leur apprendre leur métier.

Extrait de la table des matières : — Pression de l'air. — Baromètre. — Compression de l'air. — Pompes. — Du calorique. — Thermomètre. — Quantité d'eau nécessaire à la condensation de l'eau. — De la vapeur d'eau. — Des moyens pour connaître la force de la vapeur. — Manomètre. — Soupapes de sûreté. — Conduite du feu. — Chaudière. — Giffard. — Incrustations et dépôts dans les chaudières. — Des soins et de l'entretien des machines à vapeur. — Résumé des moyens ayant pour but d'éviter les explosions. — Mise en marche des machines à vapeur. — Renseignements généraux, etc.

---

8. — Violette (H.), ancien élève de l'Ecole polytechnique, commissaire des poudres et salpêtres, membre de plusieurs sociétés savantes.—Guide pratique de la **FABRICATION DES VERNIS**, nouvelle édition, revue, corrigée et complètement refondue, de l'ouvrage de M. Tripier-Devaux. 1 vol., 401 p., avec de nombreuses figures dans le texte. . . . . 6 fr.

Nos prédécesseurs ont publié en 1843 un ouvrage de M. Tripier-Devaux : *Traité théorique et pratique sur l'art de faire les vernis;* cet ouvrage, devenu très rare et dont il ne nous reste plus un exemplaire en magasin, se recommandait par une qualité précieuse, celle de l'expérience commerciale de l'auteur, qui a pratiqué en grand les conseils qu'il donne. M. Tripier était un fabricant exercé, intelligent, qui a enseigné dans son livre l'art qu'il pratique ; il est digne de toute croyance. Aussi M. Violette, pour ce nouvel ouvrage, lui a-t-il fait de nombreux emprunts.

Le nouveau rédacteur a, de son côté, cherché également à reculer les bornes de l'art du vernisseur. Il fait connaître les causes et les effets des réactions, les conditions de succès, etc.

Extrait de la préface. — Les vernis ne sont autres que des solutions de résines dans certains liquides. Ces liquides, qui sont ordinairement l'*éther*, l'*alcool*, l'*essence de térébenthine* et les *huiles*, donnent aux vernis qui en résultent des propriétés caractéristiques qui en déterminent l'usage. Cette désignation des liquides nous permet de diviser les vernis en quatre classes. — Vernis à l'éther. — Vernis à l'alcool. — Vernis à l'essence. — Vernis gras.

Cette division sera celle des quatre chapitres composant notre ouvrage : nous examinerons chaque classe successivement ; cet examen comprendra : 1° les propriétés physiques et chimiques, ainsi que la préparation du liquide employé à dissoudre les résines de cette classe ; 2° les propriétés physiques et chimiques, ainsi que l'origine des résines employées dans cette catégorie ; 3° la fabrication proprement dite des vernis, par le mélange des résines et liquides précédemment étudiés.

---

9. — CHATEAU (Th.), chimiste, ex-préparateur au Muséum d'histoire naturelle. — Guide pratique de la **CONNAISSANCE** et de l'**EXPLOITATION DES CORPS GRAS INDUSTRIELS**, contenant l'histoire des provenances, des modes d'extraction, des propriétés physiques et chimiques, du commerce des corps gras, des altérations et des falsifications dont ils sont l'objet, et des moyens anciens et nouveaux de reconnaître ces sophistications. Ouvrage à l'usage des chimistes, des pharmaciens, des parfumeurs, des fabricants d'huiles, etc., des épurateurs, des fondeurs de suif, des fabricants de savon, de bougie, de chandelle, d'huiles et de graisses pour machines, des entrepositaires de graines oléagineuses et de corps gras, etc. 2e édition, augmentée d'un appendice. 1 vol., 413 pages ou tableaux. . . . 5 fr.

M. Chateau, en publiant la première édition de cet ouvrage, avait eu pour but de donner aux chimistes et aux manufacturiers une histoire aussi complète que possible des corps gras industriels employés tant en France qu'à l'étranger, et considérés au point de vue de leur provenance, de leur extraction, de leur composition, de leurs propriétés physiques et chimiques, de leur commerce et de leurs altérations spontanées ou frauduleuses.

Dans la nouvelle édition, M. Chateau a ajouté à sa monographie des corps gras un appendice renfermant quelques corrections indispensables et d'importantes additions.

---

10. — MULDER (G.-J.), professeur à l'Université d'Utrecht. Guide du brasseur ou l'**ART DE FAIRE LA BIÈRE**, traité élémentaire théorique et pratique. La bière, sa composition chimique, sa fabrication, son emploi comme boisson, traduit de l'allemand et annoté par L.-F. Dubief, chimiste, nouvelle édition revue et corrigée, par M. Ch. BAYE. 1 vol. . . . . 4 fr.

On a beaucoup écrit sur ce sujet. On compte cinq auteurs français, six anglais, six prussiens et un ouvrage d'un auteur italien ; en outre, les revues périodiques et de petits opuscules restés inconnus. M. Mulder a tâché d'analyser tous ces écrits pour en tirer la quintessence en y apportant de son propre fond. C'est un travail consciencieusement écrit, fruit de laborieuses études dont le brasseur pourra faire son profit.

---

11. — Guide pratique de l'**OUVRIER ÉLECTRICIEN**. 1 vol. (*En préparation.*)

12. — HOUZÉ (J.-P.). — Le livre des **MÉTIERS MANUELS**, répertoire des procédés industriels, tours de main et ficelles d'atelier, recettes nouvelles et inédites, méthodes abréviatives de travail recueillies en vue de permettre aux amateurs, manufacturiers, ouvriers des petites villes et des campagnes d'exécuter aussi bien que les ouvriers spécialistes de Paris tous les travaux usuels d'une utilité journalière. 1 vol. orné de 5 planches hors texte comprenant de nombreux dessins techniques. . . . . 5 fr.

---

13. — MERLY (J. -F.), charpentier, entrepreneur de travaux publics, membre de la Société industrielle d'Angers, auteur de l'album du Trait théorique et pratique, etc. ✱Le **LIVRE DE POCHE DU CHARPENTIER**, application pratique à l'usage des CHANTIERS, des ÉLÈVES DES ÉCOLES PROFESSIONNELLES, etc. Collection de 140 ÉPURES, 1 vol. 287 pages de texte et planches en regard. . . . . 5 fr.

M. Merly n'est pas un savant qui doit s'efforcer d'oublier la technologie de l'école pour parler le langage ordinaire de la plupart de ses auditeurs ; M. Merly est, au contraire, un ouvrier, un homme pratique, qui a cherché à se faire comprendre par les compagnons de travail auxquels il s'adressait, et qui est arrivé à des démonstrations si claires, à des explications si naturelles, que les théoriciens eux-mêmes ont bientôt eu à s'inspirer de ses travaux. Rien de plus net que ses dessins, rien de plus simple que ses préceptes : c'est en quelque sorte en se jouant qu'il arrive aux épures les plus compliquées. — C'est le résumé des cours faits par M. Merly à ses compagnons charpentiers. Il est écrit d'une façon tellement compréhensible que les propriétaires, à la campagne, pourront en prendre utilement connaissance et s'en servir pour diriger leurs travaux, lorsqu'ils ne trouveront pas sous la main des hommes de la profession.

---

14. — FOL (Frédéric), chimiste. — Guide du **TEINTURIER**. Manuel complet des connaissances chimiques indispensables à la pratique de la teinture. 1 vol., 430 pages et 90 figures dans le texte . . . . 8 fr.

En publiant cet ouvrage, l'auteur s'est proposé de répandre dans la population ouvrière qui s'occupe des travaux de teinture les connaissances nécessaires des sciences sur lesquelles est basée cette industrie.

La teinture est aujourd'hui bien différente de ce qu'elle était il y a vingt ans. La chimie, en envahissant les usines, a chassé l'ancienne routine ; la mécanique, la physique et les sciences naturelles, de leur côté, ont aussi fait de grands progrès ; il est donc nécessaire que l'ouvrier et le contre-maître, qui souvent n'ont pas reçu une instruction suffisante, puissent se mettre au niveau des connaissances nécessaires pour bien exercer leur industrie ; c'est ce qu'a voulu faire l'auteur en publiant ce livre ; il est dicté dans un style simple et facile à comprendre. Répandre les notions les plus importantes sous la forme la plus facile à saisir, telle a été la préoccupation constante de l'auteur.

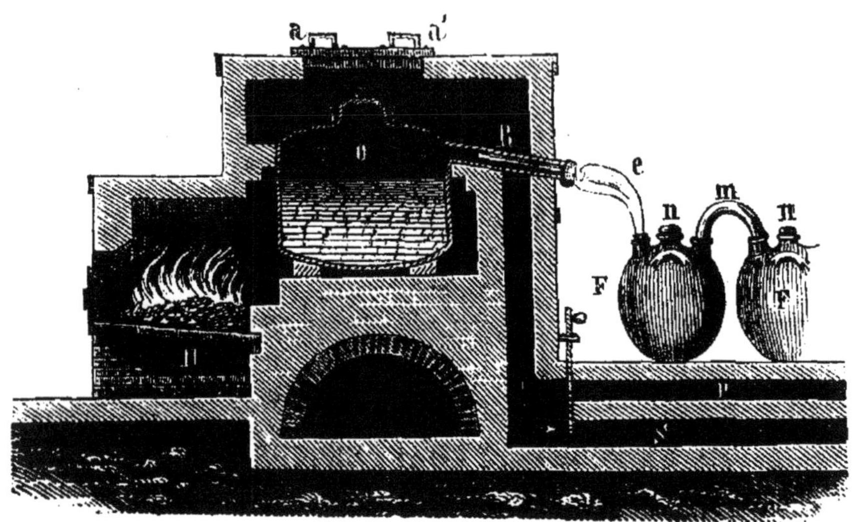

Figure spécimen du *Guide du Teinturier*. (Voir page 41.)

15. — Barbot (Ch.), ancien joaillier, inventeur du procédé de décoloration du diamant brut, membre de plusieurs sociétés savantes. — Guide pratique du **JOAILLIER**, ou **TRAITÉ COMPLET DES PIERRES PRÉCIEUSES**, leur étude chimique et minéralogique, les moyens de les reconnaître sûrement, leur valeur approximative et raisonnée, leur emploi, la description des plus extraordinaires des chefs-d'œuvre anciens et modernes auxquels elles ont concouru. 1 vol. avec 3 planches renfermant 178 figures représentant les diamants les plus célèbres de l'Inde, du Brésil et de l'Europe, bruts et taillés, et les dimensions exactes des brillants et roses en rapport avec leur poids, depuis un carat jusqu'à cent carats. (*Nouvelle édition en préparation.*)

16. — Leroux (Charles), ingénieur mécanicien, directeur de filature. — Traité pratique de la **LAINE PEIGNÉE, CARDÉE, PEIGNÉE ET CARDÉE**, contenant : 1re *partie*, mécanique pratique, formules et calculs appliqués à la filature : 2e *partie*, filature de la laine peignée, cardée peignée, sur la Mull-Jenny ; 3e *partie*, filage anglais et français sur continu ; 4e *partie*, laine cardée. 1 vol., 400 p., 35 fig. dans le texte et 4 planches. . . . . 15 fr.

Extrait de la table des matières. — Choix d'un moteur. — Transmissions. — Arbres de couche. — Courroies. — Poulies. — Engrenages. — Frottements. —

Force des moteurs. — Leviers. — Fabrication. — Triage des laines. — Caractères des laines. — Main-d'œuvre du triage. — Battage. — Nettoyage des laines. — Dessuintage. — Dégraissage. — Graissage des laines. — Disposition mécanique d'un assortiment de cardes. — Aiguisement des garnitures. — Bourrage des garnitures. — Cardages. — Passage au Gill-Box. — Lissage et dégraissage des rubans. — Peignage des laines. — Préparation des laines pour filage français. — Les différents passages. — Filage français sur Mull-Jenny.

17. — Courten (comte Ludovico de), photographe. Manuel pratique de **COLLODION SEC AU TANNIN** et de tirage économique des épreuves positives, suivi d'une étude sur la rectitude et le parallélisme des lignes en photographie. 1 vol., 150 p., avec fig. dans le texte et une très belle photographie. . . . . 4 fr.

18. — Prouteaux (A.), ingénieur civil, ancien élève de l'École centrale des arts et manufactures, directeur de fabrique. — Guide pratique de la **FABRICATION DU PAPIER ET DU CARTON**. 1 vol., 273 pages, 7 pl. (*En réimpression*).

Après avoir énuméré et classé méthodiquement les diverses matières premières, l'auteur nous initie aux détails de la fabrication et nous décrit les nombreuses transformations que subit le chiffon avant de sortir de la cuve ou de la machine sous forme de papier. Il nous apprend à connaître et à distinguer les différentes espèces de papier, leurs formats, leurs poids, dimensions, et décrit les diverses machines qui constituent le matériel d'une papeterie. — Un éditeur américain s'est empressé de faire traduire en anglais l'ouvrage de M. Prouteaux ; c'est le meilleur éloge que nous en puissions faire.

19. — La **CHARCUTERIE** pratique. 1 vol. avec figures dans le texte. (*En préparation.*)

23. — Moreau (L.), bijoutier et dessinateur. — Guide pratique du **BIJOUTIER**. Application de l'harmonie des couleurs dans la juxtaposition des pierres précieuses, des émaux et de l'or de couleur. 1 volume, 108 p., avec 2 planches coloriées. . . . . 2 fr.

Ce petit livre est une protestation hardie contre l'esprit de routine. L'auteur a réuni les données fournies par la science sur l'harmonie et le contraste des couleurs, et comparant ces données aux observations faites dans la pratique du métier, il a formé une théorie applicable à la bijouterie.

24. — Pelouze. — **MAITRE DE FORGE**. 1 vol. (*Épuisé.*)

31. — Laffineur (Jules), ingénieur civil et agronome, membre de plusieurs Sociétés savantes. — Guide pratique d'**HYDRAULIQUE URBAINE ET AGRICOLE**. Traité complet de l'établissement des conduites d'eau pour l'alimentation des villes, bourgs, châteaux, fermes, usines, et comprenant les moyens de créer partout des sources abondantes d'eau potable. 1 vol. . . . . 2 fr.

33. — Bastenaire. — L'art de fabriquer la **PORCELAINE**. 1 volume. (*Épuisé.*)

34. — Bastenaire. — L'Art de fabriquer la **FAIENCE**. 1 volume. (*Épuisé.*)

43. — Lunel (le docteur B.). — Guide pratique du **PARFUMEUR**. Dictionnaire raisonné des **COSMÉTIQUES** et **PARFUMS**, contenant : la description des substances employées en parfumerie, les altérations ou falsifications qui peuvent les dénaturer, etc., les formules de plus de 500 préparations cosmétiques, huiles parfumées, poudres dentifrices dilatoires, eaux diverses, extraits, eaux distillées, essences, teintures, infusions, esprits aromatiques, vinaigres et savons de toilette, pastilles, crèmes, etc., avec des considérations hygiéniques sur les préparations cosmétiques qui peuvent offrir des dangers dans leur emploi. 1 vol. rédigé sous forme de dictionnaire avec un appendice XXVII-340 pages. . . . . 5 fr.

La parfumerie est une industrie qui, bien comprise et loyalement faite, se rattache d'un côté à l'hygiène et de l'autre est destinée à satisfaire des goûts et des sensations commandées par le luxe et une civilisation plus ou moins avancée.

M. Lunel divise la fabrication en trois classes : fabrique de parfumerie à bon marché, fabrique dont les produits sont coûteux, et enfin les fabriques mixtes, dans les vastes magasins desquelles ont trouve aussi bien les produits ordinaires que les produits extra-fins.

M. Lunel donne des renseignements précieux sur toutes ces préparations, et son livre a cela de précieux qu'il donne toutes les formules et les secrets de la fabrication.

44. — Lunel (le docteur B.). — Guide pratique de l'**ÉPICERIE** ou Dictionnaire des denrées indigènes et exotiques en usage dans l'économie domestique, comprenant : l'étude, la description des objets consommables ; les moyens de constater leurs qualités, leur nature, leur valeur réelle ; les procédés de préparation, d'amélioration et de conservation des denrées, etc. ; contenant, en outre, la fabrication des liqueurs, le collage des vins, les moyens de guérir leurs maladies, etc. ; enfin les procédés de fabrication d'une foule de produits que l'on peut ajouter au commerce de l'épicerie. 1 volume, 256 pages . . . 3 fr.

Le commerce de l'épicerie et des denrées indigènes et exotiques d'un usage journalier est l'un des plus importants et des plus utiles pour la société. Il était regrettable que cette branche si étendue du commerce n'ait pas encore son livre spécial. Sans doute on trouve dans nombre d'ouvrages l'histoire des denrées indigènes et exotiques. Réunir sous forme de dictionnaire toutes ces données éparses, afin de faciliter les renseignements, tel a été le but que s'est proposé le docteur Lunel en publiant son livre sur l'épicerie.

48. — MONIER (E.), ingénieur chimiste, ancien élève de l'École centrale des arts et manufactures. — Guide pour l'**ESSAI** et l'**ANALYSE DES SUCRES** indigènes et exotiques, à l'usage des fabricants de sucre. Résultats de 200 analyses de sucres classés d'après leur nuance. 1 vol., 96 pages avec figures dans le texte et tableaux . . . . 3 fr.

L'auteur, après avoir rappelé les propriétés générales des substances saccharifères, donne les méthodes les plus simples qui permettent de doser avec précision ces mêmes substances. Quelques notes sur l'altération et le rendement des sucres soumis au raffinage terminent le travail de M. Monier, dont M. Payen a fait un éloge mérité devant l'Académie des sciences.

50. — DUBIEF (L.-F.), chimiste œnologue.— Traité de la fabrication des **LIQUEURS** françaises et étrangères sans distillation. 4e édition, augmentée de développements plus étendus, de nouvelles recettes pour la fabrication des liqueurs, du kirsch, du rhum, du bitter, la préparation et la bonification des eaux-de-vie et l'imitation de celles de Cognac, de différentes provenances, de la fabrication des sirops, etc., etc. 1 vol. 228 pages. . . . . 5 fr.

Ce traité est formulé en termes clairs et familiers; la personne la moins expérimentée dans l'art du distillateur qui en lira attentivement les préceptes pourra, sans aucun guide, devenir un bon fabricant après quelques essais.

Sommaire de quelques chapitres : — De la composition des liqueurs. — Quantités d'alcool, de sucre et d'eau, pour les différentes classes de liqueurs.— Des teintures aromatiques. — Des infusions. — De la coloration des liqueurs. — Du mélange. — Du perfectionnement des liqueurs par le tranchage. — Du collage des liqueurs. — De la filtration. — De la conservation des liqueurs. — Règle générale pour bien opérer la fabrication des liqueurs. — Considérations à observer. — Des spiritueux aromatiques non sucrés. — Emploi des écumes et des eaux provenant du lavage des filtres. — Formules et préparations des sirops. — De l'alcool. -- Du coupage, ou mouillage des alcools. — Des eaux-de-vie. — Opérations d'eaux-de-vie à tous les titres avec les alcools d'industrie. — Résumé pour les liqueurs, les eaux-de-vie et les alcools. — Appendice. — L'auteur termine cet ouvrage par une liste des principaux marchés des eaux-de-vie, esprits, etc.

51. — DUBIEF (L.-F.)—Traité complet de **VINIFICATION** ou **ART DE FAIRE DU VIN** avec toutes les substances fermentescibles, en tout temps et sous tous les climats. 1 vol., 388 pages. . . . . 6 fr.

Volume contenant : les moyens de remédier à l'intempérie des saisons relativement à la maturité du raisin. Le tableau des phénomènes de la fermentation et le meilleur moyen de la produire et de la diriger; les moyens particuliers de faire fermenter les marcs provenant de l'égrapillage du raisin et refermenter ceux qui ont déjà été fermentés; de procurer au vin plus de qualité par une seconde fermentation; de le vieillir sans faire de coupage, par des procédés simples et faciles; de lui enlever le goût de terroir, comme aussi d'obtenir des marcs de raisin, de l'alcool, de l'huile, de l'acide tartrique, etc. ; *et suivi* : des procédés de fabrication des vins mousseux, des vins de liqueurs, vins de fruits et vins factices, les soins qu'exigent leur gouvernement et leur conservation, les principes pour la dégustation et l'analyse des vins, etc., etc.

Série H

AGRICULTURE, JARDINAGE, HORTICULTURE, EAUX ET FORÊTS, CULTURES INDUSTRIELLES, ANIMAUX DOMESTIQUES, APICULTURE, PISCICULTURE, ETC.

1. — GOBIN (A.). — Guide pratique d'**AGRICULTURE GÉNÉRALE**. 1 vol., X-448 pag. avec fig. dans le texte. (*En réimpression.*)

Extrait de la table des matières. — *Chap. Ier.* Considérations générales sur l'atmosphère et les climats : l'air, la lumière, l'électricité, la chaleur, le froid, la gelée, le dégel et la neige, les vents, les orages, la grêle, le brouillard, les nuages, la pluie, les différents climats. — *Chap. II.* Principes constituants du sol, analyse chimique des sols, des différentes formations géologiques. Des terres : terres calcaires, argileuses, siliceuses, etc. — *Chap. III.* Les instruments de l'agriculture. Les moteurs : l'eau, le vent, l'homme, le cheval, la vapeur. — *Chap. IV.* Engrais et amendements. — *Chap. V et VI.* Considérations générales sur la culture des plantes, la semaison, la récolte, l'emmagasinage, etc. Enfin l'auteur termine par des considérations et des renseignements sur l'administration rurale.

---

2. — GRIMARD (E.). — ✳ Manuel de l'**HERBORISEUR**. Comment on devient botaniste. — Clefs analytiques. — Description des genres et des espèces, suivie d'un vocabulaire. 1 vol., 670 pages. . . . . 5 fr.

---

3. — LAFFINEUR (Jules), ingénieur civil et agronome, membre de plusieurs sociétés savantes. — Guide pratique de l'**INGÉNIEUR AGRICOLE**. Hydraulique, dessèchement, drainage, irrigation, etc.; suivi d'un appendice contenant les lois, décrets, règlements et instructions ministérielles qui régissent ces matières, etc. — 1 vol., 266 pages, avec figures et 5 planches . . . . 3 fr.

Extrait de la table. — Classification des terrains. — Travaux de dessèchement, évaporation, infiltration. — Jaugeage des sources, des ruisseaux et rivières. — Tracé des canaux. — Description des procédés de dessèchement, colmatage, limonage, du drainage. — Irrigation, établissement d'un système d'irrigation. — Murs de soutènement des canaux, revêtements, radiers, déversoirs, barrage, siphon. — Des diverses méthodes d'arrosage. — Mise en culture des terrains à grandes pentes. — Jurisprudence rurale.

4-5. — Gayot (E.), membre de la Société centrale d'Agriculture de France. — ☼ Guide pratique pour le bon aménagement des **HABITATIONS DES ANIMAUX**. Cet ouvrage se compose de 2 parties.

1re partie : ☼ les **ÉCURIES ET LES ÉTABLES**, 208 pages et 63 figures. 1 vol. . . . . 3 fr.

2e partie : ☼ les **BERGERIES ET LES PORCHERIES**, les habitations des animaux de la basse-cour, clapiers, oiselleries et colombiers. 355 pages et 65 figures. 1 vol. 3 fr.

Aucun animal ne saurait être développé dans ses facultés natives, dans ses aptitudes propres, et produire activement dans le sens de ces dernières, si on ne le place dans les meilleures conditions d'alimentation, de logement, de multiplication. M. Gayot, avec l'autorité d'une longue expérience, a réuni dans ces deux volumes les conditions générales d'établissements et les dispositions particulières aux diverses espèces d'animaux.

1re partie. — **Écuries et Étables.** *Extrait de la table des matières.* — Le sujet à vol d'oiseau. — Des effets de l'air pur et de l'air vicié sur l'économie animale. — L'aération : les portes et fenêtres, barbacanes et ventilateurs. *Dispositions particulières aux diverses espèces* : les dimensions intérieures, encore les portes et fenêtres, de l'aire des écuries, le plancher supérieur des écuries, arrangement intérieur et ameublement des écuries, les séparations, les boxes, établissements spéciaux, la température des écuries. *Les étables de l'espèce bovine* : l'aération, l'aire des étables, les dimensions et l'aménagement intérieurs, les boxes, règle d'hygiène générale, établissements spéciaux.

2e partie. — **Les Bergeries** : de l'habitation en plein air, le parc des champs, le parc domestique, les abris brise-vent. — De l'habitation couverte : conditions particulières à l'établissement des bergeries, les portes et fenêtres, l'aération, les bâtiments, les aménagements intérieurs, auges et râteliers. — La Porcherie : les conditions spéciales, la construction, les portes et fenêtres, les aménagements essentiels, les auges, dispositions particulières de l'ensemble. — *Les habitations de la basse-cour* : l'habitation du dindon, l'habitation de l'oie, la demeure du canard, le colombier et la volière, la faisanderie, etc., etc.

6-7. — Pouriau (A.-F.), docteur ès sciences, ancien élève de l'École centrale, professeur à l'École d'agriculture de Grignon. — Éléments des **SCIENCES PHYSIQUES** appliquées à l'agriculture ; ouvrage divisé en deux parties. Chaque partie se vend séparément.

1re Partie. *Chimie inorganique*, suivie de l'étude des marnes, des eaux, et d'une méthode générale pour reconnaître la nature d'un des composés minéraux intéressant l'agriculture ou la médecine vétérinaire. 1 vol., 512 pages, 153 figures dans le texte et tableaux. . . . . 7 fr.

2e Partie. *Chimie organique*, comprenant l'étude des éléments constitutifs des végétaux et des animaux, des notions de physiologie végétale et animale, l'alimentation du bétail, la production du fumier. 1 vol. 541 pages, 65 figures dans le texte et tableaux. . . . . 7 fr.

M. Pouriau, aujourd'hui professeur et sous-directeur à l'École d'agriculture de Grignon, a été nommé secrétaire général de la Société d'agriculture de Lyon, à l'élection. Voilà quelques-uns des titres du savant professeur ; quant à ses ouvrages, ils sont promptement devenus classiques et ils sont en même temps consultés avec fruit par tous les agriculteurs, les propriétaires, les gentilshommes-fermiers et par tous les gens d'étude et les gens du monde. Pour cette dernière classe de lecteurs, nous citerons le passage de la préface qui indique que cet ouvrage a été en partie rédigé à leur intention :

« Mais, d'autre part, je conseille aux gens du monde, que de semblables détails ne peuvent que médiocrement intéresser, de laisser de côté ces paragraphes, pour reporter leur attention sur les autres chapitres.

« Enfin, toujours guidé par le désir de satisfaire aux besoins de chaque classe de lecteurs, j'ai indiqué, *en note et séparément*, la préparation des principaux corps étudiés, parce que cette branche du cours ne saurait être utile qu'à ceux en position de faire quelques manipulations.

« Si les amis de la science agricole me prouvent, par un accueil bienveillant fait à mon livre, que j'ai suivi la bonne voie, je leur en témoignerai ma reconnaissance en leur offrant successivement les autres parties de mon enseignement. »

---

8. — KIELMANN (C.-E.), directeur de l'Ecole agricole de Haasenfelde. — Guide pratique de **DRAINAGE** ; résultats d'observations et d'expériences pratiques, traduit pour l'usage des agriculteurs français par C. Hombourg. 1 vol. 104 pages, avec figures dans le texte. . . . . 2 fr. »

La plupart des ouvrages publiés sur le drainage sont le résultat d'études théoriques que l'expérience n'a pas encore sanctionnées. M. Kielmann est entré dans une autre voie : il n'a eu recours à la théorie qu'autant que cela était nécessaire pour expliquer certains phénomènes. Comme il le dit dans sa préface, il voulait offrir à ceux qui commencent à s'occuper du drainage, et même au plus petit cultivateur, un livre à la lecture facile et surtout compréhensible.

Extrait de la table des matières. — Quels sont les terrains qui ont besoin d'être drainés. — De la fabrication des tuyaux, leur longueur, largeur et épaisseur. — Préparation d'une bonne matière pour la confection des tuyaux. — Machine à étirer les tuyaux, préparation de l'argile. — De la cuisson des tuyaux, des travaux préparatoires, nivellement des tranchées, circulation de l'air à travers les tuyaux. — De la quantité d'eau qui s'écoule par les drains, etc.

---

9. — GOBIN (H.). — Guide pratique d'**ENTOMOLOGIE AGRICOLE**, et petit traité de la destruction des insectes nuisibles. 1 vol., 279 pag. avec fig. dans le texte. 3 fr.

Ce traité, d'une lecture attrayante, possède un grand fond de science. Il se compose de lettres familières adressées à un nouveau propriétaire rural. Tous les insectes qui s'attaquent aux champs et à leurs produits et aux animaux y sont passés en revue, et, ce qui est mieux encore, l'auteur a indiqué le moyen de se débarrasser de cette engeance envahissante. Le livre est terminé par des nomenclatures scientifiques avec les noms français.

10. — Serigne (de Narbonne), membre de plusieurs sociétés savantes. — **LA VIGNE ET SES MALADIES**, contenant les causes et effets morbides depuis l'origine de sa culture jusqu'à nos jours, avec les moyens à employer pour les prévenir et les combattre. Précédé d'une description historique et botanique de cette plante précieuse, ainsi que d'une causerie sur l'oïdium et le phylloxera. 1 vol. in-18. . . . . 3 fr.

Sommaire des principaux chapitres. — Description historique. — Description botanique. — L'oïdium et le phylloxera. — Description historique de l'oïdium. — Maladies de l'oïdium. — Concours pour la guérison do l'oïdium. — Opinions émises sur l'oïdium. L'oïdium est-il la cause de la maladie. — Remède adopté contre la maladie. — Effets du soufrage. — Causes réelles de la maladie. — Températures favorables ou nuisibles. — Influence des saisons et des météores. — Blessures ou plaies, blanquet ou pourridie, coulure, carniure, chancre vitifère, clavelée, chlorose ou hydroémie, décrépitude, flottage, grapillure, nielle, geule, stérilité. — Maladie des feuilles. — Pyrales. — Destruction de la pyrale à l'état de papillon, à l'état de larve ou chenille. — Moyens préventifs et moyens curatifs. — Destruction de la pyrale à l'état d'œuf, etc.

11. — Gossin (L.), cultivateur, professeur d'agriculture dans l'Oise. — Guide pratique des **CONFÉRENCES AGRICOLES**, accompagné d'un appendice comprenant des notes et des instructions pratiques puisées dans les Annales du Génie civil. 1 vol., XII-138 pages . . . . 1 fr.

(Ouvrage recommandé officiellement pour les écoles normales, etc.)

Dans les grandes villes, on tient des conférences ; M. Gossin a rêvé les conférences au village, des conversations intimes, familières, fructueuses. Dévoué depuis de longues années à l'enseignement rural, M. Gossin possède de plus l'art de la démonstration facile, et sa parole sympathique est écoutée avec plaisir et par conséquent avec fruit.

12. — Sourdeval (de). — **ÉLEVAGE ET DRESSAGE DU CHEVAL**. 1 volume. (*En préparation.*)

13. — Bourgoin d'Orli. — **CULTURES EXOTIQUES**, Guide pratique de la culture de la **CANNE A SUCRE**, du **CAFIER**, du **CACAOYER**, suivi d'un traité de la **FABRICATION DU CHOCOLAT**. 1 vol. de 254 pages . . . . . 4 fr.

14. — Dubos (Ernest), vétérinaire de l'arrondissement de Beauvais, professeur de zootechnie à l'Institut agricole de la même ville. — Guide pratique pour le choix de la **VACHE LAITIÈRE**, 1 vol., 132 p. et 7 pl. . . . . . . 2 fr.

Les diverses méthodes pour le choix des vaches laitières sont résumées dans ce livre. Les agriculteurs et les éleveurs y trouveront l'indication des signes qui peuvent les guider pour la conservation et l'acquisition des animaux qui conviennent le mieux à leurs exploitations. — Les figures représentant les diverses races de vaches laitières qui sont remarquables.

Dans le chapitre premier, l'auteur s'occupe de la stabulation, de l'alimentation et du rendement. — Le chapitre deuxième est consacré à l'étude du lait, ses modifications et ses altérations. — Dans les autres chapitres, l'auteur donne des renseignements pour reconnaître les propriétés du lait, le moyen de reconnaître les falsifications, les qualités exigées de la servante de ferme et la manière de traire. — Dans les chapitres sixième et septième, il indique les caractères et les méthodes qui peuvent guider dans le choix des meilleures vaches laitières. Enfin il termine par un chapitre sur la castration des vaches.

15. — Dubief (L.-F.). — **L'IMMENSE TRÉSOR DES VIGNERONS ET DES MARCHANDS DE VIN**, indiquant des moyens inédits pour vieillir instantanément les vins, leur enlever les mauvais goûts, même celui de terroir, colorer les vins blancs en rouge Narbonne, même d'une manière hygiénique et sans aucun coupage, éviter leur dégénérescence, partant, plus de vins aigres, amers, gras ou poussés; découverte d'un agent supérieur à l'alcool pour le maintien, la conservation et l'expédition lointaine des vins, 3e édition revue, corrigée et considérablement augmentée, 1 vol. de 196 pages. . . . . 3 fr.

Extrait de la table des matières. — De la connaissance des vins. — Appréciation et dégustation. — De la distinction. — Du mélange ou du coupage. — Du vinage. — Amélioration des vins. — De l'imitation des vins. — De la confection des vins mousseux. — Du vin muet et de ses avantages. — Des vins de liqueurs et de leurs imitations. — Recettes et opérations des vins de liqueurs. — *Méthode du Midi*. — *Méthode de Paris*. — De la conservation des vins en fûts pleins et en vidange. — Du soufrage ou méchage. — Du collage pour la clarification. — Arome, sève, bouquet et goût de terroir. — Du gouvernement et de la conservation des vins — De la mise en bouteilles. — Des altérations. — Moyen de les prévenir et de les corriger. — Des altérations accidentelles et moyen de les guérir. — Disposition et conservation des tonneaux. — Contenance des fûts. — L'auteur termine son livre par une série de renseignements très utiles.

16. — **MÉTÉOROLOGIE AGRICOLE**. 1 vol. (*En préparation.*

17. — Mariot-Didieux. — ✻ Guide pratique de l'**ÉDUCATEUR DES LAPINS**, ou Traité de la race cuniculine, suivi de l'Art de mégisser leurs peaux et d'en confectionner des fourrures. 1 vol., 156 pages. . . . . 2 fr. 50

L'industrie de l'éducation de la race cuniculine est créée et elle marche vers le progrès. C'est dans le but de la voir se propager dans les campagnes comme une des industries peut-être les plus propres à tarir les sources de la misère que l'auteur a publié cette nouvelle édition de son *Guide pratique*, en l'enrichissant d'un grand nombre de données nouvelles. En résumé, l'auteur démontre qu'aucune viande ne peut être produite à aussi bon marché que celle du lapin. L'auteur, en terminant sa préface, adjure les habitants des campagnes de se livrer à l'éducation des lapins, parce qu'ils y trouveront, sans beaucoup de soins, une source abondante de bien-être.

---

18. — Mariot-Didieux, vétérinaire en premier aux remontes de l'armée, membre et lauréat de plusieurs sociétés savantes. — **ÉDUCATION LUCRATIVE DES POULES**, ou traité raisonné de gallinoculture. 1 vol., 444 pages. 3 fr. 50

---

19. — Mariot-Didieux, vétérinaire. — Guide pratique de l'éducation lucrative des **OIES** et des **CANARDS**. 1 vol., 180 pages avec figures . . . . 2 fr. 50

L'éducation, la multiplication et l'amélioration des animaux qui peuplent les basses-cours ont fait depuis une quinzaine d'années de notables progrès. Répondant à un besoin de l'économie domestique, l'auteur de ces guides pratiques a voulu faire un traité complet de gallinoculture dans lequel, après des considérations historiques, anatomiques et physiologiques sur les poules, il décrit les caractères physiques et moraux de quarante-deux races, apprend à faire un choix parmi ces races si diverses et indique les moyens de conservation et de multiplication des individus. Des chapitres spéciaux sont consacrés aux maladies, à la pharmacie gallinée, à la statistique des poules et des œufs de la France, etc.

Dans la deuxième partie, l'auteur donne deux monographies à la fois utiles, instructives et amusantes. Il décrit les mœurs particulières de chaque espèce et indique le genre de nourriture favorable à leur multiplication et propre à donner des bénéfices aux éleveurs. Toutes ces notions, parsemées de données historiques, d'anecdotes, de réflexions philosophiques, offrent une lecture des plus attrayantes.

Les ouvrages de M. Mariot-Didieux sont au premier rang parmi ceux qui enrichissent notre bibliothèque. Aussi voulons-nous, pour en mieux faire ressortir le mérite, donner ici le sommaire des principaux chapitres :

1o *Gallinoculture.* — De la poule, son antiquité, son utilité, expositions, concours, anatomie, considérations physiologiques, des sensations, voix du coq, voix de la poule. — Choix des races. — Signes extérieurs de la ponte. — Considérations sur les races de poules. — Races françaises, hollandaises, belges, anglaises, espagnoles, italiennes, prussiennes.— Races asiatiques, indiennes, japonaises, indo-chinoises. — Races syriennes, africaines, américaines. — Races de l'Océanie. — Du croisement des races. — Dépenses et produits de la poule. — Du poulailler, de la cour, des œufs. Moyens de reculer, d'augmenter ou d'avancer la ponte. — Fécondation du coq. — Castration ou chaponnage des coqs. — De l'incubation. — Elevage des poulets. — Maladies des poules. — De la saignée. — Pharmacie. — Vente des produits, etc.

2o *L'oie.* — Histoire naturelle. — Races françaises, petite race, grosse race et leurs variétés au nombre de cinq. Races étrangères; elles sont au nombre de douze.— Produits de l'oie, du plumage, de la multiplication, des accouplements de la ponte, de l'incubation. — Eclosion, nourriture des oisons, nourriture ordinaire des oies. — Logement. — Engraissement. — Foies gras. — Manière de tuer les oies. — Commerce, vente, mégissage des peaux d'oies pour fourrures, — Maladies, hygiène.

3° *Du Canard.* — Histoire naturelle, mœurs. — Races françaises; elles sont au nombre de quatre. — Races étrangères, on en compte onze principales. — De la ponte. Manière d'augmenter la ponte. — De l'incubation naturelle. — Des canards mulets. — Nourriture et élevage des canetons, engraissement. — Vente des canetons. — Comment on doit tuer le canard. — Du plumage. — Habitation. — Maladies. — Hygiène, etc.

---

21. — Le **CHASSEUR MÉDECIN**, ou traité complet sur les maladies du chien, par M. Francis CLATER, vétérinaire anglais, traduit de l'anglais sur la 27e édition. 3e édition française, corrigée et augmentée, par M. Mariot-Didieux. 1 vol. 189 pages . . . . 2 fr.

Le succès que ce livre a eu en Angleterre (vingt-sept éditions) dispense de tout commentaire Le guide que nous avons placé dans notre Bibliothèque en est la troisième édition française. M. Mariot-Didieux, le savant vétérinaire, en acceptant la revision de cette édition, s'est attaché à supprimer dans le texte original des formules trop compliquées, à en simplifier d'autres et en ajouter de nouvelles. Ainsi entièrement refondu, l'ouvrage est véritablement un traité complet sur les maladies du chien, traité auquel un chapitre sur l'art de mégisser les peaux pour en faire des tapis sert de complément.

23.—COURTOIS-GÉRARD.—✳Manuel pratique de **CULTURE MARAICHÈRE.** 6e édit., augmentée d'un grand nombre de figures et de plusieurs articles nouveaux. Ouvrage couronné d'une médaille d'or par la Société centrale d'agriculture, d'une grande médaille de vermeil par la Société centrale d'horticulture. 1 vol. 440 pages, 89 figures dans le texte. . . . . 5 fr.

Outre les récompenses honorifiques qui viennent d'être mentionnées, l'auteur de ce manuel a obtenu une attestation qui garantit la valeur de son travail aux yeux du public, en même temps qu'elle constate l'exactitude de ses recherches et l'utilité des notions renfermées dans son ouvrage. Cette attestation émane de vingt-cinq jardiniers maraîchers de la ville de Paris qui, après avoir entendu la lecture du travail de M. Courtois-Gérard, déclarent qu'ils lui donnent toute leur approbation, comme étant conforme aux bonnes méthodes de culture en usage parmi eux, et autorisent l'auteur à le publier sous leur patronage.

Cet ouvrage est officiellement recommandé pour les écoles normales, etc. Cette nouvelle édition a été augmentée d'un chapitre sur la culture des porte-graines et d'un vocabulaire maraîcher.

Table des principaux chapitres :

Marais pour culture de pleine terre. — Marais pour culture de primeurs. — Analyse des terres. — De l'établissement d'un jardin maraîcher. — Engrais et pailles. — Outillage. — Diverses opérations. — La culture des porte-graines. — Destruction des insectes. — Des maladies des plantes. — Calendrier du maraîcher ou travaux manuels. — Vocabulaire du maraîcher.

32-33. — GOBIN (A.), ancien élève de l'École de Grand-Jouan, ancien directeur de la colonie pénitentiaire du Val-d'Yèvres (Cher). — Guide pratique pour la **CULTURE**

DES PLANTES FOURRAGÈRES. 2 vol., 680 pages avec 120 fig. dans le texte, se vendant séparément

1re partie. *Prairies naturelles, pâturages*, avec un appendice reproduisant la loi du 21 juin 1866 sur les associations agricoles. 284 pages avec nombreuses figures. 1 vol. 3 fr.

2e partie. *Prairies artificielles, plantes, racines*, 1 volume 388 pages et 87 figures. . . . . 3 fr.

Figure spécimen du *Guide pratique pour la culture des Plantes Fourragères*

Les fourrages sont la base de toute culture, et il est admis aujourd'hui, par tous les agriculteurs intelligents, que pour avoir du blé il faut faire des prés. M. Gobin, guidé par sa grande expérience, a voulu rédiger un guide tout pratique indiquant tout ce qui doit être observé pour obtenir les meilleurs résultats et éviter les dépenses inutiles : mais, comme il le dit dans sa préface, si le titre même de son livre lui a fait une loi de se restreindre à la culture des plantes fourragères et de s'abstenir de considérations scientifiques inutiles au but qu'il poursuit, il ne s'est pas interdit les applications pratiques des sciences, en tant qu'elles se rapportent à l'explication des phénomènes ou à l'amélioration des méthodes de culture. « C'est là, en effet, dit-il, ce que nous entendons par la pratique, et non point seulement la routine manuelle, qui consiste à savoir tenir les mancherons de la charrue, charger une voiture de gerbes ou manier la faux, celle-ci suffit à un ouvrier, celle-là est nécessaire au moindre cultivateur intelligent. »

Ce guide peut être considéré comme le résumé des leçons professées avec tant de succès par M. Gobin à l'*Ecole de Grignon*.

---

38. — Reynaud (Joseph), de Nîmes, négociant et manufacturier. — Guide pratique de la **CULTURE DE L'OLIVIER**, son fruit et son huile. 1 vol., 300 pages . . . . 4 fr.

Le livre de M. Reynaud est le fruit de trente-cinq années de durs travaux, de longues veilles, de nombreux voyages, de recherches patientes, de minutieuses expériences ; aussi les procédés de M. Reynaud n'ont-ils pas tardé à être pratiqués par tous les cultivateurs.

Extrait de la table des matières. — Origines, légendes et traditions de l'olivier. — Emploi, usages des produits de l'olivier. — Limites géographiques. — Description, place dans la nomenclature botanique ; variétés. — Meilleures pratiques de culture; maladies; insectes. Olives comestibles de table. — Fabrication de l'huile. — Expériences diverses; rendement; sels anti-alcalineux. — Statistiques de la production des départements à oliviers.

40. — FLEURY-LACOSTE, président de la Société centrale d'agriculture du département de la Savoie, membre de plusieurs Sociétés savantes. — ✱Guide pratique du **VIGNERON**, culture, vendange et vinification. 1 volume, 137 p. 3 fr.

M. Fleury-Lacoste est à la fois un homme instruit et un homme pratique. Son *Guide du Vigneron* sera consulté avec fruit, et l'on peut avec confiance en adopter les préceptes. Son Exc. M. le ministre de l'Agriculture, certes plus compétent que nous, vient d'engager M. Fleury-Lacoste à poursuivre ses études en souscrivant à cet excellent petit traité. C'est bien là le meilleur éloge que l'on puisse faire de cet ouvrage.

Dans la première partie, l'auteur donne les principes généraux pour la culture de la vigne basse : culture en ligne, orientation, la taille, le pinçage, les engrais, choix des cépages, 1re, 2e, 3e et 4e années.

La seconde partie, intitulée *Calendrier du Vigneron*, lui indique les travaux qu'il a à faire mensuellement. La culture des hautains sur treillages élevés dans les champs, remplit la troisième partie. — Quatrième partie : Nouvelles observations pratiques sur les phénomènes de la végétation de la vigne. — Cinquième partie : De la vendange et de la vinification : degré de maturité. — Du ban des vendanges. — Personnel. — Le nettoyage et l'écrasement des grains. — La cuve. — Le décuvage. — Enfin l'auteur termine en indiquant les soins à donner aux vins nouveaux et vieux.

41. — COURTOIS-GÉRARD, marchand grainier, horticulteur. — ✱Manuel pratique de **JARDINAGE**, contenant la manière de cultiver soi-même un jardin ou d'en diriger la culture. 8e édition, 1 vol., 410 pages, 1 planche et de nombreuses figures dans le texte . . . . 5 fr.

Nous renvoyons à la note ci-dessus, accompagnant le *Manuel de culture maraîchère*, pour les titres de M. Courtois-Gérard à la confiance publique. Dans le *Manuel du jardinier*, les jardiniers de profession trouveront des conseils, des détails nouveaux et des renseignements pratiques qu'ils peuvent ignorer ; le propriétaire et l'amateur de jardin y puiseront des instructions précises et claires qui leur éviteront toute espèce de méprises et d'erreurs.

Sommaire des principaux chapitres :

Dispositions générales d'un jardin potager. — Calendrier. — Travaux de chaque mois. — Les outils. — Les défoncements. — Les fumiers. — Les arrosements. — Les couches. — Semis. — Repiquages. — Marcottes. — Boutures. — De la greffe. — De la conservation des plantes. — Les maladies des plantes potagères. — La culture des arbres fruitiers. — La culture des arbres d'agrément. — Destruction des animaux nuisibles, etc.

42. — KOLTZ (M.-J.), chevalier de l'ordre R. G. D. de la Couronne de chêne, agent des eaux et forêts, etc., etc. Guide pratique de la **CULTURE DU SAULE** et de son emploi en agriculture, notamment dans la création des oseraies et des saussaies, avec un appendice sur la **CULTURE DU ROSEAU**. 1 vol., 144 pages et 35 fig. dans le texte. . 2 fr.

Ce travail a pour objet de faire ressortir les avantages que procure la culture du saule dans les terrains qui lui conviennent, et qui, le plus souvent, ne peuvent être rendus productifs qu'à l'aide de cette essence ; M. Koltz donne donc le moyen de mettre en produit des terrains vagues. Dans certains parages, le roseau commun forme le complément obligé de l'osier ; l'appendice que M. Koltz a consacré à cette plante renferme des détails intéressants, surtout pour les propriétaires de terrains aujourd'hui tout à fait improductifs.

Gravure spécimen du *Manuel pratique de Jardinage*. (Voir page 54.)

43. — Sicard. — Guide pratique de la **CULTURE DU COTONNIER.** 1 vol., 143 p., avec fig. dans le texte. 2 fr.

La culture du cotonnier ne peut convenir qu'à de certaines contrées. M. Sicard, qui l'a expérimentée avec succès et pendant de longues années dans les provinces du Midi et en Algérie, a publié cet ouvrage pour faire profiter le public de l'expérience qu'il avait acquise dans la culture de cet arbrisseau.

L'ouvrage est enrichi de dessins exécutés d'après la photographie et d'une exactitude rigoureuse.

48. — Lunel (docteur). — Guide pratique de l'**ACCLIMATATION DES ANIMAUX DOMESTIQUES**, étude des animaux destinés à l'acclimatation, la naturalisation et la domestication : Animaux domestiques, méthodes de per-

fectionnement, mammifères, oiseaux, poissons (*Pisciculture*), insectes (vers à soie); précédée de considérations générales sur les climats et de l'Exposé des diverses classifications d'histoire naturelle, etc. 1 volume 188 pages, avec figures dans le texte . . . . 3 fr.

M. le docteur Lunel a résumé les notions concernant l'acclimatation disséminées dans un grand nombre d'ouvrages volumineux. Ce livre sera consulté avec fruit par toutes les personnes qu'intéresse la grande question de l'acclimatation. Il peut être considéré comme un guide sûr dans les jardins d'acclimatation où sont réunies toutes les races d'animaux indigènes et étrangères. Ce livre donne d'une manière concise et substantielle les notions usuelles nécessaires pour l'étude des animaux destinés à l'acclimatation, la naturalisation et la domestication.

---

52. — FRAICHE (Félix), professeur de sciences mathématiques et naturelles. — Guide pratique de l'**OSTRÉICULTEUR**, ou Culture des huîtres et procédés d'élevage et de multiplication des **RACES MARINES COMESTIBLES**, histoire naturelle des mollusques et des crustacés. — Causes du dépeuplement progressif des bancs d'huîtres. — Industrie et procédés actuels. — Construction des claires, parcs, viviers, etc. — Exploitation des claires. — Culture des moules. — Élevage des homards, langoustes, etc. 1 vol., 175 pages, avec figures dans le texte . . . . 3 fr

Les chemins de fer et la navigation, en diminuant les distances, ont créé pour les races marines comestibles des débouchés qui leur avaient manqué jusqu'alors. De là et d'autres causes que M. Fraiche indique, l'appauvrissement des bancs d'huîtres. L'auteur, qui s'est inspiré des travaux de M. Coste, démontre que l'ostréiculture est une industrie facile à créer et à développer, et qui donne des résultats rémunérateurs à ceux qui savent l'exploiter.

---

53. — TOUCHET (J.-H.), chef de service à la compagnie Richer. — Guide pratique de la **VIDANGE AGRICOLE**, à l'usage des agronomes, propriétaires et fermiers. Richesse de l'agriculture. Description de moyens faciles, économiques, salubres et pratiques, de recueillir, de désinfecter et d'employer utilement en agriculture l'engrais humain. 2e édition. 1 volume de 88 pages avec figures . . . 1 fr.

Ce Guide, en ce qui concerne les vidanges et les différentes manières d'employer l'engrais humain, est le résumé des meilleures méthodes pratiquées actuellement. Les constructeurs, les entrepreneurs, les propriétaires, les fermiers y trouveront tous des indications utiles. M. Touchet enseigne aux agronomes de la grande et de la petite culture des moyens simples et peu coûteux de se procurer de riches fumiers, de précieux engrais, richesses trop souvent négligées et perdues pour l'agriculture.

55. — POURIAU (A.-F.). — Manuel du **CHIMISTE-AGRICULTEUR**. 1 vol., 460 pages, 148 figures dans le texte et de nombreux tableaux, suivi d'un appendice. . . . . 6 fr.

Ce volume forme en quelque sorte le complément de la *Chimie organique* et de la *Chimie inorganique*. Il fait connaître les diverses manipulations qui sont décrites avec un très grand soin. Il contient, en outre, un grand nombre d'indications d'une utilité toute pratique.

L'intention de l'auteur en le publiant a été d'offrir aux personnes qui s'occupent de chimie agricole un guide renfermant la description des méthodes les plus simples à suivre dans l'analyse des divers composés naturels ou artificiels qui sont du domaine de l'agriculture. Désireux de mettre son livre à la portée de tout le monde, l'auteur a toujours eu le soin, dans l'exposé de ses méthodes, d'établir deux catégories d'essais. Les unes essentiellement pratiques et accessibles à tous, et les autres plus exactes et qui exigent une plus grande habitude des manipulations chimiques.

---

56. — LEROLLE (Léon), ancien élève de l'Ecole d'agriculture de Grand-Jouan, membre de la Société d'horticulture de Marseille. — * Traité pratique et élémentaire de **BOTANIQUE** appliquée à la culture des plantes. 1 vol, VIII-464 p., 108 figures dans le texte. . . . . 6 fr.

L'étude de la vie des plantes et celle de leur culture ont pris un grand développement. L'auteur a voulu présenter au lecteur un traité de botanique, simple dans sa forme quoique rigoureusement exact au fond, afin d'instruire le cultivateur sur les phénomènes qui s'accomplissent chaque jour dans ses champs, ses forêts, ses jardins. On surcharge chaque jour le vocabulaire botanique : entre vingt noms différents servant à désigner le même organe, l'auteur a choisi ceux les plus vulgairement connus et s'est bien gardé surtout d'en inventer de nouveaux.

Extrait de la table : De la germination des graines, choix et conservation des graines. — De la végétation des plantes, des bourgeons. — Phénomènes souterrains, phénomènes aériens, phénomènes anatomiques de la végétation. — Nutrition des végétaux, nature des substances absorbées par les racines, sécrétion, transpiration. — Agents essentiels de la végétation. — De la reproduction des plantes, du périanthe, des étamines, du pistil, des ovules. — Floraison. — Fécondation. — Fructification. — Granification.

NOTA. — Les ouvrages marqués d'un ✳ ont été choisis par le ministère de l'Instruction publique pour faire partie des catalogues des bibliothèques publiques scolaires. Le deuxième *, plus petit, désigne les ouvrages choisis pour être distribués en prix.

Série I

ÉCONOMIE DOMESTIQUE, COMPTABILITÉ, LÉGISLATION, MÉLANGES

1. — DUBIEF (L.-F.). — Guide pratique de la **FABRICATION DES VINS FACTICES** et des boissons vineuses en général, ou manière de fabriquer soi-même les vins, cidres, poirés, bières, hydromels, piquettes et toutes sortes de boissons vineuses, par des procédés faciles, économiques et des plus hygiéniques. 1 volume . . 2 fr.

M. Dubief a publié ce petit ouvrage, non seulement pour venir en aide aux personnes économes, mais encore, et plus, pour celles dont l'économie est une nécessité. Si elles suivent les prescriptions qui y sont indiquées, elles peuvent être assurées de bien fabriquer elles-mêmes et avec facilité toutes sortes de vins, bières, cidres, etc. Ainsi, il traite la cuvée des vins de raisin fabriqués avec le marc, avec sirop de sucre, de fécule. — Vin rouge de sucre. — Vin mousseux, de fruits: cerises, prunes, groseilles, etc., etc. — Vins de grains, céréales, etc. —Toutes les formules et les procédés indiqués par l'auteur sont simples et faciles, et il suffit de les avoir lus pour les mettre en pratique.

---

2. — LUNEL (le docteur B.), médecin-chimiste, membre des Académies des sciences de Caen, de Chambéry, etc., ancien professeur de chimie et d'histoire naturelle. — Guide pratique d'**ÉCONOMIE DOMESTIQUE**, publié sous forme de dictionnaire, contenant des notions d'une *application journalière :* chauffage, éclairage, blanchissage, dégraissage, préparation et conservation des substances alimentaires, boissons, liqueurs de toutes sortes, cosmétiques, soins hygiéniques, médecine, pharmacie, etc., 1 vol. 227 p. 2 fr.

L'économie domestique, longtemps dédaignée, s'est élevée aujourd'hui au point de devenir elle-même une science. Le Guide de M. le docteur Lunel, sous la forme commode du dictionnaire, constitue une véritable encyclopédie de cette science nouvelle.

3. — GERMINET (Gustave). — **LE CHAUFFAGE PAR LE GAZ** considéré dans ses diverses applications, science, industrie et usages domestiques, suivi d'une notice sur les *Moteurs à gaz.* 1 vol. de XV-237 p. avec 126 fig. . . 4 fr.

EXTRAIT DE LA TABLE DES MATIÈRES. — Chapitre Ier. Historique. — Origine et développement du chauffage par le gaz. — Appréciations sur la chaleur développée par le gaz. — Applications du gaz au chauffage domestique et emploi dans l'industrie. — II. *Nature du gaz;* ses propriétés calorifiques, etc. — III. *Arrivée et distribution du gaz dans les appartements.* — Epreuve des conduits et des appareils. — Alimentation. — Diamètres proportionnels des tuyaux destinés à alimenter des appareils de chauffage. — Tuyaux et raccords pour mobiliser les appareils. — Ventilation des pièces d'habitation. — IV. *Chauffage culinaire.* Description des brûleurs et des appareils. — Emploi du gaz à la cuisson des aliments. — Expérience de cuissons, bouillis et à la casserole. — Rotisserie des viandes au gaz et au charbon de bois, etc. — V. *Chauffage de pièces d'habitation.* Cheminées. — Foyers à réflecteurs. — Poêles. — Calorifères. — VI. *Appareils divers de chauffage au gaz servant aux usages domestiques.* — Appareils de bains. — Brûloir de café. — Etrille brûle-poils. — Etuve et chauffe-assiette. — Fourneaux pour fers à repasser. — Appareils chauffant et éclairant. — VII. *Chauffage industriel.* — Apprêts des tissus. — Chapellerie. — Emaillage et soufflage du verre. — Affinage et fusion des métaux. — Liquoristes, marchands de vins, etc. Pharmaciens. — VIII. *Appareils pour laboratoires.* — Chandelle à mélange d'air. — Réchaud avec brûleur dosage d'air. — Fourneau pour calcination. — Chalumeaux à souder et appareils à fondre les métaux. — Distillation, etc. — IX. *Production de l'électricité par la combustion du gaz.* — Piles thermo-électriques Clamond. — X. *Les moteurs à gaz.* — Machine à gaz verticale, etc., etc.

---

4. — DUBIEF (L.-F.). — Le **LIQUORISTE DES DAMES** ou l'art de préparer en quelques instants toutes sortes de liqueurs de table et des parfums de toilette avec toutes les fleurs cultivées dans les jardins, suivi de procédés très simples et expérimentés pour mettre les fruits à l'eau-de-vie, faire des liqueurs et des ratafias, des vins de dessert, mousseux et non mousseux, des sirops rafraîchissants, etc., un volume de 120 pages, avec figures dans le texte. 3 fr.

Ce que nous avons dit des précédents ouvrages de M. Dubief nous dispense de nous étendre sur celui-ci. C'est aux dames qu'il s'est adressé, et l'accueil qu'il en a obtenu prouve suffisamment combien il est utile dans toute bibliothèque de ménage.

---

5. — HIRTZ (Elisa). — Méthode de **COUPE ET DE CONFECTION DE VÊTEMENTS DE FEMMES ET D'ENFANTS.** — Travaux à aiguille usuels. — Cours de couture en blanc. — Raccommodage. — Méthode de **TRICOT.** — Art de la coupe et de la confection en général. 1 vol. de 297 pages avec 154 figures . . . . 3 fr. 50

6. — DUFRENÉ (H.), ingénieur civil, ancien élève de l'Ecole des arts et manufactures. — Les droits des **INVENTEURS EN FRANCE ET A L'ÉTRANGE.** Conseils généraux. — Brevets d'invention. — Péremption. — Vente. — Licences. — Exploitation. — Géographie industrielle. — Marques de fabrique. — Dessins. — Objets d'utilité. 1 volume de 108 pages . . . . 3 fr.

7. — ÉMION (Victor). — **LA LIBERTÉ ET LE COURTAGE DES MARCHANDISES**, commentaire pratique de la loi du 18 juillet 1866. (*Épuisé*).

8. — BAUDE (L.). **CALLIGRAPHIE.** — Cours d'écriture avec 32 planches. 1 vol. . . . . 5 fr.

SOMMAIRE : Objets et instruments nécessaires pour écrire. — Formes et variante de l'écriture anglaise. — De la manière de tenir la plume. — Principes généraux de l'écriture anglaise. — Des différentes grosseurs d'écriture. — Majuscules. — Minuscules. — Chiffres. — De l'expédiée ou cursive anglaise. — Des écritures fortes : Bâtarde, Coulée, Ronde et Gothique. — *De l'emploi dans l'écriture des accents, de la ponctuation et autres signes.*

9. — LESCURE (O.), professeur à l'École centrale d'architecture. — **TRAITÉ DE GÉOGRAPHIE** physique, ethnographique et historique à l'usage des artistes, des écoles d'architecture et des gens du monde, 1 vol., 351 p. . 3 fr.

Ce traité est le développement du programme de géographie sur lequel sont interrogés les candidats à l'Ecole spéciale d'architecture. C'est un ouvrage adopté aujourd'hui pour toutes les écoles professionnelles.

10. — BLOCK (Maurice). — ※ Premiers principes de **LÉGISLATION PRATIQUE** appliquée au **COMMERCE**, à l'**INDUSTRIE** et à l'**AGRICULTURE**. 1 vol. in-18. . . 4 fr.

12. — ÉMION (Victor), avocat à la cour de Paris, ancien sous-préfet. — Manuel pratique et juridique des **EXPROPRIÉS POUR CAUSE D'UTILITÉ PUBLIQUE**, suivi de deux tableaux donnant le chiffre de la valeur du mètre de terrain dans Paris, et faisant connaître les principales indemnités accordées aux industriels, négociants et commerçants expropriés. 1 volume, 125 pages. . . . . 1 fr.

Ce manuel est un résumé des règles pratiques que les expropriés ont intérêt à connaître pour se diriger dans la défense de leurs droits. En étudiant ce manuel, les expropriés sauront qu'avant de se présenter devant le jury, ils n'ont que peu ou point de formalités à remplir et *pas de frais* à débourser. Ils y apprendront encore qu'en général les traités souscrits d'avance avec des intermédiaires ne sont *habituellement* avantageux *que pour ceux qui contractent avec l'exproprié.*

14. — Lunel (Victor). — Guide pratique d'**HYGIÈNE ET DE MÉDECINE USUELLE**, complété par le traitement du *choléra épidémique*. 1 vol. 209 pages. . . . . 2 fr.

Ce livre ne s'adresse à aucune spécialité de lecteurs et convient à tout le monde. Il se subdivise en hygiène privée et en hygiène publique. Dans la première partie, l'auteur examine dans quelle mesure l'homme qui veut conserver sa santé doit, selon son âge, sa constitution et les circonstances dans lesquelles il se trouve, user des choses qui l'environnent et de ses propres facultés, soit pour ses besoins, soit pour ses plaisirs. Dans la seconde, il s'occupe de tout ce qui concerne la salubrité publique. Un chapitre spécial est consacré à la médecine des accidents.

Figure spécimen de la *Calligraphie*. (Voir page 60.)

16. — D'Omallius d'Halloy (le baron J.). — ⁂Manuel pratique d'**ETHNOGRAPHIE**, ou description des races humaines; les différents peuples, leurs caractères naturels, leurs caractères sociaux, divisions et subdivisions des différentes races humaines. 5e édition. 1 volume, 127 p., avec une planche représentant les principaux types. 4 fr.

Extrait de la table des matières. — De l'ethnographie en général. — De la race blanche. — Du rameau européen, du rameau arménien, du rameau scytique. — De la race brune, du rameau éthiopien, du rameau indou, du rameau indochinois, du rameau malais. — De la race rouge, du rameau hyperboréen, du rameau mongol, du rameau sinique. — De la race noire. — Des hybrides. — Tableaux de la division du genre humain en races, rameaux, familles et peuples.

Série J

FONCTIONS POLITIQUES ET ADMINISTRATIVES
EMPLOIS DE L'ÉTAT, DÉPARTEMENTAUX ET COMMUNAUX, SERVICES PUBLICS

1. — MORTIMER D'OCAGNE. — **LES GRANDES ÉCOLES DE FRANCE**. Écoles militaires, écoles civiles. 1 vol. 3 fr.

---

2. — MORTIMER D'OCAGNE. — **LE CHOIX D'UNE CARRIÈRE**. 1 vol. (*En préparation.*)

---

3. — ALBIOT (J.) (*Code départemental.*) Manuel **DES CONSEILLERS GÉNÉRAUX**. Loi organique des conseillers généraux, avec les commentaires officiels. 1 vol. de 152 pages. . . . . 4 fr.

Cet ouvrage peut être considéré comme un aide-mémoire à l'aide duquel les personnes notables appelées, en qualité de conseillers généraux, à discuter les intérêts de leur département, trouveront de nombreux renseignements relatifs à la législation qu'ils auront à appliquer.

---

4. — **MANUEL DES CONSEILLERS COMMUNAUX**. 1 vol. (*En préparation.*)

---

6. — LELAY (Eugène), capitaine des douanes. — Recueil abrégé des lois et règlements sur la **DOUANE**, son organisation, son personnel et ses brigades. 1 volume 700 pages . , ... 4 fr.

TABLE DES MATIÈRES. — *Des Douanes et de leur organisation. — Attributions du personnel — Service Actif ou des Brigades. — Lois générales relatives au personnel.*

---

7. — LAFFOLAY (E.), inspecteur de l'octroi en retraite. Nouveau manuel des **OCTROIS**. 1 vol. de XIV-408 pages avec tableaux. 4 fr.

Observations concernant la rédaction des procès-verbaux. — Formulaire pour la rédaction des procès-verbaux les plus usuels en matière d'octroi, en matière de contributions indirectes et d'octroi et en matières de contributions indirectes inclusivement.

Série K

BEAUX-ARTS, DÉCORATION, ARTS GRAPHIQUES

1. — **INTRODUCTION A L'ÉTUDE DES BEAUX-ARTS.** 1 vol. (*En préparation.*)

2. — VIOLLET-LE-DUC. — ✳ Comment on devient un **DESSINATEUR.** 1 vol. de 310 pages orné de 110 dessins par l'auteur et d'un portrait de Viollet-le-Duc. . . 4 fr.

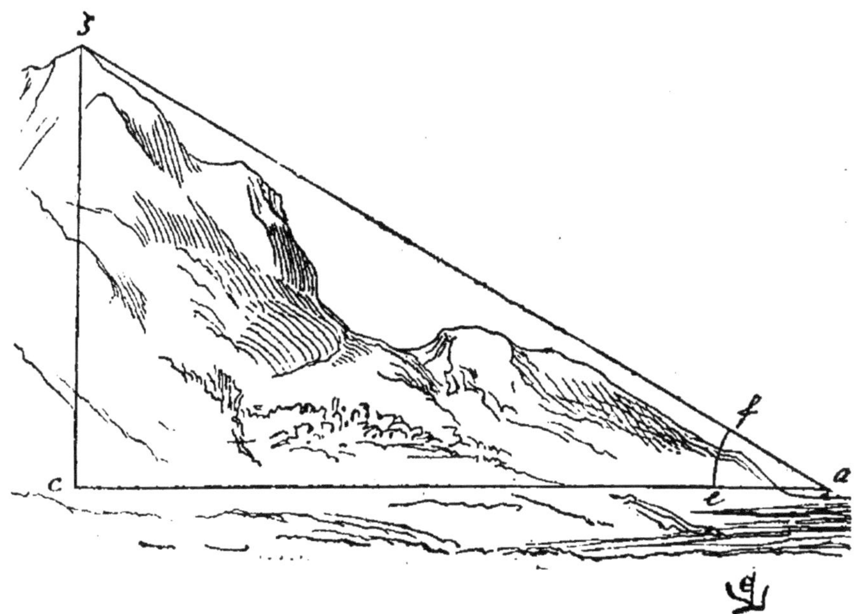

Gravure spécimen de « *Comment on devient un dessinateur.* »

EXTRAIT DE LA TABLE DES MATIÈRES. — Notables découvertes. — Comment il est reconnu que la géométrie s'applique à plusieurs choses. — Autres découvertes touchant la lumière et la géométrie descriptive. — Où on commence à voir. — Une leçon d'Anatomie comparée. — Opérations sur le terrain. — Cinq ans après. — Où une vocation se dessine. — Douze jours dans les Alpes. — Conclusion.

3. — PELLEGRIN (V.), peintre. — Théorie pratique de la **PERSPECTIVE.** Étude à l'usage des artistes, peintres, des élèves des Écoles des beaux-arts, des Écoles industrielles, etc. 1 vol. de 90 pages, 42 fig. et 1 pl. de 16 fig. 4 fr.

TABLE DES NOMS D'AUTEURS
PAR ORDRE ALPHABÉTIQUE

A

Agassiz et Gould 30
Albiot (J.). 62

B

Barbot. 42
Bastenaire. 44
Basset (N.) 36
Baude (L.). 60
Birot (F.) 23
Block (M.) 60
Bouniceau. 26
Bourgoin d'Orli (P.-H.-F.) 49
Bousquet (J.) 34
Brun (J.). 20

C

Chateau (Th.). 40
Chevalier (A.) 17
Clausius (R.). 22
Cornet (G.). 24
Courten (Cte Ludovico de) 43
Courtois-Gérard 52 54

D

Dana. 28
Demanet (A.). 26
Dessoye (J.-B.-J.) 30
Dinée (F.-G.). 32
D. L. 28
D'Omallius d'Halloy (le Bon J.). . 61
Doneaud (Alph.). 34
Drapiez (M.). 31
Dromart (E.) 37
Dubief (L.-F.) . . . 36 45 50 58 59
Dubos 50
Dufréné (H.). 60
Du Temple (L.). 18 21 32

E

Emion (V.). 27 60

F

Fairbairn. (W.) 29
Fleury-Lacoste 54
Fol (F.) 41
Fraiche (F.). 56
Frésénius (R.) et le Dr Will . . . 19
Frochot (A.). 24

G

Garnault (E.) 21
Gaudry (J.) 17
Gayot (E.). 47
Germinet (G.) 59
Gobin (A.). 46 52
Gobin (H.). 48
Gossin (L.). 49
Grimard (E.). 46
Guettier (A.). 31
Guy (P.-G.) 23

H

Hétet (F.) 15
Hirtz (E.) 59
Houzé (J.-P.). 44

J

Jaunez. 39

K

Kielmann (C.-E.). 48
Koltz (M.-J.) 54

L

Laffineur (J.) 22 32 43 46
Laffolay (E). 62
Landrin (H.-C.) fils 30
Lelay 62
Lenoir (A.). 14
Leprince (P.) 13
Lerolle (L.) 57
Leroux (Ch.). 42
Lescure (O.). 60
Liebig (J.). 20
Lunel (Dr B.). . . . 20 44 55 58 61

M

Malo (L.). 31
Mariot-Didieux. 50 51
Merly (J.-F.). 41
Miége (B.). 18
Monier (E.) 45
Moreau (L.) 43
Mortimer d'Ocagne. 62
Mulder (G.-J.). 40

N

Noguès (A.-F.). 21

O

Ortolan (A.) 14 37

P

Pellegrin (V.). 63
Pelouze 43
Perdonnet. 27
Pernot (L.-P.). 25
Pouriau (A.-F.) 47 57
Prouteaux (A.). 43

R

Reynaud (J.). 53
Rouland (E.) 36
Rozan (Ch.) 14

S

Sacc (Dr). 15
Serigne (de Narbonne). 49
Sicard 55
Snow-Harris. 21
Sourdeval. 49
Souviron (A.) 37
Steerk (le major) 35

T

Tartara (J.) 35
Tissier (Ch. et Alex.) 30
Touchet (J. H.) 56

V

Vanalphen. 27
Violette (H.). 39
Viollet-le-Duc. 24 63
Vinot (voir Lenoir) 14

W

Will (H.). 19

Imprimeries réunies, C, rue du Four, 54 bis. Paris — 1755.

BIBLIOTHÈQUE DES PROFESSIONS

INDUSTRIELLES, COMMERCIALES ET AGRICOLES

Acier (*Emploi*), par J.-B. Dessoye. 4f »
Acier (*Traité*), par Landrin........ 5 »
Agriculture générale, p. A. Gobin. 4 »
Algèbre (*Principes*), par Leprince... 5 »
Alliages métalliques, par Guettier. 3 »
Aluminium, métaux alcalins, par Tissier.......................... 3 »
Animaux domestiques, Dr Lunel. 3 »
Architecture navale, p. Bousquet. 2 »
Asphaltes et bitumes, par Malo... 4 »
Bergeries, Porcheries, par Gayot. 3 »
Betterave, par Basset............ 3 »
Bijoutier (*Guide*), par Moreau ...... 2 »
Bois (*Carbonisation*), par Dromart... 4 »
Bois (*Cubage, estimation*), p. Frochot. 4 »
Botanique appliquée, par Lerolle. 6 »
Brasseur (*Guide*), par Mülder....... 4 »
Bris et naufrages (*Code des*), par Tartara.......................... 7 »
Calculs et comptes faits, par Lenoir et Vinot.................. 4 »
Calligraphie, par Louis Baude.... 5 »
Chaleur (*Théor. méc.*), Clausius, 2 vol. 15 »
Charpentier (*Manuel*), par Merly... 5 »
Chasseur médecin, par Mariot-Didieux........................... 2 »
Chauffage par le Gaz, p. Germinet. 4 »
Chauffeur (*Manuel*), par Jaunez.... 3 »
Chemins de fer (*Album*), par Cornet. 10 »
Chemins de fer (*Exploitation des*), par Emion. *Voyageurs*............... 4 »
Chemins de fer (*Exploitation des*), par Emion. *Marchandises*.......... 4 »
Chimie minérale, par le Dr Sacc... 3 50
Chimie organique, par le Dr Sacc. 3 50
Chimie (*Introduction à l'étude de la*), par Liebig.......................... 3 »
Chimie (*Génér. élém.*), par Hétet, 2 vol. 10 »
Chimiste agriculteur, par Pouriau. 6 »
Collodion sec au tannin, par de Courten............................ 4 »
Conférences agricoles, p. Gossin. 1 »
Conseillers généraux (*Manuel*), par Albiot............................ 4 »
Constructeur (*Guide*), par Pernot. 5 »
Construction à la mer, *avec atlas*, par Bouniceau...................... 18 »
Corps gras industriels, Chateau. 5 »
Cotonnier (*Culture*), par Sicard..... 2 »
Culture maraîchère, par Courtois-Gérard............................ 5 »
Cultures exotiques (*Cafier, Cacaoyer, Canne à sucre*)............ 4 »
Dessinateur (*Comment on devient un*), par Viollet-le-Duc............ 4 »
Dessin linéaire, *avec atlas*, Ortolan. 6 »
Douane (*Lois et Règlements*), par E. Lelay.......................... 4 »
Drainage, par Kielmann............ 2 »
Droit maritime, par Douceaud...... 3 »
Economie domestique, Dr Lunel.. 2 »
Ecuries et Etables, par Gayot...... 3 »
Electricien (*Guide*). *En préparation.*
Electricité (*Leçons*), p. Snow-Harris. 3 »
Engrenage, par Dinée............. 3 50
Entomologie agricole, p. H. Gobin 3 »
Epicerie (*Guide*), par le Dr Lunel... 3 »
Ethnographie, d'Omalius d'Halloy. 4 »
Expropriés (*Manuel*), par Emion.. 1 »
Falsifications, par le Dr Lunel.... 5 »
Féculier, amidonnier par Dubief. 4f »
Fer (*Métallurgie*), par Fairbairn..... 4 »
Géographie (*Traité*), par Lescure.. 3 »
Géologie (*Manuel*), par Dana....... 4 »
Géomètre arpenteur, par Guy...... 4 »
Géométrie, *avec atlas*, par Rozan.... 6 »
Grandes Ecoles de France, par Mortimer d'Ocagne................... 3 »
Herboriseur, par Ed. Grimard..... 5 »
Hydraulique et hydrologie, par Laffineur.......................... 3 50
Hydraulique urbaine, Laffineur.. 2 »
Hygiène et Médecine, p. le Dr Lunel. 2 »
Ingénieur agricole, par Laffineur. 3 »
Introduction à l'étude de la Physique, par L. Du Temple........ 4 »
Inventeurs (*Droits*), par Dufrené... 3 »
Jardinage, par Courtois-Gérard..... 5 »
Laine (*Filature*), par Leroux........ 15 »
Législation pratique (*Premiers principes*)......................... 4 »
Lapins (*Éducation*), Mariot-Didieux. 2 50
Liqueurs (*Fabrication*), par Dubief. 5 »
Liquoriste des Dames, par Dubief. 3 »
Maçonnerie, par Demanet.......... 5 »
Maison (*Comment on construit*)..... 4 »
Matières industrielles, p. Gaudry. 4 »
Mécanicien, *avec atlas*, par Ortolan. 12 »
Métallurgie pratique, par D.-L... 4 »
Métiers manuels (*Livre des*)...... 5 »
Minéralogie appliquée, 2 vol., par Noguez............................ 10 »
Minéralogie usuelle, par Drapiez. 3 »
Octrois (*Nouveau Manuel*), Laffolay. 4 »
Oies, canards, par Mariot-Didieux. 2 50
Olivier (*Culture*), par Reynaud..... 4 »
Ostréiculteur, par Fraiche......... 3 »
Parfumeur, par le Dr Lunel....... 5 »
Perspective, par Pellegrin......... 4 »
Photographie, par Chevalier........ 3 »
Plantes fourragères, par A. Gobin. 6 »
Ponts et Chaussées, Birot, *avec atlas* 8 »
Potasses, soudes, par Frésénius... 2 »
Poudres et salpêtres, par Steerk.. 6 »
Poules, par Mariot-Didieux........ 3 50
Roues hydrauliques, par Laffineur. 3 50
Serrurerie (*Nouveaux barèmes*), par E. Rouland.......................... 4 »
Saule et Roseau, par Koltz......... 2 »
Sciences physiques *appliquées à l'Agriculture*, par Pouriau, 2 vol.... 11 »
Sucres (*Essai, analyse*), par Monier. 3 »
Teinturier (*Manuel*), par Fol....... 8 »
Télégraphie électrique, par Miège. 2 »
Termes techniques (*Dictionnaire des*), par A. Souviron............. 6 »
Transmissions de la pensée et de la voix, par L. Du Temple......... 4 »
Vache laitière (*Choix*), par Dubos.. 2 »
Vernis (*Fabrication*), par Violette... 6 »
Vêtements de femmes et d'enfants (*Méthode de coupe pour la confection des*), par Elisa Hirtz..... 3 50
Vidange agricole, par Touchet.... 1 »
Vigne (*ses maladies*), par Serigne.... 3 »
Vigneron, par Fleury-Lacoste...... 3 »
Vignerons (*Trésor des*), par Dubief. 3 »
Vins (*Fraudes et maladies*), par Brun. 3 »
Vins factices, par Dubief.......... 2 »
Vinification, par Dubief.......... 6 »

Paris. — Imp. Gauthier-Villars.

www.ingramcontent.com/pod-product-compliance
Ingram Content Group UK Ltd.
Pitfield, Milton Keynes, MK11 3LW, UK
UKHW012006240726
13965UKWH00001B/192